가정 · 교회 · 마을 교육공동체

국립중앙도서관 출판예정도서목록(CIP)

(더불어 건강하고 행복한 생태계를 만들어가는) 가정·교회
·마을 교육공동체 / 지은이: 김도일. -- 서울 : 동연, 2018
    p. ;   cm. -- (가정교회마을연구소·총회교회연구원
공동기획 | 개인 저작 시리즈 ; 2)

참고문헌 수록
ISBN 978-89-6447-394-8 93200 : ₩18000

목회 활동[牧會活動]
기독교 교육[基督敎敎育]

235.3-KDC6
253.2-DDC23   CIP2018002558

더불어 건강하고 행복한 생태계를 만들어가는
가정·교회·마을 교육공동체

2018년 1월 23일 초판 1쇄 발행
2019년 1월 10일 초판 3쇄 발행

지은이 | 김도일
기   획 | 총회한국교회연구원·가정교회마을연구소
펴낸이 | 김영호
펴낸곳 | 도서출판 동연
등   록 | 제1-1383호(1992년 6월 12일)
주   소 | 서울시 마포구 월드컵로 163-3
전   화 | (02) 335-2630
팩   스 | (02) 335-2640
이메일 | yh4321@gmail.com

Copyright ⓒ 2018 김도일, 더불어 건강하고 행복한 생태계를 만들어가는 가정·교회·
마을 교육공동체. 金道一, 〈家庭·敎會·地域社會 敎育共同體〉
Doil Kim, *Expanding a Happy & Healthy Eco-Educational Community of Faith Together in Solidarity Among Family, Church and Local Community*

이 책은 저작권법에 따라 보호받는 저작물이므로, 무단 전재와 복제를 금합니다.
잘못된 책은 바꾸어 드립니다.
책값은 뒤표지에 있습니다.

ISBN 978-89-6447-394-8 93200

가정교회마을연구소 · 총회한국교회연구원 공동기획 | 개인 저작 시리즈 ❷

더불어 건강하고 행복한 생태계를 만들어가는

가정·교회·마을 교육공동체

김도일 지음

동연

차 례

추천의 글
　최기학_ "거룩한 교회, 다시 세상 속으로"를 실현키 위한 '마을목회'를 위하여　6
　채영남_ 「마을교회와 마을목회」 개인 저작 시리즈에 부쳐　8
　노영상_ 마을목회의 정착을 위한 상향적 기독교교육의 시도　10
　안광수_ 가정-교회-마을이 연대하여 이루어가는 하나님 나라　12
　한국일_ 마을사람들과 더불어 건강하고 행복한 생태계를 만들어가는 교육공동체　14

감사의 글
　가정·교회·마을 교육공동체를 향한 간절한 마음을 담아 감사드립니다　16

여는 글
　가정·교회·마을 교육공동체에 관한 연구와 실천이 왜 필요한가?　23

1부
가정·교회·마을을 연계한 마을교육공동체 사역의 이론적 배경
　1장 ｜ 가정과 교회의 유기적 관계 회복을 통한 기독교교육
　　　 ― "가교사역", 건강한 신앙 학습생태계 형성에 대한 연구와 제안　39
　2장 ｜ 지역공동체, 마을로 나아가는 기독교교육　71
　3장 ｜ 가정, 교회, 마을의 생명망 조성을 통한 마을교육공동체 형성에 관한 연구　107
　4장 ｜ 가정, 교회, 마을을 연계하고 세우기 위해 융합의 가치를 지향하는
　　　　기독교교육　129
　5장 ｜ 마을교육공동체 형성을 위한 거꾸로 교실과 아들러 심리학을 통한
　　　　활용가능성에 관한 연구　163
　6장 ｜ 더불어 행복한 삶을 위한 플랫폼: 마을교육공동체　192

2부
미래세대를 살리기 위한 가정·교회·마을 교육공동체 형성에 대한 도전과 교육원리
　7장 ｜ 미래세대 살리기, 아기 울음소리가 그친 교회　231
　8장 ｜ 미래세대 살리기, 부끄러운 교회　240
　9장 ｜ 미래세대 살리기, 청년들이 떠나는 교회　247

10장	미래세대 살리기, 함께 마을에서: 지역사회 생태계 살림과 회복	255
11장	미래세대 살리기, 제4차 산업혁명시대에	267
12장	미래세대 살리기, 하나님의 교육으로	275
13장	미래세대 살리기, 하나님의 말씀공부로
— 삶과 만나는 말씀, 말씀에 응답하는 삶을 위한 성경공부	283
14장	미래세대 살리기, 기다림으로	296
15장	미래세대 살리기, 가정과 교회와 마을의 연계로	304
16장	미래세대 살리기, 거룩함과 즐거움으로	311
17장	미래세대 살리기, 교사를 세움으로	320
18장	미래세대 살리기, 부모를 세움으로	331

3부
더불어 건강하고 행복한 생태계를 만들어가는 가정·교회·마을 교육공동체를 향하여

19장	가정·교회·마을 교육공동체 형성의 출발점	341
20장	가정·교회·마을 교육공동체 교육목회 원리	349
21장	가정·교회·마을 교육공동체 만들기 전략: 천천히, 꼼꼼하게	358
22장	가정·교회·마을 교육공동체 형성의 과정과 목적	370
23장	가정·교회·마을 교육공동체 형성 사례 1
: 꿈이청소년심야식당과 새롬교회	381
24장	가정·교회·마을 교육공동체 형성 사례 2: 재한몽골학교와 나섬공동체	391
25장	가정·교회·마을 교육공동체 형성 사례 3
: 안산명성교회의 사회적 중보 이야기	399
26장	가정·교회·마을 교육공동체 만들기 세미나의 실제 1	408
27장	가정·교회·마을 교육공동체 만들기 세미나의 실제 2 그리고 부모-학생-교사가
함께 참여하는 독서운동 — PST Reading Program Movement	416

닫는 글
가정·교회·마을 교육공동체를 형성하고 살리는 복음주의 양심의 회복
   — 라우센부시와 코우 다시 읽고 적용하기   429

참고문헌 / 457

추천의 글

"거룩한 교회, 다시 세상 속으로"를
실현키 위한 '마을목회'를 위하여

최기학
(대한예수교장로회 총회 총회장)

2018년 대한예수교장로회 총회는 '마을목회'를 정책과제로 정하고 이 목표를 위해 매진하기로 하였다. 그동안 우리 한국교회의 교회 중심적 목회는 교회를 세상으로부터 점점 멀어지게 한 것 같다. 교회는 본질적으로 세상을 향해 파송된 선교적 정체성을 갖는다. 교회는 교회자체를 위해서 존재하는 것이 아니며 세상을 구원하고 회복시키는 하나님 나라를 위해 존재한다. 교회는 세상과 마을을 향해 열린 공동체로서, 마을이 선교의 공간이 되며 마을주민이 모두 잠재적 교인이라는 의식을 갖고 마을목회를 전개해 나갈 필요가 있다. 교회는 마을주민과 소통하고 그들을 섬기는 기관으로서, 마을주민과 더불어 살며 마을을 향해 열린 모습을 지녀야 한다. 지역교회는 마을주민을 대상화하기보다는 그들이 주체적으로 교회의 사역에 참여케 해야 하는 것이다.

요한복음 3:16은 "하나님이 세상을 이처럼 사랑하사 독생자를 주셨으니 이는 그를 믿는 자마다 멸망치 않고 영생을 얻게 하려 하심이라"라고 말한다. 이 본문은 하나님께서 먼저 세상에 관심을 갖고 사랑하셨다고 언급한다. 이에 우리도 우리의 관심을 우리 밖의 마을로 전개할 필요가 있다. 교회는 지역 마을의 다양한 특성을 연구하고 그들의 필요를 파악하여 주민들과 끈끈한 접촉점을 갖도록 노력해야 하는 것이다. 오늘날 우리 한국교회는 위기와 함께 새로운 기회의 순간에 서 있다. 급격히 침체하며 무기력해지는 한국교회를 다시 살리는 길은 지역교회들을 작지만 강한 교회로 만드는 마을목회일 것이다. 이를 위하여 기독교교육적 이론과 실천을 통해 가정·교회·마을 교육공동체를 형성하려는 시도는 이 시대에 꼭 필요하다고 본다.

우리 한국교회가 새롭게 출발할 수 있는 10년 정도의 시간이 우리에게 주어져 있다는 말들을 한다. 우리 교회들은 마을목회에 초점을 두고 주어진 이 시간을 잘 살려, 마을에 하나님 나라의 생명을 부여하기 위해 지역적으로 연대하는 교회들이 되어야 할 것이다. 이러한 관점으로 볼 때, 현재 왕성하게 활동하고 있는 장로회신학대학교의 김도일 교수가 집필한 본서 『더불어 건강하고 행복한 생태계를 만들어가는 가정·교회·마을 교육공동체』는 총회가 지향하는 마을목회를 실현하는 데에 아주 적합하고 훌륭한 책으로 여기고 감사하며 적극 추천한다.

추 천 의 글

「마을교회와 마을목회」
개인 저작 시리즈에 부쳐

채영남
(총회한국교회연구원 이사장)

대한예수교장로회 총회(통합) 교단은 제102회 총회를 맞으며 "거룩한 교회, 다시 세상 속으로"라는 주제를 정했다. 이 주제는 "다시 거룩한 교회로!"라는 제101회 총회의 주제와 연속성을 갖는 것으로, 사회와 구별되는 개별화된 교회의 거룩성을 말함과 동시, 사회 밖에 있는 교회가 사회 속으로 참여하는 모습을 강조한다. 이에 있어 교회와 가장 많은 접촉점을 갖는 영역은 아마도 교회가 속해 있는 지역사회일 것이라 생각한다. 교회가 속해 있는 마을은 원하든 원치 않든 교회와 많은 관계를 가질 수밖에 없다. 막연한 국가와 세상이라는 대상보다 우리에게는 우리가 속한 마을이 더 피부에 와 닿는다. 우리가 눈에 보이는 이웃을 사랑하지 못하면서 국가를 인류를 하나님을 사랑한다고 말하기 어려울 것이다.

마을목회는 공동체적 참여를 강조한다. 우리는 다른 사람들과 분리되어 살 수 있는 존재가 아닌 것으로, 이에 마을목회는 공생적 협력의 관계를 강조한다. 이런 전제 하에서 마을목회는 지역 내 교회 간의 공동적 연대를 중시한다. 지역 내의 각각의 교회들이 경쟁적 관계에 있는 것이 아니라, 그리스도의 몸을 이루는 보편적 교회 안에서 하나임을 확인하는 것이다.

또 마을목회는 복음 속에서 불신자를 신자와 구분하여 배제하지 않는다. 비신자들도 그리스도만 믿으면 구원받을 수 있는 잠재적 구원을 가지고 있는 존재들로서, 불신자라는 부정적인 말을 가지고 그들을 지칭하기보다는 구도자나 예비 기독교인이란 용어로서 그들을 정의하려 한다. 이에 우리는 교회 내의 신자만을 목회의 대상으로 삼지 말아야 하며, 교회 밖의 사람들도 하나님의 사랑받는 존재들임을 인정하는 것이 필요하다. 우리의 목회 영역이 교회 내로 움츠려 들어서는 안 되며, 온 세상을 향해 열려진 목회여야 한다는 것이다.

교회성장의 정체기를 맞이하여 교회는 비기독교 세계와의 접촉을 보다 늘려야 할 필요가 있으며, 이를 통해 한 사람이라도 더 주님의 백성으로 인도되고 건강하고 행복한 생태계를 만들어가는 가정, 교회, 마을이 연대하는 교육공동체가 형성된다면 그것보다 더 큰 보람은 없을 것이라 생각한다.

이에 본 총회는 이런 생각들을 모아 총회한국교회연구원을 중심으로「마을교회와 마을목회」개인 저작 시리즈를 내놓게 되었다. 시리즈의 두 번째 책으로 김도일 교수의『더불어 건강하고 행복한 생태계를 만들어가는 가정·교회·마을 교육공동체』를 출간하게 되었는데, 이 책을 통해 독자들이 마을목회의 필요성과 가능성 그리고 구체적인 실행에 대한 이해를 더 깊게 가지게 되기를 기대한다.

추 천 의 글

마을목회의 정착을 위한
상향적 기독교교육의 시도

노영상
(총회한국교회연구원 원장)

　김도일 교수는 오늘날 한국교회의 마을목회 동향들을 검토하여, "더불어 건강하고 행복한 생태계를 만들어가는 가정·교회·마을 교육공동체"라는 시의적절한 주제를 다룬 책을 세상에 내놓게 되었다. 본서는 우리의 교회가 가정과 마을로 긴밀히 연결될 필요성이 있음을 강조하고 이를 이루기 위해서는 기독교교육적 노력이 절실함을 강조하며 주제를 풀어나가는 책이다.
　이 같은 마을목회의 일을 추진하여 온 목회자들의 사역을 우리는 다음의 몇 가지 영역으로 구분해볼 수 있다. 복지 생태계, 경제 생태계, 환경 생태계, 교육 생태계, 문화 생태계 등의 영역들이다. 이런 다섯 개의 영역을 위해 마을 내의 약자들을 돌보는 것으로서의 사회봉사, 일하는 복지를 위한 마을 기업, 마을의 환경 개선, 마을 학교, 마을 축제의 장을 여는 것 등의 일들이 실천되기도 하였다. 이에 있어 이런 마을목회가 잘 수행되기 위해서는 공동체적 형성이 필요한데, 기독교의 사랑과 연대의 정신과 마을의 축제를 통한 연대와 공동체적 문화 형성 등이 이런 것을 가능하게 할 것이라 생각한다.

그동안 마을목회를 성공적으로 수행하기 위하여 여러 교회들이 마을 학교와 마을교육을 위해 많은 노력을 해 왔다. 빈곤한 가정들은 그들의 자녀들을 교육시키는 일이 쉽지 않은 오늘의 상황에서, 지역의 주민들이 서로의 자녀들을 자신들의 자녀로 생각하며 마을의 교육 자원들을 동원하여 함께 교육해 나가는 모델들이 많이 제시된 바 있다. 우리 자녀의 교육을 중앙의 정부 정책이나 공적인 학교들에만 맡기지 말고, 주민 스스로 그들의 자녀들의 교육을 위해 의견을 내며 노력하는 것이 중요함을 우리는 점점 더 깨닫게 된 것이다. 마을의 문화적 지리적 예술적 자원들과 기업과 공장 등 모든 것들이 학생들의 교육에 적극 활용되는, 보다 실천적이며 공동체적인 교육을 그들은 모색하려는 중에 있다. 주민들이 자신의 자녀들의 교육을 학교에 일방으로 맡기는 것이 아니라, 가정의 모든 힘을 동원하여 교육하는 일에 참여하며 가정의 공동체성을 마을의 공동체성과 연결하여 교육해 나가는 일종의 교육 생태계의 형성을 이 책은 강조하고 있다. 일종의 마을과 가정으로 연결된 마을 공동체로서의 교육 모델을 이 책에서 소개하고 있는 것이다.

그간 우리나라는 교육부 장관들이 바뀔 때마다 새로운 정책들이 실험되었지만, 그 결과가 신통한 것이 없었던 것 같다. 오히려 그와 같은 하향적인 교육정책보다는 주민의 생각들이 모아져서 나오는 상향적 교육에 대한 개선 방안들이 우리의 교육을 각 지역에 맞는 실제적 교육으로 발전시킬 수 있을 것이라 생각한다. 교육만큼 마을의 주민이나 마을의 가정들의 개입이 필요한 영역도 없는 바, 김도일 교수의 『더불어 건강하고 행복한 생태계를 만들어가는 가정·교회·마을 교육공동체』가 마을교육에 새 방향을 열기를 바라마지 않는다.

추천의 글

가정-교회-마을이 연대하여 이루어가는 하나님 나라

안광수
(가정 · 교회 · 마을연구소 이사장)

오늘의 가정, 교회, 마을은 심각한 도전에 직면해 있다. 그 도전은 관계와 소통에 관한 도전이다. 사람은 많아도 나와 의미 있는 관계를 갖고 있는 사람은 적으며, 소통할 수단은 많아도 거의 소통이 없기에 실로 외로운 사람이 많다. 가정 안에서도 관계단절과 소통부재를 경험할 뿐 아니라 교회는 마치 섬과 같이 마을 안에서도 고립되어 있는 것을 볼 수 있다. 이러한 때에 가정과 교회 그리고 마을을 생명망으로 연결하여 사람들을 건강하고 행복한 삶으로 인도하는 일은 우리 기독교가 꼭 해야 할 사명이라고 생각한다. 우리 모두는 커다란 생태계 안에 들어 있으며 모두가 생명망으로 상호간 연결되어 있었던 상태를 회복해야 한다.

전문적인 도움이 절실한 이 때에 장로회신학대학교에서 기독교교육학을 가르치고 있는 김도일 교수가 가정 · 교회 · 마을 교육공동체를 형성하는 데에 단초가 되는 이론과 실제를 담은 귀한 책을 출간하게 됨을 진심으로 기쁘게 생각한다. 가정 속에서 자녀들과 부모가 진정한 관계를 회복하고, 교회가 마을 속에서 건강하고 존경받을 만한 신앙공동체로서 존재하며, 마을 속에서 마을 사람들과 함께 서서히 하나님의 나라를 이루어 나가는 선교적인 공동체, 생활공동체로서 존재해야 할 것이다. 문제는 어떻게 하느냐이다. 이를 위하여 본서가 적절한 도움을 줄 것이다.

본서는 가정을 살리고 한국교회가 개교회주의를 탈피하여 마을 속에서 마을 사람들과 함께 하나님 나라를 이루어 나가는 일에 지침을 제공하는 귀한 책으로 쓰임 받을 것을 확신한다. 부모는 가정에서 자신의 자녀들을 하나님의 말씀으로 가르치고 신앙생활의 본을 보이며, 교회는 지역사회에서 신앙공동체의 모습을 보여 주어 마을 속에서 신뢰를 회복해야 한다. 그러기 위하여 교회의 본질은 무엇이며 교회가 어떤 역할을 해야 하는지를 신학적으로 조명하는 일이 절실하다. 이러한 점을 본서가 다룬 것이다.

저자 김도일 교수는 가정, 교회, 마을 연구소의 공동소장을 맡고 있으면서 본서의 주제와 여러해 동안 씨름하며 학문적으로 신학적 토대를 마련했을 뿐만 아니라 세계 각국에 흩어져 있는 모범적인 선교적 교회와 마을을 방문함으로써 현장의 생생한 모습을 통해 실제적이고 구체적인 방법까지 제시해 주고 있다. 본서를 통해 가정이 회복되고 교회가 살아나며 마을이 행복해지는 아름다운 하나님의 나라가 이루어지기를 기대하며 『더불어 건강하고 행복한 생태계를 만들어 가는 가정·교회·마을 교육공동체』를 기쁜 마음으로 추천한다.

추 천 의 글

마을사람들과 더불어 건강하고 행복한
생태계를 만들어가는 교육공동체

한국일
(장로회신학대학교, 선교학 교수)

본 교단(대한예수교장로회 통합)은 2018년 교회가 지향해야 할 방향을 한 마디로 "거룩한 교회, 다시 세상 속으로"라는 주제로 표현했다. 교회가 세상 속으로, 지역교회가 지역사회 속으로 들어가 지역주민들과 함께 하면서 하나님 나라를 실현하는 신앙운동을 전개하고자 한다. 기존의 한국교회는 아직도 세상을 부정적으로 여기는 구원의 방주적 교회론과 같은 '분리된 교회론'이나 건물 중심의 현실주의적 교회론에 머물고 있다. 이런 교회론은 지역교회로 하여금 지역사회로부터의 분리를 고착화시킨다. 교회의 본질적 차원에서 볼 때 교회는 근본적으로 세상으로부터 분리할 수 없다. 교회는 본질적으로 세상 속에 거하며, 세상을 향해서 나가는 선교적 운동성을 가지고 있다.(엡1:23) 이러한 교회론에 근거하여 목회현장을 지역으로 확장하고, 교회 공동체를 지역 공동체로 넓히면서 교회 안에 갇힌 목회로부터 지역사회를 향해 열린 선교적 목회를 추구하는 선교적 교회 운동이 필요하다.

김도일 교수는 이러한 교회의 본질과 시대적 요청에 부응하는 지역 공동체로서의 교회를 기독교교육의 관점에서 연구하여 『더불어 건강하고 행복한 생태계를 만들어가는 가정·교회·마을 교육공동체』라는 제목으로 출판하였다. 기독교교육학자로서 김도일 교수는 20년 이상 자신의 전공분야에 관련된 많은 연구서적과 번역서들을 출판하였는데 몇 년 전부터 선교적 교회 운동에 관심을 가지고 기독교교육적 관점에서 그것을 재해석하는 새로운 융합학문적 연구를 시도하고 있다.

본서는 앞에서 언급한 바와 같이 지역사회와 함께하는 선교적 교회를 교육공동체로 제시한다. "한 아이를 키우기 위해 온 마을이 함께해야 한다"는 격언처럼 교육은 특정기관에만 위임할 사항이 아니라 지역주민 모두가 함께하고 협력해야 할 일이다. 이런 주장이 실제로 실현되고 있는 선교와 교육현장들이 존재한다. 교회는 더 이상 교인들만을 위한 공간이 아니라 지역주민들과 함께하는 만나고 소통하며 하나님 나라의 기쁨을 공유하는 마당의 역할을 하는 곳이어야 한다.

이러한 교회의 선교와 교육의 책임을 실현하기 위해 목회자들과 성도들의 생각과 관점을 자극하고 도전하는 이론과 그것을 실제적으로 실천하는 원리와 사례에 대한 연구가 함께 필요하다. 김도일 교수의 책은 이런 요구를 모두 실현하고 있다. 본서의 내용을 전개하는 구성도 흥미롭다. 1부의 이론적 배경을 읽으면서 심리적으로 압박감을 느낄 즈음, 2부의 실제적인 원리를 상대적으로 읽기 쉽게 소개하였다. 필자의 신학적 이론과 기독교교육적 전개과정과 내용에 깊이 공감하면서, 내가 속한 상황에 적용하고 싶은 마음이 생길 즈음에 3부의 구체적인 현장연구를 통하여 실제적인 방향을 제시하는 다양한 사례들을 소개하여 독자를 격려하고 변화를 향한 희망을 갖게 한다. 따라서 이 책은 목회자들뿐만 아니라 우리 시대에 교회의 새로운 역할에 관심을 갖고 있는 그리스도인 모두에게 일독이 필요한 책이라는 확신을 가지고 추천한다.

감 사 의 글

가정·교회·마을 교육공동체를 향한 간절한 마음을 담아 감사드립니다

    가정, 교회, 마을은 원래 하나로 연결되어 있었다. 그러나 개인과 개인이 나눠지고 소통이 잘되지 않게 되자, 가정의 삶이 분열되기 시작하였고, 예수 그리스도를 머리로 하는 하나님의 백성들의 공동체인 교회가 건강함을 잃기 시작하였고, 교회가 존재하는 마을에서의 삶에 활력이 떨어지게 되었다. 그리고 세상 속에서 교회는 신뢰를 잃게 되었고 영향력을 상실하게 되었다. 한때 자녀들이 부모의 신앙틀(matrix) 안에서 선한 영향력의 영향을 받으며 양육을 받는 것이 자연스러웠던 때가 있었다. 어머니와 아버지의 기도하며 열심히 성경대로 살아가는 모습에 사회화되어 신앙생활의 기본을 배우고 온가족이 함께 교회에 출석하여 하나님의 사람으로 양육되며 받은 은혜와 사랑을 그들이 존재하는 마을에서 다른 이들과 나누며 삶이 전달되고 복음전도가 지탄을 받지 않던 때가 있었고, 기독교회는 마을과 나라를 위하여 항상 가장 앞선 교육내용과 신문화를 전달하는 플랫폼으로서의 역할을 선순환적으로 하던 시절도 있었던 것이 사실이다. 나라를 일제에 잃고 방황하던 민족에게 갈 길을 보여 주고 과연 예수를 믿는 것이 얼마나 유익하며 복된 길이며, 기독교는 개인과 사회를 위하여 공헌하는 종교라는 의식을 강하게 심어주던 시절이 있었다.

    이 땅의 교회는 130여 년 전에 전래되었던 기독교 신앙 위에 세워졌으며 개인과 사회를 위하여 헌신하고 봉사하는 것이 자연스러웠다. 비록 나라의 주권을 빼앗겼을지라도 다시 일어나 성경에서 말하는 인간의 자유, 권리, 해방, 보살핌, 섬김을 실천하여 자주독립을 향유하며 독립을 쟁취하여야 한다는 진리를 가르쳤다. 그리고 어린이, 젊은이들을 가르쳐 나라를 살리고 세계를 향하여 전진해야 한다는 정신을 가르친 것도 기독교의 복음이었다. 그러한 삶을 실천했던 안창호, 이기풍, 이승훈, 최용신, 김교신, 조아라, 주영하, 전영창, 윤동주, 권정생, 유일한, 손양원, 이호운, 김계용과 같은 불굴의 신앙과 희생정신을 가진 선배들의 덕[1]으로 훗날 한국교회에는 수많은 젊은이들이 몰려들게 되었다. 또 신학교마다 대학마다 공부하고 실력을 키워 가정, 교회, 마을을 넘어서 나라를 위해 한 몸을 바쳐야 한다는 일념으로 일어선 사람들이 곳곳에 인산인해를 이루었으며 교회는 차고 넘쳤었다.

그러나 어느덧 교회는 단순히 구원의 방주 역할에만 자신의 역할을 제한하고 사회와 국가 쪽으로는 담을 높이 쌓아버리던 시절도 있었다. 예수를 믿는다는 의미는 사회적 신앙에 등을 돌리고 정치와 사회와 경제와 문화에 신경을 쓰고 시류에 대하여 관심을 갖는 것은 세속적인 것이라는 인식을 심어주던 때가 있었다. 총과 칼을 든 정권이 들어서게 되면서 교회의 목회자들은 겁을 먹게 되었고 마치 정치에 관심을 갖지 않는 것이 신앙적이라는 반쪽짜리 신앙교육을 하던 시대가 있었던 것이다. 그래도 이전 선배들의 헌신과 땀으로 일구어냈던 기독학교와 마을의 교회들로 인하여 90년대까지는 교회를 마구 비난하던 사람들은 그리 많지 않았었다. 이제 21세기에 들어서면서 그동안 수십 년간 신경 쓰지 않았던 진실, 즉 가정, 교회, 마을이 생태적으로 연결되어 있으며 커다란 생명망 안에 들어있음을 간과하였던 결과가 한반도를 휩쓸고

---

[1] 김도일 편, 『참스승: 인물로 보는 한국 기독교교육사상』(서울: 새물결플러스, 2014)과 『사회적 신앙인의 발자취』(서울: 동연, 2017)를 참고하라.

있는 중이다. 이제 교회가 가진 사회적 책임을 인지하고 자정 능력을 회복하여 세상 속에서 제 역할을 감당해야 한다. 요즘은 미디어에서도 교회가 역할을 하는지를 감시하는 지경에 이르게 된 것은 실로 우리의 모습을 심각히 돌아보게 한다.

그 결과 우리 땅에는 단절과 분리, 불통과 오해, 개인주의와 사유화 현상 등이 가정, 교회, 마을에 영향을 미치고 있으며 그동안 성장제일주의에 빠져있던 한국의 교회는 새롭게 자신의 모습을 성찰하며 고난의 강을 통과하고 있는 중이다. 오늘날 신학교를 찾는 헌신된 젊은이들의 수가 눈에 띌 만큼 줄어든 것은 교회가 사회로부터 불신의 대상이 된 결과라고 볼 수 있다. 이제라도 진리의 원천인 성경으로 돌아가 예수 그리스도께서 추구했던 마을공동체를 다시 회복하여 사회로부터의 신뢰를 회복하는 길을 모색하는 데에 초점을 맞추어야 한다. 또 기독교신앙은 개인적이며 동시에 사회적이라는 점을 기억하여야 한다. 무엇보다 가정·교회·마을 교육공동체를 형성하는 데에 목적을 두고 본서를 집필하였다.

여는 글에서는 가정·교회·마을 교육공동체에 관한 연구와 실천이 왜 필요한가를 다루었고, 1부에서는 가정, 교회, 마을을 연계한 마을교육공동체 형성을 위한 이론적 배경을 다루었으며, 2부에서는 잃어버린 미래세대를 위한 가정·교회·마을 교육공동체 형성에 대한 도전과 교육원리를 다루었고, 3부에서는 건강한 가정·교회·마을 교육공동체를 위한 구체적인 사역 원리와 전략 그리고 형성 사례와 형성과정과 목적 등을 다루었다. 닫는 글에서는 가정-교회-마을을 묶어주고 살리는 복음주의 양심의 회복을 다루었다. 여기에 실린 글 중 1부의 글들은 대부분 학술연구지에 실린 것을 수정·보완한 것이며, 2, 3부의 글들은 2016년, 2017년 2년 동안 〈교회성장〉에서 원고청탁을 받아 "더 넥스트 스텝"(미래세대 살리기)이라는 주제로 연재한 것이다. 그리고 몇 개의 글은 〈교육교회〉에 게재한 글이다. 본서의 내용 중, 교회론, 해피투게더, 생명망, 새롬교회 사역정신 등에 대한 설명이 자주 부연됨을 미리 밝혀 둔다. 이는 마을교육공동체를 형성하는 핵심 개념이기 때문에 부득이 그리 할 수밖에 없었던 것이다.

지난 수년간 선교지라고 말할 수밖에 없는 제주도에서 제주교육선교연구원사역을 수행하면서, 미션스쿨도, 신학교도 없는 제주 땅에서 전문신학교육을 받을 기회가 없는 성도들을 훈련하여 지교회로 다시 파송하는 사역을 하였다. 이러한 와중에 가정, 교회, 마을의 생태계를 다시 회복하고 교육공동체를 형성하는 일에 몰입하게 되었다. 이 사역을 위하여 전국의 대학에서 가르치는 선후배 교수들이 마음으로 도와주었다. 또 우리나라를 비롯한 지구촌의 여러 교회와 다양한 사역현장을 탐방하면서 얻게 된 경험과 통찰을 갖게 된 것은 즐거운 일이었으며, 더불어 가정·교회·마을 교육공동체 연구에 대한 마음의 열정을 갖게 되었다. 그리고 수년전부터 한국일 교수께서 주관하는 학생 팀과 여러 나라의 선교·목회 현장을 함께 방문하면서 다양한 사람들과 대화하고 세미나를 인도하며 친교하면서 생동감 넘치는 공부를 하였다. 그때 독서, 대화로 얻은 지식과 현장에서 감동을 통해 확장된 선교적 교회론에 대한 확신은 결국 가정-교회-마을 연구라는 평생 동안 해도 좋을 사역을 찾게 하였다.

이제 선교적 교회론을 기독교교육학의 시각으로 다시 개념화하여 마을현장에서 실천을 원활케 하는 작업이 필요함을 마음깊이 느끼게 되었고, 더 늦기 전에 가정·교회·마을 교육공동체를 주제로 다루는 한권의 책을 펴내야 하겠다는 결단을 하게 되었다. 지나고 보니 이렇게 다양한 경험이 평생 기독교교육학을 전공한 이로써 가르치며 배웠던 나로 하여금 갖고 있던 모든 배움을 융복합적으로 다시 적용하게 하였고, 결국 본서의 이론과 실천의 뼈대를 다지는 계기가 된 것이다. 최근 대한예수교장로회(통합)의 총회가 "거룩한 교회, 다시 세상 속으로"라는 주제로 마을목회를 총회의 사역초점으로 삼는 것과 시기가 신기하게 맞아 떨어진 것은 아마도 이 가정·교회·마을 교육공동체 사역이 원래 하나님의 뜻에 들어 있었던 것이라는 확신을 갖게 한다.

모든 만남과 일이 다 하나님의 손안에 있지만, 본서를 출간하게 된 과정도 예외가 아니다. 동연의 김영호 사장께서는 대화 중 필자의 가정·교회·마을 교육공동체에 대한 집필 계획을 우연히 듣고 흔쾌히 출판 의지를 표명해 주었고, 총회한국교회연구원의 책임을 맡고 있는 노영상 원장께서 동역할 것을 제안함으로써 순탄하게 출간의 기회를 갖게 된 것이다. 두 분께 고마운 마음을 표하고 싶다. 또 필자가 공동소장으로 있는 가정교회마을연구소의 안광수 이사장께서도 같이 책을 기획할 의사를 표명해 주어, 결국 "총회한국교회연구원·가정교회마을연구소 공동기획"으로 본서를 세상에 내놓게 되어 참으로 기쁘고 든든하다.

늘 사역을 같이 하며 권면과 격려를 아끼지 않는 (이하 가나다순) 가정·교회·마을연구소의 김영철, 안광수, 이명식, 이원돈, 황인성 목사님, 조은하, 한국일 교수님께 진심으로 감사드린다. 제주교육선교연구원의 서성환, 오공익, 신관식, 안광덕 목사님, 이수걸전도사님의 지속적인 헌신에 진심으로 감사드린다. 지역교회 활성화 공부 모임에서 영감을 불어넣어 준 박현철, 손달익, 이근복, 원종희, 이영익, 조주희 목사님, 배경임 실장님, 배종석, 류지성, 양혁승 교수님께 감사드린다. 이 지북 모임에서 늘 신선한 자극을 주는 민경식, 조성돈, 조은하 교수님, 박종수, 송민호, 장동학, 장철근, 정연수, 조용선, 주현신 목사님께 감사드린다.

항상 인생을 나누며 장미원 마을에서 같이 뛰어 놀며 지냈던 수유제일교회 친구들, 박진철, 조인서, 주익성 목사님과 김강 교수님 그리고 늘 함께 사역의 통찰을 주고 받으며 서로 격려하는 김경환, 김병곤, 김정훈, 남명현, 박범혁, 박재용, 박진석, 박한규, 방수성, 방승수, 성원용, 신정, 오필승, 이동균, 이종실, 이전규, 장덕순, 최일도, 최정훈, 한경균 목사님께 감사드린다. 난곡지구에서 소외받은 마을사람들을 돌보고, 북한에서 온 이들의 자녀들을 돌보기 위해 일생을 바쳐 살아가는 차정규 목사님, 보고 싶은 하용조 목사님과 큰 교회를 맡아 건강하게 목회하는 이재훈 목사님, 작지만 네 세대를 차분하게 섬기는 윤철원 목사님께 감사드린다.

추천사를 써주신 노영상, 안광수, 채영남, 최기학 목사님과 한국일 교수님께 감사드린다. 지금도 멀리서 노환으로 고생하시는 부모님, 동생 식구들에게 미안하기만 한데 상황은 진퇴양난이다. 결혼을 앞둔 둘째와 미래사위 그리고 손주 산이와 나무를 키우며 잘 살고 있는 첫째와 사위에게 감사한다. 장로회신학대학교는 오랜 세월 동안 기독교교육과 대학부, 신대원, 대학원, 목회전문대학원 학생들과 같이 하나님의 나라 확장을 위해 씨름할 기회를 주었고, 특히 2017년 한 해 동안 연구년을 갖게 배려해 주어 시간적, 정신적, 육신적, 영적 공간을 갖고 글쓰기 및 책 만들기 작업을 할 수 있도록 배려해 주었다. 인생의 황금기를 같이 보내며 온갖 종류의 자극을 주고 받으며 같이 늙어가는 교수님들과 학교에 진심으로 감사드린다.

늘 앞서 가시는 하나님은 내 속에서 '미션-얼'의 싹이 트기 전부터 기독교교육적 열매가 만들어져 책으로까지 만들어지는 과정 저 너머까지 늘 앞서 가시며 모든 것을 예비하고 인도하고 계셨다. 그분은 앞으로도 반드시 그러하시리라 믿고 열심히 살고자 한다. 여러 모로 부족하지만 이 책이 우리나라의 가정, 교회, 마을이 연대하고 소통하여 더불어 건강하고 행복한 생태계를 만드는 가정·교회·마을 교육공동체가 형성되는 데에 다소나마 일조하기를 간절히 소망하며 함께 인생길을 걸어온 분들에게 감사의 마음을 표하고자 한다. 호모 비아토르(Homo

Viator)! 모든 인간이 길 위의 나그네인건 분명하지만 결코 혼자가 아니며, 함께 가야 멀리가기도 하고 더불어 건강하며 행복한 생태계를 만들어 가는 가정·교회·마을 교육공동체를 형성하게 된다는, 너무도 평범하여 잊어버린 진리를 혹여 다시 생각나게 하는 책이 되기를 바란다.

2018년 새아침에, 장자호수마을에서

김도일

여는 글

가정·교회·마을 교육공동체에 관한 연구와 실천이 왜 필요한가?*

I. 왜 마을교육공동체인가?

오늘날 많은 사람들이 종교개혁 500주년을 맞이하여 본래의 개혁 정신인 오직 성경, 오직 그리스도, 오직 은혜, 오직 믿음, 오직 하나님께 영광으로 돌아가기를 열망하며 각 분야에서 최선을 다하고 있다. 이 원천으로 돌아가야 한다는 정신(Ad Fontes)은 주님이 다시 오시는 그날까지 유효할 것이다. 실로 모든 권위의 원천은 하나님의 말씀에 있으며, 그리스도 외에 다른 길에는 구원이 없다. 모든 피조물의 구원은 오직 하나님의 은혜에 기인한 것이며 그러기에 우리는 오직 그리스도를 통한 믿음으로만 하나님의 선물을 받을 수 있으며 결국 우리 삶에서 일어나는 모든 사건에 대한 영광은 오직 하나님께서만 받으실 수 있다. 종교개혁의 정신으로 모든 인류가 살아가기만 한다면 인간은 하나님과 영원한 코이노니아를 누리며 모든 이들과 화평하고 나보다는 남을 위한 공동체 지향적인 삶을 영위하며 자유과 행복과 복락을 누리며 살아갈 수 있을 것이다. 그러나 현실 속에서는 아직도 아니 죄된 인간이 존재하는 한 이기심과 갈등과 전쟁과 폭력이 난무하고 있다. 이 모든 문제의

---

* 이 글은 「교육목회」 51권, 2017년 가을호, 39-45에 게재되었고, 수정·보완하였다.

핵심에는 인간의 자기중심적이고 경쟁적이며 습관적인 죄성이 자리잡고 있으며, 이로 인해 인류는 끊임없는 교만과 방종과 게으름과 자의적인 범죄가 그치지 않는 환경 속에 노출되어 있다. 크고 작은 사건의 중심에는 인간의 욕심이 들어 있으며, 나만 살면 그만이라는 근시안적이고 개인적이고 이기적인 욕망이 사건발생의 중심에 있다.

그러므로 오늘날 인류가 겪는 불확실성 위험, 소통부재, 고립과 단절 등의 총체적 위기는 인간을 비롯한 모든 하나님의 피조세계가 서로 연결되어 있고 다자간 생명을 주고 받는 생명망으로 얽혀 있다는 점을 망각한 결과라고 본다. 한 아이를 제대로 키우려면 온 마을이 필요하다는 격언은 아직도 유효하다. 왜냐하면 오늘날 사회는 시멘트로 막히고 고립된 상태이며 마을을 상실하고 있기 때문이다. 마을의 회복은 우리 모두가 가진 공동의 목표가 되어야 한다. 이를 위하여 모든 목회자를 비롯한 기독교교육을 수행하는 이들은 힘을 합쳐 마을교육공동체를 이루어가는 데에 전력해야 할 것이다.

마을교육공동체는 왜 필요한가?

그 이유는 간단하다. 우리 모두가 함께 키워내야 할 미래세대에 포함되는 아이들과 우리 자신을 위하여 필요한 것이다. 우리나라, 우리교회, 우리가정의 미래를 책임질 우리의 아이들의 미래는 건강하고 균형 잡힌 가정-교회-마을이 연대하는 교육공동체가 성공적으로 자리잡느냐의 여부에 달려있다. 마을교육공동체를 논할 때 필요불급하게 등장하는 단어들은 자치, 협동조합, 민주주의, 공동체와 같은 것인데 이런 개념들은 "약자의 언어이며 동시에 사회에 대한 성찰의 결과물"이다. 너무도 험악한 경쟁 구조 속에 놓여 있는 우리의 자녀들을 "학부모 권한 위임으로 발생한 조직"인 학교에만 위임한다는 것은 어쩌면 부모들의 "천부적인 권리인 자녀교육에 대한 권리"를 회피하는 것일 수 있다. 우리의 미래인 자녀들을 교회라는 신앙공동체가 마을 속에서 힘을 합쳐 연대함으로 삶과 배움을 연결시키는 노력을 기울이기 위하여 마을교육공동체가 필요한 것이다.1 오늘날 한국교회가 마을목회의 중요성을 인식하고 관심을 갖는 것은 매우 고무적인 일이다. 그러나 마을목회를 기독교교육적 시각을 갖고 수행하는 것이 매우 중요하다. 왜냐하면 기독교교육적 사고를 해야 시대의 흐름을 읽을 줄 알게 되고, 사람의 내면에 있는 필요를 알게 되며, 어떻게 사람에게 접근해야 할지를 파악하게 되기 때문이다.

기독교교육의 역발상적 핵심은 이것이다. "사람은 어떤 사람의 가르침으로 변하기보다는 자신이 속한 공동체에서 영향을 받아 변하게 된다." 가르침으로는 지식을 학(學), 즉 배우게 되나, 이제는 습(習), 즉 익히는 삶을 통하여 진정한 변화를 체험하고, 감동을 받아 본받고 싶을 때 일어나는 신비한 과정을 종합적으로 경험하여야 한다. 이러한 관점에서 가정-교회-마을이 연계되고 연대하여 골목길을 살리고 마을의 생동감을 되찾는 마을재생운동이 필요한 것이다. 농촌, 어촌, 산촌, 도시 모두 마을이라는 개념으로 생태적 삶을 재생시키는 노력이 절실하다. 소위 둥지내몰림(젠트리피케이션: gentrification)2의 폐해와 동공화

---

1 서용선 외, 『마을교육공동체란 무엇인가?: 탄생, 뿌리 그리고 나침반』 (서울: 살림터, 2016), 10-15.

2 젠트리피케이션으로 알려진 '둥지내몰림'은 대부분의 경우 노후한 건물의 소유주가 바뀌면서 대기업 프랜차이즈의 건물주가 들어서고, 이 과정에서 기존 세입자가 천정부지로 치솟는 임대료를 감당하지 못하여 다른 지역으로 쫓겨나는 현상이다. http://ko.wikipedia.org. 핵심 검색어: 젠트리피케이션. 2017년 11월 30일 10:00 접속. 이를 방지하기 위하여 도시 속에 아직도 존재하는 골목길의 가치를 재조명하는 일이 비일비재하게 발생하고 있다. 모종린, 『골목길 자본론』 (서울: 다산 3.0, 2017)의 핵심 논지를 참고하라. 도시 골목길의 가치를 재발견하고 소위 대기업이라고 하는 스타벅스, 구글, 나이키와 같은 기업이 어떻게 작은 도시 골목길에서 시작되었으며, 왕성하게 활동하며 '성공'한 후에도 작은 도시의 골목길을 떠나지 않는지에 대한 연구를 한 책이다. 골목길은 도시경제의 다양한 공공재를 창출하는 자본이자 사람들을 연결하는 중요한 통로가 된다는 점을 다룬 책이다. 모종린의 글과 다양한 자료는 세계화연구센터 홈페이지(www.rig.or.kr)

를 방지하여 마을로서의 삶을 재생하는 것이 필요하다고 생각한다. 이러한 의미에서 가정·교회·마을을 염두에 둔 교육공동체 형성에 관심을 갖는 것이 매우 중요하다.

본 연구는 점점 더 망가져가는 피조세계 속에서 교회가 어떻게 역할을 하여야 잃어버린 신뢰를 회복하고 사람과 사람을 연결시키며 그 과정 속에서 어떻게 우리의 미래 세대들과 그들을 양육하는 부모세대를 개혁정신으로 양육하고 세울 수 있을지에 대하여 살펴볼 것이다. 왜 교회가 이 일을 해야 하는가? 왜냐하면 교회보다 더 자발적인 지역시민사회 공동체가 없기 때문이다.3 먼저 균형잡힌 개혁신학적 교회론에 대한 조명을 할 것이며, 생명망으로 연결된 생태계4 회복에 대한 논의를 할 것이다. 결국 이 논의는 마을교육공동체를 제안하는 것으로 마무리 될 것이다.

를 참고하라. 실제로 우리나라에도 성수동 수제구두 골목길과 북촌마을 골목길과 광장동의 카페마을골목, 전주의 한옥마을골목, 군산의 전통마을골목 등을 대표적인 예로 볼 수 있다.

3 김동춘, http://v.media.daum.net/v/20170811123514221. "주민이 마을 정책 세우고 예산 결정에도 직접 참여." 입력 2017. 08. 11. 12:35.

4 이 책에서는 가정, 교회, 마을로 연결되는 생태계를 말하고 있지만, 물리학을 연구하는 이들은 "자연-인간-사회를 유기적 관계"로 보는 복잡계라는 "물질, 생명, 사회를 포함하여 세상에서 다양하게 나타나는 복잡한 현상을 보편지식의 관점에서 해석하는 틀"을 이해하는 개념, 즉 '복잡성을 지닌 뭇알갱이계(many-particle system)'을 다룬다. 최무영, 최인령, "정보혁명시대, 온문화 패러다임 모색: 정보교류 동역학과 온생명 개념에 기초하여,"『정보혁명: 정보혁명시대, 문화와 생명의 새로운 패러다임을 찾다』(서울: 휴머니스트, 2017), 18-19. 그들은 오늘날의 정보혁명, 초연결사회를 형성하는 문화도여타 생명체와 마찬가지로 유기적으로 잘 짜여져 있으며, 생명체처럼 신진대사, 에너지대사를 하며, 살아있기 위하여 균형을 유지하는 항상성(homeostasis)을 유지하며, 생명체처럼 번식하고, 진화한다고 주장한다. 위의글, 26-27.

II. 교회에 대한 이해와 마을 속의 교회의 역할

교회의 본질적 이해는 무엇인가? 교회론에 대한 논의는 오래전부터 있어왔다. 특히 종교개혁시대 이후로부터 교회가 무엇인가에 대한 논의는 매우 치열하게 진행되었다. 교회는 가시적 교회와 불가시적 교회로 구분할 수 있으며, 당장 우리 인간의 눈에는 보이지 않는 가라지도 섞여 있는 가시적 교회가 주님의 때가 되면 가라지와 좋은 씨가 구분되듯 구분되어 비로소 불가시적 교회가 드러나게 된다. 교회는 또 모이는 교회와 흩어지는 교회로 나누어 생각할 수 있다. 물론 교회는 예수 그리스도를 주로 믿는 하나님의 백성들이 모인 공동체로서 모이는 교회와 흩어지는 교회가 임의로 나누어지는 것은 아니다. 교회는 예배공동체, 친교공동체, 가르침을 주고받는 공동체, 섬김의 공동체로서 개인-가정-교회-마을-세계라는 도식 가운데 존재하는 하나님의 백성의 모임이다. 그러므로 사실 모이는 교회가 말씀선포와 사귐, 가르침과 봉사에 대하여 성경적 토대를 견고하게 하는 공동체이다. 그러나 이러한 점이 흩어지는 교회로서의 사명을 게을리 해도 된다는 말은 결코 아니다.

이 글에서 내리는 교회에 대한 성경의 정의는 에베소서 1:23에 명쾌하게 나타난다. "교회는 그[예수 그리스도]의 몸이니 만물 안에서 만물을 충만하게 하시는 이의 충만함이니라." 교회는 예수의 몸으로써 만물(세상) 속에서 세상을 충만케 하시는 그리스도의 충만함이며 하나님이 창조하신 세상에서 하나님의 나라를 확장해 나가는 것이라는 말이다. 이를 장 칼뱅, 마르틴 루터, 디트리히 본회퍼, 칼 바르트, 에밀 부르너, 위르겐 몰트만, 존 웨슬리, 요하네스 호켄다이크, 김균진 그리고 은준관에 이르기까지 그들의 교회관을 살펴본 결과 교회란 교회가 위치한 마을에서 하나님의 나라를 형성하기 위하여 최선을 다하여 살아가는 하나님의 백성이다. 말씀선포와 성례전, 전도, 친교를 통하여 건강한 신앙공동체로 존재함과 동시에 마을, 즉 세상 속에서 예수 그리스도의 생명, 사랑, 연대, 섬김, 함께함의 정신을 퍼뜨리고 소통하는 생명공동체, 생활공동체로서 그리스도의 십자가 정신을 실천하는 공동체이다. 자세한 교회론에 대한 논의는 각주의 논문을 참고하기 바란다.5 교회가 개인과 가정 그리고 마을과 어떠한 관계 속에서 생각해야 하는지는 다음의 [그림 1]에 나타난다.

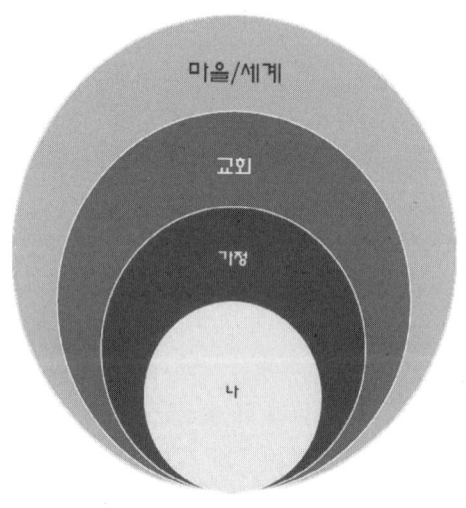

[그림 1] 나-가정-교회-마을의 상관도

교회는 예배당도 필요하고 조직도 필요하며 일정한 정치체계도 필요하다. 그러나 건물과 토지와 조직과 체제 자체만이 교회가 교회되는 것은 아니다. 교회는 근본적으로 하나님을 만물의 주인으로 경배하며 예수님을 유일한 구세주로 믿는 사람들의 모임이다. 그러나 다양한 사람들이 모여 공동체를 이루기 위해서는 예배와 친교를 위해 모일 공간이 필요하고 사람들의 필요를 채워줄 조직과 그 조직을 효율적으로 작

---

5 김도일, "지역공동체로 나아가는 기독교교육," 「기독교교육논총」 제47집 (2016. 9. 30): 51-93.

동하게 하는 규칙과 제도가 필요한 것이다. 마치 초대교회에 많은 사람들이 모이기 시작했을 때 사도들만의 사역으로는 다 채워지지 않는 섬김의 빈공간이 발견되어 일곱집사를 따로 세워 사역의 책임을 나눈 것과 같은 이치이다. 중요한 것은 교회가 결코 가정과 마을을 떠나 논할 수 있는 독립적인 기관이 아니라는 점이다. 교회는 근본적으로 하나님의 백성 공동체이기 때문에 유기체적인 특성을 지닌다. 유기체적이라 함은 살아있다는 의미이며, 살아있다 함은 생명망이라는 개념에 나타나듯 가정과 마을 속에서 서로 교통하고 소통하며 삶을 나누는 역동적인 과정이 필수적이라는 말이다. 바로 이점이 교회가 마을 속에서 마을 사람들과 삶을 나누는 마당, 즉 플랫폼이 되어야 한다는 논의로 이어진다.6

교회는 마을 속의 교회, 마을과 함께 하는 교회이어야 한다. 마을과 상관없는 전두공동체로 그 존재 목적이 축소되어서는 안 된다는 말이다. 물론 모든 믿는 자들은 예수 그리스도의 복음을 세상에 전하고 병들고, 소외되고, 힘없는 이들에게 자유와 생명을 나누어야 한다. 그러나 이 전도에 대한 사명이 교회로 하여금 벽을 높이 쌓고 구원의 방주로서의 제한적인 역할만을 해도 된다는 면죄부를 주는 것은 아니라는 말이다. 교회는 한편으로는 구원의 방주이다. 예수님을 모르는 사람들에게 기쁜 소식을 전하여 그들로 하여금 구원의 도를 발견하고 주님을 모시게 도와주어 구원을 받게 도와주는 역할을 해야 한다는 것은 아무리 강조해도 지나치지 않다. 그러나 교회는 구원의 방주로서의 역할만을 부여받지 않았다.

---

6 하나님의 모든 피조물이 하나님의 주권아래 생태공동체로 존재한다는 취지로 쓴 다음의 책을 참고하라. 이영옥, 『새로운 생명운동 생태공동체』 (서울: BOOKK, 2017). 이 연구는 인간중심의 신학에서 벗어나 모든 피조세계의 생태적 연결에 대하여 간결하게 논하고 있으며 계획공동체로서의 생태공동체론을 펼치면서 전남 장성의 한마음공동체와 지리산 두레마을을 사례로 다루고 있다. 한마음공동체가 내건 표어, "조금 늦더라도 조금 덜 예쁘더라도 자연의 시간표대로 키우겠습니다"가 그들의 생태계의 건강을 중요하게 여기는 철학을 보여준다.

교회는 세상의 마을 속에 존재하며 예수께서 말씀하신 것처럼 "하나님이 세상을 이처럼 사랑하사 독생자를 주셨으니 누구든지 그를 믿는 자마다 영생을 얻게"(요 3:16)하려는 하나님의 백성들의 공동체이다. 그런데 여기에서 우리가 바로 이 요한복음 3:16 말씀을 전체적으로 잘 살펴볼 필요가 있다. 하나님은 '세상'을 사랑하시되 독생자를 내어 주시기까지 사랑하신 것이다. 우리는 대개 독생자를 믿으면 영생을 얻는다는 구절의 후반부에만 강조점을 두는 경향이 있다. 그러나 하나님은 세상을 사랑하셨다는 점도 역시 기억해야 한다. 모든 세상이 하나님의 백성들, 즉 교회가 되기까지 하나님은 끝없이 독생자를 통한 사랑을 하신다는 말씀이다. 그러므로 교회는 마을 속에서 마을 사람들이 왕래하며 교회 마당을 밟으며 하나님의 사랑에 대하여 느끼고 대화하며 사랑을 배울 수 있도록 마당의 역할을 해야 하는 것이다.

우리나라에서 교회가 한창 부흥하던 시절에는 선배 신앙인들의 순교적 헌신과 그들이 값비싼 대가를 치루고 얻은 사회로부터의 존경과 신뢰에 힘입어 수많은 사람들이 교회당으로 몰려들었었다. 그때는 소위 교회성장론이라는 이론이 마치 어느 시절에나 통하는 것처럼 보였다. 그러나 이제는 상황이 많이 바뀌었다. 물론 아직도 수적으로 성장하는 교회가 있으며 심지어 어떤 교회는 오늘날과 같이 저출산, 고령화 시대에도 아동, 청소년 부서에 속한 미래 세대들의 수가 증가하는 교회도 있다. 그러나 그러한 현상은 일반적인 것은 아니며 많은 경우 아주 드문 경우를 제외하고는 학군과 연관된 지역적 특성이나 목회자의 탁월성 등에 기인한 수평이동의 성격을 띠고 있다고 볼 수 있다.

교회는 마을 속에서 마을의 특성을 잘 이해하고 마을 사람들과 함께 존재하면서 거룩한 하나님의 백성으로서의 역할을 겸손하고, 조용하게 그러나 진정성을 실천하는 공동체이어야 한다. 그리고 마을의 대소사에 적극적으로 참여하고 마을 사람들의 전인적인 필요를 파악하여 같이 호흡하면서 마을과 함께 하여야 할 것이다. 이는 오랫동안 적지 않은 목회자나 성도들이 교회안과 교회 밖을 구분지어 어떤 특정한 마을 속에 위치하고 있으면서도 교회 밖 삶에 대하여는 별반 관심을 갖지 않고 교회 밖 사람들을 오직 전도의 대상, 구제의 대상으로만 생각하였던 것과는 다른 생각이다. 모이는 교회는 마을 속에 스며들어가는 흩어지는 교회의 모습도 동시에 취해야 한다는 것을 의미한다. 혹시 이러한 교회론적인 이해를 다시 "전도나 교회성장의 도구로 이용하는 것"이라고 착각해서는 안될 것이다.

무엇보다 마을에 존재하는 교회는 지역공동체, 즉 마을의 사람들과 끝까지 함께할 것을 맹세하며 함께 먹고 함께 기도하면서 모든 마을 사람들이 하나님의 임재를 인정하고 하나님의 생태계를 향한 사랑을 느끼고 함께 향유하는 그날까지 "가장 이상적인 장소를 찾아 이곳저곳 기웃기리는 욕망"을 내려놓는 삶을 추구해야 한다. 함께 "정주하는 미덕"을 추구하며 천천히 꼼꼼하게 그리고 오래 참음으로 마을교육공동체를 세워나가는 사명을 감당해야 할 것이다. 그래야 정주를 통하여 교회는 신의를 회복하게 되며 공공의 선을 세워나갈 수 있게 될 것이다.[7] 마치 서양 선교사 서서평(徐舒平, Joanna Elisabeth Shepping, 1880-1934)이 우리 곁에 와 그렇게 살았던 것처럼.

조용훈이 말한 것처럼 "교회는 세상과 마을을 향해 열린 공동체로서, 마을이 선교의 공간이 되며 마을 주민이 모두 잠재적 교인이라는 의식을 갖고 마을목회를 전개"해야 한다. 교회는 "마을 주민과 소통하고 그들을 섬기는 기관으로서, 마을 주민과 더불어 살며 마을을 향해 열린 모습을 지녀야 한다."[8]

---

[7] C. Christopher Smith, John Pattison, *Slow Church: Cultivating Community in the Patient Way of Jesus*, 김윤희 역, 『슬로처치』 (서울: 새물결플러스, 2015), 91-106.

[8] 조용훈, 『마을공동체와 교회공동체』 (서울: 동연, 2017)의 핵심 논제.

III. 삼위일체 하나님과 가정, 교회, 마을의 연계적 생명망 이해

일반적으로 삼위일체 하나님에 대하여 설명할 때 페리코레시스(πε ριχώρησις)라는 단어로 설명한다. 이는 성부, 성자, 성령 하나님께서 상호내주, 상호침투, 상호의존 하시는 것처럼 인간을 포함한 모든 피조물은 서로 긴밀하게 연결되어 하나의 커다란 생명망이라는 체계 속에 들어 있다. 그리고 한 개인이 태어나는 가정, 가정이 모여 형성되어지는 교회, 교회가 존재하는 마을은 상호간 긴밀하게 연계된 생명망 속에 존재한다는 사실을 우리는 기억해야 한다. 더욱이 하나님께서 있게도 없게도 하시는 가정과 교회와 마을이 마치 하나님의 신비한 일체되심과 마찬가지의 연계성을 지니고 있다는 것이다. 실제 한 아이를 키우려면 온 마을의 정성과 사랑과 보살핌이 필요하다는 사실을 모르는 사람은 없는 것과 같은 이치라고 본다. 훗날 삼위일체 신학에 근거한 가정, 교회, 마을의 연계적 생명망 이해를 심층적으로 연구하는 것은 의미가 있을 것으로 사료된다. 이미 잘 알려진 유리 브론펜브레너가 발표한 생태사회학적 연구는 한 개인의 성장을 위해 가장 중요한 환경은 가정, 교회, 학교, 또래집단과 같은 미시체계/집단(Micro System)의 영향이 가장 중요하다고 지적한 것처럼, 가정과 교회와 마을이 유기적으로 연계되어 있음을 인지하고 이 세 환경의 연계적 생명망을 이해하는 것은 오늘날 마을교육공동체를 형성하는 데에 매우 중요한 단초가 된다. 이런 관점에서 볼 때 가정, 교회, 마을의 생명망 조성을 통한 마을교육공동체 형성은 이제 필수적 사역이 되었다.9

---

9 가정과 교회와 마을을 살리는 일은 하나님이 본래 의도하셨던 순환적이고 생태적인 생명망으로 묶여진 세상을 회복하는 것이며 이 땅 위 존재하는 모든 교회의 사명이다. 다음의 글 참고: 김도일, "가정, 교회, 마을의 생명망 조성을 통한 교육공동체 형성에 관한 연구," 「선교와 신학」 제41집, 2017. 2, 223-248.

예수님의 사역과 마을교육공동체 형성

예수님은 "온 갈릴리[마을]에 두루 다니사 그들의 회당에서 가르치시며 천국 복음을 전파하시며 성중의 모든 병과 모든 약한 것을 고치셨다"(마 4:23, 행 10:38).

마을을 두루 다니며 가르치고, 전도하고, 치유하고 돌보셨던 예수님의 사역은 오늘을 사는 우리에게도 마을교육공동체 형성에 대한 사명을 일깨워준다.

최근 마을을 교구로 삼아 마을 사람들과 소통하며 사역하는 교회의 실례는 우리에게 많은 도전과 함께 실천적 통찰을 제공해 준다. 예컨대 도시에서 미래세대를 세우며 가정, 교회, 마을을 연계하는 본을 보여준 한남제일교회(오창우 목사)와 한사랑교회(황성수 목사)와 부천새롬교회(이원돈 목사)와 유일교회(남택률 목사)와 성암교회(조주희 목사)와 신동리교회(오필승 목사)의 예가 그것이며, 농촌에서 지역에서 폐교위기에 있던 초등학교를 살려낼 정도로 마을교회의 역할을 잘 감당한 송악교회(이종명 목사)의 사역이야기는 마치 메마른 대지에 단비와 같은 통찰을 주기에 충분하다.[10] 언급한 교회의 특징은 비록 모든 교회가 금전적 혹은 경제적 자본(financial capital), 사회적 자본(social capital), 인적 자본(human capital)을 가진 것은 아니나, 적게나마 교회 내에 존재하

---

10 실제 사례가 소개된 다음의 글과 책을 참고하라. 김도일, 한국일, "다음세대의 생명을 살리고 번성케 하는 교회교육 모델 탐구," 『다음세대 신학과 목회』(서울: 장로회신학대학교 출판부, 2016), 11-111. 이 글에서는 담임목사들과의 인터뷰도 자세하게 실려 있다. 김도일 편, 『교회교육 현장으로 나가다』(서울: 동연, 2016). 김도일 편, 『제4차 산업혁명 시대의 교육목회』(서울: 기독한교, 2017)도 역시 좋은 모델교회의 사역을 9가지의 교육목회 프리즘(기도, 예배, 설교, 공학, 행정, 가르침, 섬김, 전도, 친교)으로 살펴보았다.

는 성도들을 훈련시켜 인적 자본, 관계적 자본으로 활용했다는 점이다. 앞으로 기회가 닿는 대로 가정, 교회, 마을의 연계를 통해 소중한 생명망을 회복하고 건강한 사역을 하는 교회의 예를 적극적으로 소개하여 목회의 현장에서와 목회후보생들이 아이디어를 얻을 수 있게 하는 데에 최선을 다하고자 한다.

IV. 마을교육공동체 형성을 위한 사역을 두려워 말라

일반적으로 성장론에 오랫동안 머물러 있던 한국교회를 향해 가정, 교회, 마을의 연계를 말하며 생명망 형성이나 흩어지는 교회와 선교적 교회론을 말하게 되면 모이는 교회의 응집력이나 개인구원과 전도에 대한 열정이 식어지는 것이 아닌가 하는 의구심을 갖게 마련이다. 일견 타당한 의구심이다. 모이는 교회, 전도를 강조하는 교회, 예배와 훈련을 강조하던 예전의 열정갖기를 무시하는 태도를 갖거나 멀리하게 되면 아니 될 것이다. 선교하는 사역(doing mission)에서 선교적 사역(being mission)으로의 전환은 선교를 멀리하거나 개인의 구원을 등한시하는 것이 결코 아니다. 예배와 가르침을 게을리 하면서 교회 밖으로만 나가자는 것은 더 더욱 아니다. 오히려 모이는 교회, 친교를 강조하는 교회로서의 역할을 잘 하는 교회가 구심력을 갖게 되어, 흩어지는 교회, 선교적인 교회의 역할도 더불어 잘 감당하는 원심력을 갖게 된다는 사실이다.

하나님을 뜨겁게 경배하는 예전(Leiturgia)과 말씀(Kerygma)이 살아 있고 교우간의 사귐과 친교(Koinonia)가 살아 있는 교회가 가정의 부모와 미래세대를 살리고 번성케 하며, 마을 속에서 마을 사람이 되어 함께 살아가며 섬기는 (Diakonia) 실천을 잘 하게 되는 진정한 교회를 이루게 된다는 사실을 우리는 기억해야 한다. 일찍이 디트리히 본회퍼가 말한 것처럼 그리스도인이 된다는 것은 세상과 동떨어진 곳에서 홀로 거룩한 삶을 영위하는 것이 아니라 마을 속에서 마을 사람들과 함께 살며 겸손하게, 조용하게 그리고 조급증을 버리고 그리스도의 향기를 전하며 언젠가 그들이 마음을 열고 '당신이 믿는 하나님을 알기 원합니다'라고 다가올 때 진정성을 가지고 성육신적인 언어와 행위로 복음을 소개하는 것이다. 하나님이 세상을 이처럼 사랑하사 독생자를 주셨으니 이는 그를 믿는 자마다 멸망하지 않고 영생을 얻게 하려 하신 것처럼. (요 3:16) 가정과 교회와 마을이 연계하는 마을교육공동체 형성은 이 시대를 향한 하나님의 뜻이며 하나님이 기뻐하시는 소중한 운동이다. 이는 조은하가 말한 것처럼, 미래세대를 전인적으로 그리고 건강하게 성장하게 도와주는 필연적인 교육체계가 된다.[11] 가정과 교회와 마을이 한 아이를 키우기 위하여 협력하고 소통하며 대화하는 것이 마을 속에서 살아가는 모든 이들에게 주어진 거룩한 사명이라는 뜻이라는 표현은 결코 과장된 것이 아니라는 말이다. 그러기에 가정·교회·마을 교육공동체에 관한 논의는 꼭 필요하고 절실하며 또 일정부분 실현도 가능하다고 믿는다.

---

[11] 조은하, "가정, 교회, 마을이 소통하는 교회교육," 『교회교육 현장으로 나가다』, 김도일 편 (서울: 동연, 2016), 59.

1부

가정·교회·마을을 연계한 마을교육공동체 사역의 이론적 배경

1장 | 가정과 교회의 유기적 관계 회복을 통한 기독교교육
　　　— "가교사역", 건강한 신앙 학습생태계 형성에 대한 연구와 제안
2장 | 지역공동체, 마을로 나아가는 기독교교육
3장 | 가정, 교회, 마을의 생명망 조성을 통한 마을교육공동체 형성에 관한 연구
4장 | 가정, 교회, 마을을 연계하고 세우기 위해 융합의 가치를 지향하는 기독교교육
5장 | 마을교육공동체 형성을 위한 거꾸로 교실과 아들러 심리학을 통한 활용가능성에 관한 연구
6장 | 더불어 행복한 삶을 위한 플랫폼: 마을교육공동체

1 장
가정과 교회의 유기적 관계 회복을 통한 기독교교육*
— "가교사역", 건강한 신앙 학습생태계 형성에 대한 연구와 제안

I. 왜 많은 청소년들이 교회를 가지 않는가?

많은 이들은 우리의 자녀인 청소년들이 교회를 가지 않는 이유를 통상적으로 너무 공부에 바빠서라고 그냥 믿어버리는 경향이 있지만, 실은 그렇지 않다. 너무 바빠서 교회에 갈 수 없는 사람은 없기 때문이다. 바빠서가 아닌 우선순위(priority)의 문제이다. 그렇다면 교회가 그들을 잃고 있는 이유는 무엇일까? 첫째, 우리의 자녀들이 교회에 가도 하나님을 만나지 못하기 때문에 교회에 오지 않는다는 것이다. 하나님과의 만남이라는 본질을 잃은 그들을 위해 아무리 여러 가지의 프로그램을 제공한다고 해도 그들은 교회를 떠나고 있다는 것이다. 둘째, 청소

---

* 이 글은 「선교와 신학」 41권, 2017: 223-248에 게재되었고, 수정·보완하였다.

년들은 자신의 부모조차 교회출석을 우선시 하지 않기에 그들도 교회에 가는 것을 우선순위에 두지 않는다는 것이다. 부모들이 교회를 세상의 다른 일들보다 중요하게 생각하지 않는 마당에 그들의 자녀들이 교회를 중요하게 여길 것이라 기대하기는 어렵다. 공부에는 열심히 집중하라고 하고 주중에 너무 피곤했으니 주일이라도 푹 자라고 하는 부모에게서 신앙인 자녀가 나올 확률은 매우 낮다. 교회출석에 대한 우선권을 놓아버리고 나면 자연히 자신의 기호(preference)에 따라 살아가게 된다. 그리고 그런 경향성은 부모들에게 배운다. 셋째, 더 심각한 것은 이것이다. 이제는 자기들끼리 연결될 수 있는 방법들이 있기에 청소년들은 더 이상 "접속(연결)을 위하여" 교회에 의존할 필요가 없게 되었다.

먼 옛날, 교회 학생부에서 주관하는 문학의 밤에 참석하고 교회학교를 가야 좋은 친구를 만나고 어디에서도 경험할 수 없는 좋은 프로그램을 경험할 수 있었던 시절이 있었다. 그러나 모바일이나 인터넷으로 서로의 안부를 묻거나 삶 나누기가 가능한 요즘, 그들은 교회에 친구들과 만나기 위해 나올 이유를 어느덧 상실한 것이다. 넷째, 교회에 다니는 친구들이 교회에 다니지 않는 친구들에 비해 별반 탁월함이 보이지 않기 때문이다. 교회에 다니는 청소년들이 다니지 않는 친구들과 특별히 달라 보이지 않기에 그들은 교회에 가야 할 필요성을 느끼지 못한다. 교회에 다니는 이들도 부족하기는 매한가지이지만 교회 밖 사람들은 교회에 다니면 삶이 변하고 세상과 다른 그 무엇, 예컨대 도덕적 탁월성이 보이리라고 기대하고 있다.[1] 가정의 부모와 교회의 유기적인 관계의 중요성은 아무리 강조해도 지나치지 않다. 가정은 인간이 최초로 경험하는 사회생활의 첫 번째 장이며 부모는 자녀에게 교회와 하나님에 대하여 가르침을 주고 은근한 영향력을 줄 수 있는 첫 번째 교사이다. 만일 가정의 부모가 하나님을 망각하여 교회를 멀리하고 신앙생활을 도

---

[1] Shane Raynor, "Faith Experience" 김영주 역, 미국 연합감리교회 공보부, 2015 참고.

외시한다면 그 영향은 자녀가 고스란히 받게 되어 그 자녀가 교회학교에 나가 신앙생활을 잘 할 수 있는 확률은 절대적으로 적어지게 된다. 그러므로 가정과 교회가 유기적으로 관계를 회복하고 원활하게 신앙이라는 교육의 내용이 잘 전달된다면 미래세대가 영원한 생명을 얻게 되기를 바라는 소망이 이루어질 수 있을 것이다. 이런 기대를 갖고 본 연구를 진행하였다.

오늘 한국 땅에 존재하는 교회는 분명 몇 가지 도전에 직면해 있다. 이 도전들을 생각해 봄으로써 "가정과 교회의 유기적 관계 회복을 통한 신앙교육 학습 생태계 형성"이라는 주제가 왜 도전에 대한 응전이 되는지에 대한 논리로 들어갈 수 있게 될 것이다.

II. 네 가지 도전

첫 번째 도전은 문화적 도전이다. 요즘처럼 사람이 사람을 직접 만나기보다는 작은 모바일에 심어진 사회 관계망 서비스(SNS)에 중독된 시대가 있었을까? 수많은 사람들은 온라인상으로 연결이 되어 있는 것처럼 보이지만 실제로는 "접촉상실"의 시대이다. 하이테크 시대에 하이터치가 가장 요청된다. 가상공간에서의 피상적인 접촉과 친교는 오늘을 살아가는 우리 자녀와 부모들로 하여금 마친 각자가 어떤 섬에 갇혀 사는 느낌을 갖고 있기 때문이다.[2] 작은 화면에 지나치게 몰두하는 오늘을 사는 현대인들은 실은 점점 더 외로워지고 단절되어 접촉을 상실한 채 외딴 곳에 홀로 남겨져 있다. 그리고 이러한 시대에 가정은 가족을 품고 있는 작은 섬이다. 이제 섬에 동떨어진 가정 속에 존재하는 접

---

[2] Daniel Pink, *A Whole New Mind*, 김명철 역, 『새로운 미래가 온다』 (서울: 한국경제신문, 2006), 14.

촉 없는 우리 자녀들을 어떻게 하면 다른 이들과 연결시켜주느냐가 관건이 되었다. 이 시대는 넘쳐나는 정보의 바다 속에서 진실로 자신이 추구해야 할 지혜에 목마름을 경험하고 있으며, 페이스북에 친구는 넘쳐나는 것처럼 보이지만 실상은 진정한 친구가 별로 없는 시대이다.

디지털 시대는 레너드 스윗(Leonard Sweet)이 말한 것처럼 경험적이어야 하고, 참여를 독려해야 하며, 이미지와 은유로 소통해야 하고, 서로 연결되도록 온갖 노력을 다 기울여야 한다.3 파편화된 자신의 자아가 온전케 되어 영혼의 질서를 되찾는 일이 일어나게 하는 일이 급선무이다. 파커 파머(Parker Palmer)가 말한 것처럼 "눈보라 속에서도 길을 잃지 않고 안전하게 집으로 돌아갈 수 있도록 뒷문과 헛간을 밧줄로 잇는 일"을 성취하려면 이 상처입고 외로운 세상에서, 가정에서, 마을에서, 일터에서, 심지어는 교회에서 파편화된 자신을 치유해 줄 수 있는 애정 어린 관심의 손길이 필요하다.4 무엇보다 가정과 교회가 연계하여 접촉을 회복하고 삼위가 일체이신 창조주 하나님 구세주 예수님 보혜사 성령님께 연결시켜 피조물의 본분을 인지하고 지위를 회복하며 친구들과 사랑하며 배우고 나눠주는 생명의 신앙교육 생태계를 이루느냐가 문화적 도전에 대한 우리의 응전이며 이 도전을 창조적으로 이겨내어 그리스도 안의 건강한 자기 정체성 확립과 그리스도와 함께 살아가는 강인하고 끈기 넘치는 장인적 주체성 확립을 도와주는 신앙교육이 되어야 한다.5

두 번째 도전은 교회론적 도전이다. 오늘날 놀랍게도 거의 백만명으

---

3 Leonard Sweet, *Postmodern Pilgrims*, 김영래 역, 『영성과 감성을 하나로 묶는 미래교회』 (서울: 좋은 씨앗, 2000), 1장-4장.

4 Parker Palmer, *A Hidden Wholeness*, 윤규상 역, 『온전한 삶으로의 여행』 (서울: 해토, 2007), 8-9.

5 시편 78:70-72에 기록된 것처럼 "마음의 완전함과 손의 능숙함"으로 다윗처럼 자기 시대의 시련을 이겨내야 하겠다.

로 추산되는 가나안성도의 존재는 우리 모두에게 커다란 신학적이며 교회적인 도전이다.6 가나안성도는 교회에 대한 부정적 인식을 가진 예수님을 믿지만 교회는 "나가지 않는" 성도를 가리키는 신조어이다. "교회 바깥에는 구원이 없다"7라는 전통적인 교회 지도자들의 강조가 지켜지지 않는 현상이 우리 땅에서도 나타나기 시작했다. 이미 유럽에는 믿기는 하나 교회는 다니지 않는 성도들이 적지 않다는 사실은 현지에서 직접 들은 바요 눈으로 확인도 하였다.8 양희송이 논한 것처럼 가나안성도에 대한 논의는 결국 교회론을 정면으로 생각할 수밖에 없다. 만일 우리가 주일에 출석하는 교회에서 "하나님의 말씀이 바르게 증거되고, 성례전이 올바르게 거행된다면" 그 교회를 정기적으로 출석하지 않을 이유가 없다는 것이다. 전세훈은 "청년 신자들은 왜 교회를 떠나는가?"라는 글에서 자신이 왜 가나안성도가 되었는지를 밝히고 있다. 오늘의 한국교회가 성공지상주의에 빠져 있으며, 순종이라는 이름으로 '사기극'(?)을 벌이는 목회자가 있으며, 신앙의 개인화가 만연되어 있고, 교회의 폐쇄성과 기독교가 목사교로 전락한 모습을 보여줌으로 인하여 자신을 비롯한 청년들이 교회를 떠나고 있다는 것이다.9 그런데 문제는 오늘날 교회가 교회답지 못한 경우가 종종 있다는 것이다.

　개신교가 종교개혁 당시 오랜 제도권 교회로부터의 이탈하였듯이 가나안성도 현상은 "역사 내내 존재해 온 한 현상의 다른 표현일 수 있

---

6 이에 대한 통계는 정확하게 알 길은 없다. 다만 정재영의 『한국교회, 10년의 미래』 (서울: SFC, 2012), 152에 나오는 통계에서 추정할 수 있을 뿐이다.

7 "extra ecclesiam, nulla salus." 카르타고의 주교 키프리아누스의 말. 양희송, 『가나안성도, 교회 밖 신앙』 (서울: 포이에마, 2014), 140.

8 Grace Davie, *Religion in Britain since 1945: Believing without Belonging* (Oxford: Oxford University Press, 1994) 전체 논지 참조. 정재영, 『한국교회, 10년의 미래』, 151에서 재인용.

9 전세훈, "청년 신자들은 왜 교회를 떠나는가?" 『한국교회, 청년이 떠나고 있다』, EYCK, NCCK 청년위원회 엮음 (서울: 동연, 2017), 18-33.

다"10고 고발하며, 교회를 말하는 헬라어 에클레시아가 영속적 가치나 신학적 의미를 지니고 있는 제도적 고유명사가 아니라 에클레시아가 수행하는 본질적인 기능, 즉 케리그마(선포), 레이투르기아(예배), 코이노니아(친교), 디아코니아(봉사), 디다케(교육)를 실천하는 수행적 의미에서 규정되는 것이라고 역설한다. 그러므로 에클레시아는 생성과 소멸을 반복할 수도 있다는 것이다.11 그의 말은 과격한 구석이 있는 것은 사실이며, 모든 교회가 그렇다는 말은 아닐 것이다. 그러나 신앙을 지키기 위하여 교회를 떠난다는 극단적인 표현을 쓰기도 했던 서양 크리스천들의 현상이 오늘날 가나안성도라는 형태로 이 땅에 나타나고 있다는 사실은 참으로 암울하기까지 하다. 그러나 우리 교회의 현실 속에 존재하는 현상을 비판만 하거나 무시하기보다는 한국교회가 직면한 현실로 받아들이며 이에 대한 해결책을 함께 찾아보아야 할 것이다.

오늘날의 교회가 효율성, 측정가능성, 예측가능성 그리고 통제성을 바탕으로 하는 맥도날드화로 인하여 교회의 본래적 교회됨을 상실하고 있다면 다시금 교회의 본래성을 회복하는 것은 본래의 '향미'(香味)를 되찾는 것이다. 이는 교회가 속한 지역의 '향미'를 중요하게 여기며 존재하는 것을 의미한다. 이것은 지역과 함께 하는 교회, 사람들의 삶의 일상성을 함께 공유하는 교회임을 의미한다.12 교회가 교회다워지는 길을 모든 사역자와 성도들이 함께 모색하고 마을 속에 존재하는 가정과 교회가 서로 연계되어 진정 함께 배우고 함께 나누며 돌보는 사랑의 학습 생태계를 조성하는 시도를 아끼지 말아야 할 것이다.13 교회 공동

---

10 양희송, 『가나안 성도, 교회 밖 신앙』, 145, 164이후.

11 위의 책, 164-168.

12 크리스토퍼 스미스, *Slow Church*, 존 패티슨, 김윤희 역, 『슬로처치』(서울: 새물결플러스, 2015), 86-89.

13 한국일, "한국적 상황에서 본 선교적 교회," 「선교와 신학」 30집 (가을호, 2012), 107. 박상진은 기존의 학교교육이 건강한 생태계를 이루지 못했음을 "학생과 교사와의 인격적 관계 상실, 공동체의 붕괴로 인한 학생간의 관계형성 실패, 흥미제공의 못함으로 인한

체를 통하여 예수의 제자됨이 형성되어지고 더 나아가 민주사회의 시민직을 실천할 수 있도록 다양한 민주적 소통의 경험이 이루어지게 하는 교육적 시도들이 필요하다. 이것을 파커 J. 파머(Parker J. Palmer)는 "종교공동체와 마음의 습관"이라는 맥락에서 이야기하며 마음의 습관이 형성되는 중요한 장으로서 교회와 가정을 이야기하고 있다.14 더 이상 가나안성도가 양산되지 않도록 늘 개혁되어 새로움을 추구하고 삶과 신앙이 동떨어진 교회의 모습으로부터 지키는 가나안 도전에 대한 응전의 의미 있는 걸음이 될 것이다.

세 번째 도전은 사회적 도전이다. 오늘을 살아가는 사람들은 신앙인이건 비신앙인이건 간에 신자유주의로 심화되어 오직 소수만이 모든 힘을 독차지하는 무한 경쟁 체계 가운데에서 살고 있다. 에스겔 골짜기 마른 뼈처럼 피폐한 사회 현상들, 경쟁 자살 등은 우리의 어두운 자화상이다. 오늘날 우리 사회가 전반적으로 고통하고 있는 경제체제의 불평등 구조, 심화되는 부익부 빈익빈 현상, 열심히 일하여도 희망이 보이지 않는 신빈곤의 출현, 경제 정글화 현상으로 심화되는 인간소외의 경험, 행복만족감의 최하위 기록 이러한 현상들이 신자유주의 체제에서 비롯되었다. 중간층은 사라지고 극부와 극빈의 격차가 더 커지는 현상은 비단 경제적인 현상만이 아니다. 환경에 지대한 영향을 받는 이 땅의

은사개발의 실패, 앎과 삶의 분리로 인한 교재와의 분리, 교회내 교육부의 소외로 인한 목회와의 분리, 부모역할의 약화로 인한 가정과의 분리, 입시의 포로가 된 학생들의 학교와의 분리, 공공성 저하로 인한 지역사회와의 분리"라는 요인으로 보고, 건강한 교육생태계의 회복을 위해 "품" 모델을 제안한 바 있다. 박상진, "기독교교육생태계를 회복하는 대안적 교회교육: 품 모델,"「장신논단」, 48-1권 (2016. 3): 361-388. 박상진은 한국교회 다음세대 위기는 기독교교육 생태계의 위기로 말미암은 것이다. 교회학교만의 문제가 아니라 가정, 목회, 학교 문제이며, 사회에 팽배한 반기독교적 가치관의 문제임을 지적한 바 있다. 박상진, 박종석, 유재봉, 강영택, 이숙경,『다음세대를 위한 기독교교육 생태계』(서울: 예영커뮤니케이션: 2016) 참고.

14 Parker J. Palmer, *Healing the Heart of Democracy: The Courage to Create a Politics Worthy of the Human Spirit*, 김찬호 역,『비통한 자들을 위한 정치학』(서울: 글항아리, 2012), 195-239.

모든 청소년들과 그들과 함께 하는 가정의 부모들의 삶에도 부정적인 영향을 미치고 있다. 오늘날 대학생과 청년들은 끊임없는 불안감과 끝없는 경쟁의 압박 속에 시달리고 있다.

통계청에 따르면 2013년도 하반기 비정규직 근로자는 약 594만 명 정도로 전체 임금 근로자의 32.6%를 차지하고 있다. 이는 통계상으로는 정규직에 포함되지만 고용상태는 불안정한 처우가 불안한 실질적 비정규직인 임시, 일용직 근로자는 제외된 수치로 노동계에 따르면 실질적 비정규직까지 합산한 비정규직은 900여 만 명에 이르며 이는 임금 근로자의 절반을 웃도는 수치라고 볼 수 있다.15 심각한 것은 비정규직의 규모가 매년 늘어가고 있는 추세다. 이는 우리사회를 건강하게 만드는 데에 매우 좋지 않은 요소다.

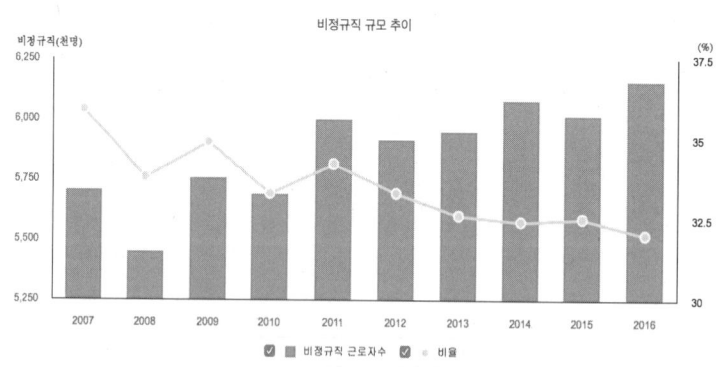

〈표 1〉 통계청 경제활동 인구조사 부가조사 매년 3, 8월[16]

2017년 OECD "더 나은 삶 지수"(Better Life Index) 발표에 따르면

---

15 〈프레시안〉, 2014. 01. 19.
16 통계청, 2017. 11. 06. 조사. "통계청 경제활동 인구조사," http://index.go.kr 2017. 11. 20. 15:30 접속.

세계 80개국에 대해 살기 좋은 나라의 기준을 모험성, 시민권, 문화 영향력, 기업가 정신, 유산, 접근성, 시장 개방성, 국가 영향력과 삶의 질 등 9개 세부 부문을 평가하여 종합 순위를 발표했다. 2017년도 세계에서 가장 살기 좋은 나라로 스위스가 선정되었고, 캐나다, 영국, 독일, 일본, 스웨덴, 미국, 호주, 프랑스, 노르웨이 순으로 살기 좋은 나라로 선정되었다. 스위스는 시민권과 시장 개방성 부문에서 세계 3위, 기업가 정신, 삶의 질, 문화적 영향력 부문에서 세계 5~7위 등 상위권을 차지하여 종합 1위를 차지했다. 우리나라는 종합 23위로 조사되었고 그 세부 내용을 보면 국가 영향력 부문에서 세계 11위, 기업가 정신 부문에서 세계 13위 등 상위권으로 나타났으나, 시민권 부문에서는 26위, 삶의 질 부문에서는 26위로, 사회안전망, 사회적 자본을 포함하는 시민권 부문과 삶의 질 부문은 우리나라가 OECD 국가 중 하위에 머물러 있다.17

학원복음화협의회와 목회사회학연구소가 공동으로 조사한 〈2012년 한국대학생의 의식과 생활에 대한 조사연구〉에서 현재 대한민국의 많은 대학생들은 교회에 대하여 부정적인 견해를 갖고 있는 것으로 나타났다. 그 이유는 '기득권층 옹호, 교회세습, 비리연루 등 이미지 실추 때문이 61.1%, 기독교교리만 옳다고 주장하는 독선적 포교활동이 38.8% 라고 하였다. 신앙생활 중 교회를 떠난 대학생들이 그 이유로,

---

17 US World and Report의 보고. 특히 관심을 가져온 영역인 공동체(사회적 지지) 지수는 38개국 중 38위, 이번에 또다시 멕시코로부터 꼴찌의 영예(?)를 되찾아왔다. 매년 멕시코와 엎치락 뒤치락인데, 이번에는 37위인 멕시코와 차이가 벌어졌다. 총 11개 조사 항목 중에서 가장 현저하고 확실하게 꼴찌를 차지한 곳이 바로 이 공동체 항목이다. 힘들고 어려울 때 의지할 사람이 있느냐는 물음에 한국인은 75.9%가 그렇다고 대답했다. 멕시코는 80.2%, 바로 위인 그리스가 82.3%다. OECD 평균은 89%이고, 꼴찌인 한국만 80% 아래이고 꼴찌에서 두 번째인 멕시코와 4.3% 차이난다. 현격한 최하위이다. 우리나라 사람 중 4명 중 1명은 외로움 속에 신음한다는 얘기다. 나 혼자 산다면서 혼밥, 혼술을 트렌드화할 만큼 한가한 상황이 아니라는 것이다.

	결과	OECD 평균	순위
삶의 만족도	5.9점	7.3점	31위*
저녁에 혼자 걸을 때 느끼는 안전도	63.9%	68.6%	26위
대기질(미세먼지 평균농도)	27.9%	13.9%	41위*
투표율	77.2%	68.6%	11위
사회적 지지	75.9%	88.6%	41위*
주관적 건강상태	32.5%	68.7%	37위*
업무부담도	51.6%	36.9%	4위
하루 중 쉬는 시간	14.4시간	14.9시간	15위

※*는 조사대상 중 최하위   자료 : OECD

〈표 2〉 더 나은 삶의 지수 2017 주요지표

신앙생활에 회의가 들어서(34%), 교회 밖에 대해 지나치게 배타적이어서(28%), 율법적 또는 강압적(15.7%), 비도덕적인 모습 때문에(15.1%), '의심하는 사람에 대해 우호적이지 않기 때문에(14.8%) 등이었다.18

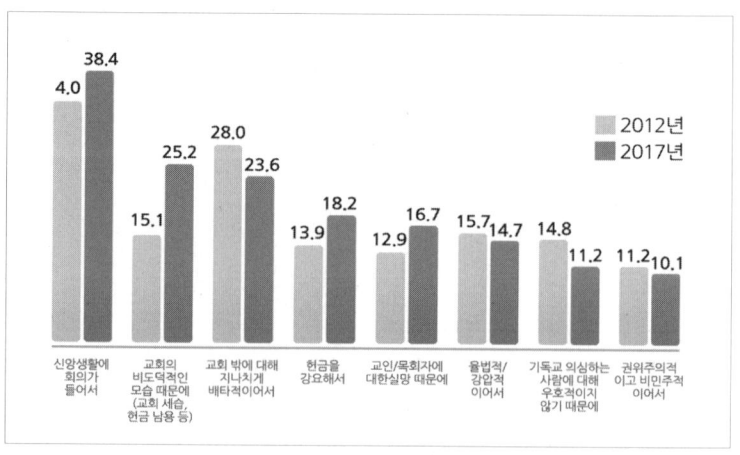

〈표 3〉 청년들이 교회를 떠난 이유, 2012 → 2017

---

18 학원복음화협의회, 목회사회학연구소, "2012년 한국대학생의 의식과 생활에 대한 조사연구," 2012. 02. 10.

또 위의 〈표 3〉에서 보는 바와 같이, 동기관에서 수행한 조사 결과를 〈2017년 청년트렌드 리포트: 우리 시대 청년들은 무엇으로 사는가〉에 발표한 바에 의하면 2012년의 조사결과 보다 더 나빠진 모습을 보여 주었다. 특히 신앙생활에 대한 확신을 갖지 못한 청년들이 많이 있음을 보여 주고 있으며, 교회의 비도덕적인 모습에 회의를 갖고 있는 이들이 많아졌으며, 자신들의 삶에 대한 만족도와 영적 확신의 면에 있어서 매우 암울한 면을 보이고 있다.19 예컨대 "'거의 하루 종일 슬프거나 짜증난다'라고 응답한 기독대학생은 20.3%였으며, 비기독교 대학생은 24.8%였다. 혼전 성관계 경험에 대해서도 기독대학생 39.1%, 비기독교 대학생 41.3%였다. '자살에 대해 심각하게 생각해 본 적이 있다'는 응답도 기독대학생 21.7%, 비기독교 대학생 24.1%였다."20 이러한 결과는 교회가 젊은이들과 소통하고 다양한 종교적 경험의 기회를 제공하지 못하고 있다는 것을 반증하는 것이다. 또 그들이 직면하고 있는 사회적 위기 속에서 교회는 어떠한 삶의 준거가 되는 기준을 마련해 주는 이정표의 역할을 못해 주고 있다는 것을 여실히 보여 주고 있는 것이다. 인간의 존엄성과 자존심마저도 가차 없이 유린하는 것이 빈번하게 발생하는 현실의 모습은 한국 사회가 갈등해결능력에 있어 OECD 국가 중 최하위권에 머물게 하는 결과를 가져오게 되었다.21 이 사회적 문제를 해결할 수 있는 실마리를 어디에서 찾아야 할 것인가가 우리에게 매우 중요한 도전이 되었다.

네 번째 도전은 **가정 내의 도전**이다. 극단적으로 핵가족화된 오늘의 가정은 수많은 외로운 독거노인을 양산해 내었다. 요양원에서 살던 어

---

19 학원복음화협의회 엮음, 『2017년 청년트렌드 리포트: 우리 시대 청년들은 무엇으로 사는가』, 151-152.
20 장형권, "흔들리는 기독대학생, 사역 재점검 필요하다," 〈기독신문〉, 2017. 11. 03.
21 2015년에 출간된 『보건복지포럼』 3월호에 발표된 정영호, 고숙자, "사회갈등지수 국제비교 및 경제성장에 미치는 영향" 참조.

떤 노인이 가족이 너무 그리워 자식이 사는 아파트로 돌아왔으나 부부가 하루 종일 일을 하고 손주는 기숙사에 있다 보니 자식의 아파트가 너무 적적하여 고독을 이기지 못하였고 실제로 식사도 노인 손수 만들어야 했다. 결국 그 노인은 자녀들이 없는 틈을 타서 요양원으로 돌아가고 말았다. 왜냐하면 그곳에는 몇 명의 친구라도 있었기 때문이다. 수많은 노인들은 가족도 없고 동료와 어울릴 경제적 여유가 없으며 몸과 마음이 다 상한 상태로 열악한 독방에서 혼자 지내며 고독과 질병과 노화를 친구삼아 살고 있다. 이것이 오늘 노인들의 실상이다. 또 수많은 젊은 사람들이 결혼을 하지 않고 홀로 살아가고 있어 장차 대한민국이 이주민을 외국에서 수입하지 않고서 존재할 수 없다는 위기감을 느끼게 한다.

가정은 인생의 첫 사회적 종교적 경험을 하는 매우 핵심적인 교육의 장이다. 그러나 오늘날에는 가정이 역할을 상실하고 있다. 최근 기독교연합신문의 "2014년 중·고등학생 종교의식 조사 결과 발표"를 보면 가정 신앙교육의 중요성을 알 수 있다. 설문조사에서 청소년 시기에 가장 호감을 가지는 종교는 기독교이며, 가정 특히, 어머니의 영향으로 청소년들의 종교가 판가름 되고 있다. 이번 조사는 청소년 1000명(기독청소년 500명, 비기독청소년 500명)을 대상으로 종교일반, 신앙생활 인식, 교회생활, 기독교 인식, 청소년 일반 인식 등이 항목으로 온라인 설문을 통해 진행됐다. 조사 결과, 신앙생활을 하는 학생들 중 어머니만 기독교인 경우 72.8%가 어머니의 영향력이 가장 컸다고 답했다. 이 글의 서두에서 인용한 청소년기의 부모의 역할에 대한 설문에서도 나온 것처럼 오늘날처럼 부모 자신이 가진 기독교 신앙이 파편화 되고 교회의 정당성이 상실되며 앎과 삶이 분열되어진 상황 속에서 가정은 신앙교육에 어떤 의미를 갖는 것일까? 호레이스 부쉬넬(Horace Bushnell)은 신앙은 부모가 가르쳐서 배울 수 있는 것이 아니라, 가정의 분위기와 부모 삶의 넘쳐남으로서 자연스럽게 형성되는 것이며 이런 과정을 양육(nurture)이라고 부른다. 신앙인을 찾아보기가 점점 더 어려워지는 이때에 신앙의 양육자로서의 부모의 역할과 교육의 장으로서 가정이 중요하다.

그러나 가정에서 부모가 진정한 양육자가 되어 자녀로 하여금 자신을 크리스천 외의 다른 존재로 알지 않게 하려면 부모가 하나님의 은혜 안에서 살아가는 모습이 자연스럽게 우러나와야 한다. 가정은 "하나님 은혜의 통로"이기에 기독교인 부모로부터 양육되는 자녀는 자신이 기계적인 회심을 기억하지 못한 채로 끊임없이 영적으로 새롭게 되어 열린 자세로 세상에서 살아갈 수 있어야 하는데, 이는 부모가 가정에서 자녀를 타조식 양육 혹은 절망의 양육을 하지 않는 것을 전제로 한다.[22] 이 말은 부모가 자녀를 양육할 때 소망과 용기를 주어야 하며 자기 자녀가 분별연령에 이르러 회심할 때까지 그를 죄 덩어리로 대하여서는 안 된다는 것을 의미한다. 물론 오늘날 그 어느 부모가 일부러 자신에게 맡겨진 자녀를 경멸하거나 무시하겠는가? 그러나 오늘의 상황을 보면 상식 밖으로 잔인하고 무지한 부모가 적지 않으며, 우리나라에 사는 어린이와 청소년들은 행복하지 않다. 2013년도 행복지수조사에 의하면 경제적으로 풍요로운 나라인 OECD 32개국 중, 우리나라의 자녀들은 교육 성취도에는 최상위 점수를 기록했지만, 행복지수에서는 최하위를 기록했다. 더욱이 우리 자녀들은 성적과 외모 때문에 행복하지 않은 것으로 나타났다는 점이다.[23]

그렇다면 성인은 행복한가? 2015년 4월 6일 중앙일보 기사에 의하면 우리나라 성인 행복지수는 세계 118위이다. 3월 20일 유엔이 정한

---

[22] John M. Mulder, "소개의 글," Horace Bushnell, *Christian Nurture*, 김도일 역, 『기독교적 양육』(서울: 장로회신학대학교출판부, 2004), 22-23.
[23] 방정환재단, http://www.korsofa.org, 2013년. 교육영역은 2위인 것에 비해 주관적 행복지수는 2014년 현재 지난 6년 연속 최하위를 기록했다. 2014년 한국의 행복지수는 74.04점으로 최하위이며, 1위인 스페인은 117.68점이고 OECD평균인 100점에도 턱없이 부족하다.

'세계 행복의 날'을 맞이하여 맞아 한 여론조사기관이 세계 143개국의 사람들에게 "당신은 얼마나 행복한가?" 행복의 질문을 하였고 이에 대한 한국인의 행복감은 100점 만점에 59점으로 나타났다. 세계 성인 행복지수는 평균은 71점, 우리나라 성인 행복지수는 평균에도 못 미치고 행복순위는 143개 나라 중 118위에 머물렀다. 성인 행복지수가 가장 높은 나라는 파라과이 에콰도르 과테말라 등의 중남미 국가들이었다. 이유는 무엇일까. 지난 2006년부터 시작된 이 '행복감 조사'는 GDP, 즉 나라가 얼마나 부자이냐 아니냐를 따지는 게 아니라 사람들이 일상의 행복만족도를 조사했기 때문이다. 반면 이른바 '국민행복시대'를 사는 우리나라 성인 행복지수는 세계의 바닥권인 셈이다.[24] 이러한 결과는 사회적이고 경제적이면 정치적인 요소들과 아울러 가정이 최후의 안식의 보루로서의 역할을 감당하고 있지 못하다는 것을 말해주는 사례이다. 일상 속에서 신앙적 경험이 이루어지고, 그 안에서 존재의 근본적 의미와 가치를 찾도록 도와주어야 하는 가정이 제 길을 찾지 못하고 있다는 것을 말해주는 것이다.

여기까지 살펴본 문화적 도전, 교회론적 도전, 사회적 도전, 가정 내의 도전은 이 글의 주제인 "가정과 교회의 유기적 관계 회복을 통한 신앙교육"에 초점을 맞추게 한다. 왜냐하면 네 도전에 대한 응전의 실마리가 결국은 가정과 교회가 얼마나 유기적으로 잘 협력하여 미래세대로 하여금 하나님 나라의 백성이 되게 하는데 관건이 되기 때문이다.

---

24 〈중앙일보〉 2015 04. 06.

III. "가교사역"으로 전환하는 시스템 개발

1. 네 가지 가정사역의 유형

대개 우리나라 교회에서 실행하고 있는 가정 사역은 네 가지 정도의 유형으로 나뉜다. 첫 번째 유형은 성을 구별하여 각자가 갖고 있는 가정에서의 역할에 대한 훈련 프로그램이다. 아버지학교와 어머니 학교가 이런 유형이다. 어머니학교와 유사한 프로그램이 마더와이즈와 맘투맘 같은 것이다. 이러한 유형은 나름대로 훌륭한 사역의 결과들을 내고 있다. 아버지학교에서는 가정을 돌보는 일을 여자만의 전유물로 생각하던 아버지들이 자신의 역할에 대한 성찰을 하게 되고 동료 아버지들의 경험과 돌봄을 통하여 새로운 아버지로 다시 태어나게 되는 수많은 간증을 하게 된다. 마치 아버지의 새로운 회심과 같은 경험을 하게 된다. 이로 인하여 교회 내의 가정이 다시 활력을 얻고 가정이 회복되는 역사가 일어나고 있다. 가정 내의 역할에 초점을 맞추는 프로그램으로서 주로 강의와 서로간의 섬김과 멘토링을 통해 배우는 프로그램이다.

두 번째 유형은 집회식 교육이다. 주로 연중 평일 오전을 택하여 기도회 형식을 띤 어머니기도회와 같은 모임이다. 예전에는 수요저녁예배로 주로 모이던 것을 이제는 생활양식의 변화로 어머니들에게 주중 오전에 모일 수 있도록 시간대를 할애해 주고 자녀양육과 가정꾸미기와 같은 관심을 갖은 어머니들이 모여서 같이 기도하고 유명강사를 초청하여 강의를 듣는 시간을 갖곤 한다. 이 유형은 집회식 교육의 형태를 띠며 매주 다른 주제를 집중적으로 조명하여 짧은 시간에 전달할 수 있다는 장점을 갖고 있다. 최근에는 집회 후에 소그룹으로 모여 함께 기도하며 삶을 나누는 친교의 시간을 갖는 경우도 많아졌고 교회가 삶의 중심이 되어 자녀교육과 개인 신앙성장에 대한 관심사를 함께 나누며 같이 성장하고 전문가의 강좌를 통하여 지식을 함양하고 또래 집단을 만나 삶을 나누는 유익을 가질 수 있는 장점이 있다.

세 번째 유형은 전세대와 남녀를 초월한 교육 프로그램의 형태이다. 대개 이러한 프로그램은 년 중 몇 주씩 나누어 진행하며, 가정생활과 영성훈련 그리고 다양한 주제를 갖고 젊은 부류와 나이든 부류가 같이 이 모임에 초청된다. 이러한 교육프로그램의 특징은 가정의 회복이라는 좀 더 포괄적인 주제에 관심을 갖는 것이다. 그리하여 성별과 연령을 초월하여 참여할 수 있도록 독려하며 특정한 주제의 전문가를 초대하여 강좌를 진행하게 하고 대개는 회비도 받는다. 이 모임의 특징은 다양한 형태의 소통이다. 부부가 함께 강좌를 듣기도 하고, 시아버지와 며느리가 같이 강좌에 참여하기도 하며, 시어머니와 며느리, 장모님과 사위가 같이 강좌에 참여하기도 한다. 20대에서 70대에 이르기까지 다양한 연령대의 성도가 같이 하며 개인과 가정과 사회의 문제를 갖고 강좌를 듣고 질의응답을 하며 토론을 하면서 함께 배운다. 다양한 형태의 소통이 가능한 것이 이 유형의 특징이라고 할 수 있다.

네 번째 유형은 온가족이 함께 모여 한 예배당 공간에서 같이 공부하고 예배드리고 기도하며 찬양하는 형태의 전세대가 함께 하는 신앙교육의 형태이다.[25] 예배를 통한 문화화 교육으로 실천되고 있는 이러한 모형은 교회학교의 교육에 있어서 시설 및 교사의 부족과 같은 문제들을 해결하면서도 부모가 자녀의 신앙적 측면까지도 적극적으로 개입하고 지도해 갈 수 있다는 긍정적인 측면이 있다. 물론 학습자들의 발달단계에 따른 접근. 문화적 차이에 따른 교육의 난제들이 있기는 하나 이러한 유형의 전 세대 교육과 예배가 향후 한국교회에 긍정적인 영향

---

25 실제 이러한 전세대 예배, 기도회, 집회가 모든 영역의 신앙생활에서 일어나고 있는 교회가 현재 존재한다. 언급한 그 교회에서는 설립 당시부터 현재까지 학교에 가기 전의 어린이들도 어른들과 함께 예배를 드리고 있었으며, 새벽기도회에도 어린이와 어른의 구분은 전혀 없었다. 오히려 가족들이 함께 앉아 예배를 드리면서 온 가족이 하나님을 같이 찬양하고 있었다.

을 미치며 또 하나의 유형으로서 실제화 되도록 돕는 것은 교육목회적으로도 유용하다고 볼 수 있다.

앞에서 다룬 네 가지 유형은 그 자체로는 일정한 교육적 효과가 분명히 있을 것이다. 그러나 문제는 부모가 실제 자신의 자녀들과 함께하는 신앙 학습생태계를 만든다는 의미는 약해 보인다. 앞에 소개한 세 가지 유형은 모두 부모들만을 대상으로 하는 교육이며 이를 통하여 부모들의 신앙생활을 돕고 자녀양육에 대한 간접적인 지식과 경험을 습득하게 하는 데는 도움이 될지는 모르나 자녀들과 함께 하는 가정-교회교육이 이루어지고 있다고 말하기는 어렵다. 물론 네 번째 유형은 자녀, 부모, 조부모가 함께 앉아 예배를 드리는 가운데 말씀을 경청하고 찬양을 같이 부르며 성례전에 같이 참여한다는 매우 의미심장한 교육적 의미가 있고 실제 이것이 바로 웨스터호프가 말하는 이상적인 신앙공동체 안에서 일어나는 사회화의 효과를 극대화해줄 수 있는 어떤 실마리가 보이기는 한다. 그러나 이 유형 역시 가정과 교회가 역동적으로 소통하며 메시지를 공유하며 건강한 학습생태계를 만들어 나가는 데에는 많이 부족해 보인다.

2. "가교사역"

자녀를 양육하는 문제는 비단 부모와 자녀만의 문제가 아니다. 전인적 인격을 가지고 통전적 신앙인으로 성장하기 위해서는 가정과 교회, 학교와 사회가 연계하고 지속적인 협력관계를 갖는 교육적 패러다임의 구축이 필요하다. 그러기 위하여 일차적으로 가정과 교회가 연합하여 신앙교육을 할 수 있도록 교육목회의 구조를 전환하는 것이 필요하며 더 나아가 지역사회와의 연계 및 협력을 통하여 전인적인 신앙인으로 돕도록 하는 것이 필요하다. 현재 사회에서 이루어지고 있는 다양한 종류의 교육 프로그램에 참여할 수 있도록 하고 다시 그 교육의 내용들을

기독교적 가치와 맥락 하에서 서로 해석하고 공유하는 것도 필요하다.26

앞서 언급한 이 시대의 도전에 대한 응전으로 "가교사역"이 대안이라고 본다. 가교(家敎)라함은 가정과 교회의 앞 자를 딴 것이며, 또 가교(架橋), 즉 다리(bridge)를 의미한다. 건강한 신앙학습생태계 형성을 위하여 가정 속의 개인이 교회의 다른 개인과 연결되어 함께 예배하고 섬기고 나누면서 배우는 것이 가능해지기 때문에 가교사역은 미래세대를 신앙으로 이끄는 중요한 통로가 되며 나아가서 그리스도의 제자로서 세상에 나가 건강한 시민정신을 가진 존재로서 전체 학습생태계를 형성하는 데에 아주 중요한 핵심이 된다. 그러므로 가교사역은 이 시대 대한민국에서 신앙생활을 하는 모든 가정과 교회가 함께 해야 추구해야 할 사역이라고 본다. 이를 통하여 불공정한 경쟁이 판을 치고 세속문화가 깊숙이 침투한 사회 속에서 자녀들을 올바른 신앙인으로 키워낼 수 있다. 부모는 가정학교에서 삶으로 보여 주는 교사가 되고, 교회학교의 교사는 미래세대 각 사람의 영적인 참스승이 되어야 한다. 이 두 교사가 힘을 합쳐 가교사역을 힘쓸 때 천금보다도 더 귀한 우리 자녀를 하나님께로 인도하여 제대로 된 기독교적 양육을 할 수 있다. 그리고 행복지수가 최저이고, 자살률이 최고인 병적인 작금의 불명예스러운 어려움을 가진 대한민국의 미래세대들로 하여금 고질적인 불신앙의 병을 고치고 영원한 천국의 집주인이신 하나님을 만나 대화하고, 함께 거하며, 같이 먹고 마시는 천국의 시민, 거룩한 하나님의 백성으로 살아갈 수 있는 생명의 길을 보여 줄 수 있다. 여기서 중요한 개념은 생명의 길은 가르치는 것이 아니라 함께 살면서 보여 주는 것이라는 점이다. 이제 가교사역과 이를 통한 학습생태계 형성에 대하여 생각해 보자.27

---

26 조은하, "기독교 부모교육에 관한 창조적 성찰," 『신학과 현장』 (대전: 목원대 신학연구소), 24권, 2014, 160-163.
27 김도일, "가교사역이 천금보다 더 귀한 우리 자녀를 살릴 수 있다," 『말씀이 삶이 되는 지혜로운 가정』 (2015. 3. 3), 25 참고.

3. "가교사역"의 실제 모델과 교육과정을 통한 건강한 신앙 학습생태계 형성

유리 브론펜브레너(Urie BronfenBrener)는 한 인간이 발달해 가는 과정을 생태학적 체계이론의 관점에서 설명하였다. 그는 인간이 사회라는 큰 체계 속에서 상호작용하고 발달해 가면서 육체적 심리적 사회적으로 적응하고 성장하며 발달해 가는 존재라고 파악한 것이다. 그는 생태학적 체계를 유전적 요소, 가정의 역사, 사회경제적 수준, 가정생활의 질, 문화적인 배경과 같은 요인들로 설명한다. 이것을 그림으로 보면 다음과 같다.

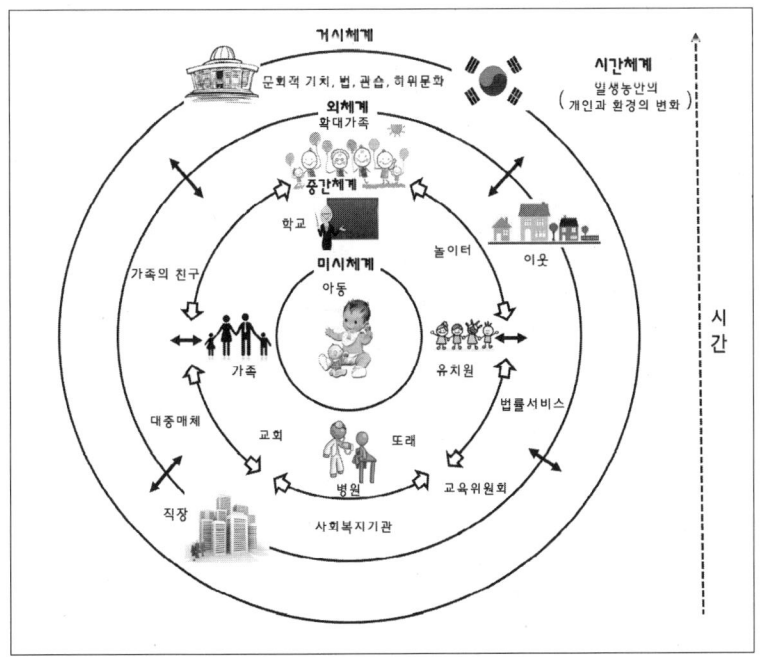

[그림 2] Bronfenbrenner의 생태학적 체계모델[28]

---

28 정옥분, 『전생애 인간발달의 이론』(서울: 학지사, 2008), 277. 본래 그림에는 성조기가

한 인간은 그가 생태적으로 가지고 태어나는 유전적 성향뿐 아니라, 가정을 중심으로 하여 다양한 위계를 가진 사회집단 속에 중복 소속되어 있고, 다양한 영향력을 주고받으며 발달하는 것이기 때문에 신앙교육에 있어서도 한 개인의 신앙적 경험과 고백뿐 아니라 가정에서의 신앙교육 더 나아가 다른 사회체계-청소년 또래집단, 지역사회, 정치, 문화, 학교 등이 고려되어야 한다고 본 것이다.29 이것은 신앙교육을 한 인간의 전생애 동안 이루어지는 전인적이고 통전적인 삶의 차원의 관점에서 살펴본다면 우리의 교육이 그동안 가지고 있던 지평들을 더 포괄적이며 체계적으로 확장해야 할 것을 이야기한다. 이러한 맥락에서 신앙교육은 가정과 교회와 지역사회가 유기적으로 협조하며 상호소통과 연대가 이루어지는 맥락 하에서 이루어져야 한다. 이것은 신앙교육의 목표 및 교육과정, 교육내용, 교수방법 전반에 걸친 패러다임 전환을 이야기하는 것이다.

하워드 가드너(Howard Gardner)도 브론펜브레너의 생태적 발달과 유사한 견해를 갖고 있었음을 발견할 수 있다. 인류사에 족적을 남긴 훌륭한 인물들의 삶을 연구해 보면 소위 창조성을 드러낸 사람들도 다음의 세 가지 조건이 충족될 때 그들의 잠재력이 드러났다는 것이다. 그 세 가지는 비교적 어린 시절에 한 개인이 자기만의 창조성이 우연한 기회에 어떤 일을 하다가 중요한 타인을 만나게 되어 그의 재능이 발견되고, 그가 살던 사회에 그 분야에 우호적인 문화 그리고 풍부한 사회적 지원이 있어야 한다는 것이다. 천재나 진정한 거장은 "갑자기 하늘에서 뚝 떨어진 것이 아니다. 한 사회의 총체적인 문화 역량이 축적되어 있을 때나 뛰어난 개인이 출현할 수 있는 것이다."30 바로 이러한 세 가지 이

그려져 있었으나 이를 태극기로 바꾸어 새로 그렸다.

29 Uri Bronfenbrenner, *Ecology of Human Development* (Cambridge, Mass.: Harvard University Press, 1979). 정옥분, 『전생애 인간발달의 이론』(서울: 학지사, 2008), 274 이후 재인용.

러한 환경 속에서 건강한 생태적 학습 환경이 조성될 때 우리 사회에서도 역사에 족적을 남길 수 있는 거장이 셀 수도 없이 많이 탄생하리라고 확신한다. 한 개인이 어떤 마을 가운데 위치한 가정에서 자라나며 하나님의 창조세계에서 자신의 역할을 잘 감당하는 하나님의 백성으로 성숙하게 되도록 하려면 가정과 교회가 그의 총체적인 신앙생활을 도와줌으로써 건강한 학습이 늘 일어나도록 해야 한다. 한 인간이 다른 이들과 마을이라는 미시체계 사회에 살며 가정과 교회의 유기적인 관계 속에서 도움을 받아 성숙한 인간, 균형잡힌 신앙인으로 만들어져 간다. 우리는 모두 연결되어 있다는 오랜 금언이 실은 미래세대를 영적으로 살리는 열쇠가 된다.

4. 가정과 교회가 연계하는 프로그램 및 교재 고찰

가정이 신앙교육의 중심이 되어야 함을 강조한 것은 피조물된 사람이 만든 고안물이 아니다. 이는 본래 하나님이 이스라엘 민족에 명하신 것이다. 신명기 6장에는 이렇게 기록되어 있다. "곧 너와 네 아들과 네 손자들이 평생에 네 하나님 여호와를 경외하며 내가 너희에게 명한 그 모든 규례와 명령을 지키게 하기 위한 것이며, 또 네 날을 장구하게 하기 위한 것이다. 가정과 회당의 협력이 그리고 형성된 이후에도 가정과 교회는 자녀들의 신앙교육을 위하여 협력사역을 해 왔다. 물론 부모가 아직 복음을 듣지 않은 상태에서는 이런 협력이 불가능하지만 이 땅에 복음이 어느 정도 편만하게 되자 어느덧 가정과 교회의 자녀신앙교육을 위한 협력은 가장 중요한 화두 중의 하나가 되었다. 그러나 산업사회가 시작되고 많은 노동력이 필요하게 되면서 가정에서의 신앙교육은 점점 더 교회로 그 책임을 전가하기에 이르렀고 급기야 주일학교가 출

---

30 임재서, "옮긴이의 글," 하워드 가드너, 『열정과 기질』(서울: 북스넛, 2004), 694-695.

현하게 되었다. 교회교육과 일반교육의 혜택을 받지 못하던 서민 자녀들에게는 소위 읽기, 쓰기, 셈하기(3R)와 교리교육을 수행하던 주일학교가 인간의 기본권을 지켜줌과 동시에 신앙교육에 절대적인 역할을 한 것이 사실이다. 이 주일학교가 영국에서 미국을 거쳐 우리나라에 들어와 수많은 이들이 주일학교를 통해 그리스도를 만났다. 일제 압제 속에서 주일학교를 비롯한 교회의 교육은 한글교육과 정체성교육을 통해 나라사랑, 특히 독립운동에 일조하였다. 그러다가 우리나라가 급속히 산업화되고 신자유주의가 깊숙이 자리 잡으면서 수많은 부모들은 감당하기 힘든 경쟁과 돈벌이에 압박을 받게 되었다. 이제 가정에서 부모들이 자녀를 신앙으로 양육한다는 말은 이론으로나 전락한 것 같은 느낌이다. 가정에서의 신앙교육은 학교와 수많은 사교육 학원과의 경쟁에서 뒤로 밀려났다. 이 글의 서두에서 볼 수 있는 것처럼 신앙인 부모들은 가정에서의 교육책임을 뒤로 하고 교회에 그 책임을 전가하기에 이르렀다. 이런 상황에서 급기야 교회의 자녀교육기관으로 오랜 세월 자리매김했던 주일교회학교는 더 이상 그 역할을 감당하지 못하는 경우가 많고 빈익빈 부익부가 극명하게 일어나는 상황에서 실제로 수많은 작은 교회에 주일교회학교가 아예 존재하지 않는 것으로 나타났다.

    이런 상황에서 아직 회복의 작은 불씨나마 남아 있을 때 기독 가정과 교회가 협력하여야 우리의 미래세대를 살릴 수 있다는 자각이 일어나게 된 것이다. 이런 자각을 교회적으로 발전시켜 가정을 살리고 교회와 협력하는 프로그램이 다수 출현하게 된 것은 매우 고무적인 일이다. 그러므로 본 장에서는 가정과 교회가 유기적으로 연계하게 하는 몇 개의 프로그램을 선행연구를 중심으로 살펴볼 것이다.[31]

---

[31] 장신근, "가정과 교회를 연계하는 교회교육 모델," 『기독교교육의 새모델들』 (서울: 장로회신학대학교 기독교교육연구원, 2012), 161-208.

1) 아기학교

충신교회와 수원성교회는 아마도 아기학교의 선구자적 역할을 한 교회일 것이다. 충신교회가 먼저 시작하여 이를 수원성교회가 배운 것이지만 현재는 두 교회 다 왕성하게 아기학교를 운영하여 아기를 부모가 어떻게 키워야 하며 어떻게 본이 될지를 함께 생각하며 실천케 하는 좋은 부모교육과 아기교육이 예를 보여 준다. 학기마다 '가족 놀이마당'을 개설하여 가족들과 교회가 함께 연계하여 협력하는 좋은 프로그램을 진행하고 있다. 일주일에 이틀, 하루에 두 시간만 모이는 아기학교는 모자라는 시간을 보충하기 위해 인터넷 사이트를 통하여 부모들이 서로 소통하며 경험을 나누게 된다. 성경적 기초를 튼튼히 한 교재를 통하여 아기를 지도하고 부모들에게 아기양육을 교육하는 아기학교는 생후 24-48개월의 아기들(아장아장 그룹: 18-24개월, 귀염둥이 개구쟁이 그룹: 24-48개월, 그 외 꾸러기 그룹은 개구쟁이 그룹 수업 외에 야외, 문화, 창의적 활동)에게와 그들의 어머니들이 육아를 배우고 서로 협력하여 아기를 키우는 매우 훌륭한 프로그램이다. 이 시기는 애착관계가 형성되는 매우 중요한 시기이므로 아기학교라는 프로그램은 어린이가 자신이 신뢰할 대상에 대한 이미지를 긍정적으로 갖게 하는 매우 유익한 것이라고 평가한다.

2) 공동체적 교회

사랑방교회와 금당동부교회는 둘 다 공동체적 교회, 코이노니아를 추구하는 교회로 연구하기에 합당한 교회이다. 사랑방교회는 서울시내에서 일반교회와 비슷한 교회로 출발(1984년)을 하였으나 경기도 포천으로 옮겨 공동체적 삶을 지향하는 교회로 거듭나게 되었다(1997년). 사랑방교회는 주중에는 대안학교인 멋쟁이학교와 꾸러기학교를 열어서 아동들과 청소년들을 포천의 숲속 자연으로 모아 기독교적 정신을 갖고 교육한다. 그가 양육한 청소년들은 이미 장신대에 입학하여 두각을 나타내고 있을 정도이다. 주말과 여름에는 공동체성서연구와 주일 공동예배를 통하여 공동체적 레이투르기아(예배)와 코이노니아(친교)를 실천하는 모범적인 교회로 평가된다.32 금당동부교회는 2003년에 개척교회로 시작하여 현재에 이르기까지 전교인이 한 곳에 모여 예배를 드리고 한 곳에 모여 기도회를 하는 교회이다. 물론 이 교회도 아동부와 청소년부 교회학교가 있기는 하다. 성경공부를 자녀들을 위하여 실시하는 것을 제외하고는 전연령대 성도들이 다 모여서 예배와 기도회를 같이 갖는다. 그것도 매주 그리하고 있다는 점이 이 교회의 특징이다. 여기서 말하는 전교인이란 갓난아이 이후의 어린이에서부터 노인에 이르기까지의 모든 교인을 의미한다. 자녀들이 설교말씀을 들으며 핵심 포인트를 필기하는 모습은 실히 감동적이며 아이들과 함께 부모와 조부모들이 같이 앉아 성례에 참여하는 것은 이교회가 창립할 때부터 실시하던 전통이 되었다. 아이들이 과연 어른처럼 앉아서 조용히 집중하며 예배와 기도회에 참여할 수 있을까를 걱정하며 함께 예배에 참여하는 이마다 매우 놀라는 경우가 비일비재하다고 담임목사는 증언한다. 간세대 예배와 기도회가 매주 드려지고 있다는 사실이 매우 놀랍다. 더 깊은 연구를 시도해볼 만한 교회라고 생각한다.33

3) 가정과 교회가 연계하는 교육과정 개발의 사례

노스포인트교회(Northpoint Community Church)의 "252 Basics"

---

32 사랑방교회에 대한 자세한 논의는 김도일, "공동체를 통한 기독교교육 모델," 『기독교교육의 새모델들』(서울: 장로회신학대학교 기독교교육연구원, 2012), 51-88을 참고하라.
33 교회가 지역사회를 위한 공동체로서 존재하면서 유기적 영향을 미치는 실제적인 예는 송악교회, 성암교회의 예에서 자세히 살펴볼 수 있다. 이종명, "송악교회와 송악지역의 마을 만들기,"「선교와 신학」30집(2012): 147-160.

와 영락교회의 "WITH"는 둘 다 한 가지 질문에서 시작한 교육과정이다. 그 질문은 "만일 온 가족 구성원이 교회에서 배우는 성경적 지식과 가치를 함께 실천할 수 있다면 얼마나 좋을까?"라는 단순한 것이다. 전자의 252 Basics는 누가복음 2:52에 나오는 예수께서 지혜와 키가 자라나며 하나님과 사람에게 사랑스러워 가시더라는 구절에 착안하여 삶의 전영역에서의 건강한 성장을 가정과 교회가 함께 해야 한다는 생각을 실천에 옮긴 것이다. 영락교회는 눈높이와 연계라는 두 용어를 교육개혁의 키워드로 잡고 자신들만의 교육과정을 노스포인트교회 탐방 후 배운 것에 고유한 교육적 필요를 고려한 이후 독자적으로 교재를 개발한 것이다. 노스포인트교회가 개발한 교재의 세 가지 목표는 지혜(wisdom)와 신앙(faith)과 우정(friendship)이다.34 이 교재는 영적 핵심 가치와 암송 구절을 강조한다.

세 가지 핵심 가치(지혜, 믿음, 우정)를 자녀들의 삶에서 촉진시키는 것을 이 교재의 기본 목표로 삼는다. 효과적인 교수법을 위해서 재활용, 인상심기, 개인화, 적용하기, 전달하기라는 다섯 단계를 거치게 한다. 3년 주기로 개발될 것으로 예상되는 252 Basics 커리큘럼은 일 년에 열두 가지 기독교 핵심 가치를 선정하여 자녀들에게 가르치는 것이다. 이 때 핵심 가치 전략 수립의 기본 정신은 가정의 부모와 교회학교 사역자들이 함께 머리를 맞대고 기도하면서 세우는 것이다. 그리고 세운 전략도 함께 수행해 나간다. 이런 협력 작업을 그들은 오렌지 전략(Orange Strategy)라고 부른다. 즉 부모를 빨간색, 교회사역자를 노란색으로 가정하면 둘을 합칠 때 오렌지 색깔이 나오는 것처럼, 이 두 그룹의 협력하여 수행하는 전략은 오렌지 전략이 되는 것이다.35

---

34 http://252Basics.com.
35 2011년 11월 10에 온누리교회에서 가진 "목회와 신학 컨퍼런스: 오렌지 사역 소개" 참고. 김도일, "노스포인트 커뮤니티 교회의 교육사역에 대한 고찰과 한국교회에서의 적용 가능성 모색에 관한 연구," 『해피투게더 기본지침서』 (서울: 장로회신학대학교 기독교

> *원포인트(One-point) 메시지
>
> "만일 온 가족 구성원이 교회에서 배우는 성경적 지식과 가치를 함께 실천할 수 있다면 얼마나 좋을까?"와 같은 질문이 원포인트 설교에 대한 동기가 되었다. 이는 원포인트 메시지로 가능하며 뒤에 나오는 해피투게더에서 구체적으로 적용되었다. 메시지의 통합은 가정에서 부모와 자녀의 공통의 영적대화의 소재가 된다. 담임목사의 설교와 어린이/청소년부서 사역자의 메시지 주제를 하나로 통합하여야 온가족이 같은 메시지로 일주일 동안 묵상하고 실천하며 살아가는 통합적인 사역이 된다는 취지이다. 가정과 교회가 연계하는 사역의 출발점은 메시지의 통합에 있다. 이 두 교회의 사역철학은 오늘날 한국교회가 직면한 네 가지 도전에 대한 응전의 실마리를 찾게 도와준다. 그리고 이를 현실의 제반 도전에 대한 통전적인 응전으로 개발한 교육과정이 바로 장신대 기독교교육연구원의 "해피투게더"라고 확신한다. 여기서는 해피투게더를 가교사역의 모범적 대안으로 제안한다.

4) 가정과 교회의 유기적 관계회복을 도와주는 "가교사역"의 가장 바람직한 모델: 장신대 기독교교육연구원의 "해피투게더"

결국 가정과 교회가 서로의 책임을 떠넘기기 보다는 서로 힘을 모아 이 변화 많고 문제 많은 시대에 우리의 미래세대를 건강하고 균형잡힌 그리스도의 제자로, 세상의 책임적인 시민으로 살 수 있게 하는 교육과정이 필요하다는 결론에 도달하게 된다. 계속 낮아지는 출산율, 교회의 대외적 이미지실추, 담임목회자의 장년중심 목회관, 시간과 공간이 부족한 교육환경의 악화, 전문사역자의 절대적 부족과 훈련이 충분치 않

교육연구원, 2012), 33-53.

은 이들에게 미래세대를 맡기는 부적절한 교육시스템 등을 고치려면 절대적으로 건강한 학습생태계로 전환하는 수밖에 없다. 이제 교회에 다 자녀를 맡기는 형태에서 가정이 자녀교육을 책임지고 교회는 지원하는 체제, 부모와 자녀의 소통이 일어나게 도우며 교회에서는 전세대 간의 친교와 소통이 일어날 수 있는 장을 제공하여야 한다. 더욱이 교회에서는 교회학교 사역자(교사)가 말씀을 체계적으로 가르치고 예전가운데서 체험하며, 가정에서는 가정학교의 부모(교사)가 신앙교육에 적극적으로 참여하여 교회학교 교사와 동역하여 자녀를 함께 양육한다는 것이 해피투게더의 기본적인 시스템이다. 이를 실천하기 위하여 매달 한 주제씩을 선택하여 담임목사로부터 미래세대를 포함한 전세대가 같은 주제로 한 달 동안 같은 주제를 가지고 같이 공부하며 삶을 나누게 된다.

해피투게더는 교회의 전세대가 말씀주제를 공유하고 그 주제를 가정에서와 교회에서 같이 나누고 실천하게 하는 통전적인 가교사역이다. 키즈투게더에서는 매월 한 주제를 가지고 전교우가 같이 마음을 모아 함께 배우고 실천할 주제를 미래세대와 어른세대가 같이 모여 예고편 형식으로 같이 익히고, 올투게더에서는 전 세대가 함께 하는 공동체예배를 드림으로 말씀 주제를 함께 묵상하고 실천할 것을 결단하게 한다. 가교사역의 열쇠는 담임목사가 쥐고 있다. 이전까지 담임목사는 성인을 목회하고 교육전도사가 미래세대를 목회하는 것이라고 생각했다면, 전세대를 담임목사가 염두에 두고 메시지를 통합하고 연결하고자 하는 의지가 매우 중요하다. 마치 심장에서 혈액을 보내면 모세혈관까지 피가 전달되어야 생명이 유지되는 것처럼 가정과 교회가 하나로 연결되어 한 영혼의 생명이 건강하게 유지되게 해야 한다. 담임목사가 선포하는 말씀의 주제를 각 부서에서 선포되고 함께 나누는 성경공부의 주제와 맞추는 것이 중요하다. 상상하여 보라. 성인예배와 미래세대예배의 설교주제가 동일할 때 예배와 교회학교 후 집에 가면서 부모와 자녀들이 나누게 될 대화의 내용에 어떤 접촉점이 생길 것 같지 않은가? 물론 같은 주제라도 어른과 아이들이 알아들을 만한 말씀에 대한 접근 방식과 예화는 달라져야 할 것이다. 그러나 연중 같은 주제로 배우고 대화하는 데서 생기는 다이내믹은 실로 엄청날 것으로 확신한다.

교회는 이러한 말씀에 대한 반복적인 되새김이 차안에서와 가정에서 일어날 수 있도록 패밀리투게더의 자료를 제공하게 된다. 패밀리투게더는 매달 주제와 관련된 가정신앙교육 자료를 의미한다. 필자가 미국 오렌지세미나에서 예기치 않게 동시통역을 하며 전과정을 배우고 나서 처음 가졌던 생각은 이것이었다. 미국사람들이 열심히 교재도 만들고 애를 쓰고 있으나 "우리 한국교회가 이러한 것을 우리 형편에 맞게 만들면 그들보다 훨씬 더 잘할 수 있다"는 생각이었다. 과연 장신대 기독교교육과의 모든 교수들이 함께 연구하고 기독교교육을 온종일 생각하는 기독교교육연구원에서 이에 대한 교육과정을 온 마음으로 만든 결과 해피투게더가 만들어지게 된 것이다. 이 교육과정은 각 주제를 생각하며 온 가족이 함께 부를 수 있는 창작곡과 온 가족이 함께 보여 배울 수 있는 각 주제별 실천 동영상이 다 제작되었다. 적지 않은 예산과 인력을 투입하여 제작한 결과 현재는 36개월 동안 활용할 수 있는 해피투게더 전 과정이 완성된 것이다.

해피투게더의 최대 강점은 교회력과 연결하여 절기에 맞춘 내용으로 관련된 제자직에 관련한 주제(예: 희망, 겸손, 기쁨, 믿음, 감사, 평화, 예배, 하나님의 사랑, 구원-복음, 말씀, 나눔, 약속, 섬김, 생명, 창조, 만족, 소망)와 더불어 윤리적, 시대적, 발달적 차원을 고려한 덕목 중심의 시민직 관련 주제(예: 질서, 사랑, 책임, 공동체, 자제, 긍휼, 존중, 다양성, 섬, 선교, 청지기, 협동, 지혜, 성장, 용기, 인내)를 균형감 있게 다루었다는 점이다. 해피투게더야말로 가교사역의 정신을 가장 드러내고 실제로 가정과 교회에서 사용하기에 용이하고 교회절기와 사회절기가 적절히 어우러진 교재라고 사료되며 건강한 학습생태계를 조성하는 데에 탁월한 교재이다. 현재 36개월 동안 사용할 수 있는 교재가 이미 개발되었으며, 이미 전국에서 백 개 이상의 교회에서 이 교재를 사용하며 좋은 평가를 하고 있다.

IV. 건강한 신앙 학습생태계 조성이 마을 속의 가정과 교회를 살리게 될 것

이제는 교회가 신앙교육을 떠맡는 사역에서 "가교사역"으로 전환해야 한다. 가교사역을 통해서 개인은 전생애에 이르는 전인적인 신앙적 양육을 받을 수 있으며 교회는 제자직과 시민직을 겸비한 통전적인 신앙교육을 이루어 갈 수 있다. 더 나아가 가교 사역을 기초로 할 때 지역사회와 연대하고 지역사회에 봉사할 수 있는 체계를 만들어 갈 수 있는 전 교회적 목회 시스템을 효율적으로 구축할 수 있는 것이다. 그렇다면 가정과 교회와 연계하는 가교 사역, 이를 통한 지역사회에 봉사하고 연대하는 생태학적 교육시스템을 만들기 위하여 실질적으로 어떠한 준비를 하여야 하는가? 다음과 같은 몇 가지를 제안한다.

첫째, 신앙교육의 패러다임에 대한 새로운 인식이 필요하다. 신앙교육을 설계하고 교육과정을 설계할 때 주로 프로그램 중심으로 혹은 가정교육, 교회교육, 학교교육이라는 장을 개별적으로 인식하고 가정을 위한 교육, 부모를 위한 교육 등 기능적인 차원으로 접근 한 것이 종래의 접근이었다면 한 개인의 전생애적 차원을 통하여 전인적인 성장이 이루어지고 또 그가 살고 있는 삶의 자리에서 실천되는 프락시스적 신앙을 위하여 교육을 전생애적 또 삶의 자리에 대한 해석적이며 실천적인 차원으로 시스템화 하여야 한다. 더욱이 연 중 40-50시간 정도만 교회에서 시간을 보내는 교회교육에 자녀의 신앙교육을 책임지게 하고 연중 3,000시간 이상을 가정에서 보내는 가정의 부모가 가진 점을 기억하여 신앙교육의 패러다임을 새롭게 구성하는 노력을 기울여야 할 것이다. 그러므로 가정과 교회가 협력하여 시너지 효과를 낼 수 있도록 목회자는 창의적인 아이디어를 끊임없이 개발하는 교육아이디어개발사역부(Creative Idea Ministry Department)를 부모와 같이 구성하는 패러다임으로의 전환이 절실하다.

둘째, 신앙교육의 시스템 구축을 위하여 목회자들의 교육에 대한 관심과 아울러 가교사역 이 지역과 연계할 수 있도록 시도하는 것이 필요하다. 교육을 교육부의 역할이나 교육담당 교역자의 사역으로 축소시켜서는 안 된다. 교육목회적 차원에서 담임목회자의 전적이 지원과 아울러 관심이 이루어져야 한다. 또 개교회의 차원에서뿐 아니라 지역교회 연합적 차원에서 상호 협력하고 지원함으로서 큰 교회부터 작은 교회에 이르기까지 다같이 교육적 발전을 이룰 수 있도록 해야 한다. 더 나아가 지역사회와 연대하는 다양한 방법들을 모색함이 필요하다. 더 나아가 다양한 콘텐츠를 제공하고 개발할 수 있도록 학교와 교회가 더욱 더 공고하게 연대하고 소통하고 함께 참여하는 노력들이 필요하다. 무엇보다 담임목사는 아직 훈련받고 있는 교육전도사에게 교육부서를 맡기지 말고 그들을 지도하여 교육적 목회를 함께 구현해 나가야 한다. 또 담임목사는 매주 미래세대들의 예배실을 방문하여 그들을 독려하고 손을 잡아주며 사랑을 표현하는 것이 매우 중요하다. 이를 실천하기 위하여 해피투게더를 교재로 사용하면 목회자, 교사, 부모가 연결되어 미래세대를 신앙학습생태계 형성의 일원으로 만들어 나가는 데에 매우 효과적일 것이다.

셋째, 생태학적 신앙교육 시스템을 위한 교육 콘텐츠들이 역사와 문화, 사회에 대한 관심을 포함하고 있어야 하며 또 학습자들의 필요를 반영하는 것이 필요하다. 최근 사회의 주요한 이슈가 되고 있는 통일, 평화, 청소년 자살, 소통, 인문학 관심 등 우리 사회의 구성원들이 안고 해결하며 살아야 하는 다양한 삶의 주제들을 기독교적 관점에서 접근하고 교육해야 한다. 그동안 교육이 주로 교리적이고 조직신학적 체계에 의하여 접근되었다면 이제는 삶의 자리에서부터 성경의 말씀으로 찾아가는 연역적인 방법의 접근도 필요하다.36 이러한 접근은 끊임없이 삶의 자리에서 기독교인으로 어떻게 살아야 하는가에 대한 신앙적인 대답이 되는 것이며 기독교신앙이 역사화 하도록 돕는 방법이다. 여전히 교회에 대한 인식과 평가가 부정적인 이때에 "기독교인으로서의 고백"의 차원을 넘어서서 "기독교인으로서의 삶"에 대한 초점을 맞추는 것은 가정과 교회와 지역이 함께 갈 수 있는 주요한 초석이라 볼 수 있다.

넷째, 가정과 교회가 마음을 모아서 협력하는 유기적 관계를 회복하여야 한다. 교회에서는 출산율 저하와 고령화 현상이 큰 장애가 되는 것은 사실이지만 이를 빌미로 교회학교 약화 현상은 피할 수 없는 현실이라고 합리화하거나, 가정에서는 교회학교의 부실이 신앙교육이 어렵게 만드는 주요인이라고 말하며 서로 책임을 미뤄서는 안 될 것이다. 부모는 자녀를 교회학교에 데려다 주고 교사와 함께 자녀를 위해 기도하고 신앙생활에 대하여 함께 생각을 나누는 것이 매우 바람직하다. 아이 따로 부모 따로 교회를 다니는 것은 건강하지도 바람직하지도 않다. 부모는 가정학교의 교사로서 교회학교의 교사와 함께 자녀를 양육한다는 정신을 갖고 실천하여야 한다. 자녀의 손을 잡고 교회학교에 같이 와서 교회학교 선생님을 만나 신앙생활에 대하여 의논할 것을 권하고

---

36 이런 접근 방법 중 하나가 구체적인 멘토링을 통하여 학생들을 밀도있게 파악하는 것이다. 영어로 된 글이지만 밀접한 관계가 있어 소개한다. 김도일, "Walking with Emerging Leaders through Mentoring: A Way of Mission for Life, from a Christian Education Perspective,"「선교와 신학」22집 (2008): 252-290.

싶다. 오늘날 문화적, 교회론적, 사회적, 가정 내의 도전이 가정과 교회가 연계하여 미래세대에 생명을 주는 신앙교육을 저해하고 있지만 어느 시대에건 도전이 없었던 적이 없었고 그 때마다 하나님께서 이겨낼 길을 주셨던 것을 기억하고 교육에 대한 사명과 열정을 회복하는 것이 필요하다. 위에서 제안한 접근을 통하여 건강한 신앙 학습생태계가 조성된다면 하나님이 기뻐하시는 이미 태어난 세대와 장차 태어날 세대에게 하나님의 말씀과 하나님을 향한 신앙을 잘 전수하여(시 78:1-8), 이 땅위에 하나님의 나라가 이루어지게 하는 데에 일조할 수 있을 것이다.

2 장
지역공동체, 마을로 나아가는 기독교교육*

I. 왜 마을, 지역공동체를 이야기하는가?

현대를 사는 우리가 왜 마을, 지역공동체에 대하여 이야기하는가? 이 주제가 우리의 화두가 되어야 할 필요가 과연 있는가? 비유로 표현하면 현대인은 모두 자기만의 섬에 홀로 살고 있다. 나와 너의 단절, 세대 간의 단절, 민족과 국가 간의 단절은 이미 오랜 이야기가 되었고, 우리는 이러한 단절이 불편하고 싫으면서도 어느덧 잘 맞지도 않으나 자연스럽게 되어버린 옷처럼 된 시대에 살고 있다. 신앙공동체이기를 추구하는 교회와 신앙교육의 제문제를 다루는 기독교교육이 이 단절의 시대에 과연 어떠한 해법을 제시할 수 있는가? 이러한 관심을 갖고 본 주제를 연구하고자 한다. 더욱이 기독교교육이 하나님이 만드신 이 세상, 그토록 사랑하여 독생자를 희생하면서 구속하기까지 사랑하신 이 세상에 하나님의 나라를 세우고 확장시키는 데에 사명이 있음을 재확

---

* 본 연구는 2016. 06. 04. 한국기독교교육학회 하계학술대회(한사랑교회)에서 발표한 글로써, 「기독교교육논총」 47집 (2016. 09. 30): 51-93에 게재되었고, 수정·보완하였다.

인하며 지역사회, 즉 마을 속에 존재하는 신앙공동체가 어떻게 하면 지역을 살리고 세우며 섬기는 데에 일조할 수 있을지 연구하고자 한다. 이러한 맥락에서 이 단절이라는 주제에 대하여 사회학적, 문화인류학적, 신학적 그리고 현실적 조망을 통하여 문제의 핵심을 고찰하여 지역공동체와 기독교교육의 관계를 정립하고 지역공동체로 나아가는 기독교교육에 대한 성찰적이며 실천적인 해법을 찾고자 한다.

II. 지역공동체론 담론에 대한 학문적 근거 탐색을 위한 조망과 오늘의 상황 분석

1. 사회학적 조망: 불확실성, 위험, 소통부재, 고독의 시대

현대는 불확실성과 예측할 수 없는 위험으로 가득찬 시대이다. 온갖 자연재해, 메르스를 비롯한 바이러스성 전염병의 창궐, 미세먼지와 같은 환경오염 그리고 부실공사로 인한 인명피해, 불특정 소수약자에 대한 경멸과 분노 등 이러한 양상들은 우리 사회 어디에서도 안전한 곳이 없는 위험지역으로 만들고 있다. 불확실한 위험이 우리를 에워싸고 있으며, 어느덧 사회적 구성물 중의 하나가 되어버린 시대를 살아가고 있다.[1] 노진철(2010)이 지적한 대로 현대 사회가 위험사회인 이유는 "손실, 재난의 양적 증가에 있는 것이 아니라 오히려 '잘못된 결정' 이나 '잘못된 중단'에 연계된 손실, 재난에 대한 소통" 때문이다.[2] 천재지변의 위험은 인간의 한계로 인하여 어쩔 수 없는 것이지만 인간의 오판으로 저질러진 인재(人災)와 폭력적 범죄가 만연하고 있기에 현대 사회

---

[1] 노진철,『불확실성 시대의 위험사회학』(서울: 한울 2010), 8.
[2] 위의 책, 13

가 위험사회라는 것이다. 울리히 벡(Ulich Beck, 1997)의 주장처럼 현대인은 겉으로는 문명의 풍요로움 속에서 누리며 사는 것 같으나 속으로는 언제 터질지 모르는 문명의 화산 위에서 위태롭게 살아가고 있다.3 손원영(2016)도 위험사회에 대한 울리히 벡의 견해를 영성과의 관계에서 논하였다.4 현대는 소통부재의 시대이다. 위험은 사회적으로 구성되는 것이며, 알고 보면 위험은 사회 속 소통부재의 결과라고 하여도 과언이 아니다. 소통이 부재하다 보니 온갖 오해와 억측이 난무하게 되며 그 속에서 모멸감과 우울감에 빠지는 경우가 많다. 그 결과, 고독 속에서 외롭게 사는 현대인이 많은 시대가 되었다. 현대 인간의 존재방식, 사고방식, 행동방식에 대하여 성찰한 지그문트 바우만(Zigmund Bauman)은 현대 사회의 근본적인 병을 형제에 대한 책임을 회피하는 비겁함에 있다고 하였다.5 가인이 아벨을 죽인 후 동생이 어디 있느냐고 묻는 창조주 하나님에게 "내가 동생을 지키는 자입니까"라고 자신의 도덕적 책임을 회피하며 되물은 질문을 지적하면서 인류의 미래는 정직한 윤리적 투쟁에 달려있다고 주장했다. 바우만은 "우리는 각자 존재하고 나는 홀로 소멸한다"라는 치명적이고 근원적인 표현을 사용했다. "우리는 형제를 지켜야 한다"라는 윤리적 책임을 일깨우는 바우만의 주장은 사실 하나님의 기본적인 창조정신인 세상을 사랑하고 이웃을 돌보라는 신앙적 명제이며 신앙인들의 자연스러운 헌신이어야 한다. 이말은 교육이 상황을 정확하게 진단하고 진정한 삶의 가치를 발견하고 이를 성취하는 행위라는 조은하의 말과도 일맥상통한다.6 그러나 현대

---

3 Ulich Beck, *Risckogesellschaft*. 홍성태 역, 『위험사회』 (서울: 새물결플러스 1997)
4 손원영, "예술영성 형성을 위한 기독교교육과정 개발에 관한 연구 — 위험사회론을 중심으로." 「기독교교육논총」 제46집 (2016. 06. 30), 79.
5 Zigmund Bauman, *The Individualized Society*, 홍지수 역, 『방황하는 개인들의 사회』 (서울: 봄아필. 2013), 5장.
6 조은하, "미래 마인드 형성을 위한 기독교교육," 「기독교교육논총」 제32집, 2012. 101-130.

인들은 실제 삶에서 지역공동체에서 타인을 돌보는 것을 외면한 채로 고독하게 살며, 온갖 소통의 채널을 차단한 채로 살아가고 있다. 소통이 줄어들면 자신의 내면을 점검할 기회가 줄어들게 되고 원치 않고 예상치 못한 수치심과 모멸감을 갖게 되는 경우가 많게 된다.

소통은 성찰을 갖게 하고 성찰은 내면을 풍부하게 하여 초라하게 늙어가는 자신의 모습도 건강하게 바라볼 수 있는 용기를 갖게 된다.7 소통의 기본은 다름을 인정하는 것이다. 소통을 가능케 하는 정신은 존중이다. 소통의 부재 이유는 타인의 존재를 인정하지 않는 것이다. 타인의 존재를 인정할 접촉이 없으니 당연히 존중의 마음을 기대하는 것조차 책 속의 이야기로 느껴질 수밖에 없다. 그러니 결국 개인은 철저하게 고독하게 되고 군중 속에 있으나 홀로 존재하며 쓸쓸하게 지내는 것이다. 여태까지 살펴본 것처럼 현대인은 불확실한 위험 속에서 신음하면서도 소통이 부재하고 철저하게 고독한 존재로 살아가고 있다. 이러한 사회학적 관찰에 근거해 볼 때 소통을 가능케 하는 지역공동체의 필요성은 사회학적 근거를 갖게 된다.

2. 인류문화학적 조망: 사람을 위한 교육과 마을의 필요성

전통적으로 교육은 공동체에서 이루어졌다. 히브리사람들은 아이가 마을에서 태어나면 마을의 모든 어린이가 아기의 집에 모였다. 그리고 랍비의 지시에 따라 쉐마 또는 시편 91편을 낭송해 주었다고 한다.8 한 아기가 마을에 주어지면 마을 전체가 그 아이의 자라나는 모습과 성장과정에 대하여 책임을 지는 것이 자연스러웠던 때가 있었다. 우리나라도 예외가 아니다. 한 아이가 실수로 이불에 오줌을 싸면 '키'를 뒤집

---

7 김찬호, 『모멸감』 (서울: 문학과 지성사. 2014), 263.
8 Lewis Sherrill, *The Rise of Christian Education*, 이숙종 역, 『기독교교육의 발생』 (서울: 대한기독교서회, 1994), 41.

어쓰고 동네를 다니며 소금을 받아오게 하였던 시절이 있었다. 김찬호는 이를 수치심 야기를 통한 사회의 구성원 만들기라는 측면에서 말하고 있지만,9 뒤집어 놓고 보면 이 정도로 온 마을 사람들이 서로 밀접하게 연결되어 있었다는 말이기도 하다. 이것은 내 집 아이, 네 집 아이 할 것 없이 관심과 사랑 그리고 돌봄의 마음을 상호간에 갖고 있었기에 행해질 수 있는 사회적 행위였다. 교육은 마을을 필요로 한다는 말의 의미는 '삶이 곧 교과서가 된다'는 말로 대신할 수 있다. 간디(Mahatma Gandhi)는 자기통치, 자기억제를 뜻하는 '스와라지라' 개념을 자기 민족에게 교육하였다. 모름지기 사람이라면 지역공동체에서 함께 살아가는 대중들로 하여금 "권위를 규정하고 통제할 능력이 그들 자신에게 있다는 것을 교육"10해야 한다고 주장하면서 '나이탈림'(Nai Talim)11이라고 하는 수공예를 통한 교육을 통하여 사업을 가르치고 도시에 착취당하여 소멸되고 있던 인도의 마을들을 부활시키는 데에 전력을 다하였다. 아쉽게도 산천이 수려하고 온 나라가 정겨운 마을로 이루어져있던 우리나라는 어느 때부터인가 토건국가가 되어 버렸다. 가는 곳마다 흉물스러운 아파트가 정겨운 마을 풍경을 잠식해 버렸고 압축적 경제성장으로 농업이 몰락하고, 식량자급률이 25%밖에 안 될 정도로 외국의 존도가 심화되었으며 마을에서 서로를 돌보며 살아가던 풀뿌리 백성의 삶은 망가지고 있다. 이제 우리나라는 토건국가에서 돌봄의 국가로 재건되어야 한다. 가족해체에서 가족재건으로, 여성을 노리개화하는 데

---

9 김찬호, 『모멸감』, 54.
10 Mahatma Gandhi, *Village Swaraj*, 김태언 역, 『마을이 세계를 구한다』 (서울: 녹색평론사, 2006).
11 인도에서 간디와 비노바 바베(Vinoba Bhave 1895-1982)가 교육 개혁의 의지를 담아 일으킨 대안교육 운동의 핵심 정신으로 지식과 행동은 결코 분리되어서는 안된다는 말로서 대개 모든 사람을 위한 기본 교육 혹은 신교육이라는 의미로 사용되는 개념이다. https://en.wikipedia.org/wiki/Nai_Talim 핵심어: Nai Talim, 2017. 11. 26. 14:45 접속. 프레리의 억눌린자를 위한 교육이라는 개념과 유사하다고 볼 수 있다.

서 존중과 보살핌을 일상화하는 사회화과정이 진행되는 나라로 탈바꿈하도록 교육학적 노력을 경주하여야 할 것이다.12 그렇지 않으면 우리는 겉으로는 독립한 국가 같으나 내용적으로 자립한 나라는 못될 터이고, 기계와 기술문명이 발전하여 초고속 인터넷을 보유한 나라 같으나 실제는 내면이 비어버린 속빈 강정 같은 나라, 실속이 없는 국민, 마을을 잃어버린 실향민으로 살아가게 될 것이다.13 이러한 관찰에 근거해 볼 때 지역공동체는 인류문화학적으로도 그 근거이유를 확보할 수 있다고 본다.

3. 역사적 조망: 역사적 맥락에서 살펴보는 한국기독교의 현상 이해

한국 땅의 교회와 기독교의 현상에 대한 이해를 기독교의 현상 이해를 역사적 맥락에서 보는 것은 매우 중요하다. 왜냐하면 어떤 현상도 역사적인 상황을 떠나서는 생기지 않기 때문이다. 1880년대-1907년 사이에 한국기독교는 전래되었고 일정부분 수용되었다. 서정민에 의하면, 당시 한국의 지도층은 "기독교라는 하나의 사상, 혹은 정치적 세력을 민족의 주권을 지키거나 되찾으려는 방편으로 파악"하였다.14 물론 이 시기에 기독교가 사회개혁의 동력을 제공할 수 있었던 것도 사실이었다. 특히 사회적으로 열악한 대접을 받았던 부녀자들을 정당한 위치에 올려놓을 수 있었다.15 대부흥운동(1907) 이후부터 1930년까지 한국기독교는 한편으로는 개인의 구원과 내면의 신앙체험을 중시하는 경향을

---

12 조한혜정, "토건국가에서 돌봄사회로," 『가족에서 학교로 학교에서 마을로』 (서울: 또 하나의 문화, 2006), 13-41.
13 임재원, 『자크 엘뤽의 기술 문명 비판』 (서울: 한들출판사, 2005), 128.
14 서정민, "한국기독교의 현상에 대한 역사적 검토," 『한국기독교와 역사』 31권, 2009. 261-284.
15 민경배, 『한국교회의 사회사』 (서울: 연세대학교출판부, 2006), 353.

띄게 되었다. 물론 1919년을 중심으로 신앙적 체험을 한 내면적 성향이 강한 기독교인들이 자신들의 신앙적 에너지를 민족운동을 수행하는 에너지로 승화시킨 점도 동시에 강조하는 것이 옳을 것이다.[16] 실제로 남강 이승훈과 같은 사람은 기독교신앙을 나라사랑으로 승화시켜 미래 세대를 훈련시키는 데에 혼신의 노력을 기울였으며 만세운동이 일어나게 하는 데에 핵심적이고 결정적인 역할을 하였다.[17] 남강에게 교회는 개인적 구원과 사회적 참여를 동시에 수행하는 하나님의 백성들이었다.

그러나 일제말기(1930년 후반)부터 해방(1945)까지의 시절은 한국기독교가 변질된 시기였다. 극소수 신자들의 "사상적, 정치적 동기 보다는 신앙적 동기로써 일제의 강요에 저항하였고," 순교와 수난을 감내했던 그들의 내적 동기와는 달리 일제는 그들을 "정치적 저항자 내지 악질 민족주의자들로 죄명을 달아 단죄하였다." 이는 매우 특이한 현상으로서 "극보수 신앙이 사회적 정치적 저항 그룹"이 되는 상황이 벌어진 것이다.[18]

1945년-1969년에는 분단과 전쟁, 쿠데타가 있었고 기독교가 정치적, 사회적 기득권층으로서 배척의 대상이 되기도 하였다. 미 군정기부터 이승만 정부 수립 이후까지 기독교인들이 나라에 적극적으로 기여한 면이 없지 않으나 친기독교 정부의 이미지가 형성된 것도 사실이었으며, 이 때 신앙과 신학의 순수성을 지킨다는 명복으로 내부적 분열이 많이 일어났다. 전쟁 후, 고아와 사회적 약자들을 돕는 기독교적 섬김의 공헌이 분명히 있었음에도 불구하고 교회가 이기적인 "이익공동체"의 이미지를 갖게 된 것도 무시할 수 없는 현상이다. 기성교회는 정권연

---

16 서정민, "한국기독교의 현상에 대한 역사적 검토,"『한국기독교와 역사』31권, 2009. 264-265.
17 김도일, "이승훈: 어둠과 절망의 땅에서 희망을 노래하다."『참스승』(서울: 새물결플러스, 2014), 13-35.
18 서정민, "한국기독교의 현상에 대한 역사적 검토," 265-267.

장을 위하여 부정을 자행했던 집권말기의 이승만 정권을 지지하였고 이로써 학생운동인 4.19혁명에서 배척의 한 대상이 되었던 것이다.[19]

서정민에 의하면, 1969년-1990년 사이에 한국기독교는 소수 진보적 신자들의 정치적 저항과 다수 보수 신자들의 정교유착(政敎癒着)적인 현상을 보였다. 5·16쿠데타로 정권을 잡은 박정희정부는 졸속으로 한일국교정상화를 시도했고 1969년에는 삼선개헌을 시도했으며, 이를 기화로 한국기독교의 소수 진보 신자들이 반대투쟁을 하였고, 1972년 소위 10월 유신이라는 초법적 조치는 민주화운동을 격렬하게 벌이게 하는 단초가 되었다. 그러나 영원한 권력은 없다는 것이 대통령의 죽음으로 증명되었고 1980년 5·18 광주민주화운동은 결국 1987년 대통령직선제를 이끌어내었다. 이 때, 기독교 보수진영은 친정부적인 입장을 견지하였는데, 그런 입장을 내건 이유는 정교분리라는 것이었다. 그리고 기독교의 사회적 영향력을 주장하며, 급속한 정치경제사회의 변화 속에서 기독교의 양적 성장을 이루었다. 그러나 다른 한편은 소위 상황신학으로 분류되는 민중 신학을 안병무 등이 한국의 정치현장에서 형성하였으며, 이를 기반으로 한국기독교의 민주화운동을 이끌었다. 그리고 세계적으로도 공감대를 이끌어내며, 연대와 협력의 기반을 마련하였다. 그러나 이 시절은 한국기독교가 보수적 성향을 띠고 양적으로 큰 교회성장을 이루었지만, 소수 진보 기독교는 적극적으로 사회참여를 시도했던 시기로써 기독교의 양분 현상은 극대화되었다고 볼 수 있겠다.[20]

마지막으로 1990년 말부터 오늘날에 이르기까지의 한국기독교는 친정치 성향을 띠거나 반 혹은 무정치 성향을 띠는 두 가지 양상을 보인다. 물론 김대중, 노무현 정부 시절에는 소수의 진보 사회 참여적 성격

---

19 서정민, "한국기독교의 현상에 대한 역사적 검토," 267-269.
20 위의 글, 269-272.

을 가진 기독교인들은 정권에 호의적인 입장을 보이고 친북반미의 성향을 보이는 반면, 복음주의적 성향을 가진 다수의 기독교인들은 친미반북의 성향을 보인다. 한때 이명박 정부 시절에는 친기독교적 성향을 보이고, 소위 뉴라이트로 명하는 이들이 현실정치에 참여하였다.[21] 오늘날 교회는 어느덧 사회로부터 신뢰를 잃어버리고 입에도 담기 어려운 기독교를 비방하는 언어들이 사이버 공간에서 아무런 거리낌 없이 사용되는 지경에 이르렀다. 이제는 교회의 양적성장, 즉 헌금과 교인 수로 평가되는 경우가 비일비재했던 시절이 지나가고 있다고 하여도 과언이 아니다. 대신에 얼마나 지역사회를 잘 섬기고 교회의 예언자적 역할을 다하는지, 사적종교로서 그치는 것이 아니라 공적종교로서의 사명을 다했는지가 대사회적 교회의 모습이어야 한다는 목소리가 팽배해져가고 있는 것이 오늘의 모습이다.[22] 여기까지 우리는 역사하자 서정민과 민경배의 글을 중심으로 기독교의 한반도 전래시기부터 오늘에 이르기까지의 사회적 현상을 중심으로 살펴보았다. 서정민의 논지는 이만열(1969)의 논지와 맥이 통하는 적이 아주 많았다. 사실 같은 사회상황 가운데서 입장 차이에 따라 양극단이 벌어진 교회와 신자들의 모습은 오늘날 이 사회가 얼마나 지역공동체를 이루며 살아가기가 어려운지를 보여준다고 하겠다. 그러하기에 더욱 이 사회에서 교회가 신앙공동체로서 만든 테두리와 경계선을 넘어서서 지역공동체로 나아가 일조해야 하는 역사적 근거가 뚜렷하다고 볼 수 있다.

---

21 위의 글, 272-274.
22 장신근, "화해와 치유의 생명 공동체인 하나님 나라의 온전성을 지향하는 지역 교회 교육 연구: 공적 교육 공동체 모델"을 중심으로,"「기독교교육논총」제42집 (2015. 6. 30): 133-168.

4. 신학적(교회론적) 조망: 지역공동체 담론 형성의 토대가 되는 신학적 논거 탐색

지역공동체 담론을 위하여 신학적인 논의가 필요한데 이것이 우리 논의의 기초가 되기 때문이다. 여기서 다루는 신학적 논의는 교회론에 대한 논의가 주를 이룰 것이다. 왜냐하면 지역공동체 담론에 관한 논의는 신앙공동체가 되기를 추구하는 교회가 왜, 어떻게, 무엇을 위하여 지역공동체로 나아가서 존재하며 섬길 것인가를 논할 것이기 때문이다. 교회란 무엇인가? 간단히 말하면 교회는 "하나님나라의 백성," 혹은 몰트만의 표현을 더하면 하나님의 나라를 세워 나가는 순례하는 하나님의 백성이다.23 이러한 표현은 "교회는 그[그리스도]의 몸이니 만물 안에서 만물을 충만하게 하시는 이의 충만함이니라"(엡 1:23)의 말씀에서 기인한다. 이는 하나님이 당신의 독생자까지라도 희생하면서까지 그토록 사랑하셨던 "세상"(Cosmos) 속에서 하나님의 나라를 세워 나가며 모든 믿는 자에게 영생을 주기를 원하셨는데, 그 과업을 수행하는 이들이 바로 "예수 그리스도를 구주로 믿는 신앙공동체의 일원인 하나님의 백성"이며 그들이 섬기는 장이 바로 세상이라는 말이다.

여기서는 몇 가지 신학적 논의만을 선별적으로 다루고자 한다. 그 기준은 사실 교회가 가진 두 가지 사명, 모이는 교회와 흩어지는 교회, 예배하고 말씀을 나누는 교회와 봉사하고 섬기는 교회, 배우는 교회와 함께 사는 교회와 같은 긴장관계를 중심 아이디어로 하여 칼뱅, 루터, 본회퍼, 칼바르트, 몰트만, 호켄다이크, 은준관 등의 학자들의 견해를 주제중심으로 다루었다.

교회는 건물도 아니고 제도도 아니다. 이런 관점에서 교회는 보이지

---

23 Jürgen Moltmann, *Kirche in der Kraft des Geistes*, 박봉랑 외 4인 역, 『성령의 능력 안에 있는 교회』(서울: 한국신학연구소, 1980), 13.

않는 교회, 흩어지는 교회, 세상 속에 스며들어가서 지역 속에 존재하는 교회, 즉 하나님의 백성을 의미한다. 물론 보이는 교회, 모이는 교회를 위해서는 예배당도 필요하고 일정한 제도도 필요하다. 이 때 이 모이는 교회에서는 사도직의 기능을 수행하기 위하여 전도와 교회 살림과 성도를 보살피는 목회가 필요하다. 그러나 일찍이 요하네스 호켄다이크(Johannes C. Hoekendijk, 1979)가 말한 것처럼 교회는 흩어지는 교회의 역할을 감당하기 위하여 세계로 나가야 한다. 물론 그의 견해는 교회의 개념에 혁명적인 변화를 주는 것이었고 일견 옳은 점도 있으나 교회를 하나님의 행위로 보고 장소에 구애받지 않는 것으로 강조하는 것은 모이는 교회에 대한 강조점을 흐리게 한 약점도 있다고 볼 수 있다. 보이는 교회, 가시적인 교회를 말하는 우리는 "세례에 의하여 그리스도에 대한 믿음을 얻게 되며 성찬에 참여함으로써 참된 교리와 사랑에 의한 우리의 연합을 증거하고 주의 말씀 안에서 일치하며, 말씀을 전파하기 위해서 그리스도께서 제정하신 직분을 보전한다. 이러한 교회 안에는 이름과 외형만 있고 그리스도는 전혀 없는 위선자들이 많이 섞여 있다."24 마치 좋은 밭에 마귀가 와서 가라지를 뿌리고 가듯이 교회 안에는 가라지와 같은 이들도 있다. 그러나 결국 하나님은 우리 눈에 보이지 않는 가라지를 가려내실 것이고 그때 진정으로 드러나는 교회가 불가시적 교회이다. 그렇기에 인간인 우리는 가시적인 교회 안에서 최선을 다하여 성도의 친교를 촉진하고 도모할 의무가 있는 것이다. 이것이 한 교회의 두 양상, 즉 가시적인 교회와 불가시적인 교회이다. 역사적으로 보면 "가시적인 교회를 하나님의 나라로 역사화시키고, 동일화하려는 로마가톨릭교회의 교회론"은 장 칼뱅(Jean Calvin)의 그것과 대치되며 "가시적인 지상의 현실적 교회를 무시하고, 불가시적인 교회의 순수성과 도덕성만을 추구하는 재세례파들의 교회론"과도 상치된

---

24 최윤배, 『깔뱅신학 입문』(서울: 장로회신학대학교출판부, 2012), 76.

다고 최윤배는 말한다.25 교회는 좁게는 지역교회, 넓게는 보편교회로 나누어 생각할 수 있다. 즉, 지역사회 속에서 믿는 이들이 모인 교회가 지역교회(local church)이고, 모든 하나님의 백성이 보편교회라고 할 수 있겠다. 지역교회는 보편교회보다 작은 개념이라고 하겠다.

여기서는 하나님의 나라를 지향하며 지역 안에 존재하는 교회의 본질적인 사명에 대해서 간략하게 논하고자 한다. 교회는 지역에서 "하나님 나라를 세우고자 하는 하나님의 의지와 메시아적 약속으로 생성되었다."26 그러기에 교회는 하나님이 이 세상에서 불러내신 하나님 백성의 모임이 된 것이요 하나님나라의 상속자가 된 것이다. 그러므로 교회는 "역사의 종말에 완성될 하나님의 구원받은 세계를 예시하는 '종말론적 구원 공동체'이다. 그러므로 이 세상에 대하여 책임적인 존재가 되어야 한다."27 개혁 신학을 말하면서 루터의 교회론을 논하지 않을 수 없다. 루터가 볼 때 교회는 "말씀을 듣는 하나님의 백성이고, 그리스도가 머리되시는 몸이며" 성령의 역사로 그리스도를 주로 모시는 백성이다. 루터는 에클레시아를 잠믈룽(Sammlung, 모임)으로 번역했고 성도의 친교(Communio Sanctorum)라는 표현을 선호했다. 오늘날 예수를 믿지만 소속되기를 거부하는(Believing but not belonging) '가나안성도'라는 표현은 '루터에게는 불가능한 개념'이라고 최주훈은 역설하였다.28

존 웨슬리(John Wesley) 또 교회를 참 믿음을 가진 모든 신자들로 보았다. 제도나 의식으로 보지 않고 믿는 사람으로 본 것이다. 참 믿음의 공동체인 교회는 성화의 공동체, 나누는 공동체, 친교의 공동체, 지역사회개혁에 앞장서는 공동체라고 본 것이다.29 존 웨슬리(John

---

25 위의 책, 404-405.
26 김균진, "교회론의 성서적, 신학적 기초," 『교회론』 (서울: 대한기독교서회, 2009), 25.
27 위의 글, 25, 27.
28 최주훈, "마틴 루터의 교회론," 『교회론』 (서울: 대한기독교서회, 2009), 107-113.

Wesley)의 교회론은 신앙규범에 충실한 교회론이며 성경과 초대교회의 전통 그리고 교회는 늘 개혁되어져야한다는 개혁신앙과 영국교회의 전통(성서, 이성, 전통)에 경험을 더한 균형 잡힌 교회론을 견지했다고 본다.30 에밀 브루너(Emil Brunner)와 칼 바르트(Karl Barth)는 교회를 제도와 건물 혹은 장소가 아닌 하나님과 인간과의 만남 속에 존재하고 동시에 형제자매간의 진정한 사랑과 인격적인 사귐과 만남 속에 존재하는 것이라고 하였다. 특히, 바르트는 말씀의 사건으로 교회가 존재한다고 하였고 그 말씀이 선포되는 장소적이고, 시간적이며 공간적으로 존재하는 '보이는 교회'(ecclesia visibilis)를 강조했다. 칼뱅이 논했던 불가시적 교회를 지나치게 강조하면 영지주의적 위험에 빠질 수 있다고 김명용은 말한다.31 김명용은 교회의 존재목적을 논하면서 "구원의 방주"로서만 교회가 존재한다는 교회론이 갖는 신학적 치우침에 대하여 경계하였다. 이는 역사에 대한 비관주의, 즉 그리스도가 재림하시기까지 세상은 더욱 더 위험해지고 결국은 망하게 될 것이기에 속히 뭇 영혼을 구원해 내어 교회라는 방주에 태워야 한다는 것이다.32 김명용은 또 교회론을 하나님의 나라 지향론으로 말한 몰트만의 견해를 소개하면서 교회는 세상에 존재하는 악한 영의 통치를 종식시키고 하나님의 나라를 건설하는 데에 있으며 사회적, 정치적, 경제적 변혁이 일어

---

29 김영선, "존 웨슬리의 교회론," 『교회론』 (서울: 대한기독교서회, 2009), 154-155.
30 위의 글, 166-167.
31 Barth, *Kirchliche Dogmatic* IV/1, 1953, 731: 김명용, "칼 바르트의 교회론," 『교회론』 (서울: 대한기독교서회, 2009), 203에서 재인용. 게르하르트 로핑크(Gerhard Lohfink)는 하르낙의 말을 빌려 가톨릭교회가 지나치게 공동체를 강조하는 성향에 대하여 오히려 하나님 나라는 개인에게 오는 것이라고 말한다. 물론 하르낙도 공동체 사상을 모르는 바가 아닐터이지만 가톨릭이 신앙적 조우의 개인적 측면이 너무 간과되는 것에 대하여 경고한 것으로 보인다. 결국 로핑크는 복음의 개인적이며 사회적인 측면을 다 강조한 셈이 되었다. Gerhard Lohfink, *Wie Hat Jesus Gemeinde Gewollt?* 정한교 역, 『예수는 어떤 공동체를 원했나: 그리스도 신앙의 사회적 차원』 (서울: 분도출판사, 1985), 12-17.
32 김명용, "칼 바르트의 교회론," 『교회론』 (서울: 대한기독교서회. 2009), 210.

나게 하는 것은 교회의 존재목적 중의 하나이다.33 사실 몰트만의 이러한 교회론은 우리나라에서 정치적, 도덕적 불의에 맞서 싸우게 하는 신학적 근거를 제공해 왔던 것이다. 결국 바르트의 교회론은 예수 그리스도의 복음전파와 하나님 나라의 구현 둘 다가 교회의 존재론적 목적이며 말씀의 선포(말로 행하는 선포)와 세상 속에서의 행위(행위로 행하는 구원)가 똑같이 중요하다고 말하고 있는 것이다(말과 행위는 하나 속에 있는 둘).34

디트리히 본회퍼(Dietrich Bonhoeffer)의 교회론은 교회가 왜 지역으로 나아가 지역공동체 형성을 위해 매진해야 하는지에 대한 학문적 근거를 제시해 준다. 그의 신학은 공동체 개념을 이해하는 데에 필수적이다. 이신건에 의하면 그의 인격개념과 공동체개념 그리고 하나님 개념을 본질적으로 연관성을 갖고 있다. 개인은 오로지 타자 곧 신적 인격과의 관계 그리고 사회 속의 타인과의 관계 속에서 이해해야 한다. 그러므로 인간은 철저하게 사회적 존재이며 내 앞에 존재하는 너를 강압적으로 조정할 수 없으며 나는 주체요 너는 객체가 되는 공식을 거부해야 한다. 인간은 "정신(Geist)으로서 필연적으로 공동체 안에서 창조되었고, 그의 보편적 정신은 사회성의 그물[망]에 속해 있기 때문이다."35 여기에서 인격적 존재는 구조적 개방성과 폐쇄성을 동시에 갖고 있음을 본회퍼는 말하였다. 인간의 정신은 오직 사회성 안에서만 존재가능한데 이를 본회퍼는 "타자 속에 존재함으로써 스스로 존재하는 것"이라고 표현하였다.36 이 말은 인간이 사회 구조 속에 사회적 존재로 살아가

---

33 위의 글, 211.

34 위의 글, 217.

35 이신건, "디트리히 본회퍼의 교회론," 『교회론』 (서울: 대한기독교서회, 2009) 233-236.

36 Bonhoeffer, 1986, 39-45; 이신건 재인용 이신건, "디트리히 본회퍼의 교회론," 『교회론』, 237.

지만 개인적 존재, 독립적 존재로도 성립할 수 있는가라는 것이다. 그러므로 인격은 사회적 의도라는 개념으로 볼 때 개방성을 지향하지만 동시에 친밀한 행위는 인격의 폐쇄성도 지향한다는 의미가 된다.37

그런데 죄로 인하여 인간은 고독과 단절 속으로 빠져 들어가게 되고 자신의 힘으로는 이 난관을 극복할 수 없다. 오직 인간과 하나님 사이의 유일한 대리자 내지는 연결자인 예수 그리스도를 통해서만 하나님과의 새로운 생명의 연대가 가능하게 된 것이다. 이 때 이 그리스도를 구주로 믿고 신앙을 고백하는 이들의 무리가 교회인데 바로 이것이 생명공동체이다. 이 생명공동체(십자가 공동체)를 기독교교육에서는 신앙공동체라고 부른다. 교회는 "그리스도 안에서 그리고 그를 통해 … [그리고] 부활의 빛 안에서 십자가 공동체는 그리스도 안에 있는 하나의 공동체로서 의롭다고 인정을 받고, 거룩하게 된다.38 앞서 다룬 글을 연구하여 보면 본회퍼의 *Sanctorum Communio*라는 저술이 왜 신학의 기적이라는 바르트의 극찬을 받게 되었으며 공동체를 교회론적 시각으로 이해할 때 중요한 근거자료가 되는지가 드러난다.

교회론을 다룰 때 은준관의 성서적, 역사적, 현대 신학적 교회론은 우리에게 일관성 있는 큰 그림을 볼 수 있는 시각을 제시해 준다. 구약시대 때 인간을 만나주셨던 성막공동체, 하나님이 현존의 상징으로서의 성전과 가르침과 말씀을 전달해 주는 회당 그리고 하나님의 아들 예수 그리스도가 선포하신 바실레이아 투 테우($Βασιλεία\ του\ θεου$: 하나님의 나라)와 제자공동체 그리고 초대교회와 바울이 세워갔던 교회론까지 이 모든 것을 은준관은 성서적 교회론으로 불렀으며 이와 같은 분석과 요약에 동감한다. 그리고 나서 교부시대의 교회론과 중세시대의 교황주의와 반교권주의가 일어났던 긴장의 교회론과 이런 흐름에 편승

---

37 이신건, "디트리히 본회퍼의 교회론," 『교회론』, 233-236.
38 Bonhoeffer, 1986, 900-100; 이신건 재인용 이신건, "디트리히 본회퍼의 교회론," 『교회론』, 245.

하여 성경으로 돌아가 진정한 성경적 교회론을 세우고자 했던 종교개혁 시대의 루터와 칼뱅의 말씀과 성례에 정초한 교회론을 다룬 것은 의미 있는 학문적 시도였다. 거기에 20세기의 로마 가톨릭 교회의 신학적 교회론 정립의 시도는 여전히 교회론이 하나님나라를 앞서고 있다는 비판을 받았고, 바르트, 본회퍼, 몰트만의 교회론과 유기적 교회론, 코이노니아 사건으로서의 교회론, 말씀과 디아코니아로서의 교회론은 결국 그로 하여금 교회라는 신앙공동체가 바로 서기 위해서는 역사-종말론적 교회론을 정립해야 한다는 논지를 펼치게 하였다. 은준관은 역사적이고 미래적인 하나님나라에 대한 구현이 가장 필요함을 역설하였다. 그러나 그가 활동하던 시대에는 선교적 교회론이 아직 널리 퍼지지 않았기에 선교적 교회에 대한 구체적인 논의는 이루어지지 않았다.

종합적으로 다루자면, 교회는 지역 속에서 하나님의 나라를 이루어 가기 위하여 살아가는 하나님의 백성이며, 이를 위하여 말씀선포와 성례전, 전도를 강조하는 신앙공동체로 존재함과 동시에 지역(마을/세상) 속에서 예수 그리스도의 생명, 사랑, 연대, 보살핌, 함께함의 정신을 퍼뜨리는 생명공동체, 생활공동체로서 십자가의 정신을 실천하여야 한다. 이것이 지역공동체로 나아가는 기독교교육을 세우기 위한 교회론적 탐색이다.

5. 현실적 조망: 오늘날 한국교회가 안고 있는 심각한 문제와 상황

오늘날 한국의 교회는 대 사회적으로 신뢰를 잃고 있으며 이에 대한 대처가 쉽지 않다는 점이다. 전술한 한국교회에 대한 역사적 조망에서 보는 바와 같이 한국교회가 사회 속에서 깊은 신뢰를 얻은 적도 있었다. 나라를 살리고 신문화를 전달해주며 젊은이들에게 소망을 주는 종교의 역할을 하던 시절도 있었다. 그러나 해방이후부터 군부독재시절에 이르기까지 교회는 세상을 등지고 오로지 수적 성장만을 추구하던 시절도 있었고 그로 인해 교회를 다니던 이들과 교회 밖에서 교회를 바라보고 있던 이들의 상처는 너무도 크게 남게 되었던 것이다. 이를 반영해 주는 것이 신뢰도 조사이다. 한국교회에 대한 신뢰도는 2008년에 2.55/5점, 2010년 2.58/5점, 2013년 2.62/5점, 2016년 2.55/5점으로 매 3년마다 "한국교회를 신뢰하는가?"에 대한 질문에 대해 매우 낮은 신뢰를 보이고 있는 형편이다. 목사를 비롯한 지도자와 평신도 그리고 교회의 행태에 대하여 '언행 불일치', '내부불투명성' 등의 이유로 신뢰하지 않는다고 답하였고, 한국교회가 지역사회 속에서 정직하고 순수한 삶의 모습을 보여줄 것을 요청하였다.[39] 이제 2017년 한국교회의 신뢰도 여론조사를 갖는다고 하는데 그 결과가 어떻게 나올지 심히 궁금하면서도 두려운 마음이 앞선다. 왜냐하면 주변의 수많은 젊은이들이 '가나안성도'가 되었다고 자신의 정체성을 밝히는 것을 어렵지 않게 볼 수 있고 이런 상태로 나가다가는 한국교회의 미래를 책임질 이들이 소멸할지도 모를 징조들이 나타나고 있기 때문이다.

    정재영에 의하면 현재 가나안성도가 된 이들이 왜 교회를 떠났는지에 대한 이유를 묻는 질문에 대해 교회에는 문제가 없었다는 이들이 42.2%였고, 교인들의 삶이 신앙인답지 못하다고 한 이들이 30.6%, 그 다음은 담임목회자, 교회내부 분란, 교회 내 파벌 다툼 그리고 교회당 건축문제 등을 꼽았다.[40] 교회를 떠난 이들의 대부분은 교인들, 목회자 그리고 교회의 바람직하지 못한 모습에 실망을 하고 교회를 떠난 것으로 나타났다. 그런데 우리가 주의를 기울여야 할 질문은 다음에 나왔다. "귀하는 교회를 떠난 이후에도 여전히 구원의 확신을 갖고 있습니까?"라는 질문에 82.1%가 "그렇다"고 대답한 것이다.[41] 이러한 이유로 교

---

39 http://trusti.tistory.com/1191. 기윤실(Christian Ethics Movement) 블로그. 2016. 5. 26. 20시 접속.
40 정재영, 『교회 안 나가는 그리스도인』(서울: IVP, 2015), 49.
41 위의 책, 54.

회를 다니다가 떠난 이들을 '성도'라는 칭호를 붙이는 것으로 판단하였다. 교회를 떠났던 이들이 재 출석 시 희망하는 교회의 모습은 어떤 것일까? 첫째는 올바른 목회자가 있는 교회, 둘째는 공동체성이 있는 교회, 셋째 이후는 건강하고, 부담 없으며, 편안한 교회를 원하는 것으로 나타났다.42 이런 문제는 비단 한국교회 안의 문제만은 아니며, 성도들의 필요에 적절하게 반응하지 못하면 세계 어디에서든지 유사한 문제가 발생하는 것으로 키내만(David Kinnaman)은 보고하였다.43

오늘날 지역교회의 현실은 다음과 같다. 영아부가 없는 교회(78.5%), 유아부가 없는 교회(77.4%), 유치부가 없는 교회(51%), 초등부가 없는 교회(47%), 소년부가 없는 교회(43%), 중등부가 없는 교회(47%), 고등부가 없는 교회(48%), 수도권에 있는 교회 중 약 60%에 해당하는 6580개 교회는 영아부(아기부서)가 아예 존재하고 있지도 않다.44 과연 다가오는 미래에 대하여 우리가 현재 소망을 품을 수 있는 열쇠는 무엇일까를 심각하게 고민해 보아야 한다. 저출산과 고령화 현상이 일반화되어 있는 우리나라는 2020년이 되면 엄청난 인구절벽을 경험하게 되는 바, 이에 대한 교회의 대책은 무엇일까? 이것이 우리 모두에게 주어진 숙제이다.

---

42 위의 책, 57.
43 David Kinnaman, *You Lost Me*, 이선숙 역, 『청년들은 왜 교회를 떠나는가?』(서울: 국제제자훈련원, 2011), 9.
44 대한예수교장로회 통합, 전체 8731개 교회, 2015년 교단통계. 이 통계는 2016년 말에는 약 3만 명 정도가 더 줄어든 것으로 나타났다.

III. 신앙공동체가 지역공동체, 마을로 나아가야 할 당위성에 대한 논의

1. 선교적 교회론의 재개념화: 하나님의 선교(Mission Dei)와 하나님의 교육(Educatio Dei)

선교적 교회론(Missional Church)을 논의하면서 레슬리 뉴비긴(Lesslie Newbigin)을 우선적으로 살펴보는 것이 중요하다. 왜냐하면 그의 삶과 사역이 선교적 교회론을 형성하는 데에 지대한 영향을 미쳤기 때문이다. 1909년에 태어난 그는 대학생이 되어서야 기독교 학생운동(Student Christian Movement)을 통하여 예수를 믿었고 SCM의 총무로 일하던 중 케임브리지로 돌아와 웨스트민스터 칼리지에서 수학했다. 1936년에 인도 선교사로 자원하여 안수를 받고 인도로 가서 거기서 장로교, 회중교회, 영국감리교, 성공회의 연합으로 구성된 남인도 교회를 조직하였고, 1947년 그 때 그의 나의 37세에 초대 감독 중의 하나가 되었다. 그는 1961년 WCC 부총무와 전도위원회 책임자가 되었고 인도 첸나이 지역 감독의 사역의 경험을 토대로 교회의 본질, 연합 그리고 선교의 삼위일체적 근거를 다룬 책 등을 저술했다. 그러나 그가 1974년 인도에서의 35년간 사역을 마무리하고 영국의 고향으로 돌아온 뒤 자신을 영국을 선교지 인도로 파송했던 영국이 선교지보다 더 세속적인 사회로 변하게 된 것을 보고 큰 충격을 받는다. 뉴비긴의 교회론은 자신이 태어나 자란 기독교 국가 영국을 비롯한 서유럽에서 일어난 기독교 복음과 문화의 급속한 통합과 타협으로 인해 와해된 것을 자각하면서 형성되었다. 비기독교세력들이 서유럽의 기독교적 관습이나 윤리 등의 전통에 엄청난 공격을 퍼부어 이제는 기독교적 예배, 가르침, 사역 같은 것에 비기독교가 오히려 무차별적으로 세례(indiscriminate baptism)를 퍼부어 기독교가 위축되어 있던 것이다.[45] 그러다 보니 기

독교가 지역 사회 속에서 당연한 것으로 여겨 강조하던 일차적인 공동체로서의 가정, 지역공동체로서의 교회, 이웃과의 관계와 같은 공동체적 유대관계가 와해되는 현상이 나타난 것이다. 이제는 주변에 존재하는 이웃도 그냥 스쳐지나가거나 장사를 할 때 물건을 구입하는 고객 정도 밖에 인식되지 않게 되었고 철저하게 익명 사회로 변해가는 것이었다. 이것을 뉴비긴은 기독교 세계의 붕괴라고 명하였다.[46]

왜 이러한 붕괴현상이 일어나게 되었을까? 그 이유는 교회가 가정과 마을 속에 존재하면서 본연의 임무이자 존재의 이유인 삶의 전 영역에서 복음적 삶을 영위하는데 실패했기 때문이다. 또 총체적으로 볼 때 기독교교육이 실패한 것이다. 더욱이 다양한 삶의 역사와 문화적 배경을 갖고 마을로 들어와 살게 된 새 이웃에 대한 연구가 적었고, 그들의 필요와 문화, 종교적 습관에 대한 이해가 적었기 때문에 결국은 교회의 영향력을 잃어버리게 된 것이다. 무엇보다 중요한 것은 교회 자체의 정체성이 흔들리게 되어 하나님의 백성으로서 하나님나라를 확장해 나간다는 소명의식이 떨어졌기 때문이다. 이러한 지역사회와 분리된 교회, 내 교회만 잘되면 그만이라는 개교회주의를 극복하고 본래 교회의 사명인 지역사회에서 지역으로 자연스럽고 조용하게 스며들어 하나님나라를 삶의 전 영역에서 이루어가야 한다는 것이 바로 선교적 교회론이다. 선교적 교회론은 말로 하는 복음전도에서 넘어서서 삶으로 보여 주고 지역사회에서 건강하게 존재하고 함께 살아가는 삶의 양태를 통하여 신뢰를 얻고 주위에 있는 마을공동체의 일원에게 진정성을 갖고 대하는 것을 기초로 한다. 선교적 교회는 모든 것을 교회당 안으로 끌어들여서 교회만을 중심으로 활동하는 구도에서 벗어나 교회 중심으로 하되 지역사회 속에서, 지역사회 속으로, 지역주민과 함께 하는 지역공동

---

45 Lesslie Newbigin, *Household of God*, 홍병룡 역, 『교회란 무엇인가?』 (서울: IVP, 2010), 13-15.
46 위의 책, 15-16.

체를 이루며 그곳에서 하나님의 나라를 이루어가자는 선교적 운동이다. 교회는 늘 지역사회에 존재하면서도 지역주민을 전도의 대상으로 생각하곤 하였다. 바자회를 하여도 지역 주민을 위하여(for), 교회확장을 위한 전도를 위하여(for) 하고, 전도를 하여도 그들의 영혼을 위하여(for), 어렵고 소외받는 자리에 있는 이웃을 도와도 이웃을 위하여(for) 하는 것이라고 말하였다. 물론 지역의 안녕과 지역민의 영혼을 위하여 최선을 다하려는 정신이 아무것도 안하는 것보다 훨씬 낫다. 그러나 교회가 존재하는 지역의 이웃들을 위하여 무엇인가를 베푼다는 정신보다, 그들과 함께하며 그들의 벗이 되어주고, 지역사회의 문제와 필요를 그들의 문제만이 아닌 나의 문제 "우리의 문제와 필요"로 알고 지역사회 속에서(in) 함께 어려움을 나누고 함께(with) 풀어나가는 것이 더 바람직 할 것이나. 시억빈들을 선노하기 위하여 늘 객체화, 타자화, 대상화하는 것은 보이는 건물 교회와 지역사이에 담을 높이 쌓는 것과 같은 부정적인 효과를 가져다준다. 바로 이것이 선교적 교회론의 핵심 골자가 된다.

하나님은 모든 피조물을 사랑하시며 그 가운데 교회를 두시어 그리스도로 머리가 되게 하셔서 세상 속에서 사명을 감당하게 하시었다. 선교적 교회는 그리스도의 몸이며 세상을 향하여 소통, 즉 대화를 하고, 함께 존재하고 세상에 대하여 열린 마음으로 열린 관계를 형성하며, 적극적으로 지역 사회의 일에 참여하고 그 속에서 유연하게 변화를 추구한다. 이렇게 함으로써 교회는 예수 그리스도의 언약에 기초한 생명공동체로서의 역할과 기능을 지역 속에서 마을 사람들과 함께 하는 가운데 하나님의 나라를 이루어나가기 위하여 최선을 다하는 것이다. 선교는 교육과 함께 우리 주 예수 그리스도의 지상명령이다. 선교 없는 교육이 있을 수 없고 교육 없는 선교도 있을 수 없다. "너희는 가서 모든 족속으로 제자를 삼아 아버지와 아들과 성령의 이름으로 세례를 베풀고, 내가 분부한 모든 것을 가르쳐 지키게 하라"(마 28:19-20)는 예수의 말씀이 그것을 명확히 밝히고 있다.

선교적 교회론은 지역공동체를 세우기 위한 교육선교의 신학적 기초가 된다. 이 선교적 교회론은 겉으로 보기에는 사람이 모든 것을 하는 것처럼 보이지만 모든 것을 주관하시는 하나님이 선교와 교육의 전과정(whole process)에 깊이 개입하신다는 "하나님의 선교"에 근거한 것이다. 데이빗 보쉬(David Bosch)의 다음 글은 다소 과격한 것 같으나 실로 옳은 진술이라고 본다.

> 선교의 근원은 기존 교회에 있는 것도 아니고 아니며, 교회 안에 속하는 어떤 특정한 선교부 같은 기관에 있는 것도 아니다. 선교의 근원은 하나님 안에 있다. 하나님은 선교사로서 세계를 향하여 모든 경계선을 넘어가신다. 하나님은 창조를 통하여 이미 선교의 하나님이셨으며, 그의 말씀과 영은 '선교사'로서의 역할을 창조활동에서 하신 것이다.(창 1:2-3).[47]

교회가 지역사회에서 열린 자세로 소통하며 변화를 추구하고 예수 그리스도께서 성육신하심과 같이 지역시민들과 함께 마을에서 공존하는 자세를 갖되 복음의 정수대로 살아나가며 진정성 있는 삶의 자세로 이웃을 대할 때 그곳에서 하나님의 나라가 확장되는 것을 목도할 것이다. 왜냐하면 우리는 다만 최선을 다하여 공존하고 소통하면서 하나님의 뜻을 이루어가며 우리가 가는 곳이 선교의 발걸음이 되기를 소망하며 기도하지만 결국 하나님의 나라를 이루시는 분은 하나님이시기 때문이다.

선교적 교회론을 기독교교육적 교회론으로 재개념화하는 접촉점은

---

47 David Bosch, *Transforming Mission*, 『선교신학: 신학적인 관점에서 본 선교』 (서울: 두란노, 1989), 283; 김도일. 이 글은 다음의 글에서 재인용: 김도일, "포스트모던 시대의 교육선교의 모형," 『포스트모던시대의 기독교교육 모형』 (서울: 요단. 2014), 56.

바로 다음의 논의에서 찾는다. 선교가 하나님의 선교(미시오 데이: Missio Dei)이듯이 인간의 삶 가운데서 적극적으로 역사하시고 변화를 야기하는 진정한 교사는 인간 교사가 아니고 하나님 교사이시다. 그러므로 교육은 하나님의 교육, 즉 에듀카치오 데이(Educatio Dei)인 것이다. 공통분모는 하나님이시다. 인간은 다만 학습자 개인과 공동체 속에서 건강하고 균형 잡힌 교육이 일어나기를 고대하며 최선을 다할 뿐이다. 모든 인간과 피조물의 궁극적인 교사는 하나님이시다. 파즈미뇨(Robert Pazmiño)의 말처럼 삼위일체 하나님은 우리를 위하여 존재하시고(God for us), 우리의 주홍 같은 불가항력적인 죄에도 불구하고 우리를 구원해 주시며(God despite us), 우리의 부족함을 채워주시기 위하여 함께 해 주시고(God with us), 인간의 속에서 성령의 뜨거운 불로 역사하여 변화시켜 주시며(God in us), 하나님의 백성을 통하여 역사하시고(God through us), 한량없는 부족함과 한계에도 불구하고(God beyond us) 우리의 미래를 열어주시고 미래세대를 세워주신다.[48] 선교적 교회론은 결국 선교학의 울타리에서 벗어나 기독교교육학과 기독교교육의 현장, 지역공동체 속으로 들어와 하나님의 함께 하시는 손길을 보게 하는 귀중한 교회론적 근거가 된다. 더욱이 우리 속에서, 우리의 죄악에도 불구하고, 우리와 함께 하시면서, 우리를 통해 역사하시고, 우리의 한계도 뛰어넘으시는 우리 모두의 영원한 교사 하나님의 교육이 신앙공동체를 넘어 지역공동체로 마치 담쟁이가 울타리를 다른 담쟁이의 손을 잡고 연대하여 조용히 넘어가듯 일어나게 될 것이다. 도종환이 쓴 것처럼 "저것은 어쩔 수 없는 벽"[49]이라고 주변사람들이 말리고 방해하더라도 이 하나님의 교육, 하나님의 선교는 우리의 마을에서 일어날 것이다.

---

48 Robert Pazmiño, *God Our Teacher* (Grand Rapids, MI: Baker Academic, 2010), 210.
49 도종환, 『흔들리지 않고 피는 꽃이 어디 있으랴』 (서울: 랜덤하우스. 2007), 16.

2. 지역공동체, 마을로 나아가는 신앙공동체

우리가 위에서 정의한 것처럼 교회를 하나님의 나라를 위하여 하나님의 부르심을 받은 하나님 백성의 무리라고 한다면, 그 공동체는 당연히 신앙공동체이다. 신앙공동체 이론이 기독교교육에 등장한 이유는 본래 신앙공동체가 없어서가 아니라 교회가 신앙공동체로서의 신앙전수의 역할, 디다케, 케리그마, 레이투르기아, 디아코니아, 코이노니아, 마르투리아와 같은 기능을 제대로 하지 못하고 있었기 때문이다. 주일학교는 18세기 말에 일어난 작지만 영향력이 한 때 컸던 엉성한(?) 학교로서 당분간 각광을 받았던 영국과 미국에서 번성했던 것인데, 별다른 대안이 없던 교회가 주일학교식 패턴을 너무 오랫동안 고수했던 것이 아닌가라는 대한 자성이 일어났다. 실제로 학교식 패러다임은 로버트 레이크스(Robert Raikes)라는 한 평신도 헌신자의 뜨거운 열정에서 시작되었고, 시작한 지 30년 정도밖에 되지 않았던 1811년경 당시 아주 작은 나라 영국에서만 거의 50만 명의 등록자를 기록할 정도로 그때 그 지역에서 엄청난 선풍을 일으켰던 사회-복지-교육 운동이었다. 그 운동이 미국을 거쳐 선교사들을 통하여 한반도에 들어오게 되고 억압가운데 눌려있던 아이들과 (반상의 구분이 아직 남아있던 시절) 평민들과 심한 착취와 차별 속에서 신음하던 이 땅의 수많은 여성을 위해 주일학교 교육은 대단한 역할을 하였다. 매우 빈약하고 기초적인 내용(주로 읽기, 쓰기, 셈하기: 3R)을 단순한 암기(rote memorization)와 단순 전달에 의존하여 행해졌던 신앙교육임이었음에도, 한국선교 초기에는 획기적인 해방과 자유와 깨달음을 주었던 것이 사실이다. 그런데도 사회와 교육환경이 복잡다단해진 상황에서 여전히 주일학교식 교회교육이 신앙교육의 제역할을 다할수 있을까에 대한 의구심이 많았던 것이 사실이다. 100여 년 전 한반도의 교육 실태는 실로 열악하고, 문해율이 턱없이 낮았던 시절이었다. 주기도문과 성경책 이름, 노래 그리고 자기

이름도 제대로 사용하지 못했던 일제 시절에 우리언어로 자신의 이름을 쓰고 예수 그리스도를 통하여 자신의 정체성을 발견한다는 것 자체가 하나의 혁명과도 같았던 것이다. 이런 일은 비교적 복음을 우리보다 먼저 받았던 영국과 미국에서도 유사하게 일어났었고, 그러한 연유로 주일학교는 아직 공립학교가 보편화되지 않았던 시절에 해방과 구원과도 같았던 기관이었다.

그러나 마치 돛단배와도 같이 크지도 않고 세상의 파도도 그리 높지 않던 시절 교회에 교육적 동력을 주던 작은 프로펠러와 같던 주일학교를 가지고 20세기의 다양한 도전과 험하고 높은 파도를 이겨내기란 쉽지 않은 형편이었다. 그래서 넬슨(Carl Ellis Nelson)은 세속사회 속에서의 기독교교육이라는 제목의 글을 통해 이제는 더 이상 주일학교식 교육패러다임으로는 험한 세파를 이겨낼 도리가 없다는 논리의 글을 발표했던 것이다.50 그래서 세속화와 강력한 미디어의 도전 앞에서 기독교교육을 제대로 하기 위한 교회의 선택은 무엇인가?에 대한 고민을 담은 연구의 결과가 바로 신앙공동체론인 것이다. 그리하여 발표된 저서가 *Where Faith Begins*와 *How Faith Matures*와 같은 책이었다. 이는 훗날『신앙교육의 터전』과『신앙성숙을 위한 신앙교육론』으로 역간되었다. 이 두 책의 내용은 비교적 간단하다. 인간의 신앙은 내용적으로 볼 때는 하나님과 개인과의 일대일의 만남 속에서 배태되는 것이지만 그 신앙이 생겨나는 과정은 교회라는 신앙공동체 속에서 공동체에 의하여 전달된다는 것이다. 또 신앙이 한 사람에게 다가갈 때 그 신앙의 의미는 공동체 내의 사람들과의 상호관계 속에서 전달되고 이해되는 것인데 이 때 공동체는 역사 속에서 형성되는 것이라는 의미를 내포하고 있다. 무엇보다 중요한 것은 공동체 내에서 각 개인이 의도하지 않는 가운데

---

50 C. Ellis Nelson, "Christian Education in the Secular Society," *The Presbyterian Outlook*, 1994. 176(16), 6-9. 김도일,『교육인가 신앙공동체인가?』(서울: 한국장로교출판사, 1998), 110에서 재인용.

서 자연스럽게 신앙이 계발된다는 것이다.[51] 그래서 신앙공동체가 건강하게 존재하고 성장하는 것은 그 속에 있는 개인 성도들의 신앙에 지대한 영향을 끼친다는 것이다. 그렇기 때문에 신앙은 신앙공동체에 있는 회중간의 교류 가운데서 시작되고 형성된다는 말이다. 넬슨의 신앙공동체론은 예전과 문화에 지대한 관심을 갖고 있던 존 웨스터호프(John Westerhoff III)에 와서 세상에 더 알려지게 되었으며 찰스 포스터(Charles Foster)에 이르러서 더 구체화되게 되었다. 넬슨(1916-2011)은 웨스터호프처럼 활발하게 사역하지는 않았다. 그러나 그의 신앙공동체론은 회중전체가 신앙전수의 책임을 갖고 있으며 신앙이라는 것이 삶의 교류를 통해 인간의 정서(sentiments)에 심어진다는 점을 명확하게 밝혀낸 공헌을 했다.

교회가 신앙공동체로서 역할을 잘 하는 길에 대하여 넬슨과 웨스터호프는 예배와 예전 그리고 공동체 내에서의 친교와 친교에 강조점을 두었다. 특히 웨스터호프는 교회 내에서 세례자 입문교육(카테키시스)에 중점을 두고 가능하면 3세대가 함께 예배에 같이 참여하고 300명을 넘지 않는 크기의 신앙공동체이면 그 안에서 활발한 상호교류가 일어나기에 이상적이라고 생각했다. 그는 특히 신앙공동체인 교회가 네 가지 사회화의 기둥에 주의를 기울여야 한다고 주장하였는데 첫째는 환경의 사회화를 말했다. 그의 주장을 오늘의 언어로 승화시켜 표현하자면 다음과 같이 된다. 이는 교회건물이 신앙생활을 자극할 수 있는 의미 있는 장식과 예술작품을 통해 은근한 사회화를 시킬 수 있어야 하고 주변 지역사회의 시민들이 자연스럽게 교회당을 드나드는 분위기이며 이웃들이 자연스럽게 교회를 사용하면 좋겠다는 것이다. 왜냐하면 신앙공동체는 지역공동체화 되어야 하는데 이를 위하여 자연스럽게 서로

---

51 C. Ellis Nelson, *Where Faith Begins*, 박원호 역, 『신앙교육의 터전』(서울: 한국장로교출판사. 1996), 8.

건물을 공유하고 친교하는 분위기가 될 때 건강한 학습의 생태계(ecology)가 형성되기 때문이다. 둘째, 교회건물은 마을과 잇닿아 있어야 하며 교회 건물과 마당이 모든 마을 사람들이 아무런 부담과 격의 없이 삶을 나누는 장(platform), 같이 웃고 울며 잔치를 하는 마당이 되어야 한다는 말이다. 셋째, 교회예배는 신앙을 배양하는 인큐베이터와 같은 역할을 하여야 한다. 종교의식(예: 입교문답식, 유아세례식, 결혼식, 장례식)이 진행될 때는 마을의 사람들을 초대하고 환대하여야 한다. 종교의식을 통하여 하나님의 임재를 부지불식간에 느끼고 인생의 통과의례를 함께 축하하고 함께 슬퍼함으로 마을 속에서 같이 희로애락을 경험하는 참여공동체로서의 연대의식을 갖게 해 주어야 한다. 마지막으로 네 번째는 가정과 또래집단에 대한 집중적인 지원이다.[52] 신앙공동체는 전세대가 같이 삶을 넓게 나누지만 또래집단과 가정은 각 개인의 구체적인 삶의 정황에 결정적인 영향을 미치기 때문에 가정과 또래집단에 대한 지원이 절대적인 것은 말할 필요도 없다. 이처럼 신앙공동체인 교회 안팎에 존재하는 네 가지 사회화의 기둥에 관심을 기울이게 되면 교회가 신앙공동체에서 지역공동체로 나아가는 것이 매우 원활할 것이며 그것이 바로 하나님의 선교, 하나님의 교육을 이루는 중요한 이해와 통로가 될 것이다.

3. 지역공동체, 마을 안에서의 삶과 예배당 안에서의 삶이 어우러지는 하나님나라의 백성

미래 기독교에 대한 논의를 활발히 해온 레너드 스위트(Leonard Sweet)의 EPIC이론은 지역공동체 안에서 하나님나라의 백성이 어떻

---

[52] John Westerhoff III, Gwen Kennedy Neville, *Generation to Generation*(New York: Pilgrim Press, 1979), 42-45; 김도일, 『교육인가 신앙공동체인가?』(서울: 한국장로교출판사, 1998), 136-137에서 재인용.

게 처신하며 함께 어우러져 살아야 하는지에 대한 통찰을 제공한다. 이 간단한 아이디어는 아직도 우리에게 유용하게 쓰일 수 있다. EPIC이라 함은 경험적(Experiential)이고, 참여적(Participatory)이며, 이미지 중심(Image-Driven)이고 관계적(Connected)인 것을 말한다. 이를 부연하여 설명하면 오늘날과 같은 포스트모던시대에는 이성에서 감성으로, 대리에서 참여로, 언어중심에서 이미지 중심으로 그리고 개인에서 개인과 공동체를 연결하는 변환을 적절하게 적용하며 지혜롭게 처신해야 한다는 것을 의미한다.[53] 오래 전에 레너드 스위트의 교회사역 메타포인 아쿠아, 아로마, 아가페 사역을 목회현장에서 적용한 교회는 광양대광교회였다. 신정 목사는 물을 의미하는 아쿠아와 향기를 의미하는 아로마의 메타포를 지역사회로 녹아들어가는 사역으로 적용하여 성공적인 사역을 하였다.

　물이 높은 곳에서 낮은 곳으로 흘러가듯, 하나님의 영광의 낮고 소외받고 대접받지 못하는 어두운 지역까지 흘러들어가야 한다고 확신하고 광양지역에 사는 마을사람들의 필요를 정확히 파악하여 임산부학교, 산후조리원, 엄마랑 아기학교, 대광어린이집, 다문화지원센터, 아로마요양원, 아로마 재가노인복지센터, 아로마 장수학교 등을 펼치며 지역사회로 녹아들어가는 사역을 펼치고 있다. 특히 신정 담임목사와 부목사로 일하던 김병곤 목사는 조화로운 팀을 이루어 마을속의 교회, 마을사람과 함께하는 교회의 예를 보여 주는 사역을 하고 하였다.[54] 지

---

53 Leonard Sweet, *Postmodern Pilgrims*, 김영래 역, 『영성과 감성을 하나로 묶는 미래교회』 (서울: 좋은씨앗, 2002), 22.
54 http://www.gydch.com/ 광양대광교회 홈페이지. 2017. 12. 02. 21:20 접속. 현재 김병곤 부목사는 단독목회를 준비하는 중에 있으나, 광양대광교회의 초창기부터 오늘까지의 사역은 담임목사와 부목사의 철저한 신뢰와 헌신 속에 이루어진 팀 사역이었다고 본다. 1997년 분쟁의 여파로 50여 명의 성도만이 모여 있을 때 부임한 신정 목사는 철저한 마을중심의 목회, 마을사람들의 필요를 채워주는 목회로 사역을 전개하였고 비록 성장을 추구하지 않았어도 2017. 12. 현재 1200명의 성도가 활발하게 지역사회를 위하여 섬기며 신앙생활을 하는 교회로 수적 성장도 경험하게 되었다. 대광교회는 마을목회의

역공동체에서 자신의 존재를 의도적으로는 절대 드러내지 않으면서도 소금이 녹아지듯 물 흐르듯, 향기가 은근히 퍼지듯, 조용하게 영향력을 발휘하며 결코 티를 내지 않는 사랑을 표현하는 일은 그리 쉬운 일이 아니며, 자칫 잘못하면 오히려 하나님나라의 백성이 세속의 문화에 동화될 수도 있는 위험성도 있다. 그러므로 흩어지는 교회, 스며드는 선교적 교회론을 적용한 신앙공동체의 활동이 궁극적으로 지역사회를 살리고 하나님의 나라가 편만하게 이루어지게 하기 위해 모이는 교회에서의 예전, 가르침, 설교, 친교, 섬김, 증거의 훈련이 매우 철저하고 짜임새 있게 이루어져야 한다. 일반적으로 지역사회와 마을공동체를 강조하며 흩어지는 교회가 되어야 한다고 주장하는 사역자들은 모이는 교회에서의 훈련과 예배를 비교적 소홀히 할 위험을 안고 있다. 왜냐하면 그들은 교회당 안에서의 활동보다는 교회당 밖에서의 행위에 더 많은 중점을 둔 사역을 할 개연성이 높기 때문이다.

IV. 지역공동체, 마을로 나아가는 기독교교육적 제안

1. 가정, 교회, 마을을 통합하는 학습생태계 만들기[55]

가정은 남녀가 만나 결혼하여 이루어진 생물학적 기본 공동체이다. 가정은 부쉬넬이 이미 말한 것처럼 한 아이가 자라나며 신앙을 습득하

전형적인 성공사례라고 볼 수 있다. 목회자중심의 수직적인 목회형태가 아닌 모든 성도가 함께 참여하고, 경험하며, 교회의 이미지를 마을사람들로부터 신뢰받을만한 이미지로 바꾸어 나가며, 서로 긴밀히 연대하고 소통하는 가운데 이루어낸 모범적인 마을목회의 사례이다. "마을목회는 마음목회이다"라는 구호가 절로 나오는 경우라고 하겠다.

[55] 장신근, "다음세대를 살리는 기독교교육 생태계를 복원하라," 「교육교회」, 451권 0호 (2016), 16-26을 참고하라. 장신근은 생태계를 복원할 골든타임이 빠르게 지나가고 있다고 역설하면서, "가정-교회-학교-지역사회-시민사회의 연계"를 강조하였다.

게 되는 신앙의 인큐베이터이며 모든 믿는 가정의 부모는 자신에게 위탁된 자녀를 "그리스도인 외의 다른 존재로 키워서는 안 된다."56 부쉬넬의 이 유명한 말은 모든 부모가 자녀를 향해 가진 신앙적인 책임을 가리키는 것이다. 가정 자체가 작은 성전이 되어야 하며 말과 행실 그리고 믿음생활의 본이 되어야 그 속에서 부모들의 생활틀(life matrix) 안에서 선한 영향을 받으며 신앙인으로서 자라나게 된다는 말이다. 자녀를 신앙적인 분위기 가운데서 키우지 않고 마치 광야에 내버려둔 타조새 끼처럼 키운다면 그러한 부모는 자신의 기본적인 의무를 망각한 것이라고 부쉬넬은 주장하였다. 부쉬넬(1802-76)이 목회하던 19세기에는 부흥사들이 미국 동부를 많이 방문하여 집회를 열던 시절이어서 아이들을 방목하다가 강력한 부흥사의 회심을 야기하는 집회에 참석하기만 하면 단번에 회심에 이를 수 있다는 막연한 희망가운데 자녀들을 내버려 두는 경우도 비일비재했던 것이다.

그러나 부쉬넬의 양육에 대한 글과 설교는 수많은 사람들의 동의를 얻어냈으며 심지어는 부흥사들의 질투를 야기할 정도로 강력한 사역을 하였던 것이다. 부쉬넬의 양육론을 실제 사역에서 적용했던 사람이 훗날 『기독교교육의 단서』를 1950년에 쓴 랜돌프 크럼프 밀러(Randolph C. Miller)의 부친이었다. 그는 부쉬넬의 양육론과 목회적 통찰을 적용하여 성공적인 지역교회를 이루었다고 전해져 온다. 이렇게 그리스도를 주님으로 모시고 경건한 삶을 추구하는 가정들이 모여 그리스도를 주로 고백하며 모인 공동체가 교회라는 신앙공동체이다. 만일 거룩함을 좇는 가정의 부모들과 비록 결혼은 하지 않았더라고 하나님의 언약을 믿는 성도들이 교회를 이루었다면(마 3:33-35).57 그들도 역시 교회에서

---

56 Horace Bushnell, *Christian Nurture*, 김도일 역, 『기독교적 양육』(서울: 장로회신학대학교출판부, 2004), 36.

57 John Westerhoff III, *Living the Faith Community*, 김일환 역, 『살아있는 신앙 공동체』 (서울: 보이스사, 1992), 15.

미래세대 교육에 충분히 참여할 수 있다. 그 교회는 지역사회, 즉 마을에서 주민들과 함께 지역공동체를 이루기 위하여 노력하여야 한다. 물론 칼뱅이 말한 것처럼 가시적인 교회 안에도 다수의 가라지와 같은 교인이 있을 수 있으나 추수 때가 지나고 나야만 인간인 우리는 진정한 불가시적 교회를 알아채게 된다. 그 전에는 가시적 교회에서 성도로서의 책임을 다하고 진정으로 모이는 교회에서 열심히 하나님께 예배를 드리고, 배우고 가르치며, 찬양하고, 친교함으로써 아름다운 신앙공동체를 이루어나가는 데에 최선을 다해야 할 것이다. 그러나 이것이 끝이 아니다. 신앙공동체는 곧 지역 속에서 흩어지는 교회로서의 사명을 다하기 위해 섬기는 교회, 환대하는 교회, 보살피는 교회로서 삶을 향유하며 의무를 다해야 하는 것이다. 이것이 바로 가정, 교회, 마을이 잘 어우러져 통합적 학습생태계를 만들어 가는 원리가 된다.

2. 신앙공동체의 언어와 지역공동체 언어의 통합적 사용: 이중언어에 능통해야

지역공동체에서 교회가 아무리 열린 마음으로 지역사람들과 같이 어우러지며 함께 하고 싶어도 어릴 때부터 모이는 교회의 삶에만 익숙해진 성도들은 사용하는 언어 자체가 훈련되지 않은 경우가 비일비재하다. 보이는 교회 안에서 성도들 간에 나누는 대화는 많은 경우 지역공동체 안에서 통용되지 않는다. 구약성경 열왕기하 18장에 나오는 앗수르 왕의 부하 랍사게와 유다와 히스기야의 부하 힐기야의 아들 엘리야김과 요아 사이의 대화에 그러한 예가 나온다. 당시 강대국이었던 앗수르의 수하에 있었던 랍사게는 유다사람들이 다 알아들을 수 있는 유다어로 유다 지도와 백성을 조롱하였다. 그는 유다 백성들이 믿는 여호와의 이름을 들먹이면서 그들의 마음을 뒤흔들었던 것이다. "내가 어찌 여호와의 뜻이 아니고야 이제 이곳을 멸하러 올라왔겠느냐 여호와께서 전에 내게 이르시기를 이 땅으로 올라와서 쳐서 멸하라 하셨느니라"(왕하 18:25). 이 말을 들은 유다 사람들은 경악하였다. 왜냐하면 자신들의 언어로 랍사게가 회유하였고 조롱하였기 때문이다. 이 때 엘리야김과 요아가 이렇게 답하였다. "우리가 알아듣겠사오니 청하건대 아람말로 당시의 종들에게 말씀하시고 성 위에 있는 백성이 듣는 데서 유다 말로 우리에게 말씀하지 마옵소서"(왕하 18:26).

이러한 예를 들어 구약학자이면서 기독교교육학을 공부한 월터 브루그만(Walter Brueggemann)은 성벽 뒤에 거주하는 유다인들(오늘의 모이는 교회 안에 있는 이를 일컬음)은 성벽 위의 언어와 성벽 뒤의 언어를 자유자재로 구사하는 이방인 랍사게처럼 아니 그보다 더 유창하게 두 가지 언어를 구사할 수 있어야 한다고 주장하였다. 브루그만의 논리는 이러하다. "신앙인들은 성벽에서 중재를 위한 공적인 언어(public language)를 말할 수 있어야만 한다. 그들은 또 성벽 뒤에서 공동체 안팎에서 제국 중재자들의 눈 밖에서 나눌 수 있는 공동체적 언어를 구사할 수도 있어야 한다."58 더욱이 "교회교육은 사람들로 하여금 제국의 중재자들과 성벽 위의 대화를 할 수 있게 하는 교육이어야 하며, 동시에 다른 가정과 세계관 그리고 다른 인식론이 통용되는 신앙공동체 안의 성벽 뒤의 언어를 말할 수 있게 하는 이중 언어를 위한 교육이어야 한다는 것"이다.59 이러한 이중 언어 소통 능력 습득이 하나님의 백성으로 하여금 신앙공동체에만 갇혀있지 않고 지역공동체로 나가서 생활하는 가운데 지역 속에서 제 역할을 할 수 있게 되는 중요한 능력이라는 말이다. 이렇게 신앙공동체의 언어와 지역공동체에서의 언어를 통합적으로

---

58 Walter Brueggemann, "분파주의적 해석학의 타당성," Boys Mary C. ed., *Education for Citizenship and Discipleship*, 김도일 역, 『제자직과 시민직을 위한 교육』(서울: 한국장로교출판사, 1999), 27. 그의 이름의 한국어 표기는 이 책을 필자가 번역할 때 부르거만으로 하였다. 그러나 훗날 브루그만으로 하였음을 밝힌다.

59 위의 글, 28.

사용할 줄 아는 능력을 배양하는 것이 그리스도인으로서 사적인 영역에 머무르지 않고 공적인 영역에서도 활발하게 하나님의 나라를 확장시켜나갈 수 있는 능력을 배양하는 것이다.

3. 지역공동체로 나아가는 기독교교육적 사역: 디아코니아에서 코이노니아로

"저를 하나님의 백성으로 빚어주소서"(Fashion Me a People)라는 간절한 소망을 담아 교회의 커리큘럼에 대한 책을 쓴 마리아 해리스(Maria Harris)는 하나님의 백성으로서 교회가 가진 목회적 소명을 코이노니아(친교), 레이투르기아(예전), 디다케(가르침), 케리그마(말씀) 그리고 디아코니아(봉사)의 다섯 가지 사역에 초점을 맞춘다. 하나님이 옹기장이라면 인간은 진흙이며, 소명을 받은 하나님의 백성은 이제 하나님의 부르심을 받아 교회가 되었고, 세우심을 받아 옹기장이의 역할을 대신하는 사역자가 되었으며, 보내심을 받아 세상(지역공동체)로 나가게 되었다. 바로 이 부르심, 세우심, 보내심이 하나님나라의 백성인 교회가 신앙공동체를 이루어 지역공동체에서 하나님의 나라를 확장해 나가는 사역자의 소명을 수행해 나가는 전 과정을 보여준다. 지역공동체로 나아갈 때 교회가 늘 관심을 지대하게 기울이는 소명의 한 분야가 디아코니아이다. 해리스도 강조하였고 레티 러셀(Letty Russell)도 돌봄 혹은 환대(hospitality)라는 용어로 지속적으로 강조하는 분야도 역시 디아코니아이다. 특히, 러셀은 아직도 존재하는 제국주의의 잔재를 뛰어넘는 공정한 환대를 실천하는 것의 중요성을 강조하였다. 디아코니아가 지역공동체 형성에 매우 중요한 소명임은 분명하다. 누가 누구를 섬기고 위하여 봉사하는 것은 어찌 보면 또 다른 형태의 타자화, 객체화, 대상화일 수 있기 때문이다. 그러나 진정한 지역공동체를 이루어 나가는 초점은 코이노니아라는 진정한 친교, 친교의 소명을 실천하는 것이라고 강조하고 싶다. 왜냐하면 공동체는 누군가를 위한 봉사나 섬김의 차원을 넘어서서 함께 친교하고 친밀하게 삶을 나누는 것에 있다고 보기 때문이다. 에버하르트 아놀드(Everhart Arnold)와 토마스 머튼(Thomas Merton)의 말처럼 하나님의 백성은 공동체로 살아야 하며 공동체에 사는 이유와 목적은 우리 모두가 "사랑과 일치의 삶으로 부르심을 받았기 때문"이다.60 지역공동체에서 우리가 하나님의 나라를 세워나가기 위해 종말론적 소명을 갖고 최선을 다하여 추구해야 할 소명이자 정신은 예수님이 지상에 계실 때 마을 사람들과 함께 하셨던바 마을 사람들, 혹시 그들이 천대받고 비난받은 세리와 죄인이라고 할지라도, 그들과 함께 하는 코이노니아 정신이며 삶에서 흘러나오는 디아코니아를 실천하는 것이다(마 19:19).

V. 지역공동체, 마을로 나아가 공존공생을 도모하는 것은 기독교교육의 사명

한국교회는 개인을 구원하고 가정의 부모를 깨우며 마을을 살리고 나라를 일으키는 교회였다. 삶에 목표를 세워주고 가정의 질서를 잡아주며 지역교회로서 전도와 섬김, 봉사의 역할을 잘 감당한 교회였다. 개인 가정 사회 국가의 본 모습을 찾게 해 주는 가장 강력하고 효과적인 역할을 하던 기관이 교회였다. 그 시절에는 교회가 진정한 신앙공동체의 정체성을 갖고 있었던 것 같다. 또 교회를 다니는 것이 자랑의 상징이었다. 그래서 복음을 소개하고 교회를 가자고 하면 너도나도 동조하고 좋게 봐 주었다. 그러면서 교회는 점점 수적으로 비대해지며, 재정

---

60 Everhart Arnold & Thomas Merton, *Why We Live in Community*, 쉴터 편집부 역, 『공동체로 사는 이유』(서울: 쉴터. 1997), 25, 64.

이 기하급수적으로 늘어나게 되었고, 마치 성과 같은 모습으로 변모하게 되었다. 이제 더 이상 지역에 있다고는 하나 지역교회가 아닌 모습을 갖게 되었다. 마을이나 지역을 건너서 아주 먼 곳에 위치한 교회를 출석하는 기현상마저 생기게 되었다. 한국교회는 국내 개인전도와 해외 선교도 열심히 하였고 교회 내에 존재하는 어린이, 청소년, 청년, 장년, 노년을 돌보는 일에 최선을 다하였다. 그러나 교회는 마치 바다에 떠 있는 섬과 같이 되었고, 지역에 관심을 갖기 보다는 전도의 대상으로만 삼게 되는 현상이 생기게 되었으며, 지역에 대한 관심은 없게 되었다. 이제 신앙공동체는 마을과의 경계선을 넘어 지역으로 나가 공동체를 이루어야 한다. 이는 우리만의 이야기가 그들의 이야기 속으로 들어가 지역공동체의 이야기를 만들어야 할 것이다. 공감에서 공생으로 나가는 기독교교육을 수행하는 것이 하나님의 뜻이다. 마을에 있으나 마을과는 별상관이 없게 되어 오로지 높은 담만을 쌓는 일은 이제 그만해야 한다. "성을 쌓은 자는 망하나 길을 내는 사람은 흥한다"[61]라는 말이 있듯이 이제 기독교교육은 가정, 교회, 마을, 즉 지역사회를 유기체적으로 연결하는 역할을 해야 한다. 교회와 가정이 연계하여 가정을 든든히 세우고 교회를 신앙공동체로 만들어 제 역할을 감당하며 마을 안에서 하모니를 이루며 살아가지만 마을을 하나님의 나라로 변혁해 나가기 위해 길을 만들고 소통하는 일에 역할을 감당해야 한다. 더욱이 기독교교육은 이제 교회를 신앙 공동체화 하는 데에만 주력하던 것에서 벗어나 경계를 허물고 지역사회 속에서 학습, 돌봄, 문화의 지역공동체로 서서히 나아가야 한다. 무엇보다 지역공동체로 나아가 함께 존재하며 살아가는 것은 엄청난 희생과 복종을 의미하고 인간적인 결심과 노력만으로 이루어질 수 있는 것이다. 공동체의 중심에는 그리스도께서 계심을 인지하고 느끼고 고백하며 오직 성령님만이 깨지고 상처 많은 인

---

[61] 톤유쿠크(Tonyuquq): 7세기에 몽골을 정복하고 돌궐제국을 세웠던 돌궐 장수.

생들을 묶어주심을 인정하고 헌신해야 할 것이다.

난곡지구 골짜기 하수구 구석에서 판자를 바람막이 삼아 살고 있던 한 할아버지의 이야기로 본 연구를 마치고자 한다. 그는 지저분한 곳에서 지내며 생활환경이 너무도 열악하여 하루 종일 마을을 서성이다가 정 힘들어지면 밤에 들어가 잠시 눈을 붙이고는 다시 마을을 서성거렸다. 그를 발견한 한 지역교회의 목회자는 뜻있는 분들의 도움으로 그가 지낼만한 방을 구해주었고, 비슷한 처지에 있는 다른 할아버지 두 분을 더 모시게 되었다. 봉사자들이 전해주는 밥과 반찬으로 끼니를 이어갔다. 매주 그는 한 시간 일찍 교회에 나와 예배당 뒤쪽에 앉아 예배를 기다렸다. 이빨이 다 빠져서 말을 알아들을 수 없는 할아버지와 대화를 시도해도 성공한 사람은 없었다. 그는 그렇게 매주 하나님을 만나고 다시 셋방으로 돌아가곤 하였다. 그러다가 그가 어느 주일 나오지 않았다. 목회자가 그의 집을 방문하였을 때 그는 잠을 자고 있는 것처럼 하나님의 품에 안겨 있었다.[62] 목회자는 이렇게 지역공동체의 한 구석에서 조용히 지역공동체를 섬기고 있었다. 이제 신앙공동체는 생활공동체가 되어 지역공동체 속에 존재하고 함께 하나님의 나라를 세워나가는 일에 매순간 정진하여야 함을 강조하며 이 글을 닫고자 한다.

---

62 차정규, "함께하는 기쁨," 『지역과 함께 하는 신양교회 선교관 소식지』, 통권 130권, 2016. 1-2.

3 장
가정, 교회, 마을의 생명망 조성을 통한 마을교육공동체 형성에 관한 연구*

1. 사석 영역이라는 벽에 갇힌 현대 기독교가 당면한 도전

현대 기독교가 직면한 중요한 질문 가운데 하나는 과연 기독교가 정치, 경제, 사회의 문제를 다루는 공적인 영역에서 어떠한 역할을 해야 하는가이다. 이러한 질문에 대한 한 가지 입장은 오늘날과 같이 다양한 종교 특히 이슬람, 불교, 유대교, 힌두교와 같은 주요 종교들이 두드러지게 세상에서 드러나고 있고 각 종교의 입장이 상이한 분위기에서는 기독교가 어떤 입장을 취하지 않는 것이 지혜로우며, 하나님을 인정하지 않고 살아가는 무신론자들도 많은 이때에 기독교가 세속사회에서 어떤 역할을 하려는 것 자체가 무의미하다고 생각하는 것이다. 또 다른 입장은 미로슬라브 볼프(Miroslov Volf)의 견해처럼 기독교 신앙인은 각자 생각하는 바람직한 삶의 이상을 공적 영역에서 제시할 수 있어야 하며, 신앙인은 보이는 교회 벽에 갇혀 그 안에서만 종교 활동을 할 것이 아니라 광장에 서 있어야 한다는 것이다.[1] 존 스토트가 그리스도인

---

* 이 글은 「선교와 신학」 제41집, 2017.2: 223-248에 게재되었고, 수정 · 보완하였다.

의 사회 참여를 다루며 강조한 것처럼 예수께서는 온 마을(갈릴리)에 두루 다니사… 가르치시며… 복음을 전파하시며… 고치셨다(마 4:23, 행 10:38).[2] 이 구절들은 예수 그리스도를 주로 믿는 신앙인들과 그들의 무리인 교회가 공적 영역인 마을에서 복음을 전하고 착한 일을 하기 위하여 본 연구의 두 강조점인 생명망을 조성하여 교육공동체를 형성하는 것의 주요한 이론적 지지를 하고 있다. 본 논문은 오늘의 가정, 교회, 마을의 생명망 조성을 통한 교육공동체 형성을 목표로 하여 수행되는 연구이다. 이를 통하여 단절되고 소망을 잃어버린 우리 세대와 미래세대가 새로운 삶의 소망을 가정에서부터 회복하고 교회에서 그 힘을 집약하여 마을에서 하나님의 나라를 확장해 나가야 할 것이다.

II. 현대 사회의 문제 및 해결 방안 모색

1. 단절 사회

현대는 단절의 사회다. 가정에서 부모와 자녀 간의 소통부족과 부재는 이미 일반적인 것이 되었다. 우리나라의 청소년(9-24세)들은 고민이 생겼을 때 친구나 동료와 먼저 대화를 시도하고(46.6%), 스스로 해결하기도 하며(22%, 인터넷 포탈 등), 그 후에 부모와 고민하는 문제를 나눈다고 한다(21.7%).[3] 그들이 가진 주요 고민은 공부가 35.7%, 직업 관련이 25.4%, 외모 관련이 10.7% 순인데, 이런 고민에 대한 대화의

---

1 Miroslav Volf, *A Public Faith*, 김명윤 역, 『광장에 선 기독교』 (서울: IVP, 2011), 13 및 서론 핵심.
2 John Stott, *New Issues Facing Christians Today*, 정옥배 역, 『현대 사회 문제와 그리스도인의 책임』 (서울: IVP, 2005), 21-58.
3 통계청(http://kostat.go.kr), "청소년 통계," 2013.

상대는 주로 친구나 인터넷인 것으로 나타났다. 그리고 그들은 부모와 거의 대화를 하지 않으며(남자 40.6%, 여자 28.2%), 월 1-3회 정도 대화를 하는 청소년도 31.2%나 되는 것으로 나타났다.[4] 한 마디로 가정에서 우리의 자녀들은 그들의 부모들과 거의 소통하지 않는 것으로 나타났으며, 2007, 2010, 2013, 2014년에 고의적 자해(자살)로 목숨을 끊은 경우가 인구 10만 명 당 각각 8.6, 8.8, 7.8, 7.4%[5]로 일반적으로 해마다 약 40-45명의 청소년이 자살을 하고 있는 추세이다. 경제협력개발기구(OECD) 통계에 의하면 "한국에서 한해 평균 1만 3,000명 이상이 스스로 목숨을 끊는다. 하루 평균 자살자 수는 37명으로 38.9분마다 1명이 자살로 삶을 마감"[6]하는 것으로 나타났다. 이러한 통계를 볼 때 우리 사회가 얼마나 소통이 없고, 소망이 없는 단절사회인지가 분명하게 드러난다.

  교회와 마을은 어떠한가? 최근에 교회의 본질에 대한 연구와 실천 논의가 활발하게 일어고 있다.[7] 그러나 아직도 수많은 교회는 조한혜정이 말한 것처럼 토건사회 속에서 마을 돌봄의 사역[8]을 하기 보다는 마

---

4 통계청(http://kostat.go.kr), "나의 고민에 대한 대화," 2016.
5 통계청, (http://kostat.go.kr), "청소년 통계," 여성가족부, pdf, 2016.
6 정유정, "우리나라 국민, 40분마다 1명씩 자살한다," 〈연합신문〉, 2017. 04. 13.
7 다음의 연구를 참고하기 바란다. 김도일, "지역공동체로 나아가는 기독교교육," 기독교교육논총 제47집 (2016. 09. 30): 51-93. 이 논문의 서론 부분에서는 현대는 사회학적으로 볼 때 불확실성, 위험, 소통부재와 고독의 시대이고, 인류문화학적으로 볼 때는 미래세대를 키워내는 마을이 사라진 시대이며, 교회사적으로 볼 때는 교회가 사회로부터 게토화 혹은 분리된 시대임을 밝힌 바 있다. 그리고 교회는 하나님의 백성들이며 이 하나님의 백성들은 지역사회에서 지역공동체로 나아가는 신앙공동체, 생활공동체가 되어야 한다. 이는 기독교교육이 기존의 교회 건물 안 교육을 넘어서서 지역사회로 나아가 가정, 교회, 마을을 통합하는 학습생태계를 만들어야 한다는 것을 밝히며 하나님의 교육(educatio Dei)을 추구해야 함을 주장한 바 있다. (위의글, 51: 초록 참고) 양금희도 칼 라너(Kahl Rahner)와 몰트만(Moltmann)의 교회의 본질에 대해 다루면서 성례전적 교회는 교회 자체를 위한 기관이 아니라 세상을 위한 기관임을 밝힌바 있다. 양금희, "라너와 몰트만의 성례전적 교회에 나타나는 세상을 향한 교회와 기독교교육 패러다임,"「장신논단」, 48-2권, (2016. 06), 253-280 참고.

을 사람들을 단지 전도의 대상으로만 여기고 있는 것 같다. 교회에 대한 본질적 연구는 교회의 존재이유와 목적을 밝혀 준다. 교회는 하나님의 백성이며 비록 건물에 모여서 신앙공동체로서의 신앙유산을 확인하고 공부하며 친교하지만, 근본적으로 교회는 건물에 국한되는 것이 아니라 보이는 교회건물의 울타리/벽을 넘어서서 마을에서 존재하는 생활공동체이다. 그러기에 조한혜정이 주장하는 소통을 통한 돌봄의 공동체로서, 마을사람들이 모이고 삶을 나누며 서로를 격려하며 같이 살아가는 사명을 수행하게 돕는 공동체는 바로 교회인 것이다. 그러므로 가정, 교회, 마을의 생명망 조성을 통한 마을교육공동체 형성을 모색해야 한다. 특히 교회가 어떻게 가정을 활성화하여 부모와 자녀세대가 연결되고 힘을 얻게 하며, 그 새로워진 에너지로 교회가 생명력 넘치는 신앙공동체가 될 수 있을 것인지에 대한 고민과 실질적인 연구 투자와 현장사역자에 대한 모델 개발을 해야 할 것이다.9

2. 생명망이란 무엇을 의미하는가?

본 연구에서 사용하는 생명망이라는 용어는 과연 무슨 의미를 내포하는 것인가? 생명망이라 함은 영어로 'Life Network' 혹은 'Web of Life'로 표현할 수 있겠다. 한 사람이 성장해 나가는 과정은 생태학적 관점으로 이해해야 한다. 어떤 사람도 독립적으로 존재할 수 있는 사람은 없고 누구나 가족(가정, 일차적 기관), 또래, 놀이터, 교회, 유치원/학교(이차적 기관), 이웃, 가족의 친구, 친척, 직장, 대중매체, 사회복지 기관, 법률서비스 기관, 문화적 가치, 관습, 법(삼차적 기관)의 영향을 받으며 성장하게 되어 있다고 유리 브론펜브레너(Urie Bronfenbrenner)

---

8 조한혜정,『다시 마을이다: 위험사회에서 살아남기』(서울: 또 하나의 문화, 2015).
9 김도일, "가정과 교회의 유기적 관계 회복을 통한 신앙교육,"「선교와 신학」36권(2015. 02) 참고.

가 설명한 바 있다. 한 사람은 부모로부터 물려받은 유전적 요소와 더불어 가정에서 부모의 양육방식에 밀접한 영향을 받으며 자라난다는 것이다.10 이를 브론펜브레너는 다음과 같이 설명하였다. "생태학적인 연구에서는 개인과 환경의 속성들과 환경적 장면들의 구조 그리고 환경 간, 환경 내에서 일어나는 과정들이 상호의존적인 것으로 간주되어야" 한다.11 인간을 생태학적인 관점으로 이해하는 것은 매우 중요하다. 왜냐하면 모든 인간은 환경 안에서 다른 인간과의 관계와 기관 속에서 상호의존적으로 그리고 무의식중에 사회화되기 때문이다. 바로 이 상호의존성이라는 개념을 현실사회 속에서 구체화하여 생태신학적 관점으로 해석한 개념이 바로 생명망 사역이다. 가정과 교회와 마을이 상호의존적이며 그 속에 존재하는 사람들도 서로 상호의존적이고 상호간에 영향을 주고받는다는 것이 생명망 개념이다. 실제 이러한 생태신학적 관점으로 우리 생활에 필요한 물자를 농촌에서 협동조합을 통해 구입하여, 한 가정의 각 구성원들에게 생명의 근원이 되는 영양분을 공급하여 사람을 살리고 농촌도 더불어 살리는 실제적인 과정을 다음과 같은 생명망의 상호의존적 관계도 있다. 즉, 밥상살림→ 사람살림→ 교회살림→ 농업살림→ 나라살림→ 밥상살림으로 다시 환원되는 과정도가 성립하게 된다는 것이다. 이것이 생태신학적 생명망인 것이다.12 그러므로 밥상이 제공되는 가정이 죽으면 그 속에 있는 사람이 죽고, 밥상이 살면 그 밥상 가족 공동체가 살게 되어 그 안의 가족구성원이 살게 된

---

10 정옥분, 『전생애 인간발달의 이론』(서울: 학지사, 2008), 277. 김도일, "가정과 교회의 유기적 관계 회복을 통한 신앙교육," 고원석 외, 『다음세대에 생명을』(서울: 장로회신학대학교, 2015), 139-140에서 재인용.

11 Urie Bronfenbrenner, *The Ecology of Human Development*, 이영 역, 『인간발달 생태학』(서울: 교육과학사, 1992), 38.

12 한경호, "왜 소비자 생활 협동조합인가?" 『생명선교와 협동조합 운동』(서울: 흙과 생기, 2015), 14-20. 이제는 더불어사는 공동체문화운동을 벌여야 할 때이다. 이종명, "송악교회와 송악지역의 마을 만들기," 「선교와 신학」, 30집(2012. 08), 156.

다. 결국 그 가족들이 모여 이루어가는 교회가 살게 되며, 교회가 살게 되면 그 교회가 존재하는 마을의 농업생태계가 살게 되고, 농업이 활성화되면 살아 있는 생명력 넘치는 마을로 구성된 나라가 살게 된다는 것이다. 이것이 바로 상호의존성이며 상호간 사회화의 과정과 결과물이 된다. 이러한 의미에서 볼 때 생명망을 조성하는 것은 개인과 가정과 교회와 마을과 나라와 지구촌 그리고 생태계의 생존과 번성에 매우 중요한 것이다. 아래의 그림은 생명망 개념도이다.

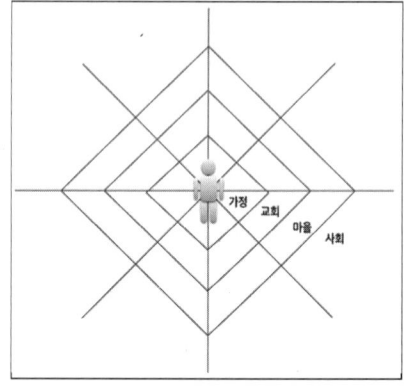

[그림 3] 생명망 개념도

생명망 조성에 있어서 중요한 요점은 어떤 과정도 생략하거나 뛰어넘어선 도약이 있을 수 없다는 것이다. 기독 신앙인이 가정-교회-마을이라는 연계되는 망에 연결되어 있으면서 상호의존적인 과정을 통과할 때 그 사람은 건강하고 균형 있게 성장할 수 있다는 것이다.

3. 생명망 조성을 위한 선언문에 대한 평가

대한예수교 장로회 총회는 총회설립 100주년을 맞이하여 "지역 마을목회 컨퍼런스"를 개최하였다. 이는 지역사회와 교회를 잇는 지역 마을목회를 위한 연대, 지역사회를 향한 풀뿌리 선교의 방법 나눔, 선교 사례 나눔과 방안 모색을 목표로 세우고 컨퍼런스를 진행한 바 있다. 이는 신학적, 실천적, 역사적으로 매우 중요한 발걸음이며 이를 통하여 하나님의 선교, 하나님의 교육이 실천될 수 있는 기본 토대를 마련하였다고 할 수 있다. 마을 속에 건강한 지역교회가 곳곳에 세워짐으로 그곳에 하나님의 나라가 확장될 때 우리 가정, 교회, 마을에 소망이 있고, 우리나라가 살게 되며 균형 있는 성장과 성숙을 기할 수 있게 될 것이기 때문이다. 이 컨퍼런스를 통해 건강한 마을교회를 세우는 신학적 토대를 모색하였으며, 실제로 도시와 농촌지역에서 모범적으로 사역하고 있는 교회들을 방문하여 다양한 지역의 모델 교회를 탐방하였다.[13] 그리고 "치유와 화해의 생명공동체를 향하여"라는 생명망 조성을 위한 선언문을 발표한 바 있다. 이 선언문은 본 연구 가정, 교회, 마을의 생명망 조성이라는 주제와도 밀접한 관련이 있으며 특히 연구의 목표가 되는 교육공동체 형성을 향하여 맥을 같이 하는 신학선언문이기에 중요하다. 이 선언문을 요약적으로 분석해 보면 다음과 같이 된다.[14]

첫째, 이 선언문은 종교개혁 500주년 직전에 선포되었다는 점에서 개혁에의 의지를 지니고 있으며 특히 예수 그리스도의 복음을 통하여 생태계의 생명위기 상황에 적극적으로 대처하는 것이다. 생명 살리기라는 표현은 모든 피조물이 처한 현실에 대한 구체적인 신앙의 결단이라는 점에서 큰 의미를 지닌다. 둘째, 지구공동체가 공멸할 위기에 처한 이 때 경제적 양극화로 인한 절대빈곤상황, 자원고갈, 생태계 파괴 및 도덕적 가치관 상실이라는 현실을 직시한 점에서 의미가 있다. 셋째, 사회와 더불어 교회도 위기에 처해 있는바 개인은 파편화되고 마을공

---

13 새롬교회, 신동리교회, 한남제일교회, 시온교회를 방문하여 목회 현장을 실제적으로 연구하였다.
14 대한예수교 장로회 총회, "지역 마을목회 컨퍼런스," 한국교회 100주년 기념관 소강당, 2016. 03. 10. http://www.pck.or.kr "생명살리기 10년" 참고.

동체도 해체되어 가고 있으며, 88만 원 청년세대, 노동자, 새터민, 다문화이주자, 장애인 등의 소수자의 아픔을 공감하고 생명경시, 무한경쟁과 무한성장 풍조를 더 이상 강요하지 못하는 사회적 분위기 조성에 교회가 앞장서야 한다는 것을 강조한 것에 의미를 부여한다. 넷째, 생명공동체 운동은 생명, 정의, 평화를 지향하고 이를 성취하는 과정은 치유와 화해의 과정을 통해 상호의존성, 상호침투성, 상호내주성의 모본이 되시는 페리 코레시스의 하나님(성부, 성자, 성령)이 주장하시는 공동체성 회복에 대하여 적절하게 다룬 것으로 사료된다. 마지막으로 이를 위하여 "지역교회들은 지구생명공동체를 향한 하나님의 치유와 화해의 사역에 참여하여 선한 이웃들과 더불어 영적, 사회적, 생태적으로 파괴된 생명망을 복원하는 '생명의 그물망 짜기' 사역을 강화한다"는 선언문은 본 연구의 시각으로 볼 때 매우 시의적절하고 신학적으로도 중요한 의미를 부여한다고 볼 수 있다. 아래 그림은 실생활에서 생명망의 상호의존적 관계를 표현한 것이다.

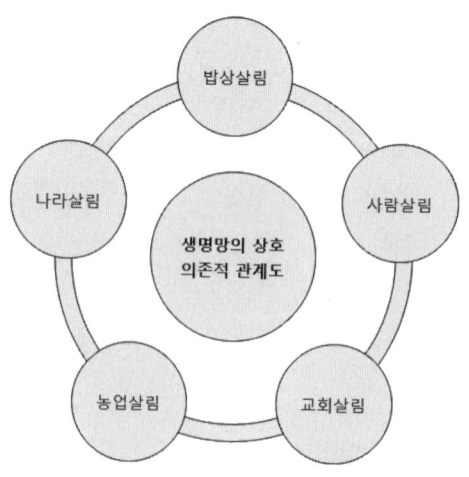

[그림 4] 생명망의 상호의존적 관계도

대한예수교장로회 통합교단의 총회는 이렇게 치유와 화해의 생명공동체운동 10년 지원센터를 설립하여 총회 내 65개의 각 노회의 각 위원회와 사업부서의 사역을 생명망으로 묶어 지역교회로 하여금 마을 살리기 운동의 선봉장 역할을 할 수 있도록 필요한 정책 개발과 공동사업을 전개하고 있다.[15] 이는 전체적으로 개혁교회의 건강하고 균형 잡힌 교회론, 특히 선교적 교회론적 신학의 바탕 위에 만들어진 시의적절한 선언문이라고 평가할 수 있겠다.

III. 가정을 살리고 가정들을 생명망으로 연결하는 교회의 역할

생명망이 건강한 거미줄처럼 연결되어 있어야 마을이 바로 세워진다. 교회는 하나님의 백성들로 이루어진 신앙공동체이다. 교회 안에 존재하는 이전세대(60세 이후), 현세대(20-59세), 미래세대(0-19세)는 교회의 미래세대를 전 교우가 함께 하는 공동사역을 통하여 생명의 망으로 연결될 수 있다. 가정에 존재하는 이 3세대가 하나님을 믿는 신앙을 매개로 하여 긴밀하게 묶이고 연결될 수 있는 중심적 역할을 할 수 있는 기관이 바로 하나님의 백성들의 모임인 교회이기 때문이다. 아래의 그림은 세 종류의 세대의 구분을 도식화 한 것이다.

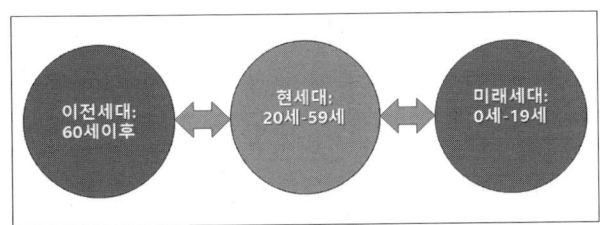

[그림 5] 이전세대, 현세대, 미래세대의 구분

---

15 대한예수교 장로회 총회, "지역 마을목회 컨퍼런스," 한국교회 100주년 기념관 소강당, 2016년 3월 10일. http://www.pck.or.kr "생명살리기 10년" 참고.

오늘날과 같이 단절이 일상화되고 있는 병적인 사회에서 교회가 생명을 연결하는 역할을 잘 감당하게 된다면, 우리 사회의 가장 근본적인 문제를 해결할 수 있는 생명망 형성이 이루지게 될 것이다. 교회는 먼저 가정의 부모와 교회의 언약적 부모가 자녀를 잘 양육할 수 있도록 잘 양육할 수 있는 훈련에 매진해야 할 것이다. 그렇게 하기 위해서는 성인교육에 해당하는 부모교육의 커리큘럼을 잘 운용해야 할 것이다.

1. 가정은 하나님 교육의 장

크리스천 가정에서 태어나 자라나는 "어린이는 그리스도인으로 성장하여야 하며, 그리스도인이 아닌 다른 존재로 자신을 생각하여서는 안된다."[16] 호레이스 부쉬넬(Horace Bushnell, 1982-1876)의 이 말은 비단 19세기에 그가 살며 목회하던 시절에만 해당하는 말은 아닐 것이다. 당시 수많은 부모들의 자신들의 자녀양육 의무를 망각한 채, "어린이가 죄 가운데서 자라나다가 성숙한 분별연령(discerning age)에 이르러서야 비로소 회심"할 수 있다고 믿었던 것이다.[17] 이 말은 어린이도 성인처럼 그리스도 안에서 성장할 수 있다는 것을 간주하고서 한 말이다.[18] 만일 가정이 작은 성전의 역할을 하고 부모들이 자신들의 생활틀(life matrix)의 영향력 가운데서 자라나기만 한다면 말이다. 부쉬넬은 누구보다 생명망에 대한 이해가 깊었던 사람이었다. 그는 "모든 사회, 즉 교회, 국가, 학교, 가정은 유기적이다. 이러한 유기체에는 각각의 영혼이 있다. 그 영혼은 나름의 특색이 있으며, 종교적 특성에 대해 다소간 적대적이거나 호의적이기도 하며, 어느 정도까지는 개별적 인

---

16 Horace Bushnell, *Christian Nurture*, 김도일, 『기독교적 양육』 (서울: 장로회신학대학교 출판부, 2004), 36.
17 위의 책, 36.
18 위의 책, 40.

간을 지배한다."19 그러므로 가정에서와 마을에서 우리의 어린이가 이런 유기적 체계 속에서 유기적으로 살아가고 있기 때문에 어린이가 결코 개인적으로 존재하고 있지 않다는 것이다. 그러므로 마치 식물의 줄기에서 싹이 틀 때 혹자는 그 식물의 형성본능이 싹눈을 생산하는 것이기는 하나 실제로는 태양열이 씨앗의 내적 성장본능을 도와 전체적으로 성장케 하는 것처럼, 우리의 "자녀는 부모의 삶 안에서 성장한다는 것이며, 가장 어린시절부터 원칙적으로 그리스도인"으로 양육되어야 한다는 것이다.20 비록 부모나 어린이가 다 하나님 앞에서 죄인이라고 할지라도 말이다.

그러므로 교회를 이루고 있는 모든 가정들은 "작은 교회처럼 그리스도께 바쳐져야 하며, 전적으로 그리스의 규율에 의해 감화 받고 지배되어야 한다." 그리하여 가정은 하나님의 교육이 일어나는 "하나님의 은혜의 주된 수단이자 통로가 되어야 한다"21는 것이 부쉬넬의 가정관이요 부모교육관이다. 이처럼 가정은 하나님 나라의 백성들인 교회를 이루는 핵심기관이며 필수적인 하나님 은혜의 통로이다. 하나님의 교육이 일어나려면 하나님의 주권이 가정의 부모로부터 인정되고 말과 행실에서 부모의 하나님 경외심이 풍겨나와야 한다. 이 때 가정에서 하나님의 교육, 즉 에듀카치오 데이(Educatio Dei)가 실현되는 것이다.

2. 유기체적 성도, 유기체적 가정 만들기

미국 애틀란타의 노스포인트 커뮤니티 교회는 가정과 교회의 연결을 유기적으로 하는 좋은 예를 보여 주는 교회이다. 이 교회의 특징은

---

19 위의 책, 54.
20 위의 책, 54-55.
21 위의 책, 198-199.

전교인을 유기체적으로 묶어 마치 인간의 혈액이 큰 동맥, 정맥 그리고 모세혈관을 통해 모든 기관(organs)에 연결되는 것처럼 적지 않은 교인을 유기체처럼 서로 연결되는 생명망을 이루게 하는 것이다. 이 교회는 적지 않은 교인들을 묶어 서로 소통하게 하고 모든 사람들이 연결되는 수많은 소그룹이 그룹이 형성되어 있다. 레지 조이너(Reggie Joiner)는 가정을 하나님의 임재로 가득 찬 작은 성전을 만들고자 하는 의식이 부모, 자녀교육과 온가족 예배에 적극적으로 참여하는 부모, 자녀의 영적 성장을 위하여 교회의 전문사역자와 동역하는 부모 그리고 가정 사역에 전적으로 헌신하는 부모가 되어야 함을 강조하였다.22 물론 이는 한 사람이 여러 그룹에 속해 있는 경우가 포함되는 것을 의미한다. 그리고 이 사역은 오랜 시간과 꾸준한 노력이 요청되는 인고의 사역이다. 처음부터 공동체 속으로 깊이 들어와서 자신의 삶을 열고 참여하는 이는 드물다. 그러기에 조이너와 앤디 스탠리(Andy Stanley)는 한 교인이 성도가 되기까지의 단계를 세 종류로 나누고 이 사역을 수행한 것으로 보인다. 그 세 단계는 "현관→ 거실→ 식당"으로 나뉘게 되며 대개 누구나 이 세 단계를 거쳐 헌신된 성도이자 헌신된 부모로 발전하게 된다는 것이다.23 이 교회의 창설자이자 담임목사인 스탠리와 교육전임사역자 조이너는 가정과 교회의 협력사역을 오렌지 사역이라고 명명하고 부모의 사랑을 의미하는 빨간색과 교회의 주인이신 성령의 빛을 상징하는 노란색이 합쳐질 때 오렌지색이 나오는 것을 상징적으로 표현하였다.24 이러한 협력사역을 실제적으로 성공적으로 이룩하기 위하여 노

---

22 Reggie Joiner, *Think Orange*, 김희수 역, 『싱크 오렌지』 (서울: 디모데, 2009), 179-200.
23 김도일, "노스포인트 커뮤니티 교회의 교육사역에 대한 고찰과 한국교회에서의 적용가능성 모색에 관한 연구," 『교회와 가정을 연결하는 아동부 교육목회: 해피투게더 기본지침서』 (서울: 장로회신학대학교 기독교교육연구원, 2012), 33-37.
24 Reggie Joiner, *Think Orange*, 김희수 역, 『싱크 오렌지』, 84-90.

스포인트 커뮤니티 교회에는 긴 복도를 따라 소그룹이 모일 수 있는 수많은 방을 안락한 소파를 구비하여 놓고 있었다. 어떤 그룹은 동네의 가정에서 모이고 어떤 그룹은 교회의 작은 방에서 그 모임을 이어가고 있다. 조이너는 소그룹 사역을 통하여 자녀교육에 대한 고충을 서로 나누고 그곳에서 결국 공동체가 형성되게 되어 각 성도 개인이 서로 유기적으로 연결되고 결국 유기적 교회가 형성된다고 하였다.25 무엇보다 보통 교회에서 한 자녀에게 신앙적인 영향력을 행사하기 위해 사용할 수 있는 시간은 1년에 약 40시간밖에 되지 않지만, 가정에서 부모들이 자녀들과 함께 할 수 있는 시간은 거의 3,000시간이나 된다는 점을 강조하며 부모가 살아야 결국 자녀들이 살게 되고 이런 사실을 부모들이 깨닫고 자녀교육에 매진할 수 있도록 부모교육과 부모양육에 힘써야 가정 내의 자녀들이 살게 된다는 점을 강조하였다.26 교회 내에 존재하는 가정들이 건강하게 세워지려면 교회 내에서 다른 이들과 서로 사랑을 나누고 소통하며 친교를 가능케 하는 모세혈관과 같은 소그룹에서의 경험을 자주 가질 수 있도록 만남의 기회를 제공해야 한다. "한 온스의 경험이 이론 한 톤의 가치가 있다"27고 말한 벤저민 프랭클린(Benjamin Franklin)의 말처럼 건강한 유기체적 성도와 가정을 이루도록 환경을 조성하고 실제적인 경험을 할 있도록 프로그램을 제시하는 것이 매우 중요하다.

　미국에 노스포인트 커뮤니티교회가 있다면 한국에는 사랑방교회가 있다. 사랑방교회는 설립초기(1984)부터 공동체훈련으로 모든 성도가 함께 작은 생명의 망을 만드는 것으로 교회가 시작되었다. 담임목사인 정태일은 "코이노니아를 지향하는 교회"를 교회의 설립정신으로 삼고

---

25 Reggie Joiner, *Think Orange*, 김희수 역, 『싱크 오렌지』, 202-210.
26 Reggie Joiner, *Think Orange*, 김희수 역, 『싱크 오렌지』, 93-104.
27 Frank Biola, *Finding Organic Church*, 이남하 역, 『유기적 교회 세우기』(서울: 대장간, 2010), 197.

서울 시내 종로에 있던 교회를 경기도 포천군의 전원(1997)으로 옮겼다. 그리고 교회의 3대 목표를 "공동체 생활, 교육목회의 실현, 선교적인 삶"으로 설정하고 모이는 교회와 흩어지는 교회의 균형을 잡는 교회로 조화와 균형을 추구하고 있다.28 사랑방교회는 교육생태계를 회복하고 공동체적 교회의 모습을 회복하기 위하여 담임목사를 비롯한 전 교역자가 포천에서 함께 공동체 생활을 하고 있으며, 사람중심의 가치의식과 구원사 중심의 역사의식 그리고 교회에 대한 개혁의식을 늘 목회의 중심에 두고 목회활동을 하고 있다. 전 교우가 제사장이 되어 하나님 앞에서 책임의식 있는 삶을 추구하는 사랑방교회는 어린이와 청소년을 위한 꾸러기학교와 멋쟁이학교도 운영하고 있으며 이미 대안학교 중에서 모범적인 학교로 정평이 나 있으며 이 학교의 졸업생들 중 몇은 장로회신학대학교를 비롯한 대학들에 학생들을 보내어 훌륭한 인재를 양산해 낸 증거가 있다. 사랑방교회는 "주인이 거하는 방, 사람을 만나는 방, 뜻을 모으는 방"으로 존재하기를 추구하며 마을 속에서 마을을 건강하게 하고 교육생태계와 자연생태계의 본 모습을 회복하기 위하여 전성도가 작정하고 가난하게 살면서 마을의 이웃을 돕는 건강한 코이노니아적 교회, 소그룹이 살아 있는 교회, 감동적인 예배가 드려지는 교회, 건강한 교회이다.29

전술한 노스포인트 커뮤니티교회에서 보는 것처럼 교회 내에서 성도들이 실제로 균형 잡힌 신앙적 경험을 할 수 있는 구체적인 준비와 진행을 위한 가이드라인도 매우 중요하다. 프랭크 바이올라(Frank Biola)는 유기적 교회를 위한 모임 준비를 위한 세부적인 지침을 다음과 같이 적었다. 첫째, 모임을 할 장소를 찾으라. 둘째, 모임을 언제 할지를 정하라. 셋째, 실내온도를 의식하라. 넷째, 모임 시간을 정확히 지

---

28 정태일, 『코이노니아를 지향하는 교회』 (서울: 도서출판 사랑방, 2004), 7-52.
29 위의 책, 430.

키도록 힘쓰라. 다섯째, 모임을 끝내고 돌아가기 전에 다음 모임 시간과 장소에 대해 광고하는 것을 잊지 말라. 여섯째, 모임을 하기 전에 꼭 화장실을 점검하라. 일곱째, 모임 후에는 공동 뒷정리를 하라. 여덟째, 경험을 나눌 수 있도록 의자나 자리를 배열하라. 아홉째, 만일 모임이 혼잡하면 현관과 화장실을 오고 가는 통로는 꼭 비워두라. 열째, 방문자들에게 자신을 소개할 기회를 주라. 열한째, 휴대전화를 끄거나 진동으로 하라. 이와 더불어 바이올라는 교회 내 그룹이 유기적으로 활성화되게 하기 위해서 꼭 해야 할 일의 네 가지 요소를 다음과 같이 강조하였다. 첫째, 함께 노래하라. 둘째, 함께 나누라. 셋째, 함께 음식을 나누라. 넷째, 함께 즐기라.30 바이올라가 기술한 구체적인 사항들은 실제 사역의 현장에서 유기체적으로 연결된 부모와 자녀, 이로 인하여 만들어지는 유기체적 가정, 결과적으로 형성되는 유기체적 교회가 되는 데에는 필수적이고 경험적인 지식이며 실천가능한 구체적인 과정이다. 이러한 사역을 통해 교회 내 가정들을 살리고 한 생명망으로 묶어주는 일을 교회가 감당해야 하는 것이다.

IV. 마을교육공동체 형성에 관하여

마을교육공동체란 무엇인가? 마을교육공동체란 마을의 부모, 학생, 교사가 학생의 성장을 위하여 협력하고 연대하는 교육공동체를 말한다. 미래세대인 학생의 건강한 삶을 위하여 가정과 학생과 학교의 교사가 마을에서 연대하고 소통함으로 자치적인 삶을 격려하고 서로 연결되게 만들어 주는 제반 활동이 일어나는 장을 마을교육공동체라고 부른다.31 여기서는 가정과 교회와 마을의 생명망 조성을 통하여 더불

---

30 위의 책, 197-211.
31 최지인, "마을교육공동체의 운영현황 및 개선과제," 『이슈와 논점』(서울: 국회입법조사

어 행복한 교육학습생태계를 조성하여 건강한 마을교육공동체로 나가는 길을 모색하고자 한다. 단절과 고립과 배척이 난무한 시대에 교회는 과연 작게는 마을 크게는 사회를 어떻게 보아야 하나? 이것은 사실 사회의 교회관에 관한 문제이며 신학의 세상관에 관한 문제이다. 세상이 교회를 이기적인 집단이며 온통 전도에만 정신이 팔려있는 집단이라고 비난하는 것에 대하여 그리 하지 말라고 한다고 해결될 문제는 아니다. 오히려 자성적으로 교회의 어떤 면이 세상 사람들의 비난을 살만한 구석이 있는지를 살펴보아야 할 것이다.

더욱이 그동안 교회는 세상에 대하여 어떤 책임을 진 공적인 집단으로 사회에 비춰어지지 않은 점에 대하여 심각하게 고민해 보아야 한다. 기독교가 전래되었던 100여 년 전 나라의 주권을 빼앗겼을 때는 그렇지 않았다. 교회는 민족의 아픔을 껴안고 우는 자와 함께 울고 빼앗긴 나라를 되찾기 위하여 학교를 세우고 독립운동을 주도하였다. 그때는 어느 누구도 교회를 쓸데없는 기관, 사회의 문제를 외면하는 기관이라고 여기지 않았다. 그러나 그 이후 교회는 너무 오랫동안 자체의 성장만을 꾀하였고, 그로 인해 교회의 담장은 높아졌다. 교회 밖 사람들은 오로지 전도할 대상으로만 여겨오지 않았는지 반성해야 한다. 이제는 사회로부터 잃었던 신뢰를 다시 회복하고 하나님이 사랑하는 이 세상을 우리도 사랑하고 그리스도의 정신으로 교회를 개방하고 사회와 소통하여야 할 것이다.[32] 우리는 앞에서 현대 사회에 교회가 당면한 문제를 다루었으며 생명망 조성을 통하여 교회가 가정을 어떻게 활성화하고 다시 제 역할을 하게 도울 수 있는지를 다루었다. 이를 위하여 구체적으로 노스포인트 커뮤니티교회와 사랑방교회가 가정과 교회와 마을을 잇는 생명망을 조성한 것을 살펴보았다.

처, 2017), 1-4.
32 정재영, 조성돈, 『더불어 사는 지역공동체 세우기』 (서울: 예영, 2010), 5.

이제 어떻게 그리고 왜 교회가 마을의 마당(platform)이 되어야 하며 마을이 하나님 나라의 미래적이고 선취적인 장소가 되어야 하는지를 살펴보자. 송기섭은 일상적 삶의 자리였던 교회를 다음과 같이 표현한다.

> 필자[송기섭]에게 교회는 놀이터였다. 아침에 학교에 가면서 교회에 들러서 기도하고 놀다가 교회마당에서 흘린 땀을 씻고 학교에 갔으며, 방과 후에는 다시 교회에 들러서 기도하고 찬송을 부르고 친구들과 교회 마당에서 한바탕 놀았으며, 교회 뒷켠에 앉아서 공부 잘하는 선배들에게 잘 모르는 수학문제를 물어보기도 하던 공부방이었다. 어른들도 마찬가지였다. 우리 교회는 마을의 문제를 의논하는 회의장이었고 "삶의 현장의 살림터였다. 겨울에는 자기 집 김장을 하기 전에 교회 김장부터 했고 자기 집 헛간에 나무를 채우기 전에 교회 창고에 겨우내 쓸 장작을 준비했다. 여름이 오기 전 마을길 청소는 물론… 보릿고개에 굶주리는 가정에 쑥 버무림, 쑥떡을 나눠줬고 굶주린 동네 아이들의 유모역할을 했다.33

송기섭이 표현한 것처럼 "교회는 마을 사람들의 삶의 현장에서 울고 웃으며 가족이 됐고, 3세대의 삶의 모든 필요를 충족시키는 마을교회로서의 역할을 충실히 감당했다. 지금의 한국교회는 이런 삶의 현장인 교회에서 자란 신앙인들에 의해 세워졌다. 그런데 이 마을교회가 도시화와 산업화 과정에서 왜곡되어 생태계가 완전히 상실되었다."34

이제는 교회의 마당을 개방하고 벽이 있다면 그것마저 헐고 열린 마

---

33 송기섭, "교회, 마을의 마당이 되자," 〈기독공보〉, 2016. 04. 12.
34 위의글.

음을 갖고 마을로 나가야 한다. 그리고 마을에서 마을사람들과 같이 어울려 더불어 사는 마을공동체를 세워야 한다. 마을공동체를 세워나가는 구체적인 과정은 "주민주도형 협력 체계 곧 결사체 거버넌스(governance)를 구축할 필요가 있다."35 이 일의 실례는 부천새롬교회와 벽제벧엘교회를 비롯한 여러 교회에서 찾아 볼 수 있다. 쉽게 말하면 이 거버넌스의 구축은 마을의 행정책임을 맡고 있는 동, 구청, 시청의 직원들과의 연계작업을 의미하는 것이다. 이전에는 교회가 이런 직원들에게 전도를 하여 교회를 찾아오게 하는데서 그쳤으나 이제는 주중에 그들의 일터로 찾아가 함께 마을의 사업을 의논하고 어떻게 하면 사람이 살만한 마을을 만들지 서로 단단한 "생명망"으로 엮이게 될지를 의논해야 한다. 교회가 가정과 마을의 마당으로서 역할을 다하고 마을이 갖고 있는 사회적 자본, 즉 연결 및 관계망(생명망을 가능케 하는 인간 사슬과 같은 기본 고리), 사회적 지원, 상호신뢰와 같은 자산을 잘 활용하고 그 힘을 응집시키고 마을을 교육공동체로 만드는데 결정적인 역할을 할 수 있다.36

교회는 삼위일체 페리 코레시스의 하나님이 상호내주, 상호침투, 상호의존하시는 것처럼 마을에서 마을의 주민과 함께 살며 마을 속으로 들어가 상생하고 복음의 생명을 전파하는 하나님나라의 전위부대와 같은 역할을 해야 할 것이다. 하나님의 친교의 하나님이시다. 그러므로 하나님을 믿는 백성들인 교회는 친교적 삶을 실천하는 생활공동체가 되어야 할 것이다.37 특히, 교회는 가정과 마을을 생명망으로 짜는 건전

---

35 정재영, 조성돈, 『더불어사는 지역공동체 세우기』, 35.
36 김상돈, 『마을공동체 이론과 실제』 (서울: 소통과 공감, 2014), 131-150.
37 장애인공동체 라르슈(L'Arche: 방주)의 설립자인 장 바니에는 친교의 하나님을 다음과 같이 표현하였다. "하나님은 서로 사랑하는 세분입니다. 우리 하나님은 친교하시는 분입니다. 그리고 이렇게 아름답고 사랑스러운 하나님이 이런 사랑의 삶을 살도록 우리 인류를 부르고 계십니다." Jean Vanier, *Community and Growth*, 성찬성 역, 『공동체와 성장』 (서울: 성 바오로, 2005), 20. 조용훈, 『마을공동체와 교회공동체』, 43에서 재인용.

한 교회론 신학을 정립하여야 할 것이다. 이형기가 주장한 것처럼 파편적인 교회론을 지양하고 세상 속에서 온전한 교회로서의 역할, 즉 하나님의 나라를 선취시키는 하나님의 역사개입과 그에 동참하는 하나님의 백성들(laos)인 교회의 보편적이면서 특수한 사역에 동참하는 교회론을 확립해야 할 것이다. 더욱이 이형기가 강조한 몰트만(Jürgen Moltmann)의 메시아적 기독론과 교회론에 의거한 "열린 교회"의 사명을 다함에 있어 교회의 대사회적 정체성과 공적 적실성(relevance)을 회복하여 세속사회 속에서 메시아적 선교와 메시아적 교육을 감당해야 할 것이다.38 결국 기독교적 마을교육공동체 형성의 성패는 교회가 가정과 마을을 적절하게 생명망으로 엮어내는 조성과정에 있다고 할 것이며, 이를 뒷받침해 주는 이론적 토대는 선교적이며 메시아적인 교회론을 정립하는 데에 있다고 할 것이다. 무엇보다 하나님나라의 백성들인 교회가 가시적인 교회 내에서만 신앙공동체로서의 소명을 다하는데 그치는 것이 아니라, 불가시적인 교회, 즉 교회의 담 밖에서도 뭇 사람들의 신뢰를 얻는 데에 성공해야 마을교육공동체는 성취될 수 있다.

마치 강원도 홍성의 도심리교회를 마을 사람들이 신뢰하고 사랑하는 신앙공동체요, 생활공동체의 요람으로 만들어낸 홍동완 목사와 교우들처럼 오랜 세월 함께 마을사람들과 고진감래(苦盡甘來)하면서 관계를 정립하고 덕을 쌓는 과정이 절대적으로 필요하다.39 부천새롬교회의 이원돈 목사와 교우들도 30여 년 동안 도시에서 소외된 낙후지역에서 물적 자본이나 인적 자본이 매우 적었음에도 불구하고 마을 속에 깊이 들어가 어린이에서부터 노인에 이르는 마을 사람들의 마음에 파고 들어 깊은 인간관계를 갖고 신뢰를 얻었다. 그는 부천시의 공무원들

---

38 이형기, 『교회론의 패러다임 전환』(서울: 여울목, 2016), 668-677.
39 홍동완, 『들풀위에 세운 사랑』(서울: 예영, 2013), 20-23. 이 책에는 어떻게 홍동원이 목사로서 마을사람들의 신뢰를 얻게 되었는지에 대한 과정이 그려져 있다. 신뢰는 땀과 눈물이라는 값을 치루고 사는 것임을 잘 보여준다.

조차 신뢰하고 사업계획을 같이 의논할 정도가 되었다. 그는 일찍이 "마을이 변화되지 않고서는 교회도 목회도 선교도 전도"도 의미가 없고 "교회와 가정과 마을 전체를 새로운 목회 대상으로 생각하면서… 마을 만들기를 시작"하였다고 증언하고 있다. 그리하여 그는 부천의 마을마다 마을 도서관과 지역아동센터를 세워나갔고 교회들을 평생학습이라는 고리로 연결하여 마을교육공동체를 형성하였다.40 또 앞서 소개한 사랑방교회는 마을을 교육공동체로 만든 또 하나의 좋은 예이다. 정태일 목사는 교회 안에 작은 학교들을 두어 마을사람들 누구나 적은 수업료를 내고서 학교를 다닐 수 있도록 작은 학교(30명 정원)를 만들고 운영하고 있다. 이 학교는 마을 사람 중에서 학교를 다니는 자녀의 부모들과 함께 운영하고 있으며 조화로운 인격형성과 인간관계교육 그리고 공동체 훈련을 주로 하고 있다.41 기독교 마을교육공동체는 마을 사람들이 함께 모여 함께 자녀를 키우고 함께 배우고 함께 주인이 되는 공동체이다. 마을교육공동체는 아래로부터의 공동체이며 교육생태계를 복원하고자 모든 마을사람들이 교회를 플랫폼으로 하여 협력과 상생을 도모하는 공동체이다.42

마을이 살아야 나라가 산다. 그런데 문제는 누가 이 일을 주도하고 어떻게 할 것인가? 결국 사명과 헌신을 가진 공동체인 교회가 이 일을 주도할 수밖에 없다. 왜냐하면 교회 외에 이 땅에 건강하고 균형 잡힌 사명감과 희생정신을 존재이유로 삼는 기관이 어디 또 있다는 말인가?

---

40 이원돈, 『마을이 꿈을 꾸면 도시가 춤을 춘다』(서울: 동연, 2011), 10-11. 이렇게 오랜 세월을 마을 사람들과 함께 하며 섬김의 목회를 하여 마을공동체를 이룬 예가 다음의 책에 소개되어 있다. 뉴스앤조이, 『마을을 섬기는 시골교회』(서울: 뉴스앤조이, 2012). 실제적인 사역의 실제를 소개한 예가 다음의 논문에 나타난다. 남상도, "농어촌 선교: 생명 살리기 운동," 「선교와 신학」, 22권(2008. 08): 117-140 참고.
41 정태일, 『코이노니아를 지향하는 교회』, 86-100.
42 서용선 외, 『마을교육공동체란 무엇인가? 탄생, 뿌리 그리고 나침반』(서울: 살림터, 2016)의 핵심내용.

그리고 마을의 핵심으로 들어가면 마을을 이루는 가정이 건강해야 하는데 가정과 가정을 생명망으로 엮어 소통하게 하고 가정 안의 자녀들을 시민정신과 제자도를 가진 일군으로 양육하는 것을 도울 수 있는 기관도 역시 신앙공동체인 교회, 즉 하나님 백성들의 집합체인 교회밖에 없다고 본다. 그리하여 가정과 마을을 끈끈한 생명망으로 묶어 함께 할 수 있는 교육의 장도 결국은 교회이며 그 교회는 마을 속에서 교육공동체를 이루는 데 가장 효과적이며 근본적인 열쇠를 지니고 있다.

V. 교회는 생명망 조성의 플랫폼

교회는 교회 자체를 유지하기 위해서 모이는 공동체가 아니다. 교회는 가정을 세우고 마을을 살리기 위해 그 가운데 존재한다. 현대 사회의 근본 문제 중의 하나인 단절의 문제를 해결하는 가장 시급한 해결책은 생명망을 조성하는 일이다. 가정과 교회와 마을은 서로 뗄 수 없는 상호의존성을 지니고 있으며 이 땅에 망가진 예배공동체, 학습공동체, 교육공동체, 생활공동체를 회복하여 건강한 생태계를 회복하는 길은 가정과 교회와 마을이 마치 페리코레시스의 하나님처럼 상호내주, 상호침투, 상호의존하는 정신과 기능을 회복하는 것이다. 오늘날 한국 사회가 이토록 신뢰와 소망을 잃어버리게 된 이유는 지나치게 개인화, 물질화, 무감각화가 되었기 때문이다. 수많은 승객의 생명을 뒤로 하고 선장의 고유임무를 망각하고 혼자만 도망쳐서 몇 푼 안 되는 자신의 젖은 돈을 철없는 어린아이처럼 말리고 있었던 세월호의 선장처럼, 오늘의 인간들은 무엇이 옳고 그른지 어떤 상황에서 내가 어떤 판단을 하고 어떤 분별을 하며 살아야 하는지에 대한 개념조차 없어진 것이 아닌지 모르겠다. 사명과 희생도 잊어버린 사람이 한 배의 선장이 되었을 때 어떤 비극이 벌어지는지 우리는 멀지 않은 역사를 통하여 익히 경험하였다.

진정성을 가진 그리스도인이 자기 일에 대한 책임을 인지하고 자기를 인식하고 규제하며 균형 잡힌 판단을 하며 관계적 투명성을 갖고 살아간다면 이 사회는 더 이상 썩지 않을 것이다.[43] 더 이상 방주로서만의 교회의 역할에 머물지 않고 가정과 마을 사이의 진정한 가교역할과 메시아적 마당으로서의 역할을 감당하게 될 때 교회는 소망과 공동체성을 잃어버린 이 세상에 생명을 전달하고 사람들과 소통하며 협업을 증진시키는 "생명망의 핵심 역할"을 하는 마당(플랫폼)이 될 것이며, 궁극적으로는 마을이 교육공동체를 위한 플랫폼이 되어 마을전체가 나의 아이, 너의 아이, 우리 아이를 하나님의 백성으로 양육하게 될 것으로 믿는다.

---

43 윤정구, 『진성 리더십』 (서울: 라온북스, 2015), 96-155 핵심.

4 장
가정, 교회, 마을을 연계하고 세우기 위해 융합의 가치를 지향하는 기독교교육*

I. 교회 안과 밖의 도전에 노출된 위기의 한국교회, 위기의 교회교육

한국교회는 내외적으로 도전의 파도에 직면해 있다. 아니 이미 엄청난 파도 속에 들어 있다. 역사상 최저의 출산율,[1] 초혼 연령의 상승,[2] 고령화[3] 현상이 이미 우리나라 속 깊이 들어와 있다. 인구와 관계된 위기적 상황에 대해서는 더 말할 필요가 없어졌다. 어린이가 초고속으로 줄어드는 상황에서 노인의 숫자가 초고속으로 늘어나는 상황에서 교회 구성원의 균형이 이미 심각하게 무너진 것이다.[4] 이뿐만이 아니다. 한

---

* 이 글은 『2018년 교회교육 정책 자료집』(장로회신학대학교 기독교교육연구원, 2017): 8-29에 게재되었고, 수정·보완하였다.
1 2013년 이후 가구당 1.3명을 넘은 적이 없었음.
2 초혼연령: 남자 약 32.8세, 여자 약 30.1세, 자료출처, 통계청, 2016.
3 총 인구대비 65세가 13.6% 2017 행정자치부; 20%가 넘으면 초고령화 사회가 됨.
4 김도일, "안녕하지 못한 미래세대,"「교육목회」, 2015., 46-47권 참고.

국 내에서 교회를 떠나 각자도생의 길을 걷고 있는 100만 명이 넘는 소위 가나안성도(예수를 믿기를 하지만 교회출석을 하지 않는 '안나가'성도를 일컬음)의 숫자 증가가 멈추지 않는다는 것이다. 이들은 기존 교회에 대하여 심각한 불신을 갖고 있으며 "교회 밖 신앙"을 갖고 있다는 것이다.5 교회 내 리더를 신뢰하지 않는 이들은 오늘 적지 않은 한국교회 지도자들이 갖고 있는 교회의 사유화 현상, 편향된 의식, 세상과 소통, 사회통합 기여, 현 시국에서의 역할 등에 대하여 신뢰하기 어렵다고 불만을 토로하고 있으며 결국 기독교윤리실천운동에서 발표한 바에 의하면 20.2%(2.55점/5점 만점)의 교인만이 교회를 신뢰하는 것으로 나타났다.6 최근 대한예수교장로회 합동교단에서 실시한 설문조사의 결과도 비슷하다. 한국교회의 신뢰도는 24.7%였고 한국국민 75.3%가 교회를 부정적으로 보는 것으로 나타났다.7 이러한 내적인 도전의 파도와 함께 외적인 도전의 파도는 바로 제4차 산업혁명의 시대의 도래이다.

제4차 산업혁명이라는 산업사회의 변화는 외적으로 다가오는 또 다른 큰 도전의 파도이다. 제4차 산업혁명은 단순히 산업계에서 벌어지고 있는 기술의 혁명만이 아니다. 인공지능과 사물 인터넷 그리고 SNS(Social Network System)으로 대표되는 제4차 산업혁명은 인류가 준비되지 않은 상태에서 빅데이터를 기반으로 하는 인공지능의 상거래 지배, 일상생활의 지배 그리고 소통의 홍수 등이 무차별적으로 진행되

---

5 양희송, 『가나안 성도 교회밖 신앙』(서울: 포이에마, 2014)의 핵심 내용 참고. 한국기독교목회자협의회가 2013년 1월에 발표한 '한국인의 종교 생활과 의식 조사 보고서'에 따르면, 자신을 그리스도인이라고 밝힌 사람들 가운데 약 10%가 교회에 출석하고 있지 않다고 답했다. 현재 개신교 인구를 1000만 명이라고 할 때 100만 명이 된다. 조성돈·정재영 교수팀은 2013년 300여 명의 가나안 성도에게 설문 조사했다. 이들은 평균 14.2년의 신앙생활을 경험하고, 6개월 이상 고민 끝에 교회를 떠났다고 한다. 정한철, "복음주의 운동가 양희송, '가나안 성도'를 말하다," 〈뉴스앤조이〉, 2014. 12. 05.

6 정재영, 『교회 안 나가는 그리스도인』(서울: IVP, 2015) 참고. 신뢰도 발표: 기독교윤리실천운동, 2017. 03. 03.

7 최승현, "국민 75.3% 개신교 불신, 신뢰 회복 방안은 '돈'," 〈뉴스앤조이〉, 2017. 08. 18.

고 있는 것으로 보인다. 어쩌면 우리 곁에 제4차 산업혁명이라는 괴물이 아직 등장하지도 않은 것인지도 모르겠다. 철학을 하는 김용석은 제4차 산업혁명의 함의를 철학적 관점에서 심각하게 공부하지 않은 상태에서 마치 이를 받아들이지 않으면 시대에 뒤떨어질 것처럼 조바심을 갖고 누구보다 더 일찍 도입해야 한다는 '얼리 어댑터'(Early Adapter) 생존의식을 갖는 것은 순서가 잘못되었다고 지적한다. 인공지능이 모든 삶을 자동화시키고 우리 직업을 대체할 것이라는 두려움 갖기 보다는 어떻게 하면 인류가 만들어놓은 인공지능을 우리 삶과 조화롭게 '공존'하게 할 수 있을지를 고민하는 지혜를 말한다.8 그러나 제4차 산업혁명을 어떤 의미로 바라보던지 간에 큰 걸음으로 다가오고 있는 새로운 시대에 대한 대처가 시급한 현실이다. 제1차 산업혁명의 증기기관을 통한 기계적 혁명, 제2차 산업혁명의 전기 동력을 통한 대량생산, 제3차 산업혁명의 컴퓨터를 통한 자동화 그리고 제4차 산업혁명의 소프트 파워를 통한 지능형 공장과 제품의 탄생의 흐름은 분명이 진행되고 있는 변화의 과정이라고 할 수 있겠다.9 인류의 지식총량이 거의 1년에 두 배로 증가하는 이러한 시대10에 과연 교회는 어떤 대비를 하여 미래세대를 양육할 수 있겠는가? 초연결, 초지능,11 융복합성으로 대변되는 제4차 산업혁명시대는 분명 인류와 교회에 도전이나, 잘만 대처하면 위기를 새로운 도약의 기회로 삼을 있다고 본다. 그러면 구체적으로 이제 미래세대를 위해 부모와 조부모 세대는 지금 여기에서 무엇을 어떻게 준비해야 하는가?

---

8 김용석, "4차 산업혁명은 없다." 〈동아일보〉, 2017. 08. 19.
9 KBS, 『명견만리: 윤리, 기술, 중국, 교육 편』 (서울: 인플루엔셜, 2016), 139.
10 KBS, 『명견만리: 윤리, 기술, 중국, 교육 편』, 5-11 참고.
11 초연결이라 함은 사물과 사물이 인터넷과 CCTV로 연결되어 있음을 뜻하고, 초지능이라 함은 빅데이터를 기반으로 단순히 정보축적만을 하는 인공지능이 아니라 자가학습(딥러닝)을 하는 지능을 갖게 된다는 의미이다.

이러한 상황 속에서 한국교회가 미래세대를 위하여 과연 무엇을 해야 하는가?에 대한 심각한 질문을 던지는 가운데 본 연구는 수행되었다. 본 연구의 목적은 다양한 도전에 직면한 한국교회와 교회학교의 지도자들과 함께 시대의 도전에 적절하게 응전하고 구약의 잇사갈 족속이 위기 상황 속에서 그러했던 것처럼 "시세를 바로 읽고 마땅히 처신할 바"(대상 12:32)를 알기 위한 것이다. 이를 위하여 미래시대의 중요한 트렌드 중의 하나인 가치, '융합'의 가치를 지향하는 기독교교육에 대한 생각을 다음과 같이 나눌 것이다.

첫째, 왜 교회교육 설계를 위한 교육정책을 논하면서 융합에 대하여 말하는가를 다룰 것이다.
둘째, 융합과 통섭에 대한 용어해설을 시도할 것이다.
셋째, 융합적 가치를 지향하는 기독교교육학과 미래마인드를 다룰 것이다.
넷째, 융합이라는 개념을 적용하여 새로운 교육과정 창조를 시도했던 STEAM 교육과정에 대한 예를 탐구할 것이다.
다섯째, 융합적 사고를 도입한 가정, 교회, 마을 사역을 살펴봄으로써 기독교교육 정책 실현을 위한 통찰을 제안할 것이다.

II. 왜 마을교육공동체를 논하면서 융합에 대하여 말하는가

1. 융합: 함께, 더불어 살기 위한 공동체적 연대

글로벌 시대, 제4차 산업혁명 시대에는 그 어떤 사람도 혼자 살아갈 수 있는 사람은 없으며 학문을 하거나 목회를 수행하는 경우도 예외가 아니다. 함께 더불어 살아가고 남을 소중하게 여기며 내가 넉넉하게 가진 것은 나누고 나에게 없는 것은 다른 사람으로부터 공급을 받기도 하며, 서로의 차이를 극복하고 존중하며 협력하는 것만이 생존과 번성의 길이다. 그러한 의미에서 미래 가치 중의 하나인 융합의 가치를 지향하는 기독교교육에 대하여 함께 논의하는 것은 매우 중요한 시사점을 가진다. 무엇보다 융합에 대하여 말하는 이유는 나 혼자서는 살 수 없다는 겸손한 선언적 표현이다. 융합은 나의 것만으로는 절대적으로 부족하고 결핍될 수밖에 없다는 고백적 선언을 위한 작업이다.

기독교교육에서 융합에 대하여 논함은 전도서 4:12에 나오는 것처럼 "한 사람이면 패하겠거니 두 사람이면 맞설 수 있나니 세 겹줄은 쉽게 끊어지지 아니하느니라"는 경험적 금언에 대한 실험이다. 성경구절은 연대의 중요성을 말했으나 기독교교육의 이론과 현장에서는 융합적 사고와 행동의 중요성으로 발전시켜 생각해도 큰 무리는 없으리라고 본다. 신기하게도 융합적 사고는 사람들 상호간 상대방의 발언기회를 균등하게 제공하는 조건과 상호간의 사회적 신호를 읽는 것이 강조되는 분위를 창출할 때 "사회적 지능"이라는 것이 발전되게 되어 조직 내에 있는 사람들의 삶의 질이 높아지고 서로를 존중하게 되어 소위 사회관계성이 향상되고 집단지능이 개발될 가능성이 배가 되도록 한다는 것이다.[12] 융합적 사고가 인간 삶에 얼마나 긍정적인 영향을 미치는지를 알 수 있는 대목이라고 보겠다.

제4차 산업혁명시대를 사는 인류 특히 기독교인은 정치, 경제, 사회, 과학, 생태계 전반을 꿰뚫는 일종의 융합적 통찰을 가져야 하며 부족한 점은 타인과 타학문의 도움을 받아 채워가는 지혜를 가져야 할 것이다. 이런 의미에서 이 시대 인간은 호모 컨버전스(Homo Convergence)형 인간이 되기를 요청받고 있다.[13] 흥미로운 것은 호모 컨버전스는 융

---

12 Alex Pentland, *Social Physics: How Good Ideas Spread*, 박세연 역, 『빅데이터와 사회물리학: 창조적인 사람들은 어떻게 행동하는가』 (서울: 와이즈베리, 2014), 133-136.
13 권호정 외, 『호모 컨버전스: 제4차 산업혁명과 미래사회』 (서울: 아시아, 2017), 5-9.

합적 사고 융합적 삶의 양식을 절실하게 원하며 결국 자신이 위치한 지역에서 공동체적 삶을 희구하게 된다는 것이다. 그러므로 융합이라는 개념은 어떤 학문을 하기 위한 단순한 학문적 도구 내지는 철학이 아니라 인간 존재에 소속감을 부여하고 나와 너 그리고 우리가 추구하는 진정한 지역 공동체를 함께 만들어 나간다는 공동체적 연대감(solidarity)을 서로 나누는 사회적 포용과 통합을 이루는 데까지 나갈 수 있는 일말의 단초를 제공한다는 점이다.14

융합의 가치는 아무리 강조해도 지나치지 않는다. 학문과 학문의 융합은 말할 것도 없고, 다양한 사고의 융합, 한 방향, 한 가지 목적을 향하여 서로 소통하는 것이야말로 급변하는 제4차 산업혁명 시대를 살아가는 미래세대를 세운다. 경쟁보다는 연대를, 자신만의 성을 쌓고 그 안에서 외롭게 살기 보다는 벽을 허물고 이웃의 소리에 마음으로 경청하고 공감하는 '더불어'의 삶을 열어가게 한다. 융합은 이 시대의 중요한 마당(platform)을 여는 열쇠가 된다. 그러기에 이 시대 교회교육 정책을 논하면서 미래시대의 주요 가치인 융합에 대하여 말하는 것이다.

2. 융합과 통섭은 어떻게 다른가?

융합에 대하여 해설하기 위하여 반드시 거쳐야 하는 관문이 있다. 그것은 통섭에 대한 개념이다. 그러나 통섭에 대하여 말하려면 통합과 학제 간 연구(inter-disciplinary study)에 대하여도 간략하게나마 언급하는 것이 필요해 보인다. 패트리시아 리비(Patricia Leavy)가 말한 것처럼 융합연구에 대하여 이렇게 말한다. 오늘날 융합연구를 위해서 "다른 학문이 사용하는 용어나 개념에 대해서도 상호간 훈련이 필요하며, 타 학문에 익숙해지는 데는 상당한 노력이 필요하다. [중간생략] 이

---

14 김구, 『스마트 사회와 공동체』 (서울: 대영문화사, 2016), 책 전체의 핵심 내용 요약.

러한 어려움에도 불구하고 지금이 융합연구를 필요로 하는 시대"이다.15 융합연구를 이해하려면 먼저 통합(integration)이란 무엇인가에 대하여 인지할 필요가 있다. 사회학적 측면에서 볼 때 통합이란 전체 시스템 내에서의 부분 결합을 의미하며 통합된 혹은 분리된 사회적 단위 간의 관계를 나타내는 개념이다.16 통합은 물리적으로 합치는 것을 의미한다. 다른 학문과 연계해서 연구할 때 이전에는 학제간 연구를 많이 강조했던 적이 있었다. 그것은 학문간의 단순한 대화와 연계를 의미하는 것이었다. 그러나 통합은 조직의 물리적 합침과 같은 개념이다.

통섭(Consilience)은 무엇인가? 통섭은 서로 다른 학문 분야, 특히 과학과 인문학 분야에 대한 접근 방식 간의 합의를 도출해내는 과정이라고 할 수 있다. 한 마디로 말해 통섭은 최재천이 말한 것처럼 융합을 이루어가는 일련의 과정이며 통섭을 목표로 하는 학문적 방법론이며 철학인 것이다.17

그러면 융합(convergence)이란 무엇인가? 융합은 단순한 물리적 결합이나 통합을 넘어선 유기적 화학결합을 통한 새로운 가치를 창출하는 것이다. 오늘날과 같은 초학제 및 초연결 시대는 한편으로는 융합을 추구하면서 다를 한편으로는 진정한 전문가를 요청하는 디버전스

---

15 Patricia Leavy, *Essentials of Transdisciplinary Research*, 송인한 역, 『융합연구방법론』 (서울: 박영, 2015), 3-4. 송인한은 사회복지학자로서 분자생명학과 기초의학, 심리학, 사회학, 정책학 등과 초학제적 융합연구를 통하여 다양한 가르침을 얻은 경험을 나누고 있다.
16 이순배, 공명숙, 『글로벌 시대를 위한 융합의 이해』 (서울: 교문사, 2014), 2.
17 "통섭은 원래 학문이 사라지는 게 아니라 학문들 간에 잦은 소통을 통해 약간 거친 표현을 빌리자면 '정(情)'을 통해서 자식을 낳는 과정'이라고 할 수 있어요. 통섭의 예로 인지과학을 들곤 하는데, 인간의 뇌를 가지고 설명하는 뇌과학에 심리학, 철학 등 인문학이 합쳐진 게 인지과학이죠. 그런데 인지과학이 생겨서 뇌과학이 없어졌느냐 하면 뇌과학은 그대로 있거든요." 최재천, "통섭은 제대로 된 융합을 위한 철학: 그의 삶은 통섭, 최재천 교수," *The Science Times*, 2017. 08. 18.

(divergence)를 추구하게 하여 문제 해결을 위한 깊은 연구와 세분화를 추구하게 하였다. 그러나 디버전스가 심화되면 될수록 컨버전스에 대한 필요를 더 심각하게 느끼게 되는 것이다. 결국 오늘날과 같은 인공지능과 사물인터넷이 등장한 제4차 산업혁명시대에는 융합적 사고가 절실하게 된 것이다. 융합이란 다른 사람의 사고와 행동, 이론과 실천, 몸짓과 언어가 의 그것과 연결되고 통합될 때 거기에서 창의력이 발현되고 새로운 것을 발견할 수 있는 가능성을 갖게 된다는 가치체계를 갖는 것이다. 남의 것에 대한 존중, 배려와 연대, 언제 어디서라도 다양한 영역과 통찰을 나눌 때 새로운 것이 나올 수 있다는 것. 융합은 겸손, 사려 깊음, 존중, 차이인식, 차별배제, 잠재력 개발, 창의력 개발 등과 같은 개념을 내포하고 있다. 융합이란 일정한 지점을 향하여 한곳으로 모이는 방향성을 갖고 있는 개념이다.18 융합은 마치 "수소분자 하나가 산소분자 두 개와 붙으면 물이 되듯이 둘 이상의 개체가 하나가 되면서 전혀 새로운 것이 되는 것"을 의미한다.19 융합교육의 핵심은 이것이다. 융합하여 새로운 것을 만들어 낼 수 있는 능력 배양, 이전에는 학문과 학문을 나누어 자신의 학문이 가진 수월성만을 강조하기에 급급했다면 이제는 이질적으로 간주했던 학문, 분야, 실천 등을 연결하고 학자들간 긴밀한 연대를 하는 것이 훨씬 더 인류를 위해 공헌할 수 있다는 것이다.

융합과 통섭의 관계를 한 마디로 요약하자면 신동희가 말한 것처럼, "융합은 창의성을 극대화하려는 하나의 전략"21이며, 통섭은 "여러 학

---

18 이순배, 공명숙, 『글로벌 시대를 위한 융합의 이해』, 22-35.
19 최재천, "통섭은 제대로 된 융합을 위한 철학: 그의 삶은 통섭, 최재천 교수," *The Science Times*, 2017. 08. 18.
20 심광현의 "복합, 통합, 학제 간, 융합"의 상관도. 이순배, 공명숙, 『글로벌시대를 위한 융합의 이해』, 23과 25에서 재인용.
21 신동희, 『스마트 융합과 통섭 3.0』 (서울: 성균관대출판부, 2011), 19.

문의 의미있는 만남을 통해 새로움을 추구하고 옛틀을 탈피하려는 인간의 본질적 욕구"22인 것이다. 그리고 오늘날의 고립되고 파편화된 관념적 지식이 인간 삶에 보다 가까이 다가가기 위해서는 융합적 지식과 통섭적 이해와 접근방법이 필요한 것이 우리의 현실이다.23 그러므로 융합이 선순환적 결과물을 만들어내기 위해서는 원활한 소통이 동반된 통섭의 과정이 절대적으로 필요하며 마을교육공동체 형성을 위해서 이 과정이 필수적이다.

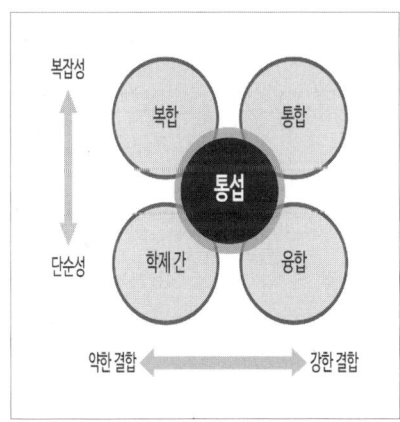 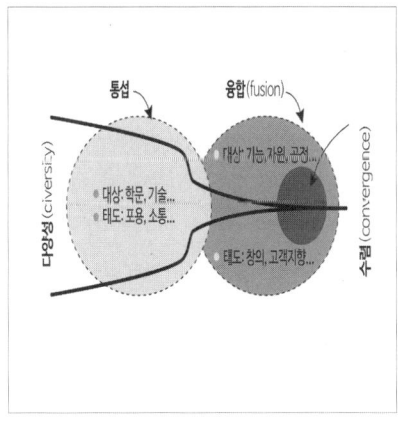

[그림 6-1, 6-2] 네 가지 개념: 융합, 통합, 복합, 학제간의 상관도; 융합과 통섭의 의미도20

3. 융합적 가치를 지향하는 기독교교육학과 미래마인드

기독교교육학은 기본적으로 융합학문이요, 응용학문이며 실천신학이다. 기독교교육학은 교육학이 지니고 있는 사회학적 관심, 인류문화학적 관심, 역사적 관심, 심리학적 관심을 신학적으로 사고하고 성경에 토대를 둔 하나님의 교육(Educatio Dei, 종교개혁정신의 핵심신학)을

---

22 신동희, 『스마트 융합과 통섭 3.0』, 99.
23 신동희, 『스마트 융합과 통섭 3.0』, 197.

지향한다. 그러므로 기독교교육학적 시각으로 삶의 현장에서 하나님이 기뻐하시고 하나님의 피조세계를 위하여 수행하는 기독교교육은 본질적으로 융합의 가치를 지향하는 것이다.

오늘날과 같은 제4차 산업혁명 시대를 살아가는 미래세대를 하나님의 말씀 위에 바로 세우고 성경말씀을 삶의 현장에서 제대로 해석하여 적용할 수 있도록 도와주는 것은 모든 사역자의 책임이요 사명이다. 기독교교육은 신앙인의 정체성 형성에 깊은 관심을 가지며 그가 자라나는 가정의 환경과 부모의 성장에 대하여 관심을 기울이고, 가정이 모여 이루는 교회와 교회학교에 대한 지대한 관심을 갖으며, 무엇보다 교회가 위치한 지역사회 이른바 마을에 대한 관심을 기울인다. 왜냐하면 결국 개인은 가정에서 양육을 받고, 가정은 교회에서 영적 공급을 받으며 교회는 지역사회 속에 존재하기 때문이다. 한 걸음 더 나아가서 지역사회가 모여서 한 나라를 이루며 나라들은 지구촌을 이루어 이 전체 피조세계, 즉 생태계 안에 존재한다. 그러므로 요약적으로 표현하여 가정, 교회, 마을로 진행되는 이 모든 하나님의 피조세계의 건강, 즉 생태계의 건강성이 그 안에 사는 모든 사람들의 건강을 좌지우지 한다. 이 말을 다르게 표현하자면 모든 피조세계는 하나의 거대한 생명망(Web of Life) 안에 들어 있는 것이다.

그러므로 기독교교육학은 사람과 모든 피조물의 생명과 그들의 삶에 대하여 깊은 관심을 갖는다. 그러기에 기독교교육학은 하나님의 뜻을 분별하여 모든 사람들로 하여금 가장 바람직한 삶의 규범을 세우고 삶의 기준을 성경말씀을 통하여 세운다. 그리고 이를 가르치고 지키기 위하여 사람들이 살아나가는 삶의 현장에서 부딪히는 제반 문제들을 현명하게 다루고 해결하게 하기 위하여 그들의 삶의 현상을 연구하는 초학제적 융합학문인 것이다. 기독교교육학이 융합학문일 수밖에 없는 이유는 또 있다. 기독교교육학은 인간의 죄성으로 인한 분열과 차별 그리고 자기중심적인 경향에 대하여 투쟁하고 바로 잡기 위한 신학적 노력을 실천적으로 하는 학문이다. 그러기에 사회의 현상을 연구하고 인류의 다양한 문화특성과 인종을 연구하며, 인간 내부에서 작동하는 다양한 심리와 상호작용을 연구하고, 인류의 역사 속에서 하나님의 말씀으로 잘못된 것은 바로잡고, 실망한 사람에게는 소망을 주고, 편견으로 망가진 자아와 편협한 견해를 가진 사람의 내면을 고쳐주는 역할을 하기 위해서라도 기독교교육학은 융합학문이 되며, 기독교교육적 사유와 실천은 융합적이어야 하는 것이다. 이를 위하여 기독교교육을 수행하는 이들은 통섭의 과정과 수단을 통하여 융합을 하는 학문적 훈련과 실천적 용기와 다양한 생각과 학문과 견해를 포용할 수 있는 자세를 가져야 하는 것이다. 이러한 학문적 관심은 오로지 융합적인 사고방식을 갖고 시대 속에서 가장 적절한 신학적 통찰을 찾는데서만 가능한 것이다.

미래세대를 품기 위해서는 조은하교수가 언급한 다섯 가지 미래 기독교교육의 원칙이 중요하다. 그는 지속가능한 미래교육의 원칙을 다음과 같이 말하였다. 첫째, 지식의 맹목성에 대한 고민이 필요하다. 인간이 추구해야 할 앎의 목적이 무엇이며 교육현장에 가장 먼저 고민하고 사유해야 할 것이 무엇인지를 연구해야 한다는 것이다. 둘째, 올바른 지식의 원칙에 대한 고민을 해야 한다는 것이다. 이는 다양한 학문들이 만들어 놓은 파편적인 지식의 연관관계를 파악하고 지식을 올바른 맥락 속에서 파악하는 원칙을 세워야 한다는 것이다. 셋째, 인간의 조건에 대한 인식을 바로 가져야 한다는 것이다. 아직도 수많은 사람들이 인간 삶의 기본적 조건을 존중받지 못하는 상태에서 인간됨의 조건을 모든 인류에게 적용하는 인간조건 함양에 대한 인식을 가져야 한다는 것이다. 넷째, 지구인으로서의 의식을 가져야 한다. 온 피조세계에서 타민족을 이해하는 인류의식, 생태적 관심과 세계시민으로서의 의식을 가져야 한다는 것이다. 다섯째, 불확실성에 대한 겸손한 인식이다. 인간은 영원토록 불확실한 것에 대한 온전한 인식을 갖기 어렵다는 것이다. 그러므로 상호연관적인 노력을 통하여 자신의 인식과 다른 불확실

성을 파악해 나가는 겸손함과 탐구정신을 가져야 한다는 것이다.24

이러한 인식 위에 하워드 가드너(Howard Gardner)가 주창한 미래마인드, 즉 융합적 통찰을 품을 마음의 공간(space)과 심력(Grit)을 가져야 할 것이다. 일찍이 가드너가 말한 다섯 가지 미래마인드의 내용은 다음과 같다. 첫째, 훈련된 마음이다. 미래세대를 양육하는 이는 줄기찬 훈련과 정보습득과 시대의 주요관심사를 학문적으로 분류하고 분석하며 해석할 수 있는 훈련된 마음을 가지기 위해 노력해야 한다. 둘째, 종합하는 마음이다. 융합적 통찰을 가지려면 먼저 다른 학문의 생각들을 모아 종합적으로 구성하는 마음을 가져야 한다. 객관적 종합의 기술을 가져야 다른 학문의 발견들을 종합적으로 분석하는 능력을 함양해야 한다는 것이다. 셋째, 창조하는 마음이다. 이는 훈련하고 종합한 후에야 가질 수 있는 융합의 결과에 해당하는 것이다. 새로운 차원의 지식과 통찰을 창조하려면 끊임없는 훈련과 종합적 분석이 동반되는 가운데 자신만의 그러나 모든 피조세계에 일반적으로 적용될 수 있는 창조하는 마음을 가져야 한다. 넷째, 존중하는 마음이다. 존중하는 마음은 융합적 사고에 가장 기본적으로 필요한 마음이다. 나의 이론이나 발견에만 치중하지 않고 타인과 타학문이 발견한 것을 존중하며 차이를 인정하고 융합적으로 수용하려는 태도인 것이다. 이 존중하는 마음이 바로 인류의 영원한 적인 전쟁과 미움을 이겨낼 수 있다. 다섯째는 윤리적인 마음이다. 윤리적인 마음은 개인의 이익과 그 이익이 가져다 주는 풍요로움을 윤리적인 마음으로 타인과 나누며 타인과 공동체를 이롭게 하려는 사회적인 차원의 마음이다.25 이 다섯 가지 마음을 지니기 위해 훈련, 종합, 창조, 존중, 윤리의 실천적인 연습을 하면서 공동체

---

24 조은하, "기독교교육과 미래마인드," 『미래시대 미래세대 미래교육』, 김도일 편 (서울: 도서출판 기독한교, 2016), 266-269.
25 Howard Gardner, *Five Minds for the Future*, 김한영 역, 『미래마인드』 (서울: 재인, 2009), 9-14 핵심 내용.

를 세워나가기 위해 노력하는 것이 융합의 가치를 극대화하는 기독교 교육이 되는 것이다. 우리의 미래세대를 성경적으로 바로 세우기 위하여 공동체적으로 노력하고 상호연대하는 것이 우리를 에워싸고 있는 학습생태계를 건강하게 만드는 것이다.

4. 융합의 가치를 적용한 일반 교육학의 교육과정 STEAM의 예

그러면 '우리가 참고할만한 융합적 교육과정의 예가 있는가?'라는 질문을 던질 수 있다. 여기서는 융합의 가치를 적용하여 만들어낸 교육학의 새로운 교육과정, 즉 STEAM에 대하여 간략하게 소개하고자 한다. 사실 이 교육과정은 일반 교육학을 전공하는 이들에게는 전혀 새로운 것이 아닐 수도 있다. 그러나 교회교육, 기독교교육학을 주로 대하는 이들에게는 낯선 것일 수 있다는 가정 하에 이 모델을 소개한다. 사실 지식의 평준화가 이루어지고 있는 제4차 산업혁명시대에는 어떤 과목을 가르치는 것이 더 이상 교육적으로 가치 있는 것이 아닐 수 있다는 것을 우리는 알고 있다. 더욱이 교육 강국 핀란드에서 시도하고 있는 "예습도 복습도 불가능한 수업," 문제해결 중심의 수업은 선생이 학생에게 어떤 과목을 가르치는 교육의 효용성에 대한 의심을 갖게 한다. 물론 이들이 추구하는 교육은 다양한 과목의 내용과 삶의 제반 문제를 융합시켜 진행하는 고차원적인 수업임에는 틀림없어 보인다. 그러나 그러한 지경까지 가기 위해서는 너무 급작스러운 변화는 오히려 혼란을 야기할 가능성이 높을 수도 있다. 그러기에 여기서는 융합적 사고를 적용하여 중고등학교에서 실시하고 있는 이른바 STEAM 교육과정 개발 과정을 소개하려고 한다.

이 교육과정을 개발한 최규성, 김용성, 이수정, 변지성(이하 최규성 외)은 미래과학기술 사회에서는 과학, 기술 소양을 겸비한 융합형 핵심 인재 발굴 및 양성을 위한 학교교육의 근본적인 변화가 시급한 현실임에도 우리나라의 교육은 아직도 융합형 교육이 덜 실현되고 있다는 문제의식을 바탕으로 개발된 교육과정이다. 융합과 통섭 시대에 초·중고등학교의 교육과정을 뒷받침해 줄 수 있는 기술-학문 분야를 초월한 초학제적 교육과정을 통한 선도 인재 양성을 위해 개발된 교육과정이라고 최규성 외는 언급하고 있다. 그리하여 과학, 수학, 기술, 공학의 융합을 시도하고 여기에 예술의 융합적 소양을 염두에 둔 교수구조(frame of teaching)의 개발을 시도한 것이다. 여태까지 우리의 교육은 입시위주의 경쟁적 문제 풀이식 교육에 머물러 왔던 것이 사실이다. 이를 극복하려는 시도가 바로 STEAM이다. 과학(Science), 기술(Technology), 공학(Engineering), 예술(Art), 수학(Mathmatics)의 다섯 가지 영역을 융합적으로 묶고 새로운 교육적 결과를 창조하여 새로운 교육적 목표를 향해 나가는 학문적 여정이다.26 이 융합적 연구를 통하여 최규성 외는 학생 간의 차이를 고려하지 못하고 우수학생 중심으로 전개되던 이전의 수학교육과 탐구활동 기회나 논리적 사고를 촉진하는 기회를 많이 갖지 못하던 기존 교육과정에 대한 철저한 반성으로 이 연구를 수행한 것으로 보인다. 이들이 이 연구를 수행하던 연구방법 구조와 과정은 다음과 같다.

　이미 외국에서는 활성화된 과학, 기술, 공학, 수학 융합 교육과정을 담은 문헌과 각종 자료를 분석하는 공동연구자들은 팀을 꾸려 연구를 수행하면서 현장의 교사와 면담을 진행하면서 각 분야의 전문가들의 견해를 청취하면서 STEAM 교육과정을 만들어 간 것이다. 제 학문 분야가 세분화되어 있는 현 상황에서 이러한 작업은 실제 쉬운 일은 아니다. 그러나 그들은 이제 융합적 핵심 인재를 만들기 위하여 교육과정 개발의 과정에서 이러한 작업을 반드시 수행해야 한다는 책임감을 갖고

---

26 최규성, 김용성, 이수정, 변지성, "STEAM 교육 활성화 방안 연구," 경상남도교육청 과학직업교육과, 경남대학교 산학협력, 2012.: 1-76.

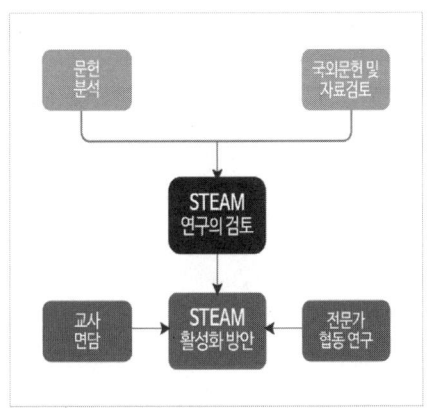

[그림 7] STEAM 개발 연구 구조도[27]

이 일을 진행한 것으로 보인다. 이는 미국 버지니아대학의 조지트 야크맨(Georgette Yakman)교수가 이전에 존재했던 STEM에 예술 분야를 통섭하여 융합적 작품을 만든 것이었다. 이 교수구조를 어떻게 만들게 되었는지에 대한 자세한 설명을 유투브에 소개한 바가 있다. 그는 자신의 할아버지가 삶의 현장에서 자신의 어머니를 자연 속에서 삶의 다양한 현장에서 교육하는 것을 보면서 얻은 통찰을 기반으로 하여 개발한 교육모델이었다. 자신의 할아버지는 자폐증을 갖고 있으면서 치매를 앓고 있던 할머니 사이에서 자신의 자녀, 즉 야크맨의 어머니를 비롯한 자녀들을 교육하기 위한 현장지향적인 교육을 수행하였다고 증언한다.[28] 야크맨교수의 관찰과 학습경험은 그로 하여금 과학, 수학, 공학, 기술에 손과 몸으로 직접 경험하는 예술적 작업을 더하여 나오게 된 교육과정이었다. 그가 소개한 STEAM 피라미드는 다음과 같은 이미지로 표현되었다.

---

27 최규성, 김용성, 이수정, 변지성, "STEAM 교육 활성화 방안 연구," 10.
28 www.youtube.com/watch?v=QtjuALN4qrw. 2017. 08. 17. 접속. 그는 영상에서 STEAM이 새로운 교육과정(curriculum)이라기보다는 오히려 교수 구조(frame of teaching)에 가깝다고 밝혔다.

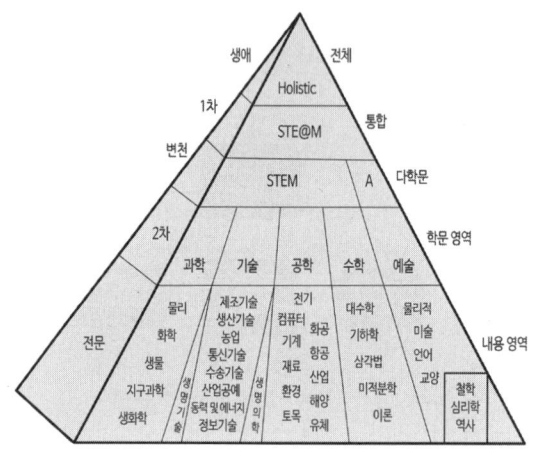

[그림 8] 야크맨(Georgette Yakman)의 STEAM 피라미드[29]

야크맨은 자신의 공학 수업에서 학생들로 하여금 어떻게 하면 그들이 전인적인 학습을 할 수 있을지를 고민하다가 자신의 할아버지로부터 배운 삶의 현장에서 학습장애를 가진 자신의 자녀들을 의미와 흥미를 겸한 교육을 활발하게 했던 교육철학을 도입하게 된 것이다. 그는 책에서 배울 수 있는 이론적 수업과 현장에서 배울 수 있는 경험을 심미적인 접근으로 승화시켜 급기야 STEAM이라는 교육과정을 개발하게 된 것이다.

최규성 외는 STEAM을 한국교육의 현장에서 적용하기 위한 STEAM 교육프로그램 개념 모형을 아래와 같이 소개하면서 주제와 문제와 설계를 단계별로 소개하였다. 주제를 가르치는 부분에서는 탐구 프로젝트 활동을 하고, 문제부분에서는 문제해결활동을 하게하고, 설

---

[29] www.STEAM Pyramid. 2017. 08. 17. 접속. 다시 그린 번역본 www.google.co.kr/search?q=스팀+피라미드 2017. 09. 13. 접속.

계부분에서는 창의적 공학설계 활동을 수행하게 한다는 것이다.30 최규성 외는 교과와 교과가 연결되면서 교과의 벽이 허물어지고 기능적 통합만이 아닌 융합적이고 간학문적, 다학문적, 탈학문적인 통섭과정을 거쳐 진정한 융합이 일어나 새로운 지식을 창출이 일어날 것을 기대하였다.31 물론 이러한 교육과정을 통하여 진정한 융합적 학습과 실천이 교육현장에서 이루어지는 것은 소망과 기대만큼 쉽게 일어나기는 쉽지 않을 것이다. 그런데도 이론과 실천이 하나로 묶여지고 소통하고 연결되어 새로운 학습의 장이 열리는 길이 올 수 있으리라 본다. 여기까지가 STEAM 개발의 과정이다.32

III. 기독교교육학과 예술적 상상력이 만난다면 어떤 일이 일어날 것인가?

1. 기독교교육과 예술적 상상력의 만남

기독교교육 분야에서도 위에서 언급한 야크맨과 같은 시도가 전혀 새로운 것은 아니다. 일찍이 마리아 해리스(Maria Harris)는 자신을 지도하였던 매리 털리(Mary Tully)가 종교교육 수업에서 학생들을 데리고 도자기를 빚는 공방으로 인도하여 실제로 사람을 빚어내는 하나님의 마음을 경험하게 하면서 종교교육과 양육에서 "빚어냄의 신비"를 경

---

30 최규성, 김용성, 이수정, 변지성, "STEAM 교육 활성화 방안 연구," 21.
31 최규성, 김용성, 이수정, 변지성, "STEAM 교육 활성화 방안 연구," 31.
32 권난주, "융합시대, 과학적 창의성과 예술적 감성을 위한 과학예술 융합교육 프로그램 개발 연구" 2014. 04. 30. 미래창조과학부. 이 연구는 2012. 05. 01.—2014. 04. 30. 사이에 수행된 경인교육대학교의 연구이며, STEAM을 적용한 프로그램개발을 목표로 하였으며, 초등학생들의 과학적 성취도와 다양성, 창의성, 리더십 함양을 위한 과학예술프로그램을 제안한 흥미로운 연구이다.

험하게 하는 수업을 소개한 바 있다.33 해리스는 가르침에서 종교적 상
상력은 말이나 글로만 창출되는 것이 아니라 실제 손과 몸을 움직여 직
접 경험하는 가운데에서 나오는 것이며 모든 피조물을 있게도 하시고
없게도 하시며 새로운 존재로 재창조해 주시는 성령의 역사를 고대하
며 가르침과 학습의 전과정에서 최선을 다할 때 선물로 주어진다고 역
설한 바 있다. 이러한 경험중심의 교육은 문헌에서 볼수 있는 정교한
이론이 실제 경험으로 승화되면서 체화되고 성육신화(Incarnation)되
는 것이다.34

　[그림 9]은 다양한 삶의 자리에서 신음하고 살아내기 위하여 애를
쓰는 하나님의 사람들이 신음하는 소리를 침묵가운데서 경청하고 그들
이 처한 정치적 상황을 냉정하게 분석하는 가운데 아픔의 상처가운데
있는 이들을 애도하고 함께 울며 위로하면서 그들과 같이 연대하여 새
로운 삶에로의 도약을 위해 재형성의 여정을 같이 걸어가는 중에 위로
부터 허락하시는 새로운 탄생을 기쁨을 함께 나누며 하나님을 찬양하
는 지경에까지 이르게 된다. 이것이 해리스가 역설하는 재창조의 패러
다임이다. 그러나 이 재창조의 열매는 결코 쉽게 얻어지는 것이 아니다.

　[그림 10]에서 보는 것처럼 재창조라는 길고도 고통스러운 과정을
통과하는 당사자들을 명상과 기도 등을 통한 영적 "보살핌"의 단계가
필수적이며 이 때 보살피는 교사와 학생 모두가 창조주 앞에서 공히 연
약한 존재이기에 하나님의 보살핌을 받아야 한다는 것이다. 그리고 교

---

33 Maria Harris, *Teaching and Religious Imagination*, 김도일 역, 『가르침과 종교적 상상력』(서울: 한국장로교출판사, 2003) 서문 참고. 해리스는 매리 털리(유니온신학교)와 드웨인 휴브너(컬럼비아대학교)의 지도로 "종교교육 재정의에 있어 심미학적 차원에 관한 연구"(The Aesthetic Dimension in Redefining Religious Education)이라는 제하의 논문을 쓴바 있다.
34 Maria Harris, 김도일 역,『가르침과 종교적 상상력』, 151, 222의 도표와 설명을 참고하라. 2003년에 해리스의 책을 번역하면서는 성육신화라는 용어보다는 육화라는 단어로 번역한 바 있다.

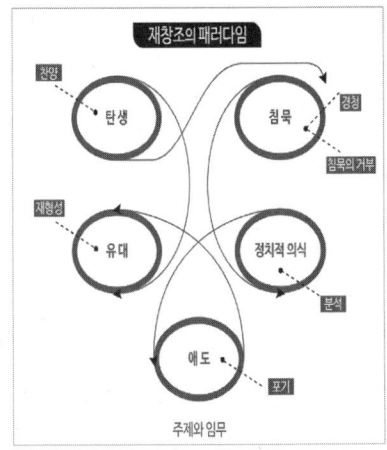

[그림 9] 재창조의 패러다임   [그림 10] 종교적 상상력의 실천도

사는 마치 춤의 초대에 응하듯이 하나님이 베푸시는 상상력의 세계로의 초대에 응해야 한다. 그것이 바로 명상, 참여, 형태부여, 출현, 해제와 같은 단계를 지속적으로 인내를 갖고 밟아야 한다.35 바로 이것이 융합적 가르침에서 종교 예술적 상상력으로 인도하는 "리듬"을 타는 것이다. 그런 후 시낭송과 드라마와 역할극 등을 통하여 상상력의 형태를 잡아가야 한다. 물론 이러한 과정 속에서 삶의 제반 상황에서 야기되는 문제를 초월하여 "여유"를 갖고 닥칠 수 있는 "위험을 감수"하는 용기를 가져야 할 것이다.36 "보살피기-단계 밟기-형태 부여-여유 갖기-위험 감수하기"라는 상상력으로의 초대가 바로 기독교교육학이 예술적 상상력과 만났을 때 우리가 미리 예상하여 준비할 수 있는 재창조를 위한 과정이다.

　기독교교육학에서 예술을 이야기한 대표적인 학자중 하나는 사라 리틀(Sara Little)이다. 사라 리틀은 그의 저서 『기독교교육 교수방법론』

---

35 Maria Harris, 김도일 역, 『가르침과 종교적 상상력』, 226 이후를 참고하라.
36 Maria Harris, 김도일 역, 『가르침과 종교적 상상력』, 238-247.

에서 다섯 가지의 교수방법론 중 '간접적 의사소통방법'은 예술과 교육이 융합된 교육방법을 잘 보여 주고 있다. 예술과 교육이 만난다는 것은 예술로 교육하는 것, 예술의 방법으로 교육하는 것, 예술의 가치로 교육하는 것 등을 이야기 할 것이다. 이러한 세 가지의 관점에서 본다면 교육현장에서의 교육의 목표, 교수-학습과정, 교육내용 등에 전반적인 변화가 올 것이며 교육의 층위(layer)는 더욱 다양해 질 것이다.

	전통적 기독교교육	융합적 기독교교육 (예술과 과학과 융합)
교육 구조	교사는 가르치는 자 학생은 배우는 자	학생은 배움을 창출하는 자 교사는 배움을 위한 안무가
교육 내용	이미 만들어진 교육내용	촉진(facilitation)을 통한 경험적 지식과 창의적 응용을 통한 앎과 삶의 결합
교육 공간	고정되어진 학습공간과 책상과 걸상	유연한 공간창출이 가능한 학습공간
교수 방법	교수자중심의 강의, 토론 등	학습자중심의 거꾸로 수업, 체험교육, 오감교육, 노작교육 등

〈표 4〉 전통적 기독교교육 대(對) 융합적 기독교교육 패러다임

융합적 기독교교육은 학생과 교사의 역할을 구조적으로 고착화시키지 않고, 다양한 학생의 창의성과 경험적 지식을 제한할 가능성을 가진 교육 내용을 고집하지 않으며, 심지어는 학습이 일어나는 교육 공간을 고정시키지 않으며 유연하고 다양한 학습경험이 창출되는 공간창출을 추구한다. 또 교수자 중심의 강의나 토론에 매이지 않고 교사와 학생이 역할을 수시로 바꾸어 학습하고 오감을 자극함으로 개인적이고 공동체적인 체험 중심의 교수 방법을 채택함으로써 창발적 아이디어가 생성되며 특히 시종일관 함께 하시는 성령의 역사하심에 대한 기대와 열린 자세를 견지하는 데에 도움이 된다. 이에 위의 표에서 이야기한 기독교교육과 예술과 과학의 융합을 보여 주는 교육의 현장을 살펴보자.

융합 이야기 1

예술과 영성의 융합: 예배당도 우리 손으로, 예배는 모두 다 둥글게 앉아 하나님께

[그림 11] 춘천 거두리교회의 예배실 구조와 예배 방식

[그림 11]의 춘천 거두리교회는 직접 디자인하고 목공을 해서 만든 예배당에서 둥글게 앉아서 예배를 드린다. 보통 십자가를 보고 한 줄로 앉고 설교자가 혼자 회중을 바라보지만 이러한 구조의 예배에서는 거점이 되는 자리가 없고 모두가 참여자이다. 혼자 이야기하거나 진행하지 않고 함께 참여하는 기회를 더 높인다. 이는 교육환경의 융합이며 유연성을 보여 주는 좋은 예라고 볼 수 있다.

융합 이야기 2

교육과 과학의 만남: 책걸상을 바꾸니 모임 속에서 이야기와 활동이 술술

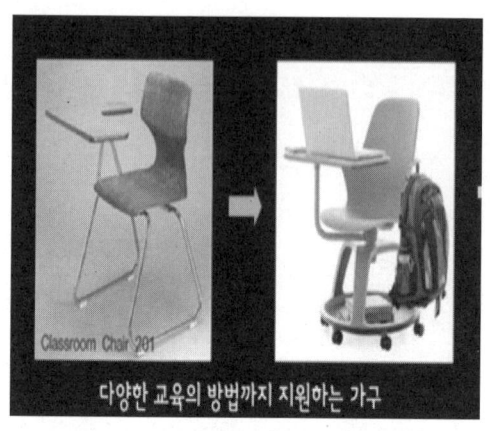

[그림 12] 삼천포초등학교의 책걸상

[그림 12]의 책걸상은 삼천포 초등학교에서 융합-창의 교실을 만들면서 도입한 의자이다. 이 의자 사용 후 학습자는 고정으로 앉아 있는 것이 아니라 쉽게 이동하여 모임 속에서 활동할 수 있게 되고 이러한 학습공간의 유연함은 학습자가 참여하는 수업을 즐겁게 하는 것이다. 학습공간에 학습자의 공간 활동에 대한 과학적 원리가 만나니 학습자의 교육적 참여뿐 아니라 교육의 효율성까지도 높아질 수 있는 것을 볼 수 있다.

기독교교육의 환경도 이처럼 유연하게 재조정할 수 있겠다. 일직선 구조에서 다양한 동선구조로, 고정구조에서 동적구조로의 변화를 자유롭게 추구할 수 있겠다. 바로 이러한 경우가 교육과 예술과 과학의 융합의 실례라 볼 수 있다. 이러한 바와 같이 과학과 예술과 영성의 융합은 단순히 교육내용이나 교육방법에서만 일어나는 것이 아니라 교육에 관한 철학에서부터 근본적인 패러다임의 전환을 가지고 오는 새로운 교육실체를 창조하는 것이다. 또 융합교육은 교재를 구성하는데 있어서도 중요한 원리로 작용할 수 있다.

융합 이야기 3

기독교교육과 미술적 상상력과의 융합: 자연과 인간의 조화

기독교교육학자이며 한국화가인 전영미는 경쟁과 쉼 없는 분주함과 피로에 찌든 현대인들, 특히 지나친 성과위주의 삶에 허덕이는 미래세대를 생각하며 그들을 보살피고, 기도와 명상과 사유를 통하여 재창조의 선물을 향유케 할 예술적 상상력을 [그림 13]과 [그림 14]로 극대화하였다. 먀샬 맥루한(Herbert Marshall MacLuhan)의 일성처럼 "매체가 곧 메시지"(내용을 미디어에 실어 전달할 때 매체 자체가 메시지가 된다는 의미)라는 점을 시각화하여 보여 준 좋은 예가 바로 전영미의 작품이다. 전영미는 마이클 리(Michael Lee)가 말한바 오늘날의 기독교교육은 인지적인 전달에 멈추기보다는 살아있는 경험을 전달해야 하며,[37] 로날드 사르노(Ronald Sarno)가 주장한 것처럼 이 시대의 진정한 기독교교육은 "과거로부터 전해진 메시지를 후대에 전달하는 것 이상이어

---

[37] James Michael Lee, *The Flow of Religious Instruction* (Birmingham, AL: Religious Education Press, 1973), 239. 전영미, "종교교육에서 커뮤니케이션에 관한 연구," 「기독교교육논총」, 제21집, 365-388. 374-375에서 재인용.

야 하며 그러한 과제는 학습자의 인지적, 정서적, 환경적 그리고 행동적 측면을 포괄하는 총체적 커뮤니케이션을 통해 이루어질 수 있다"는 것이다[38] [그림 13, 14]는 말과 글로는 도저히 전달할 수 없는 쌍방적 체험과 소통 그리고 역사적, 문화적 공감 능력까지를 배양하는 기독교 교육적 영감을 준다. 이것이 바로 융합의 가치가 극대화되는 실례라고 하겠다.

융합 이야기 4

손석희의 뉴스룸 앵커브리핑에서 벌어지는 융합의 아름다움: 뉴스가 예술이 되다

손석희는 방송인으로서 정직하고 진정성 있는 통섭(미디어와 철학과 음악과 심리학과 역사관)을 통한 진정인 융합의 본을 보여 주었다. 철저하고 치열하며 지속적인 몰입(immersion)은 창의성을 구현해 주며 사람의 마음을 산다. 그리고 때로는 나라를 구하기도 한다. 그냥 지나칠 뻔한 일상의 뉴스거리도 그의 생각과 노력의 손을 거치면 의미 있는 이야기가 되고 무게 있고 철학이 있는 예술이 된다. 예컨대 차범근의 고백은 손석희의 통섭을 거쳐 많은 비겁했던 우리들의 심리, 용기 없음과 행동의 결핍을 융합시켜 다시는 비겁함을 되풀이하지 않으리라는 결단을 낳았다. 손석희는 반복과 몰입을 연습한 결과 창발적 시각이 일상이 되는 경지를 개척했다. 무엇보다 그는 융합의 핵심이 "협업, 연대, 소통"임을 잘 알고 실천한 것으로 보인다. 함께 하는 기자들을 존중하고 같이 정보와 열정을 나누고 협동하여 연대하고 끊임없이 소통하는 열

---

[38] Ronald Sarno, *Using Media in Religious Education* (Birmingham, AL: Religious Education Press, 1987), 3. 전영미, "종교교육에서 커뮤니케이션에 관한 연구," 376-377에서 재인용.

[그림 15] 손석희의 뉴스룸 앵커브리핑: 뉴스가 예술로 승화되다

린 대화를 실천하는 것으로 판단된다.39 손석희의 융합적 사고와 행동은 기독교교육의 현장에서도 얼마든지 적용할 수 있는 통찰을 담고 있다고 본다. "미치도록 행복한 직업인"으로서 몰입의 대가가 될 때 창의성이 개발되고 자신의 분야에서 장인과 대가가 될 수 있다는 원리는 교회안팎에서 공히 통한다.40 사명으로 수행하는 일이 매우 중요하나 한 걸음 더 나아가서 기쁘고 즐거워서 자기 일을 사랑하기에 몰입하여 자신이 몸 안에 있는지 밖에 있는지 구분이 안 될 정도로 열심히 일을 하는 것이 더 높은 효과를 낼 수 있다. 몰입을 통하여 어떤 일에 전문가가 되고 그 전문가 됨의 과정에는 반드시 융합정신, 협동정신, 소통, 열린 마음, 존중하는 미래마인드가 있기 마련이다. 창의성은 위로부터 저절로 떨어지는 열매가 아니라 철저한 통섭, 반복적 학습, 몰입의 산물, 즉 융합의 최종 결과물이 내게로 흘러온 것이기 때문이다.41

---

39 손석희, 유투브/ JTBC 뉴스룸 앵거브리핑, 차범근 편, "나도 많이 비겁했다." 2017. 09. 05.
40 Mihaly Csikszentmihaly, *Flow: The Psychology of Optimal Experience*, 최인수 역, 『몰입: 미치도록 행복한 나를 만나다』 (서울: 한울림, 2010), 7장 및 전체 핵심.
41 칙센트미하이의 『몰입: 미치도록 행복한 나를 만나다』에 나오는 용어가 Flow라는 점은

이처럼 융합은 초학제간 통섭의 가치를 극대화시킨다. 그러나 최민자가 말한 것처럼 무엇보다 제대로 된 융합을 위한 진정한 통섭은 "이성과 영성의 조화"이다.42 그 구체적인 예가 바로 이미 장로회신학대학교 기독교교육연구원에서 개발되어 사용되고 있는 '해피투게더'이다.

2. 마을 속에서 가정과 교회를 연계한 기독교교육연구원의 교재 '해피투게더'에 대한 재조명

전술한 바 있으나, '해투'로 불리는 이 교육과정은 융합적 사고를 적용한 것으로서 가정과 교회가 연대하여 미래세대를 교육하기 위하여 개발된 융합교육의 기독교교육적 산물이며 가정, 교회, 마을을 엮어주는 매우 효과적인 교재이기 조금 더 자세히 설명하고자 한다. 해투는 미래교회, 미래목회, 미래교육을 위한 교회교육의 방향을 설정해 주고 점점 더 어려워져 가는 기독교교육의 현장에 주는 중요한 해결책 중의 하나이다. 해투는 몇 가지 바람직한 강조점을 갖고 있다. 첫째, 신앙교육의 주체가 교회에서 가정으로 바뀌어야 함을 강조한 교재이다. 둘째, 부모는 더 이상 교육의 대상이 아니라 교육의 참여자요, 교육의 동역자라는 점을 강조한 교재이다. 셋째, 교회는 가정을 지원하는 신앙교육의 센터 역할을 감당해야 한다. 넷째, 교회는 이제 가정을 돕고 지원하여

우리로 하여금 융합, 몰입, 연대의 과정을 거쳐 결국 나로부터 시작되어 다른 이에게까지 흘러가는 선물임을 일깨워준다. 융합적 사고는 발산적 사고와 대비되는 것으로 새로운 것을 발견하고 만들어내는 창의성을 위해서는 융합적 사고가 필요하다고 길포드(J. P. Guilford)의 생각을 가져와 박은숙도 강조한 바 있다. 박은숙, 『창의성 계발과 기독교교육』 (서울: 교육과학사, 2017), 13. 결국 창의성이란 이질적인 정보들을 융합하고 통합하여 문제에 대한 해결책을 강구하고 새로운 무언가를 만들어 내는 능력이라고 볼 수 있다. 이를 위하여 기초지식과 몰입과 마음의 여유와 유연성은 필수적이다. Makoto Takahashi 편저, The Bible of Creativity, 조경덕 역, 『창조력 사전』 (서울: 매일경제신문사, 2003), 35, 41을 참고하라.
42 신동희, 『스마트 융합과 통섭 3.0』, 263.

미래세대의 신앙생활을 교회와 가정을 분리하기 보다는 가정과 교회가 연대하여 신앙공동체로서의 역할을 해야 한다. 다섯째, 해투는 교회 내의 전세대가 함께 할 수 있는 공통주제를 갖고 미래세대를 교육할 수 있도록 지원하는 교재이다. 여섯째, 해투는 미래세대와 부모로 하여금 세상 속에서 제자직과 시민직이라는 두 주제, 즉 신앙의 개인적 측면과 사회적 측면을 동시에 강조하는 신학적 토대를 갖는 교재이다. 일곱째, 교회는 성인중심의 목회에서 미래세대까지를 아우르는 전세대 교육목회 체제로 전환해야 하며 해투는 이를 구체적으로 돕는 교재이다. 여덟째, 해투는 한국의 전체적인 상황과 도전을 인지하면서 크고 작은 교회와 대도시와 소도시를 포함한 지역에 존재하는 중대형교회에서 활용할 수 있는 교재이다.[43]

해피부게더는 가정에서 부모와 자녀들이 함께 활용할 수 있는 패밀리투게더와 교회에서 전세대가 함께 활용하여 예배와 미디어프로덕션을 활용할 수 있도록 도와주는 올투게더 그리고 아동과 청소년들을 위한 키즈투게더를 개발하여 36개월 동안 활용할 수 있는 융합적 교재이다. 이 교재가 왜 융합적인가? 왜냐하면 이 해피투게더야말로 사회적, 역사적, 심리적, 교육적 필요를 다각적으로 파악하고 각 학문이 가진 기독교교육적 특성을 융합적으로 연구하여 성경적이고 신학적인 응답을 한 교재이기 때문이다. 삶 속에서 전개되는 주제와 관련된 이야기를 활동극의 형태로 개발하였고 각 주제를 반복적으로 되새김질 할 수 있는 찬양을 개발하였으며 전세대가 함께 모여 교회에서 예배를 통하여 가정과 교회가 동일한 주제를 배우고 실천할 수 있게 하는 설교와 분반공부와 가정예배를 위한 자료가 제공되어 있기 때문이다. 어쩌면 해피투게더야말로 위에서 소개한 STEAM보다 더 전인적이고 홀리스틱한

---

43 기독교교육연구원,『교회와 가정을 연계하는 교육목회 기본 지침서』(서울: 장로회신학대학교 기독교교육연구원, 2009), 5-12.

교재로 사용될 수 있는 잠재력을 갖고 있다고 볼 수도 있겠다.[44]

　36개월, 즉 3년 동안 가정과 교회가 함께 공부할 수 있는 교재의 내용은 예수를 잘 믿게 하는 제자직에 관한 주제와 시민으로서 건강하게 사회에 기여할 수 있게 실제적으로 도움을 주는 시민직에 관한 주제를 아우르고 있다. 이뿐만 아니라 전세계의 모든 교회가 함께 지키는 교회력을 적절히 배치하여 세계 속의 교인으로서 본인이 속한 교회뿐만 아니라 세계에 흩어져 있는 보편적 교회에서 함께 지킬 수 있는 주제를 담았다. 그뿐만이 아니다. 마치 STEAM이 과학, 기술, 공학, 예술, 수학을 융합적으로 서로 연결하고 학문의 벽을 허물어 상호간에 배울 수 있는 계기를 마련하여 어떤 특정한 과목의 문제만을 잘 풀고 자신의 종합적이고 전인적인 가능성과 잠재력을 개발하는 데에 일조한 것처럼, 해피투게더는 그러기에 사회학적, 역사적, 심리학적, 교육학적 그리고 무엇보다 성경에 온전히 터하였고, 신학적으로도 균형 잡힌 구조와 실천적 제안을 담고 있다고 평가할 수 있겠다. 가정과 교회는 상호간 연계하여 미래세대의 신앙교육이 따로 따로 이루어지던지 아니면 아예 끊어져버리는 일이 없어야 하겠다. 이런 면에서 해피투게더는 단절, 위험, 불확실성 등이 현존하는 오늘의 사회에서 꼭 필요한 융합신앙교육, 가정과 교회가 함께 건강해지는 바람직한 신앙공동체, 하나님이 기뻐하시고 미래세대를 살리는 신앙교육의 좋은 예라고 평가된다. 한 사람의 자녀가 교회에서 공적으로 받을 수 있는 신앙교육의 연중 평균시간은 겨우 50여 시간밖에 되지 않으나 대부분의 자녀는 가정에서 부모와 함께 지내는 시간의 평균은 거의 3,000시간이 되는 현실을 고려할 때 가정과 교회가 힘을 합쳐 온 교우가 동참하는 전세대 융합교육과정인 해피투게더는 기독교교육계의 STEAM과 같은 저력을 가진 교육과정이

---

[44] 가정예배를 구체적으로 점검하고 살리는 길을 모색한 다음의 책을 참고하라. 신형섭, 『가정예배 건축학』 (서울: 장로회신학대학교출판부, 2017). 신형섭은 이 책에서 가정예배를 진단하고 다시 세우는 매뉴얼을 제공하였다.

라고 볼 수 있겠다.

    그러나 해투가 가진 약점도 있다. 2009년에 처음 개발된 해투는 가정과 교회, 즉 장의 연계를 시도하였다. 그러나 이 교재의 주요관심은 아직 가정과 교회에 주된 관심을 갖고 있었고 마을로 나아가는 장의 확대, 즉 선교적 교회론의 도입은 아직 이루어지지 않았었다. 그러므로 해투는 이제 새롭게 확장, 개발될 필요가 있다고 본다. 이러한 장의 문제보다도 더 심각한 문제점은 해투가 가진 복잡성이다. 해투를 지역교회에서 활용하기 위해서는 좀 더 간략한 구조와 적용 과정을 고려해야 할 것이다. 기독교교육적 공부와 훈련이 많지 않은 목회자가 교우가 많지 않은 작은 교회에서 해투를 활용하여 팸투, 키투, 올투(Family, Kid, All Together)와 같은 가정, 자녀, 전세대 프로그램을 적절히 활용하는 것은 고도의 활용능력과 창의성을 필요로 하기 때문이다. 원래 좋은 프로그램은 사용하기 쉽고 편리한 간단성을 갖춘 프로그램이기 때문이다. 이러한 두 가지 약점들을 보완한다면 해투는 노스포인트교회의 252 Basics에 못지않은 교재로 활용될 가능성이 충분하다고 평가할 수 있겠다.

IV. 가정, 교회, 마을을 연계한 융합적 마을교육공동체

    필자는 해피투게더가 가진 가정과 교회를 연계하는 교육과정적 장점은 매우 많으나 여기에 지역공동체로 나아가는 기독교교육이 되어야 한다는 차원에서 볼 때 한 가지 부족한 점이 있음을 지적한 바 있다.

    유리 브론펜브레너(Urie Bronfenbrenner)는 사회 심리학자로서 자신의 글에서 한 사람이 양육되기 위하여 네 가지 중요한 생태적 체계가 필요하다고 역설한 바 있다. 마이크로시스템(Microsystem: 미시체계), 메소시스템(Mesosystem: 중간체계), 엑소시스템(Exosystem: 외체계), 매크로시스템(Macrosystem: 거시체계) 이상 네 가지이다. 이 중에서 부모의 영향은 마이크로시스템 그리고 엑소시스템과 긴밀한 연관을 갖는다. 마이크로시스템은 한 개인의 전체 생태시스템에서 가장 밀접한 영역으로 가족, 학교, 또래친구 등이 여기에 속한다. 중간체계와 외체계는 미래세대에게 직접적인 영향을 주는 가장 가까운 영역은 아니지만, 성장하는 개인에 영향을 주거나 영향을 받는 영역이며 또 그 개인을 포함한 환경에서 발생하는 사건이 발생하는 영역이다. 미시체계의 관점에서 부모와의 관계는 자녀들에게 결정적인 영향을 끼치고 자녀가 점점 더 자라가면서 중체계, 외체계, 거시체계는 미래세대의 개인적 인격형성과 사회적 관계형성에 광범위한 영향을 미치게 된다.45 본서의 1장에서 소개한 브론펜브레너의 생태체계표는 한 자녀가 사회적 시스템의 영향을 받는 생태계를 잘 보여 주었다.

[그림 16]에서 볼 수 있는 것처럼, 해피투게더는 교회력과 절기를 맞춘 제자직에 중심을 두었으며, 윤리적, 시대적, 발달적 차원을 고려한 덕목(성품)을 고려한 시민직 관련 주제도 적절하게 조화시켰다고 본다. 그러나 이 해피투게더를 마을생태계라는 생태계시스템을 인지하는 가운데 활용하는 것은 매우 중요하다. 오늘날 한 아이가 잘 자라나 교회와 사회에 기여하게 하려면 온 마을 사람의 노력과 사랑이 필요하다는 말은 이제 흔한 구호가 되어 버렸다. 그러나 실제 이 금언은 필수적인 생태적 환경이 되며, 그 어느 누구도 사회, 즉 마을이 없이 혼자서 자라난 사람은 없다. 결국 한 사람의 건강한 신앙인이 만들어지려면 가정, 교회, 마을(이후 가교마)의 연계적 노력이 반드시 필요한 것이다. 그러기에 가교마적 인지와 융합적 노력의 필요성은 아무리 강조해도 지나침이 없다고 본다. 해피투게더가 가정과 교회의 연계를 마을을 인지

---

45 Urie Bronfenbrenner, "Ecological Models of Human Development," *Readings on the Development of Children*, 1994, 2(1), 37-43 핵심내용 요약.

	희망	질서	겸손	기쁨	사랑(가족)	책임	공동체(하나됨)	절제	믿음	감사	긍휼	평화
1기	희망은 하나님 안에서, 하나님의 뜻이 이루어지기를 간절히 기대하는 것이다.	질서는 하나님의 명령이 언제 어디서나 다른 사람과 조화를 이루기 위해 지켜야 할 순서나 차례이다.	겸손은 하나님 앞에서 내 죄를 깨닫고, 그리스도를 본받아 자기를 낮추어 드리려 하는 태도나 자세이다.	기쁨은 예수님의 부활을 믿는 우리가, 하나님이 주시는 구원으로 매일매일 새롭게 누리는 즐거움이다.	사랑은 하나님이 주신 가족과 이웃을 아끼고 소중히 여기는 마음과 표현이다.	책임은 하나님의 말씀에 적극적으로 응답하고, 자연, 이웃, 공동체를 세우기 위해 주어진 의무를 다하는 것이다.	공동체는 예수 그리스도를 고백하며 하나님 안에서 하나 되어, 함께 예배하고 서로 돌보는 한 가족이다.	절제는 하나님 뜻대로 살아가도록 나를 지키는 방법으로, 그리스도인의 훈련이자 참된 삶의 태도이다.	믿음은 부르심에 응답하는 자세가 주시는 하나님의 선물로서 하나님을 구원자로 인정하고 마음을 하나님께 표현하는 것이다.	감사는 하나님이 베풀어 주신 은혜를 알고 고마움을 느끼며, 선물로서 하나님을 나의 구원자로 인정하는 것이다.	긍휼은 하나님이 나를 불쌍히 여겨 사랑하고 용서하신 것처럼 나도 다른 사람을 돕는 것이다.	평화는 예수님을 통하여 하나님과, 자기 자신과 이웃과 그리고 공동체와 올바른 관계를 맺는 것이다.
	예배	용서	하나님의 사랑	구원(복음)	존중	다양성	말씀	쉼(여가)	선교	나눔	청지기	약속
2기	하나님과의 만남이며 하나님을 높이고 하나님이 기뻐하시는 삶을 사는 것이다.	용서는 하나님이 나에게 하신 것처럼 다른 사람의 잘못을 덮어주고 화해하는 것이다.	하나님의 사랑은 죄 때문에 죽을 수 밖에 없는 우리를 위해, 하나 뿐인 아들, 예수님을 내어주신 최고의 사랑이다.	구원은 하나님이 우리를 사랑하사 죄와 죽음의 의의 우리를 예수님을 통해 구하신 것이다.	겸손한 마음으로 하나님을 높이고 다른 사람을 귀하게 대하는 것이다.	다양성은 생각과 모습이 다른 우리가 하나님 안에서 서로 인정하고 받아들이는 것이다.	말씀은 우리를 향한 하나님의 음성이며 하나님이 사랑으로 이끄시는 하나님의 이야기이다.	쉼은 먹고 즐기는 것이 아니라 하나님 안에서 기뻐하며 마음이 회복되는 것이다.	선교는 예수님의 명령을 따라 가족, 친구, 이웃, 모든 사람에게 예수님을 전하는 것이다.	나눔은 예수님처럼 주신 모든 것에 감사하며, 어려운 이웃을 돌보고 베푸는 것이다.	청지기는 하나님이 나를 맡기신 시간, 소유, 교회, 세상을 충실히 관리하며 사는 것이다.	약속은 우리를 구원하기 위해 예수님을 보내신 하나님의 뜻을 믿을 때, 이루어지는 것이다.
	꿈(Vision)	특별함	섬김	생명	협동	지혜	성장	용기	창조	만족	인내	소망
3기	꿈은 나의 삶을 통해 하나님의 뜻을 이루려는 마음을 품는 것이다.	나는 하나님이 지으신 특별하고 소중한 존재임을 깨닫고, 지으신 목적에 맞게 특별한 존재로 살아가는 것이다.	섬김은 스스로 낮추어서 다른 사람을 사랑과 용서의 마음으로 대하는 것이다.	생명은 하나님이 주신 생명은 예수님으로부터 받은 영원한 것이며 이웃과 나누어야 할 귀한 선물이다.	협동은 하나님이 우리에게 뜻 안에서 마음과 힘을 함께 하여 공동의 목표를 이루어 가는 것이다.	지혜는 하나님이 주시는 것으로, 하나님의 말씀에 따라 생각하고 다른 이들을 온전한 길로 인도하며 살아가는 것이다.	성장은 계속적인 훈련을 통해 예수님처럼 하나님을 기쁘시게 하는 열매를 맺는 사람으로 자라는 것이다.	용기란 하나님을 믿는 자에게 주어지는 담대한 마음으로 두려움을 물리치고 하나님의 뜻을 이루는 기쁨이 되는 것이다.	창조란 온 세상을 만드신 하나님을 믿고, 창조주 하나님의 마음으로 세상을 아름답게 만들어 가는 것이다.	하나님이 주신 구원에 감사하며 주시는 모든 것을 기뻐하며 누리는 것이다.	인내는 하나님께서 승리를 주실 것을 믿으며 하나님의 뜻을 이루기 위해 참고 견디는 것이다.	소망이란 구원해주신 예수님을 믿고 세상을 평화롭게 다스리어 다시 오실 예수님을 간절히 기다리는 것이다.

〈키즈투게더 월별주제 및 주별주제 커리큘럼〉
음영 처리된 주제: 교회력과 연결하여 절기에 맞춘 내용, 제자직 관련 주제
음영 처리되지 않은 주제: 윤리적, 시대적, 발달적 차원을 고려한 덕목 중심의 시민직 관련 주제

[그림 16] 융합교육적 주제 설정의 예: 해피투게더 36개월 성경공부 주제표, 장영선 정리

하는 가운데서 만들어진 교육과정이기에 큰 문제는 없어 보이지만 가정-교회-마을을 연계하는 신학을 확립하는 교회론적 보강은 필요하다. 그러기에 필자는 "지역공동체로 나아가는 기독교교육"이라는 연구에서 교회론적 시각을 더하여 신학적 보강작업을 수행한 바 있다.46 이 연구에 더하여 필자는 "가정, 교회, 마을의 생명망 조성을 통한 마을교육공동체 형성에 관한 연구"를 수행하여 생명망적 시각에서 가교마 사역을 통한 교육공동체 형성에 대하여 논의한 바 있다.47

가교마 사역은 지역사회 속에서 마을교육공동체 형성에 필수불가결한 융합적 노력이며 교회는 이 사역을 위하여 교회를 가정구성원들과 마을구성원들이 교회를 마당으로 하여 서로 만나 친교하며 섬김과 소통을 하는 장으로의 역할을 해야 할 것이다. 여기서 우리가 말하는 마당이 바로 최근 많이 사용하는 용어인 플랫폼(platform)이다. 마치 기차대합실에서 여행을 하는 모든 사람들이 만나는 것처럼, 교회라는 플랫폼에서 사람들이 만나 친밀한 소통과 의미있는 만남을 효과적으로 하여 하나님의 나라를 지역사회, 즉 마을로 확장해 나가는 융합적 노력을 해야 할 것이다. 이를 위하여 목회자들과 교우들을 위한 가교마교재를 만드는 것이 필요할 것이다. 균형잡힌 교회론을 성경적이면서 신학적인 토대가 건강한 교재를 개발하는 것이 기독교교육연구원 사역의 다음 과제일 것으로 사료된다.

---

46 김도일, "지역공동체로 나아가는 기독교교육," 「기독교교육논총」, 47집(2016. 9): 51-93 참고.
47 김도일, "가정, 교회, 마을의 생명망 조성을 통한 마을교육공동체 형성에 관한 연구," 「선교와 신학」, 제41집, 2017.2, 223-248 참고.

V. 융합, 문해능력과 분별의 영으로

제4차 산업 혁명은 인류에게 인류의 노동력이 인공지능과 로봇에게 잠식당할지 모른다는 두려움48을 주는 대체산업의 발전을 예고하고는 있으나 기계가 할 수 없는 영역도 더불어 많이 나올 것이며, 대체라는 개념 보다는 공존이라는 개념을 확장적으로 연구하고 발전시킨다면 막연한 미래에 대한 불안감을 과감히 떨치고 새로운 도전에 응할 수도 있다고 본다. 무엇보다 본 연구에서 초점으로 삼은 미래가치, 융합의 가치를 극대화하는 노력을 통하여 교회는 사회로부터 잃어버린 신뢰를 다시 찾고 사람들의 마음과 삶속에 기쁨과 진정한 의미를 부여하고 종말론적 소망, 그리스도 중심의 삶을 회복하게 하여야 할 것이다. 이를 위하여 태생적으로 융합학문이며 응용학문이며 실천신학인 기독교교육의 역할은 아무리 강조해도 지나침이 없으며 바로 이러한 시각으로 마을교육공동체 형성에 논하는 것은 논리적인 타당성을 지닌다고 말할 수 있겠다. 그러나 융합을 지나치게 강조하다보면 무엇이든 좁고 깊게 연구하기 보다는 얕고 넓게 통섭하는 것이 더 좋은 것이라는 생각의 늪에 빠지기 쉽다.49 목적을 위해서는 어떤 것이라도 융합하면 그만이라는 축소적이며 환원주의적인 오류에 빠질 위험이 있다. 아무리 좋은 것이라도 지나치면 무리가 되는 법이다(과유불급: 過猶不及). 그러기에 김지숙이 경계한 무분별하고 불균형적인 융합을 피할 수 있는 지혜는 문해 능력(literacy) 확보에 있다고 하겠다. 옳고 그른 것과 유익한 것과 해로운 것을 바르게 분별(discernment)하고 지혜롭게 선택하고 통섭

---

48 오준호에 의하면 2015년에 그가 개발하여 세상에 알린 "휴보"(휴머노이드 로봇)가 2020년에는 상용화될 것이며 곧 인간세상에 로봇이 친구가 될 것이라고 한다. 그는 2015년 6월 세계재난로봇기술 경진대회에서 우승한 바 있다. 김한별, "상금 22억원 제난로봇대회, KAIST '휴보' 역전 우승," 〈중앙일보〉, 2016. 6. 8.

49 한승진, "통섭과 융합의 시대에 따른 우리의 자세," 『기독교교육』 (2014. 10), 67.

하는 통찰이 필요한 것이다. 서양에서 지나치게 강조하는 주제탐구 중심, 문제해결 중심 교육이 모든 것은 아니라는 것이다. 나의 주제탐구가 우리의 유익이 되고 교회와 사회와 국가에 보탬이 되는 것을 추구하고 분별할 줄 알아야 융합이 공동체에 덕을 끼치는 것이라는 사실을 기억하는 것이 중요하다.[50] 개인의 정체성 확립에서 시작하여 교회와 마을의 공동체성으로 나가는 노력을 늘 기울여야 할 것이다. 그러므로 건강한 융합적 사고의 가치를 추구하는 기독교교육적 시도는 '시대를 바로 읽고 마땅히 처신할 바를 바로 알게 하는 이 시대의 열쇠와도 같다'고 확신한다.

---

50 김지숙, 『뉴 리터러시 교육』(서울: 동인, 2014), 369-379 핵심내용. 김지숙은 융합교육이 야기할 수 있는 불균형, 무분별한 융합을 경계하였다. 그는 STEAM도 미국 토양에서 나온 융합교육의 예이 때문에 무분별하게 우리나라로 직수입하는 우를 범해서는 안 된다는 취지의 견해를 피력하였다. 위의 책, 52.

5 장

마을교육공동체 형성을 위한 거꾸로 교실과 아들러 심리학을 통한 활용가능성에 관한 연구*

I. 무한한 긍정성의 무게에 짓눌려 자기를 착취하는 현대인

기독교교육은 인간이 존엄한 존재라는 명제를 인식시키고 자신의 정체성을 찾고 하나님나라를 위한 삶을 실천하도록 하는 데 그 목적을 둔다. 이것은 신학의 기본 강령이며 인간학의 기초이고 기독교교육학의 출발이다. 이러한 정신을 기반으로 기독교교육은 인간의 온전성을 추구한다. 그러나 인간은 창조주를 거역함으로 불안한 존재, 쉼이 없는 존재, 열등감을 가진 존재, 죄성을 가진 존재로 전락하고 말았다. 그러나 그러한 인간을 위하여 예수 그리스도가 성육신하여 구세주로 이 세상에 오셨다. 누구든지 그를 믿으면 하나님의 자녀로서 새로운 삶을 시작할 수 있으며, 죄로부터 해방된 새로운 피조물의 삶을 영위할 수 있다. 이것을 분명히 인식할 때 인간은 하나님 앞에서 존엄한 존재로서의

---

* 이 글은 "역전학습을 통한 온전성 형성의 기독교교육적 가능성 탐구"「종교교육학연구」 50권 (2016), 47-69에 게재된 것을 수정·보완하였다.

위상을 회복하게 된다. 기독교교육은 모든 생명이 조물주 하나님으로 말미암았음을 상기시키고 생명의 근원과 본질을 알아 온전성을 추구하는 존재로 변화하게 하는 교수-학습과정에 관여한다. 그러나 오늘날 사회 속에서 살아가는 사람들은 극도로 파괴되고 점점 더 파편화된 자아상을 갖게 되었고 온전성을 잃어버렸다. 이러한 현상이 나타나는 이유는 사회가 병들었고 그 사회 속의 개인이 병들었기 때문이다. 또 인류가 살아나가는 마을이라는 지역사회는 사람들을 고독 속에 살게 하고 상호간의 교류와 친교를 촉진하기 보다는 분리를 조장하고 있다.

신자유주의적 자본주의 사회의 분위기 속에서 심한 경쟁과 자기 착취, 자기 격리라는 덫에 빠져 살고 있는 현대인의 불가항력적인 모습을 도외시하고서 오늘의 문제를 해결하기는 불가능하다. 한병철은 어느 시대건 "시대마다 그 시대에 고유한 질병이 있다"라고 말하면서 현대사회를 피로사회로 규정하였다.[1] 그 질병의 제공자는 시대의 질병을 앓고 있는 피해자 자신이라는 데에 그 문제의 심각성이 있다. 한병철에 의하면 "성과사회의 주체가 스스로를 착취하고 있으며 가해자인 동시에 피해자"이다. 무서운 것은 이 피해자이면서 가해자인 현대인이 앓고 있는 병은 자신들이 "완전히 망가질 때까지 자신을 자발적으로 착취한다"는 데에 있다.[2] 그들은 우울증, 주의력결핍 과잉행동장애, 경계성 성격장애, 소진증후군, 공황증과 같은 신경성적 징후를 보이며 이런 것들은 동질성의 과다에 따른 과열과 내재적인 테러, 즉 신경성 폭력을 야기하는 것이다. 특히 저자는 현대인이 빠진 덫을 이질성을 이겨내기 위한 면역저항이 아닌 동질성의 과다로 인한 일종의 심리적 경색 현상으로 해석한다.[3] 그는 한나 아렌트(Hanna Arendt)가 펼친 논리, 즉 "근대사

---

1 한병철, *Müdig Keits Gesell Schaft*, 김태환 역, 『피로사회』 (서울: 문학과 지성사, 2014), 6.
2 위의 책.
3 위의 책, 12-22, 21 참고.

회는 인간을 노동하는 동물로 격하시키는 노동사회로서 행동의 모든 가능성을 파괴"해 버렸으며, 심지어는 사유조차 "계산이라는 뇌의 기능으로 전락"시켰고 "제작과 행동을 아우르는 활동적 삶의 모든 형식은 노동의 수준"으로 떨어졌다는 논리를 정당하다고 보지 않는다.4 결국 아렌트의 논리가 찾지 못하는 답을 그는 이렇게 설명한다.

> 근대는 신과 피안에 대한 믿음뿐 아니라 현실에 대한 믿음까지도 상실하는데, 이러한 상황은 인간 삶을 극단적인 허무 속에 빠뜨린다. 유사 이래 삶이 오늘날처럼 덧없었던 적은 없었다. … 그 어디에도 지속과 불변을 약속하는 것은 없다. 이러한 존재의 결핍 앞에서 초조와 불안이 생겨난다. … [결국] 과잉활동, 노동과 생산의 히스테리는 바로 극단적으로 허무해진 삶, 벌거벗은 생명에 대한 반응이다. 오늘날 진행 중인 삶의 가속화 역시 이러한 존재의 결핍과 깊은 관련이 있다. 노동사회, 성과사회는 자유로운 사회가 아니며 계속 새로운 강제를 만들어낸다.5

피로사회는 성과위주의 사회가 만들어낸 결과이다.6 성과위주의 피로사회 속에서 가르치고 배우는 교수자와 학습자는 자아의 온전성을 추구하는 것 자체가 사치스럽게 느껴질 수 있다.7 하나님의 형상을 지니고 있었던 인간(Imago Dei)이 피로사회 속에서 어느덧 호모 사르케(σάρξ)로 전락해 버린 인간을 그냥 내버려 두는 것은 일종의 직무유기

---

4 위의 책, 36-37.

5 위의 책, 41-43.

6 위의 책, "우울사회," 113-114. "우울사회"는 같은 책에 나오는 글이다. "오늘의 주체는 오히려 무한한 자유의 무게에 짓눌려 소진되고 있는 것이다. 피로는 성과주체의 만성질환이다"라고 한병철의 글을 요약한 김태환의 역자후기를 참고하라. 위의 책, 121.

7 편의상 교사를 교수자로 학생을 학습자로 부른다. 그러나 실제 교실에서 교수자는 가르치고 학습자는 배우는 사람이라는 고정관념은 거꾸로 교실의 개념에서는 통하지 않는다. 사실 가르치면서 배우고 배우는 학습자가 교사에게 통찰을 주는 경우가 비일비재하기 때문이다.

이다. 기독교교육학적인 시각으로 보면 이러한 인간의 자기 착취, 가치 상실, 초조와 불안에 빠진 것은 이미 예견된 것이었고 도날드 블로쉬(Donald Bloesch)가 말 한 것처럼 모든 인간은 위대한 가능성을 갖고 태어났으나 하나님을 떠나 살게 되면 결국은 죄성으로 인하여 비참한 지경에 빠질 수밖에 없음이 역사의 정황 속에서 드러나게 된 것이다.

본 연구는 피로사회로 명명되는 현대 사회의 병적인 상황 속에서, 아들러의 심리학과 거꾸로 교실로 명명된 교수학습의 본질적 회복을 통한 온전성 형성의 기독교교육적 가능성을 모색하는 연구이다. 과연 하나님 앞에서 인간의 존엄성을 회복하려는 목적을 가진 기독교교육의 시각으로 볼 때 피로로 찌들고 망가진 자아를 아들러의 이론을 활용하고 구성주의적 시도의 일환인 거꾸로 교실을 통하여 치유하는 것이 가능한가, 하는 것이다. 특히, 오늘날처럼 파편화되고 객체화된 마을의 삶에서 거꾸로 교실에서 강조하는 교수학습 방법과 자아의 온전성을 추구하는 아들러의 심리학이 마을교육공동체 형성에 도움이 될 수 있을지에 대한 활용가능성 여부를 살펴보는 목적도 성립한다. 이를 위하여 본 연구는 초학제적 융합연구라는 접근방법 혹은 사고방식을 채용할 것이다. 자아탐구 및 형성이라는 한 가지 주제에 대하여 거꾸로 교실(플립 러닝)이라는 학습방법론과 아들러(Alfred Adler)의 개인심리학이론이 서로 다른 이론적 토대를 갖고 초학제적 융합연구를 시도할 것이다.[8] 기독교교육학에서는 아직 방법론으로서 학습자가 디지털 학습자료로 미리 주제에 대하여 학습하고 수업에 참여하는 거꾸로 교실의 개념이 아직 생소하고 적용되는 교육현장을 보기 어렵다. 또 주지해야 할 사항은 아들러의 자아실현과 사회적 자아실현을 가능케 도와주는 심리

---

[8] 본 연구에서 다루는 거꾸로 교실이란 단순히 교육방법의 일환인 플립 학습만을 의미하는 것을 넘어서서 사람이 배우는 제반 과정에 대한 일종의 변혁을 의미하는 것이다.

학을 다시 학습자에게 가르치거나 주입시키려는 의도로 본 연구를 수행하는 것이 아니다. 오히려 이를 교사가 분명히 인식하여 학습자를 인정하고 지식을 '가리키며' 학습자와 함께 배우고 학습자들끼리 협동하게 하는 그야말로 거꾸로 교실, 역전 수업을 시도함으로써 온전한 자아 형성이 가능한지를 살펴보려는 것이다.

II. 초학제적 융합 연구를 활용한 접근방법

송인한이 말한 것처럼 "지금은 초학제적 융합연구의 시대이다."[9] 왜냐하면 우리가 살고 있는 이 시대는 과거 그 어느 때보다 복잡다단하고 난해한 문제들로 뒤엉켜있는 시대이기 때문이다. 그러기에 이전에 시도했던 것처럼 단학제적, 다학제적, 간학제적 방법만으로는 급변하는 시대의 상황에서 벌어지는 문제에 적절히 대응하기가 어렵기 때문이다. 다학제성은 통합 없이 두 개 이상의 학제들이 협력하고, 간학제성은 개념, 이론, 방법, 결과의 통합성 정도가 매우 다양한데에 그치는 반면에 초학제성은 통합의 수준이 높아서 새로운 개념적, 이론적, 방법론적 프레임워크가 개발된다.[10] 앞서 언급한 것처럼 피로사회 속에서 살아가는 현대인들은 자신이 완전히 망가질 때까지 자기착취를 멈추지 못하고 있으며, 결과적으로 그들은 영혼 없는 존재, 가치상실의 존재로서 극단적인 우울과 상실감 속에서 살아가는 존재로서 이미 파괴되고 파편화된 자아를 갖고 살아가고 있다. 이러한 현실 속에서 살아가는 이들을 과연 누가 어떻게 도와주어 자존감을 회복하고 삶의 목적과 이유를 재발견하며 세상 속에서 자신의 역할을 감당할 수 있게 할 것인가?

---

9 Patricia Leavy, *Essentials of Transdisciplinary Research*, 송인한, 『융합연구방법론』 (서울: 박영사, 2015), 6-7.
10 위의 책, 24-47.

초학제적 융합연구가 이런 일을 가능케 해 줄 것이라고 본다. 그러면 여기서 말하는 초학제성(transdisciplinarity)란 무엇인가? 초학제성이란 "두 개 이상의 학제가 시너지적으로 협력하면서 서로의 지식을 높은 수준으로 통합시키는 사회연구의 한 방법이다." 이는 문제중심적 연구를 진행하며 개별 학제에 국한되는 이론이나 방법을 넘어서(trans) 이슈 또는 문제를 연구의 중심에 놓는다. 무엇보다 공적 필요에 민감하게 반응한다.11 초학제성은 아래의 그림에서 보는 것처럼 생활 속 문제 중심, 각 학제 패러다임의 초월과 통합, 참여적인 연구 및 지식 통합의 추구 등의 특징을 갖고 있다.12

[그림 17] 초학제성의 원칙

현 알리바바 그룹의 회장 마윈(馬雲)이 "기술이 뛰어난 기업은 두렵지 않다. 그러나 고객의 요구를 경청하는 기업이 더 두렵다"13라고 말한 바 있다. 초학제적 융합연구는 현장의 필요와 요구에 민감하게 반응하는 사고방식이기에 이를 통하여 현장의 문제를 해결하는 데에 근접

---

11 위의 책, 11.
12 위의 책, 40.
13 마윈(馬雲) "외모도 별로고 백도 없던 나, 고래보다 새우 잡아 성공했다."
　http://www.alcchosun.com/ 〈조선일보〉, 2015. 5. 19.

할 수 있다고 본다. 그리고 문제가 무엇인지를 정확하게 파악하고 각 학제의 특성을 살리고 한 학제의 장점을 뛰어넘어 통전적(wholistic)으로 그리고 초월적(transcendant)으로 묶어내는 프레임워크(체계)를 구축하며 연구의 중심에 문제를 놓음으로써 새로운 개념적, 방법론적 프레임워크가 실제로 출현하게 하는 것이다. 이러한 시도를 통해 혁신적이며 창의적인 아이디어에 기반한 프레임워크를 구축하고 거기에 늘 새로운 생각에 열린 자세와 사고로 적응하려는 의지를 발동하는 것이다.

초학제적 융합연구가 문제 중심적으로 프레임워크를 기획할 때 중요한 키워드는 협력이다. 협력 수준이 높을수록 학제적 경계를 초월하여 초학제적 프로젝트가 되어 지식의 상호생산이 이루어지게 될 것이라는 것이 리비(Patricia Leavy)의 주장이다.14 이 때 연구 참여자들의 문화적 감수성과 사회정의에 대한 공적인 감수성이 요청된다. 그리고 연구가 진행되는 지역사회의 참여자들과 연구 참가자 사이의 긴밀한 소통과 참여를 통한 신뢰와 라포(rapport)의 구축은 필수적이라고 하겠다. 끝으로 유연성과 혁신이 가미된 다양한 지식들이 종합적으로 분석되고 연결되어 하나의 연구결과물로 나왔을 때 그것을 적절하게 발표하고 지역사회와 학계에 발표하고 전달하는 과정이 이루어져야 할 것이다. 이를 통하여 학계뿐만 아니라 대중적으로도 유용성과 효율성이 보장된 연구물이 초학제적 융합연구를 통해 탄생하게 되는 것이다.15

---

14 Patricia Leavy, *Essentials of Transdisciplinary Research*, 송인한 역, 『융합연구방법론』, 125. 유연성과 혁신의 조화를 로저 본 외흐(Roger von Oech)는 유연한 사고와 냉철한 사고의 조화로 표현하는데 매우 일리가 있는 표현이라고 본다. 인습적 사고와 "다르게 생각하기"를 위해서는 이 두 가지 사고를 넘나들어야 한다고 말한 것이다. Roger von Oech, *Creative Thinking*, 정주연 역, 『생각의 혁명, Creative Thinking』 (서울: 에코리브르, 2002), 49.

15 Patricia Leavy, *Essentials of Transdisciplinary Research*, 송인한 역, 『융합연구방법론』, 141.

종합적으로 볼 때 초학제적 융합연구는 불가항력적으로 보이는 오늘의 복잡한 현실 속에서의 문제를 총체적으로 다루게 해 주는 가장 적절한 연구를 가능케 해 주는 접근방법이라고 사료된다. 물론 여기서 초학제적 융합연구를 통하여 기독교교육적 온전성을 확립한다는 의미는 이이제이(以夷制夷)적 시도를 한다는 의미가 아니다. 즉, 피로사회의 문제를 피로사회에서 파생된 심리학과 교육학을 이용하여 해결하다는 의미가 아니라는 말이다. 그보다는 피로사회에서 야기된 문제를 해결함에 있어 너무 자기중심적이고 협력을 거부하며 과거 중심적인 시도와 교수자 중심의 전통적인 교수법으로는 더 이상 안 된다는 것이다. 초학제적 융합연구가 모색하는 현장 문제와 학습자들의 필요에 귀를 기울이는 연구방식과 협동과 융합과 창의성을 추구하는 자세가 기독교교육이 원천적 토대로 삼는 신학적 토대와 만날 때 오늘의 피로사회가 지닌 문제를 해결할 수 있다는 것이다.

III. 교육방법으로서의 거꾸로 교실과 자아의 온전성 확립에 대하여

위에서 다룬 초학제적 융합연구방법은 존 버그만(John Bergmann)이 사용하는 용어로 변환하여 표현하면 거꾸로 연구방법은 수업재설계법이 되고 마을교육공동체를 형성하는 중요한 단초가 된다. 이전에는 학제간 구분이 뚜렷했고 학제간 벽이 높아서 저마다 자신의 학문만이 우월하며 다른 학제로는 문제에 대한 해결책이 미흡하다고 주장했던 것이다. 그러나 초학제적 융합적 연구의 사고방식은 상대방이 시도하는 학제적 노력이 결코 무가치하거나 해결을 줄 수 없다고 단정하기보다는 존중하고 협력하여 학제적 벽을 넘어서서 어떤 문제에 대하여 총체적으로 함께 접근해 보자는 것이다. 이러한 논리는 실제의 삶에서도 늘 성립하는 것으로 일의 성패도 존중이 전제된 관계형성에 있다. 거꾸로 교실을 설명하는 두 가지 핵심용어는 초학제적 융합연구의 그것과 크게 다르지 않다. 소통과 협력이라는 두 핵심 용어는 기존의 교실에서 일종의 종교처럼 신봉되어 왔던 교수자 중심의 일방적이고 획일적인 교수방법을 뒤집어 놓는 거꾸로 교실이 되게 한다. 거꾸로 교실은 교수자가 무슨 역할을 해야 학습자와 함께 배우고 느끼고 성장할 수 있는지를 알게 해 주는 교수-학습과정으로써 "전달식 강의를 전체 배움 공간에서 개별 배움 공간으로 옮기고… 역동적이고 서로 배움이 가능한 환경으로 바꾸는 교육 실천이다."16 거꾸로 교실을 성공으로 이끄는 핵심요소는 협업, 학생중심의 배움, 최적화된 교실 공간, 시도하기에 충분한 시간, 학교관리자들의 지원, 교육정보기술지원부서의 지원 그리고 싶이 있는 성찰이다.17 이 중에서 가장 중요한 요소는 협업과 성찰이다. 왜냐하면 거꾸로 교실은 하나의 프로그램에 불과한 것이 아니기 때문이며 변혁적 시도를 통해 야기되는 자아의 변화이기 때문이다. 이 변혁적 시도는 안에서 밖으로, 한 번에 한 사람씩 전파되며, 자체 증식하고 변화를 경험한 사람이 그 변화를 다른 이들에게 퍼뜨리는 사람이 되고, 아래에서 위로 일어나는 변화다.18 아래 그림에서 나타나는 성찰을 중심으로 소통-관계-협업-존중이라는 요소가 초학제적 배움이 일어나는 요소를 살펴볼 때, 놀랍게도 마을교육공동체를 이루어가는 과정과 흡사한 것을 발견하게 된다.

---

16 John Bergmann, Aaron Sams, *Flipped Learning: Gateway to Student Engagement*, 정찬필, 임성희 역, 『거꾸로 교실: 진짜 배움으로 가는 길』 (서울: 에듀니티, 2015), 36.
17 위의 책, 37-42.
18 위의 책, 45.

[그림 18] 초학제적 배움이 일어나는 요소

    거꾸로 교실은 학습자가 수업시간 전에 수업 내용에 대한 공부를 미리 할 수 있도록 영상 자료나 학습 자료를 미리 전달해 준다. 그리고 학습자는 미리 공부해온 학습내용을 수업시간에 동료들과 함께 토론하고 교수자와 함께 교과 내용에 대하여 대화를 나누고 궁극적으로 학습자 자신 속에 감추어져 있던 재능과 깨달음을 끄집어내게 된다. 한 사람의 변화는 순식간에 일어나지 않는다. 오히려 오랜 시간 자신의 지식과 지혜가 부족함을 깨닫고 누군가가 자신을 사랑하고 배려한다는 사실을 느끼게 되는 과정이 필요하다. 이 과정 속에는 교사와 학생 그리고 학생들 간의 밀접한 관계 형성이 한 사람의 성장과 성숙에 결정적인 영향을 미친다. 거꾸로 교실의 성패여부의 열쇠는 교사가 거꾸로 교실에 대하여 얼마나 자세하게 소개와 효과 및 결과에 대한 교육을 받았는가에 달려 있다. 교사가 이를 통하여 변화가 일어난다는 인식과 확신을 가져야만 거꾸로 교실의 교육적 활용가능성이 극대화된다는 것이 이미 증명되었다.[19] 거꾸로 교실이 학습자의 온전한 자아 형성에 도움을 주고 자신의 재능을 발견하게 해 준다는 가정은 거꾸로 교실이 갖고 있는 협업

---

19 박태정, 차현진, "거꾸로 교실의 교육적 활용가능성 탐색을 위한 교사인식 조사," 「한국컴퓨터교육학회 논문지」 제18권 제1호(2015.1), 92-94.

정신과 관계 형성 그리고 자신의 힘으로 어떤 주제에 대하여 자기 주도적으로 사고하고 토론함으로써 생기는 자기 능력개발과 자신감 회복에 있다고 할 것이다. 일반적으로 자기 주도적 학습 습관이 투철한 학습자는 어떤 상황에서도 미리 예습을 하고 수업을 오게 되지만 대부분의 학습자들은 수업시간에만 해당 주제에 대하여 생각하게 되지만 거꾸로 교실이 적절히 실행되면 거의 모든 학습자들이 수업 시간 전에 집에서부터 해당 주제에 대하여 사고하게 되는 것이다.

거꾸로 교실에서 교수자는 지식을 전달하는 사람이 아니라 지식을 디자인하고 자발적인 학습 동기를 부여하는 조력자/코치이다.[20] 그는 수업을 기획하는 기획자로서 "최적의 콘텐츠를 개발하고 교육 평가 방안을 고안하며 수행효과를 분석, 평가하여 피드백하는 직무를 수행하는 사람이다."[21] 그는 또 교수설계자로서의 역할을 함으로써 교육과정을 개발하고 콘텐츠 개발 전략을 체계적으로 수립하는 역할을 해야 한다. 무엇보다 그는 동기유발자로서의 역할을 하게 된다. 켈러(John M. Keller)가 개발한 ARCS 모델에 의하면 교수자는 학습자의 주의집중(Attention)을 유발하는 것과 주제와 삶의 문제 가운데 관련성(Relevance)을 찾아 맺어주는 것과 학습자로 하여금 자아에 자신감(Confidence)을 가질 수 있도록 돕는 것과 학습경험을 통해 자아 만족감(Satisfaction)을 얻도록 동기를 유발하는 역할을 해야 한다.[22] 마지막으로 교수자는 지식 디자이너로서 학습자로 학습과정 가운데 흥미를 가질 수 있도록 스토리텔러(storyteller)로서의 역할을 해야 한다. 학습자의 연령에 맞는 적당한 스토리를 개발하고 주제와 밀접한 연관성을 가진 이야기를 재미있게 전달하는 이야기꾼으로서의 역할을 하는 것은

---

20 이희숙·김창석, "플립러닝 학습이 학습동기에 미치는 효과," 『한국컴퓨터교육학회 동계 학술발표논문지』 제19권 1호(서울: 한국컴퓨터교육학회, 2015), 146.
21 한국U러닝연합회, 『플립러닝 성공전략』 (서울: 한국U러닝연합회, 2014), 13.
22 위의 책, 13-15.

거꾸로 교실의 성패에 지대한 영향을 미친다.23

거꾸로 교실은 "가르치는" 수업에서 "가리키는" 수업으로의 변화를 의미한다.24 가르침 중심 주입식 교육에서 배움 중심 수업으로의 전환을 의미하며 "비판적 사고를 갖춘 창의적 인재를 기르기 위한 교육활동이다. 배움 중심 수업은 배움의 공동체, 협동학습, 탐구학습, 프로젝트 학습, 토론학습, 체험학습, 독서논술학습, 융합수업, 문제해결학습, 창의성 계발 학습"을 포함하는 학습형태로의 전환을 의미한다.25 이 말은 지식이 우리 사회에서 경쟁력으로 작용하던 시대는 이미 지나갔으며 이제는 사고하는 능력, 자기 것을 만들어 낼 수 있는 창의적 능력을 가진 건강하고 온전한 자아를 가진 이가 필요하다는 의미이다. 가리킨다는 의미는 삶의 목표와 사회의 공적 역할 등을 손가락으로 가리킨다는 의미가 될 것이다. 피로사회 속에서 우울과 자기착취로 신음하고 갈 바를 몰라 불안해하는 현대인에게 교육의 역할은 무엇보다 중요하다. 무엇보다 어린 시절부터 자기 힘으로 사고하고 다른 이들과 같이 협업학습을 연습하며 상호작용과 토론을 통하여 타인을 존중하고 배려하는 마음을 훈련하는 것은 매우 중요하다고 보겠다. 여기서 거꾸로 교실의 성패여부는 민주적인 학교기관-교수-학습의 문화이다.26 만일 관리자와 교사간, 교사와 학생간의 갈등이 존재한다면 거꾸로 교실은 시작도 하기 전에 거부될 것이다. 거꾸로 교실의 과정 속에서 학습자들은 활발하게 팀을 세워나가는 정신(team building spirit)을 만들어 나가면서 하나가 되어가는 기쁨을 맛볼 수 있게 된다. 그리고 수업 전에

---

23 위의 책, 16.
24 정기묵, "거꾸로 교실을 응용한 토론식 협력학습," 『보편적 수업의 설계 및 실행』 (서울: 장신교수학습개발원, 2015), 72.
25 류승오·김은하, "수업혁신을 위한 배움 중심의 거꾸로 수업 개념 논의," 「교육문제연구」 제20권 1호(2014.9), 69.
26 앞의 글, 71.

e-learning과 적절한 동영상을 통하여 자기 주도적 학습으로 배울 주제에 대하여 미리 사고한 후 자신의 학습과정을 점검하고 자기 개발을 도모하게 되는 경험을 하게 된다. 그리고 거꾸로 교실은 프로젝트 중심, 문제 중심 학습을 장려함으로써 협력적 학습과 암기가 아닌 비판적 숙고와 토론을 장려하게 된다는 점에서 건강한 온전성 형성에 매우 유익하다고 하겠다.27 버그만과 샘즈는 한 화학교사의 증언을 토대로 거꾸로 교실을 통해 학습자들이 실제로 내적 성장을 경험하였으며 거꾸로 교실 수업 시간을 내내 교수자가 노력하며 만들어 온 "관계의 가치"를 알아보았다고 하였다.28 종합적으로 판단해 볼 때 거꾸로 교실은 학습자의 자기 재능발견을 도와주고, 잠자는 교실을 깨울 수 있는 수업형태이기도 하며, 종합적 사고와 문제해결능력을 함양하는 교육형태라고 평가할 수 있으며, 심지어는 학교폭력예방과 인성교육을 수행하는 데에도 일조하는 것으로 나타났다.29 무엇보다 교사와 학생 모두에게 즐거움 배움의 경험을 가져다 줄 수 있다.30 거꾸로 교실은 매우 효과적인 교수-학습 방법으로 혁신적인 교육을 이루는 것에 매우 유익하며, 무엇보다 중요한 것은 학습자의 자발적인 경험, 참여, 자기능력발견, 협업과 토론 등을 통하여 학습자의 온전성 확립에 공헌할 것이다. 거꾸로 교실은 제4차 산업혁명시대에도 유효하다. 바로 안 되니 거꾸로 해보자는 시도는 자신의 교수법이 잘못되었을 수도 있다는 겸손에서 시작되는 것이며 이러한 정신은 학생들에게 매우 중요한 인성교육의 시발점이 될 수도 있다고 본다.

---

27 한국U러닝연합회, 『플립러닝 성공전략』, 219-227.
28 John Bergmann, Aaron Sams, *Flipped Learning: Gateway to Student Engagement*, 정찬필, 임성희 역, 『거꾸로 교실: 진짜 배움으로 가는 길』, 109-111.
29 류승오 · 김은하, "수업혁신을 위한 배움중심의 거꾸로 수업 개념 논의," 78.
30 이민경, "새로운 교실 만들기의 가능성," 『교육비평』 제33호(2014.5), 210.

IV. 아들러의 개인심리학 이론이 개인의 온전성 형성과 마을교육공동체 형성에 미치는 영향

버그만과 샘즈(Bergmann & Sams)가 주창하여 한국에서도 많은 교육적 열매를 맺고 있는 거꾸로 교실은 소위 거꾸로 교실로 알려져 있다. 그들의 교육적 실천이 가정과 교실에서 일어나는 학습과정에 초점을 맞춘 교육학적 프락시스라는 학제라고 하면 알프레드 아들러(Alfred Adler)의 통찰은 철학과 심리학이라는 학제에 속해 있다고 할 수 있다. 그의 학문적 시각이 초학제적으로 융합되어 있다. 그러므로 버그만과 샘즈의 거꾸로 교실과 아들러의 심리학이론을 초학제적으로 활용하는 것은 오늘날의 후기 산업시대의 현대인들이 겪는 지나친 자기착취와 우울사회 속에서의 피로감과 자기 파괴감을 떨쳐 버리게 하는 의미 있는 시도라고 할 수 있겠다.

아들러의 철학적 심리학은 그와 동시대를 살았던 지그문트 프로이트(Sigmund Freud)의 『꿈의 해석』(*The Interpretation of Dreams*)에서 주로 나타나는 원인론적이고 결정론적인 트라우마(trauma, 상흔) 이론에 반기를 들었다. 아들러는 프로이트의 주장, '사람은 과거의 트라우마에 붙잡혀 살기 때문에 변화될 수 없으며 늘 과거에 받았던 상처와 채워지지 않은 기본 욕구가 원인이 되어 자신이 거기에 얽매여서 살고 있다고 생각'에 반기를 든다. 아들러는 인류가 프로이트의 이론에 지나치게 집착할 필요가 없다고 역설하며 이를 역전시킬 힘이 각 사람 자신에게 있다고 역설하였다. 그는 자신의 인생 경험에 적절한 의미를 부여하여 스스로 삶의 양식을 선택하여 변화를 도모할 수 있다는 것이다.[31] 프로이

---

[31] 기시미 이치로(岸見一郎), 고가 후미타케(岸見一郎), 嫌われる勇氣 自己啓發の源流「アドラ-」の敎え, 전경아 역, 『미움받을 용기: 자유롭고 행복한 삶을 위한 아들러의 가르침』(서울: 인플루엔샬, 2014), 26-40. 이치로와 후미카케의 각색으로 비전문적인 독자들을 위해 재탄생한 이 책은 비록 아들러의 이론이 지나치게 단순화된 면은 있어도

트의 이론은 인생으로 하여금 허무주의나 염세주의에 덫에 빠지게 할 위험이 있지만, 인간은 과거의 원인에 영향을 받아 행동하는 것이 아니라 스스로 정한 의지와 목적을 향해 움직인다는 것이 아들러의 생각이다.32 이것을 아들러의 목적론(teleology)이라고 부른다. 프로이트의 주장, '인간은 성적인 본능에 의하여 움직인다'는 것과는 달리 아들러는 사람은 오히려 사회적 충동(social urges)에 의하여 움직인다는 것이다. 인간을 수동적으로 보지 않고 주관성을 가진 주도적인 존재로 보고 환경 속에서 어떻게 반응하고 일관적인 목표를 추구할지에 대해 자신이 선택하고 행동한다고 본 것이다.33

아들러의 자신의 심리학을 개인심리학(individual psychology)으로 칭한다. 그가 심리학 앞에 개인(individual)이라는 단어를 붙인 이유는 아들러가 각 개인을 충동이나 욕구의 총체로 보지 않고 자의식이 열려있는 총체적 존재(unit)로 보기 때문이고 이것이 그의 심리학에 있어 매우 중요하기 때문이다. 이것이 아들러의 총체론 혹은 전체론(holism)이다. 개인은 자아, 즉 창조적 자아를 소유하고 있으며 이 자아는 자신만의 생활방식을 만들어 나간다. 왜냐하면 그 자아는 창조적인 자아이기 때문이다. 결국 그가 추구하는 아직 이루어지지 않은 가상의 최종 목표(fictional final goal)를 이루기 위하여 내적이고 주관적이며 창조적인 자아의 힘을 발휘하는 것이다.34 아들러가 개인 심리학을 강조했다고 하여 자아의 사회성 내지는 공동체성의 중요성을 무시한 것

핵심은 설득력은 있게 전달된 것으로 판단된다.
32 위의 책, 46-47.
33 Alfred Adler, *The Individual Psychology of Alfred Adler: A Systematic Presentation in Selections from His Writings*, edited by Heinz L. Ansbacher and Rowena R. Ansbacher (New York: Basic Books, 1956), 177. Alfred Adler, *Understanding of Human Nature* (New York: Greenberg, 1949), 15-23.
34 Alfred Adler, *The Individual Psychology of Alfred Adler: A Systematic Presentation in Selections from His Writings*, 90.

은 결코 아니다. 그는 진정한 개인이 되기 위해서는 공동체의 필요를 강조했으며 공동생활의 원리를 절대진리(absolute Wahrheit)로 받아들여야 하며, 개인보다 공동체가 우선한다고 말했다.35 아들러가 인디비주얼(individual)이라는 단어의 라틴어 어원을 공부했다는 증거는 없으나 본래 Individual이라는 단어는 어원사전에 의하면 라틴어 'individuum'에서 파생되었으며 이 뜻은 나누어질(분할 할) 수 없는 존재를 의미하는 'indivisible'이라는 형용사적 의미를 내포하고 있다.36 이는 20세기에 기독교교육학을 학제로 정립시켰던 조지 앨버트 코우(George Albert Coe)의 개인에 대한 이해와 유사하다. 코우는 결국 한 개인은 두 사람 이상의 사람이 서로 의지하여 서로의 존재를 존중할 때 성립된다는 알고 있었고 인간은 기본적으로 사회적 본성을 갖고 있다는 점을 강조하였다.37 이점에 있어서 아들러의 개인심리학과 코우의 종교교육사회학에서 말하는 개인에 대한 이해가 일치한다.

아들러의 견해에 따르면 편집증과 우울증에 시달리고 있는 사람들은 그 소외감에 외로워하고 괴로워하기 보다는 문제의 핵심을 직시할 것을 말한다. "편집증 환자는 전 인류에 증오심을 갖고 있다. 그는 동료들이 조직적으로 그에게 대항하는 음모를 꾸미고 있다고 생각한다." 이에 반해 "우울증 환자는 자기 자신을 증오한다."38 그러기에 편집증 환자는 타인에게 복수하려 하고 우울증 환자는 자기 자신에게 벌을 주려고 한다. 대개는 자살을 통하여 자신에게 복수를 실행한다. 여기서 전술한 한병철의 현대 사회 진단과 아들러의 진단의 유사점을 발견할 수

---

35 Alfred Adler, *Menschenkenntnis*, 라영균 역, 『인간이해』 (서울: 일빛, 2009), 34-35.
36 http://www.etymonline.com/index.php?term=individual. 노만수, "옮긴이 해제," 가시미 이치로, 『늙어갈 용기: 자유롭고 행복해질 용기를 부르는 아들러의 생로병사 심리학』 (서울: 에쎄, 2012), 365.
37 George Albert Coe, *Social Religious Education*, 김도일 역, 『종교교육사회론』 (서울: 그루터기, 2006), 139-159 참조.
38 Alfred Adler, 김문성 역, 『아들러 심리학 활용』 (서울: 스타북스, 2015), 224-225.

있다. 아들러는 경쟁과 끊임없는 과제에 대한 부담 그리고 인간관계 속에서의 갈등으로 인하여 신음하고 있는 사람들에게 너무 자기 자신이 세상의 중심인 것처럼 자기감정에 매몰되지 말 것을 요청한다. 인간이 지나치게 주위 사람들의 시선에 신경을 쓰면서 인정받기만을 원할 때 그에게는 편집증이라는 질병을 만날 확률이 높으며, 반대로 지나치게 과거의 경험이나 감정에 매달릴 때 우울증과 같은 신경증에 빠질 수 있다는 것이다. "나는 세상의 중심이 아니다"[39]라는 생각은 한 사람을 자유케 하며 다른 이들과의 사회적 협력과 공동체 의식의 중요성에 눈을 돌리게 한다는 것이다. 그렇게 될 때 자신을 이웃과 더불어 살아가는 존재로서 인식하게 되며 주변 사람들을 사랑으로 감싸며 해결책을 찾게 된다는 이론이다. 김문성에 의하면 아들러가 다른 심리학자들과 차별되는 점은 "사회적 연대, 공동체 의식, 개인의 용기와 노력이 결합함으로써 우리의 미래가 긍정적으로 바뀌게 된다는 확고한 믿음"이다. 아들러가 주창한 생각의 핵심은 누구나 사람은 과거 트라우마에 얽매일 필요가 없으며 굳건하게 현재를 살아가기 위한 선택을 할 자유가 있다는 것이다. 그리고 때로는 주위 사람들이 자신을 미워하는 기색이 보여도 거기에 너무 연연하지 말고 "미움 받을 용기"마저 발휘하라는 것이다. 이것은 자신만이 우주의 중심이라는 자긍심으로 살아가라는 말이 아니라 자기 편견이나 타인에 대한 편견에서 벗어나 협력과 사랑으로 자신과 인류를 치료할 수 있다는 믿음에 근거한 생각이었다.[40] 아들러는 누구나 주관적인 자아를 갖고 있으며 그 자아는 창조적 자아로서의 기능을 하여야 한다고 주장하였으며 자아의 통합된 성격구조를 개인의 생활양식(life style)으로 불렀다.[41] 그리고 개인의 온전한 자아가 형성

---

39 기시미 이치로(岸見一郎), 고가 후미타케(岸見一郎), 전경아 역, 『미움받을 용기: 자유롭고 행복한 삶을 위한 아들러의 가르침』, 212 이후.
40 Alfred Adler, 김문성 역, 『아들러 심리학 활용』, 5.
41 Alfred Adler, *The Individual Psychology of Alfred Adler: A Systematic Presentation in*

되어 가는 생활양식에서 가장 중요한 세 가지 인생임무(life tasks)는 일과 사랑과 우정임을 아들러 루돌프 R. 드레이커즈(Rudolf R. Dreikurs)의 글을 통하여 확인하였다.42

아들러는 현대인들에게 "과도한 자의식"이 오히려 해롭다고 말한다. 그리고 가벼운 자기 긍정이 아닌 자기 수용을 하라고 주장한다. 그래야 온전한 자아를 형성할 수 있다는 것이다. 또 지나치게 일에 몰두하는 우를 범치 말라고 경고한다.43 현대는 "일이 전부"라는 거짓 신화를 전해 주지만 실은 그것은 결코 옳지 않으며 사람을 패망케 한다는 것이다. 전술한 한병철의 『피로사회』, 『우울사회』에 나타나는 현대인의 과도한 자기긍정과 자기착취라는 현상에 대하여 아들러의 생각은 일종의 진단과 더불어 처방도 내려준 셈이다. 이러한 의미에서 아들러의 철학적 심리학은 하나의 거꾸로 교실이라고 볼 수 있다. 과거의 트라우마가 자신을 붙잡게 허락지 않고, 지금 자신이 변할 수 있으며 그러한 선택은 자신이 내리는 것이라는 생각과 "고르디우스의 매듭"44을 잘라 버렸던 알렉산더 대왕처럼 과감하게 타인이 만들어 놓은 과제로부터 자신을 분리할 수 있다는 생각은 피로사회로부터 일순간에 탈출하여 새로운 인생을 타인과 함께 협동하여 이루어 가겠다는 창의적 도전에 이르게

Selections from His Writings, 95.
42 Rudolf R. Dreikurs, *Fundamentals of Alderian Psychology* (Chicago: Alfred Adler Institute, 1953), 91-108.
43 기시미 이치로(岸見一郞), 고가 후미타케(岸見一郞), 전경아 역, 『미움받을 용기: 자유롭고 행복한 삶을 위한 아들러의 가르침』, 254-284. 이 책은 이치로와 후미카게가 아들러의 심리학을 작가적 상상력으로 각색하여 쉽게 써내려간 책이다.
44 위의 책, 172 이후. 알렉산드로스 대왕이 칼로 잘랐다고 하는 전설 속의 매듭이다. '대담한 방법을 써야만 풀 수 있는 문제'라는 뜻의 속담으로 쓰이고 있다. "프리기아의 수도 고르디움에는 고르디우스의 전차가 있었고, 그 전차에는 매우 복잡하게 얽히고설킨 매듭이 달려 있었다. 아시아를 정복하는 사람만이 그 매듭을 풀 수 있다고 전해지고 있었는데, 알렉산드로스가 그 지역을 지나가던 중 그 얘기를 듣고 칼로 매듭을 끊어버렸다고 한다." https://ko.wikipedia.org. 핵심어: 고르디우스 매듭, 2017. 11. 19. 20:30 접속.

한다. 단순한 자기계발서의 범주를 넘어서는 아들러의 심리학은 초학제적 융합정신이 잘 적용된 이 시대의 뒤집어진 인생관과 학습관을 역전시키는 '자유'를 선택케 하는 일종의 실마리가 된다고 보겠다. 프로이트가 아들러를 비웃으며 자신이 난쟁이 아들러를 위대하게 만들었다고 했을 때 아들러가 받아서 말한 것처럼 "거인 어깨 위에 서 있는 난쟁이는 그 거인보다 훨씬 멀리 볼 수 있다"는 표현이 일리가 있다.45 결국 휴머니스트 교육 철학자였던 아들러의 생각은 "인간을 본능의 포로가 되어 있거나 문화적인 압력이나 유년기의 경험에 의해 결정되는 존재가 아니라 능동적으로 자신의 성장과 미래를 지시하고 창조하는 존재"46라고 본 철학/심리학의 토대를 놓았다. 아들러의 심리학은 리비도에 잡혀 있던 심리학을 거꾸로 뒤집어 놓은 격이 되었다. 아들러의 이론을 피로사회로 대변되는 21세기 포스트모던 시대에 재론하는 이유는 마치 창고에 들어가서 옛 지혜를 끄집어내어 새로운 현실에 적합한 이론을 개발하려는 것과 같은 온고지신(溫故知新) 정신의 발현이다.

결국 개인의 건강한 온전성 형성은 그 개인을 둘러싸고 있는 공동체 일원들과의 관계형성에도 지대한 영향을 미친다. 이러한 의미에서 아들러심리학은 마을교육공동체 형성에도 유의미한 영향을 미친다고 볼 수 있다.

V. 온전성 형성의 시각으로 본 거꾸로 교실과 아들러 심리학의 기독교교육적 함의와 마을교육공동체 형성과의 관계

기독교육적인 시각으로 볼 때, 인간이 하나님 앞에서 존엄한 존재로 살아가기 위해서는 본래 자신에게 주어진 온전성을 회복하여야 한다.

---

45 최창호, 『20세기를 빛낸 심리학자』 (서울: 학지사, 1999), 132.
46 같은 책.

그리고 이 온전성을 회복하는 것에 대하여 구약성경 신명기 6장 5절에 다음과 같이 기록되어 있다. "너는 마음을 다하고 뜻을 다하고 힘을 다하여 네 하나님 여호와를 사랑하라"고 신앙인이 추구해야 할 온전한 삶에 대하여 삼중 강조를 하고 있다. 이는 지·정·의(知情意)를 내포하고 있으며, 지식, 감정, 의지(혹은 행동)를 균형 있게 동원하여 신앙생활을 할 것을 촉구한 구절이다. 이를 데니스 홀링거(Dennis Hollinger)는 머리, 가슴, 손 신앙으로 표현하였다. 온전성을 추구하는 사람은 아는 것과, 느끼는 것과, 행동하는 것이 분리되어서는 안 되고 세 가지가 골고루 강조되어 통합적으로 인간이라는 존재의 양식을 표현해야 한다는 것이다. 홀링거는 역사 가운데 스콜라주의, 은사주의, 사회복음주의라는 세 가지 경향이 각기 따로 나타났는데 바로 이것이 머리, 가슴, 손 신앙을 대변하는 일종의 치우침이라는 것이다. 머리신앙을 최우선시하는 이들은 이성을 지나치게 앞세우고, 가슴신앙을 우선시하는 이들은 감정을 지나치게 강조하며, 손신앙을 앞세우는 이들은 행동하는 신앙만이 참 신앙이라고 주장한다는 것이다.47 사람이 온전성을 견지하려면 아래의 [그림 19]에서 표현된 것처럼, 지정의가 그리고 머리 가슴 손이 통합되어야 한다. 또 인식론적인 관점에서도 다음과 같은 요소가 통합되어야 할 것이다. 파커 파머(Parker J. Palmer)는 인식주체와 인식대상 사이에는 상호주관성(intersubjectivity)이 있다는 사실에 주목한다.48 그리고 진리는 늘 이 상호주관성이라는 관점에서 대해야 하는데 상호주관적 진리는 인격적(personal), 참여적/책임적(participatory/ responsible), 공동체적(communal)이다.49 파머가 주장한 인간에게 생

---

47 Dennis Hollinger, *Head, Heart, and Hands*, 이지혜 역, 『머리, 가슴, 손』(서울: IVP, 2008), 38 이하. 김도일, 『온전성을 추구하는 기독교교육』(서울: 장로회신학대학교 출판부, 2011), 48에서 재인용.
48 Parker J. Palmer, *To Know As We are Known: Spirituality of Education* (New York: HarperSanFrancisco, 1993), 32.

명을 주고 온전성을 회복하게 해 주는 진리는 교수자와 학습자가 상호 간에 서로 사랑과 신뢰를 바탕으로 추구하는 진리라는 것이다. 그러기에 상호주관성과 상호의존성이라는 개념이 중요하고 진리를 다른 사람 위에 군림하기 위한 도구로 사용하는 것이 아니라 다른 이들과 함께 공존하면서 함께 진리를 실천하며 책임적인 태도로 진리를 따르는 삶을 통합적으로 추구해야 온전성 형성에 한 걸음 더 다가서는 존재가 될 수 있다.

[그림 19] 온전성을 형성하는 세 가지 요소의 통합

온전성을 형성하기 위하여 본 연구는 거꾸로 교실과 코이노니아 속에서 일어나는 공동학습과의 상관관계를 다루었다. 그리고 거꾸로 교실이 위에서 언급한 바와 같이 온전성 형성에 기여한다는 사실은 이미 위에서 밝힌 바 있다. 그런데 이 온전성 형성은 기독교교육학에서 추구하는 인간화 작업에 결정적인 영향을 미치기에 큰 의미를 부여한다. 거꾸로 교실은 교사주도적이고 일방적인 전달중심의 교수방법에서 학습자주도적이고 쌍방적인 대화와 토론중심의 교수방법으로의 전환을 가져다 준다. 이것이 사라 리틀(Sara Little)이 말하는 "코이노니아 가운데서 함께 배우는 교육"이다. 거꾸로 교실은 일반적으로 전체 학습자가

---

49 위의 책, 48, 51, 57. 손원영, "포스트모던시대의 인식론," 『포스트모던시대의 기독교교육 학습공동체』(서울: 요단, 2014), 24-29에서 재인용.

같이 배우던 전통적인 학습과정의 순서를 뒤집어 놓은 교육의 과정 (process)으로서 교실에서의 수업이전에 먼저 개별학습의 과정을 거친다. 혼자서 먼저 주제에 대하여 생각하는 시간을 가짐으로써 미리 주제에 대한 숙제를 먼저 하는 것이다. 그리고 나서 학습자는 교실로 들어와 자신이 주도적으로 배운 교과주제에 대한 토론을 공동학습 과정 (learning together process)을 통하여 다시 하게 되는 것이다.50 여기에 거꾸로 교실이 주는 기독교교육적 함의가 있다. 거꾸로 교실은 주제에 대하여 피상적이지만 개인적인 내면화 과정을 거치고 난 후 공동학습, 토론의 과정을 거치면서 자신의 이해를 공동학습 과정을 통해 걸러내고 확인함으로써 학습에 이르게 되는 것이다.

사람은 누구나 자신이 혼자 배울 때보다 다른 사람과 한 그룹에 같이 속해 있으면서 다른 사람의 견해와 자신의 견해를 상호간에 서로 나누면서 갈등과 조정 그리고 이해와 수용, 연합의 경험을 하게 된다. 그룹 다이나믹스 이론에 의하면 그룹 내 사람들 간의 끊임없는 상호작용 가운데서 느끼는 개인의 학습경험은 일방적인 교수만이 진행될 때보다 훨씬 더 깊고 넓은 깨달음의 경험을 하게 한다. 필자는 매년 학생들과 같이 하는 여행 수업을 통해 이러한 경험을 하였다. 물론 이 현지를 탐방으로서 배움을 추구하는 여행 수업은 여행하기 전에 한 학기 내내 탐방할 여행지의 역사와 정치 그리고 교회에 대한 연구를 학생 스스로가 하게 하여 수업 시간에 발표하고 토론하게 함으로써 철저하게 자기주도적인 학습에 이르게 한다.

학생들과 함께 수업 속에서 거의 일방적인 전통적 수업을 수년 동안 교실에서 진행했던 학생들과는 아주 적극적인 학생 몇 명을 제외하고서는 삶을 나누는 일이 아주 적었던 반면에, 한 학기 동안 거꾸로 교실

---

50 Sara Little, *Learning Together in Christian Fellowship*, 김대균 역,『신앙, 친교, 교육』(서울: 백합, 1972), 20-21.

을 적용한 사전 학습자 주도 학습을 통해 무엇을 보고, 무엇을 생각하며, 무슨 경험을 추구할 지에 대한 연구와 토론을 나눈 후, 학생들과 함께 교실을 떠나 이미 연구한 나라로 여행을 가서 같이 걷고, 자고, 먹고, 보고, 배우면서 토론을 하고, 저녁시간 마다 개인의 삶과 새로운 배움에 대한 이야기를 연관시켜 함께 나누다가 다시 고국에 돌아오게 되면 어느덧 그들과 인생을 나누는 동지가 되어 있고 매우 깊은 인간관계가 형성되어 있는 것을 발견하게 되었다. 이러한 경험에 비추어 보아도 진정한 학습, 온전성 형성을 촉진할 수 있는 학습경험은 진정성이 담보된 친교와 사귐의 경험 위에 세워진다고 보아도 과언이 아닐 것이다. 사람은 함께 시간을 같이 지내는 가운데서 서로를 알아가고 그러는 중에 교과의 내용에 대하여 상호간 생각을 교환하면서 마음과 마음이 전달되면 삶의 빗장이 풀리면서 진정한 나누는 대화가 시작된다. 이른바 파머가 말하는 인식주체와 인식대상의 구분이 없어지고 상호간에 배움의 문이 열리고 모든 벽이 허물어지게 되는 것이다. 신약성경 요한일서 1장 3절에는 이렇게 기록되어 있다. "우리가 보고 들은 바를 너희에게도 전함은 너희로 우리와 사귐이 있게 하려 함이니 우리의 사귐은 아버지와 그의 아들 예수 그리스도와 더불어 누림이라." 이 구절에서 '사귐'이라는 단어는 헬라어로 코이노니아라는 단어로서 친교를 의미한다. 즉 삶을 나누는 친구가 되는 것이다. 전도의 목적도 사귐에 있으며 인간 상호간의 사귐을 통하여 보이지 않는 신의 존재를 확인하고 신앙심의 깊이가 더해진다는 것이다.

이러한 맥락에서 볼 때 거꾸로 교실에서 이루어지는 자기 주도적 학습과 협동 학습과 토론 학습은 신앙 성숙을 촉진하는 친교와 사귐이 이루어지게 할 수 있는 가능성을 많이 갖고 있다고 하겠다. 개인이 공동체 속에서 정보처리과정을 통하여 어떤 주제에 대한 이해를 갖게 되고, 집단 상호작용을 통하여 자신의 사회적 책임을 구성하게 되며, 간접적 의사소통을 통하여 자기검증을 하고 진리와의 조우를 하게 되며, 자각과 자기표현을 통하여 자아의 능력을 개발하면서 인격이 발달되기 되며, 상호간에 정보를 주고받으며 평가하고 생각하는 중에 행동과 반성을 과정을 겪으며 자신이 품게 된 신념에 자발적으로 헌신하고 순종하게 된다.51 거꾸로 교실을 통하여 자신과 상대방을 비롯한 모든 인간이 존엄한 존재이며 하나님의 형상으로 지은바 된 존재라는 사실을 확인하고 상호존중, 상호간 협동, 상호간 사랑하는 가운데 진정한 코이노니아를 실천하는 기반을 다져나갈 수 있다. 함영주가 강조한 것처럼 거꾸로 교실을 통하여 신앙의 성장과 변형을 이루어가는 "자기주도적 학습역량이 길러질 수 있다"라는 점에서 거꾸로 교실은 코이노니아적 환대가 일어나는 공동학습이 일어나게 하고 온전성을 촉진한다는 점에서 기독교교육적 활용 가능성에 대한 기대를 불러일으킨다.52

그리고 아들러의 이론은 사랑과 협동의 심리학이며 온전성을 형성하는 데에 긍정적인 영향을 미치는 교육적 효과가 있는 것으로 사료된다. 이에 대한 근거는 사랑과 협동이라는 두 용어가 아들러의 심리학을 요약하는 가장 적합한 용어라는 점에서 찾을 수 있다고 본다. 그는 안과의사로서 의술을 펼쳤으며, 실제로 낙천적이고 명확하며, 인내심 있고 적극적이고 긍정적인 심리학자였고 독특한 이해심으로 복잡한 성격과 상황까지 꿰뚫어 보는 혜안을 가졌던 상담가였으며 유머감각이 뛰어나 극도로 굳어진 환자들의 마음도 사로잡았었다고 그의 친구 정신과의사는 증언하였다. 그가 주창한 개인심리학은 인간성에 대한 포괄적인 지식을 전달하고 있으며 문제아, 노이로제 환자, 범죄자 등의 치료에 획기적인 성과를 이루었다.53 그는 또 교육자였다. 인간 행위의 문화를

---

51 Sara Little, *To Set One's Heart*, 사미자 역, 『기독교교육 교수방법론』(서울: 한국장로교출판사, 1988), 88-89.

52 함영주, "플립러닝을 활용한 성경교수 실행모형 개발," 「개혁논총」 34호(2015), 256-260.

53 Alfred Adler, *What Life Should Mean to You*, 김문성 역, 『심리학이란 무엇인가?』(서울:

연구하여 사람의 성격형성에 대한 지식을 부모와 교사들에게 전달하였던 교육자였다. 교사와 부모는 미래세대를 양육하면서 결코 실망해서는 안되며, 인내를 갖고 교육을 방해하는 온갖 장애를 극복하게 도와줄 수 있다. 그리고 게으름은 열등감과 실패감으로 인해 발생하곤 하며 교사와 부모는 자녀의 사회적 관심을 개발하려고 노력해야 한다.[54] 모든 사람은 혼자서 존재할 수 없으며 서로를 필요로 한다. 우리 모두는 서로를 위해 존재한다. 마치 긴 수저를 들고 풍성한 음식 앞에 앉아 있으나 스스로는 먹을 수 없고 타인을 먹여주거나 자신도 다른 사람의 도움을 받아야 먹을 수 있는 것과 마찬보여 준다. 오직 상호간에 도움으로써 자기 자신도 존재할 수 있다는 논리는 모든 인간이 반드시 가져야 할 사회적 관심의 중요성에 대한 것이다. 무익한 존재는 자신 외의 타인에게는 관심이 없으며 인간의 복리에 결코 유익이 되지 않는다.[55] 헨리 조지(Henry George)가 일깨워준 다음의 통찰은 아들러의 사회적 인간에 대한 이해와 일맥상통한다. "우리는 협동하도록 만들어진 존재다. 마치 두 발처럼, 두 손처럼, 두 눈꺼풀처럼, 위아래의 치열처럼."[56] 아들러의 관찰에 의하면 모든 실패자들의 공통점은 협동하는 능력의 정도가 낮다. 그러므로 협동하는 능력이 한 사람의 온전성을 파악하는 중요한 요소가 된다.[57] 아들러에게 있어 협동심을 가르치는 것은 최선의 교육이다.[58] 열등감 때문에 사회 속에서 낙오되거나 지나치게 우월감을

스타북스, 2011), 프롤로그.

54 Peter van Lierop, *Factors in* "Alfred Adler's Individual Psychology Relevant to Character Education,"「신학논단」, 7(서울: 연세대학교, 1962), 131-133.

55 위의 책, 33-38.

56 Parker J. Palmer, *A Hidden Wholeness*, 윤규상 역,『온전한 삶으로의 여행』(서울: 해토, 2007), 246에 인용한 이 글은 Henry George, *Progress and Poverty*,『진보와 빈곤』(서울: 비봉출판사, 1997), 315 참고.

57 Alfred Adler, *What Life Should Mean to You*, 김문성 역,『심리학이란 무엇인가?』, 90-92.

58 위의 책, 313-318.

획득하려다가 범죄하는 이들을 줄이고 궁극적인 도움을 주어 온전성을 추구하게 하려면 그들을 사랑하고 이해하는 교사를 훈련시켜야 희망이 있다.59 무엇보다 인류의 진보는 가정에서 시작되며 사회감정에 대한 잠재능력은 유전된다는 것이 아들러의 생각이며 동의할 수 있다고 본다.60 이 말은 사회감정 자체가 유전이 된다는 의미가 아니라 사회감정에 대한 잠재능력이 유전될 수 있다는 말이다.61 그러기에 가정과 학교는 한 사람이 온전성을 갖게 하는 가장 중요한 기관이며, 부모와 교사의 역할은 아무리 강조해도 지나치지 않은 것이다.

아들러는 과거의 상처에 얽매여 결정론적으로 자신의 현재를 과거에 비추어 포기하는 심정으로 산다든지 자신을 사랑하지 못하고 타인에 대하여도 지나치게 혐오하거나 반사회적인 태도로 일관하는 이들에게 자신과 타인을 사랑하고 그럴 힘이 자신에게 있음을 기억하고 의지적으로 사랑을 실천할 것을 촉구한다. 과거에 책임을 돌리기보다는 말이다.62 사랑과 협동을 핵심으로 하는 그의 개인심리학은 모든 개인에게 책임적인 인생관과 주도적인 삶의 스타일을 요청한다. 아들러의 심리학은 학습자의 온전성 형성에 내적 공헌도 매우 높다고 본다. 또 기독교교육학적 적용도가 매우 높으며 진보적인 신학에서 견지하는 학습자의 잠재력에 대한 소망과 확신을 지지한다고 볼 수 있다. 그의 심리학은 프로이트의 그것과는 달리 유신론적인 입장을 견지한다는 것이 일반적인 정론이다. 그는 타자에 대하여는 공동체 감성을 가질 것을, 아픔에 대하여는 아픈 존재 자체가 미안해야 할 일이 아니고 존재자체로 타자에게 공헌하고 있다는 생각을 가질 것을, 나이 듦에 대하여는 늙어가는 그 낯선 시간에서 삶을 아름답게 선택할 것을 그리고 죽음에 대하여 회

---

59 위의 책, 403-410.
60 위의 책, 435-440.
61 위의 책, 450-453.
62 위의 책, 488-496.

피하거나 죽기 전에 미리 죽지 말고 죽음을 자신을 완성할 기회로 삼을 것을 권면한다.63 아들러의 심리학은 인간의 존엄성을 세워주고 사회적 존재로서의 책임적인 존재로 살아갈 기운을 불어넣어 주며, 사랑과 협동을 격려하며 인생을 마지막까지 붙잡아 주는 마지막 재료는 "용기"라고 강변한다. 그의 심리학은 인간의 행동과 발달에 책임감을 갖고 대처하게 하는 심리학이며 타인과의 어울림을 강조하고 자기조각력(彫刻力)을 키워 행복한 삶을 만들어감으로 온전한 존재로 살아갈 것을 주장하였다.64 그의 사랑, 협동, 사회적 감성 그리고 용기는 학습자의 온전성을 형성하는 데에 기독교교육적으로도 매우 함축적이고 활용도가 높은 구체적인 학문적 기반을 제공해 준다.

VI. 온전성을 추구함으로써 인간의 존엄성을 회복하고 건강한 마을교육공동체를 형성하는 데에 일조하는 기독교교육으로

성과위주의 경쟁 사회 속에서 자신과 싸우고 타인과 부딪히며 끝없는 성장 신화가 만들어낸 허상 속에서 신음하면서 피로사회를 만들어 나가는 현대인 학습자들을 과연 어떻게 도와 온전성을 추구하게 할 수 있을까? 이런 질문으로 본 연구는 시작되었고 한병철의 『피로사회』는 끝없는 연민을 불어넣어 주어 필자로 하여금 연구에 대한 열정과 동기를 갖게 하였다. 기독교교육은 망가진 인간성을 다시 회복시키기 위해 오신 예수 그리스도를 신앙하는 기독교교육을 통해 온전성을 회복시키는 데 일조하여 하나님 앞에서 위대한 인간의 위대한 존엄성을 회복시

---

63 岸見一郎, よく生きるということ「死」から「生」を考える, 노만수 역, 『늙어갈 용기: 자유롭고 행복해질 용기를 부르는 아들러의 생로병사 심리학』, 1장-5장 핵심.
64 W. Beran Wolfe, *How to Be Happy Though Human*, 박광순 역, 『아들러의 격려』 (서울: 생각정거장, 2015), 28-32. (번역본)

키기 위한 인간의 제반 교수-학습 과정에 관여하는 시도이며 이를 체계적으로 정리한 것이 기독교교육학이다. 그러기에 이 목표를 성취하기 위하여 가정과 교회와 학교가 마을 속에서 연계하고 연합하여 학습자의 수동적인 학습 자세를 바로 잡아 주어 자기주도적인 개별 학습에 재미를 느끼게 하고 상호교류와 상호존중의 정신으로 공동학습, 공동토론으로 객관적으로 느껴졌던 지식을 주관적인 자기 지식, 공동체를 위한 지식으로 만들어 나가는 구성주의적인 시도인 거꾸로 교실을 교수-학습방법으로 채용할 수 있을지에 대한 가능성 여부를 타진하고 적용하기 위하여 연구를 진행하였다.

결국 아들러심리학과 거꾸로 교실의 이론은 개인뿐만 아니라 마을에서 살아가는 개인들에게 연대감을 제공하고 협력과 협업의 중요성을 일깨워주며, 서로를 존중하며 사랑하는 관계 형성을 도와주는 매우 유익한 것으로써, 마을교육공동체 형성에 일조할 수 있다는 확신을 갖게 한다. 그리고 거꾸로 교실이라는 교수학습과정의 안에서 어쩌면 아직도 신음하고 열등감에 빠져 있을지 모를 학습자의 내면적인 자아를 올바른 시각으로 바라보고 자기 확신을 얻고 사랑과 협동이라는 열정과 동기를 갖고 사회적 감성(social emotion)을 키움으로써 공동체 속의 자신과 타인을 건강한 시각으로 대하고 살아갈 수 있도록 돕는다는 것을 연구를 통해 확인하였다. 그리고 과거의 트라우마가 아무리 자신을 잡는 것처럼 느껴질지라도 그 과거의 경험을 숙명적인 것으로 여기고 얽매이는 우를 범하지 않는 온전한 자아를 지닌 개인, 사회적 이슈에 자신도 연결되어 있다는 책임적 개인으로 살게 하는 아들러의 개인심리학을 개인의 속사람을 온전하게 하는 심리철학으로 삼아 온전성을 추구하는 통로로 삼는 것이 가능하다는 것도 발견하였다.

이렇게 교육학과 심리학이라는 독립된 두 학제의 범주를 '온전한 자아 형성'이라는 주제에 대하여 초학제적으로 융합하는 학문적 방법론으로 활용하여 온전성을 추구하는 기독교교육론을 세우는 가능성을 발견한 것이다. 소망하기는 본 연구를 통해 경쟁사회에서 생존하기 위해 투쟁하던 중 쌓이게 된 피로와 상처를 거뜬히 극복하고 자신 학대와 착취의 덫을 과감히 벗어 던져 버리고 모든 믿는 이에게 안식과 평화를 주는 예수 그리스도를 의뢰하는(벧전 5:7, 마 11:28) 용기 있는 믿음의 선택을 하는 현대인들이 많아지기 바란다. 과거의 망령에 붙잡혀 자신을 무의미하게 버리거나, 자기만이 탁월한 존재라는 유아기적인 선택을 하거나, 남의 시선을 지나치게 의식하다가 자아를 잃고 지쳐 포기하기보다는 당당하나 겸손한 존재로서 사회적이면서도 성찰적인 신앙인으로 거듭나 공감과 협동정신을 발휘하는 건강하고 온전한 존재가 되어야 할 것이다. 그리하여 온전성을 추구하는 공동체 속의 개인으로 성숙하게 되어 기독교교육의 목적인 만물의 창조주이신 하나님 앞에서 (Coram Deo) 인간의 존엄성을 회복하고 상호공존, 공생하며 서로를 위하여 살아가는 마을교육공동체를 형성하는 존재이어야 할 것이다.

6 장
더불어 행복한 삶을 위한 플랫폼
: 마을교육공동체*

I. 시멘트 토건문화 속에서 더불어 행복한 삶을 위한 연구

본 연구는 더불어 행복한 마을교육공동체를 만들기 위하여 수행되었다. 인류의 삶은 겉으로 보면 생활 방식의 발전과 생활의 질에 혁신을 이루어온 것으로 보인다. 그러나 제4차 산업혁명시대를 맞이했다고 말하는 오늘, 인류는 과연 더불어 행복한 삶으로 나가는 노정에 있는지에 대한 질문을 던져야 하는 국면에 놓여있다고 할 수 있다. 클라우스 슈밥(Klaus Schwab)은 효율성과 생산성이라는 측면에서 볼 때 제4차 산업혁명이 "지구촌 사람들의 소득 수준을 높이고 삶의 질을 향상시킬 잠재력을 가지고 있다"[1]고 말한다. 그러나 이 기술과 과학의 발전이 장밋빛 예고만을 하는 것은 아니다. 3D 프린터로 잃어버린 다리를 만들어내고

---

* 이 글은 「장신논단」 49-4집, 2017.12: 399-435에 게재되었고, 수정·보완하였다.
1 Klaus Schwab, "4차 산업혁명의 도전과 기회," Klaus Schwab 외 26인, 『4차 산업혁명의 충격: 과학기술 혁명이 몰고올 기회와 위협』 (서울: 흐름출판, 2016), 19.

이전보다 더 편리한 생활을 창출해 낼 것은 분명해 보이지만 심각한 사회 불균형과 노동시장의 붕괴를 가져올 수 있다는 불편한 예고도 적지 않은 것이 사실이다.

경제적 효용성과 편리함에 대한 추구가 생태계의 파괴를 가져온지 오래 되었고 이기심에 사로잡힌 사람들의 욕심으로 말미암아 더불어 행복한 삶이 파괴된 예는 얼마든지 있다. 예컨대 평화롭고 소박한 삶을 추구하는 원주민들을 금광에 대한 욕심 때문에 몰아내고 살인과 착취로 점철된 역사의 뒤안길을 따랐던 인류를 볼 수 있었다. 한번 망가진 생태계는 다시 복원되기 어려우며 불신으로 망가진 관계는 회복되기가 거의 불가능한 예를 인류는 반복적으로 경험하였다. 제4차 산업혁명시대의 도래를 인정하든 않든지 간에 인류는 진정한 인간의 삶이 본질적으로 추구하는 인간됨의 정체성과 책임적인 역사의식 그리고 다른 존재들과의 더불어 살아가며 행복을 추구해야 하는 의무를 갖고 있다고 하는 점에 대해서는 아무도 이견이 없으리라고 본다. 최근 부산과 강릉에서 중학교 동급생들끼리 무릎을 꿇게 하고 무차별적 폭행을 가한 사건은 우리에게 큰 충격을 안겨준다. 가해자 중 한 학생은 "이것도 추억" "페북 스타 돼야지"라며 뉘우치는 기색을 보이지도 않았다.[2] 무한 경쟁 속에서 불안감과 우울을 경험하게 하는 요인은 다양하지만 대개 가정의 사회경제적 요인, 심리사회적 측면, 물리적 환경 측면 등이 있는데 빈곤, 부모의 이혼, 폭력, 범죄, 괴롭힘 등의 외상요인이 작용했을 확률이 크다.[3] 우리사회는 불안, 폭력, 우울사회가 되고야 말았다. 서로가 서로를 배척하고 멀리하며 다른 사람의 소리에 귀를 기울이지 않는 분열사회가 된 것이다.[4]

---

2 전영래, ""이것도 추억…" 강릉 청소년 폭행 가해자 대화내용 '분노,'" 〈노컷뉴스〉, 2017. 9. 6.
3 강현아, "청소년의 누적 위험 요인이 우울 및 불안에 미치는 영향," 「청소년학연구」, 2013, 20(9), 175-183.

더욱이 오늘날 토건문화 속에서 시멘트로 둘러싸인 도시 속에서와 심각한 사회적 경제적 불평등 가운데에서 신음하는 시골의 상황을 통털어서 생각할 때, 과연 이 시대에 더불어 행복한 삶을 추구하는 마을을 이룰 수 있는지에 대한 고민을 하는 것은 매우 필요한 일로 보인다. 이러한 시각에서 본 연구는 다음과 같이 진행될 것이다. II에서는 제4차 산업혁명 시대에 우리 삶이 당면한 교육적 도전에 대하여 다룰 것이다. III에서는 마을교육공동체의 요소: 더불어 행복한 삶을 다룰 것이다. IV에서는 더불어 행복한 삶을 위한 플랫폼: 마을교육공동체에 대하여 다룰 것이다.

II. 제4차 산업혁명 시대에 우리 삶이 당면한 교육적 도전

제4차 산업혁명 시대는 어느 날 갑자기 우리 곁에 다가온 것이 아니다. 증기기관의 발명을 통해 기계적 혁명으로 다가온 제1차 산업혁명, 전기 동력을 통한 대량생산이 가져온 제2차 산업혁명, 컴퓨터를 통한 자동화로 다가온 제3차 산업혁명 그리고 소프트파워를 통한 지능형 공장과 제품의 탄생으로 우리 곁에 다가온 것이 바로 제4차 산업혁명이다.[5] 산업의 대량화, 정보화, 지능화로 대변되는 과학과 기술의 발전은 인류의 삶을 서서히 변화시키다가 급기야는 인공지능과 사물인터넷과 로봇산업의 발전으로 말미암아 급격한 변화를 예고하고 있다. 인공지능은 자가학습이 가능해진 딥러닝(Deep Learning)을 활성화시켰고 결국 인류는 기계와 대결해야 할 양상으로 치닫고 있다는 불길한 예감마저 주고 있다. 이전에는 하나님에게만 적용했던 표현, 즉 자지도 않고

---

4 정재영, 조성돈, 『더불어사는 지역공동체 세우기』 (서울: 예영커뮤니케이션, 2010), 5.
5 KBS 〈명견만리〉 제작팀, 『명견만리』 (서울: 인플루엔샬, 2016), 138-139.

졸지도 않으며 아프지도 않으면서 끊임없이 지식을 축적하고 자기만의 고유한 알고리즘을 통해 판단을 하는 기계의식(Machine consciousness)을 갖게 될지도 모른다고 많은 과학자들이 경고하는 지경에 이르게 되었다. 빅데이터로 무장한 인공지능이 바둑의 천재들을 무력화시키고 바둑보다 훨씬 더 복잡한 인공지능의 개발이 필요한 온라인 게임 '스타크래프트 2'와의 일전을 앞두고 있으며 과거에는 생각도 하지 못했던 속도로 발전하고 있는 상황이다.6 김대식에 의하면 인류는 처음에는 인간의 뇌를 이해하기 위하여 딥러닝이라는 학습모델을 만들었지만 이제는 딥러닝 자체가 너무 복잡해지고 나니 딥러닝 자체를 이해 못하게 되었다는 것이다.7 이제는 제4차 산업혁명이 어디까지 진행되어야 하는지를 결정하고 선택적으로 채용하는 일이 중요해졌다. 조한혜정의 주장처럼 이제 우리는 제4차 산업혁명 윤리위원회를 만들어 '제4차 산업혁명 정책'을 점검하는 사회적 장치가 필요하다.8

1. 플랫폼이라는 도전과 그 특징

지식의 소유에서 공유로, 지식의 폐쇄에서 개방으로 변화되어야 하는 시대가 되었다. 가상공간에서 지식을 전달하고 공유하는 소셜 네트워크 시스템(SNS: 유튜브, 페이스북, 트위터, 카카오톡)은 검색엔진(구글, 네이버, 다음)을 통하여 엄청난 양의 지식을 세상에 유포하고 있다. 거기에는 사전도 백과사전도 존재하며 학문과 학문을, 사람과 사람을 연결하는 매체로서 존재하고 있는 세상이다. 여행을 하기 위한 대합실로만 이해되었던 플랫폼(Platform)의 개념은 이제 세상의 거의 모든 지식과

---

6 최중빈, 권택민, "4차 산업혁명과 국내 게임산업 발전방향 연구," 『한국게임학회지』, 2016. 12. 16권(6), 33.
7 김대식, 『인간 vs. 기계』 (서울: 동아시아, 2016), 189-203.
8 조한혜정, "4차 산업혁명 정책 점검이 필요하다,"〈한겨레신문〉, 2017. 8. 29.

지혜를 모아 활용할 수 있게 하는 거대한 학습공간이 되었다. 제4차 산업혁명을 이해하는 키워드도 ICBM Platform인데 이는 사물인터넷(IoT), 클라우드(Cloud), 빅데이터(Big Data), 모바일(Mobile) 플랫폼이다. 사물인터넷은 센서(Sensor) 기술로써 사물 정보를 수합하여 중앙컴퓨터인 클라우드센터로 전달하는 것이다. 클라우드는 사물인터넷에서 전달된 정보를 분석하여 원격서비스를 제공하는 시스템이다. 빅데이터는 정보를 분석하는 기술로서 신속한 속도로 데이터를 분석하여 중앙처리장치로 전송하여 의미있는 정보를 추출해 내는 역할을 한다. 마지막으로 모바일은 최종 사용자에게 데이터를 전송해 주는 장치로서 모바일 폰, 드론, 자율자동차 등에 데이터를 전달하는 모든 수단이 모바일인 것이다. 이처럼 제4차 산업혁명시대는 사물인터넷, 클라우드, 빅데이터, 모바일이 상호유기작용을 하면서 정보를 교환하고 유통하는 플랫폼이라고 정의할 수 있는 것이다.[9] 이러한 관점에서 볼 때 『명견만리』에서 지적한 것처럼 대학은 더 이상 수용적 사고력만을 강조하는 교육기관이 되어서는 존재하기 어렵다. 선생님의 가르침을 잘 수용하는 것이 필요하지만 수용과 더불어 비판적이고 창의적인 사고를 더불어 키워야 자신의 개성을 살리고 학문의 발전에도 기여할 수 있는 시대가 된 것이다.[10] 이 모든 변화는 지식의 평준화라는 도전과 플랫폼으로 변화를 촉구하는 도전에 기인한 것이다. 플랫폼에서 모든 지식이 공유되고 소통되는 교육환경의 변화는 생각의 힘을 강하게 요청하고 있고, 지식의 바다에서 통찰을 끄집어낼 수 있는 사유능력을 개발하는 것이 제4차 산업혁명 시대에 살아남아 기여할 수 있는 열쇠가 된다.

---

9 유성민, "5분만에 터득하는 제4차 산업혁명," 『경영매거진』, DBR 220호
10 KBS 〈명견만리〉 제작, 『명견만리』, 252-255.

도전 1. 지식의 평준화

　제4차 산업혁명 시대의 교육적 도전은 지식의 평준화에 있다. 인류의 지식 총량이 기하급수적으로 증가하고 20세기 전까지 백년마다 두 배씩 증가하였으나 1900년대부터는 25년으로, 2017년에는 거의 일년에 두 배씩 증가하며 2030년에는 3일마다 두 배씩 증가한다는 예상은 실현가능한 이야기가 되고 있다.[11] 20세기까지는 먼저 태어나 먼저 배운 선생님의 역할이 중요했다. 지식 전달자로서 말이다. 그래서 선생님의 말씀을 잘 듣고 잘 배워서 선생님이 만든 시험문제를 선생님의 뜻에 따라 잘 외워서 그대로 적을 수 있는 학생이 점수를 잘 받아 이름난 학교에 들어가고 자격증 시험에도 붙었고 그 사람에게 출세의 길이 보장되던 시대가 있었다. 물론 아직까지 그러한 관성이 남아 있는 것이 사실이다. 만약에 사람만이 지식을 다 배워서 써먹어야 하는 시대가 지속된다면 지식을 선점한 사람이 잘 사는 시대가 영속적으로 계속될 것이다. 그러나 스마트폰이 대부분의 사람의 손에 들어간 이후 지식 평준화시대가 가속화되고 있다. 20세기 중반 한국에 존재하던 두 사람의 만물박사(인문학, 양주동; 자연과학, 조경철)와 같은 학자는 마치 세상의 모든 지식을 독점한 사람들인 것처럼 보였다. 그러나 이제 스마트폰이 모든 사람들의 지식 욕구를 채워주고 있으며 적어도 생활에 필요한 일반 지식들은 더 이상 전문가들의 도움이 필요 없게 되었다. 지식평준화 시대가 열린 것이다. 인터넷의 검색엔진은 빅데이터를 끊임없이 축적하고 그 데이터에 기반한 인공지능은 다양하고 다각적인 지식의 융합을 통하여 인간 교사가 하던 많은 역할을 대신하고 있는 것이다. 이제 인류는 교사와 학생의 역할이 명확하게 구분되는 시대에서 급격하게 탈피하고 있다고 보아야 할 것이다. 학습생태계 지형이 급변하고 있고, 그

---

11 KBS 〈명견만리〉 제작팀, 『명견만리』, 5.

러한 상황에 대한 교육적 대안이 시급하게 요청되는 시대에 우리가 살고 있다.

도전 2. 전인교육, 전맥락적 교육, 뉴리터러시 교육

제4차 산업혁명시대는 전인, 전맥락, 뉴리터러시의 도전이 극명하게 드러나는 시대이다. 마치 홍수가 난 상황에서 물이 없어 갈증을 느끼는 것처럼 앞서 언급한 지식이 강처럼 넘쳐난다고 하여 모든 것이 해결된 것은 아니라는 말이다. 그러므로 이제는 더 이상 단순히 한 가지의 덕목이나 과목을 배워서 활용할 수 있는 시대가 아니다. 최연구가 주장한 것처럼 제4차 산업혁명의 도전은 사람들의 "직무역량 안정성(Skills Stability)"에 지대한 영향을 미칠 것이며, 변화에 따라 유연하게 문제를 해결하기 위해 전인적 교육을 시도하고 기술능력을 함양하는 것은 물론이고 자신의 전문지식을 활용할 수 있는 전맥락을 파악하고 활용할 수 있어야 하며 인류의 복지와 양질의 삶을 제공할 수 있는 지식을 분별하는 뉴리터러시(문해능력) 교육에 치중해야 한다.12

이러한 관점에서 볼 때 교육과 학습의 생태계를 잘 파악하는 지혜가 필요하다. 마치 구약성경역대기에서 사울왕 시대의 혼란을 종식시키기 위하여 이스라엘 제 족속이 군사를 일으켜 나라를 구하려고 할 때, 잇사갈 족속이 가졌던 자세―시세를 읽고 마땅히 행할 바를 아는(대상 12:32)―가 절실한 시대가 도래한 것이다. 이제 교육생태계는 암기를 순응적으로 하고 선생님의 지식을 그대로 답습하여 학위를 따고 자격증을 딸 수 있는 시대에서 벗어나고 있다. 플랫폼 시대에는 소위 진정한 자기의 지식을 만들어낼 수 있는 진지한 독서와 토론과 발표능력을 키

---

12 최연구, "4차 산업혁명시대의 미래교육 예측과 전망," *FUTURE HORIZON* 2017, (33), 32-35.

워야 하며 경험적인 지식과 전문가들과의 벽을 허무는 공조를 통하여 '통찰'을 끄집어낼 수 있어야 한다. 온고지신(溫故知新)의 통찰은 아직도 유효하다. 예컨대 정약용의 제자 황상이 자신의 통찰이 나올 때까지 끊임없이 송나라 시인 육유의 시 일천수를 베껴 쓰는 노력을 기울였던 결과 훗날 아무도 따라 올 수 없는 자신만의 고유한 시가 창조된 것이다. 그의 스승 정약용도 마찬가지다. 그는 귀양살이 18년 동안 오경과 서서를 반복해서 연구하였고, 중국의 23사(史)와 우리나라의 역사서와 각종 문서에서 옛날의 사목(司牧)이 백성을 섬긴 자취를 골라 정리, 분류, 수합한 결과 목민심서와 같은 명저를 저술할 수 있었다.13 서양에도 이와 유사한 학문적 시도를 찾아 볼 수 있다. 30대의 젊은 나이에 미국 시카고대학의 총장이 되었던 로버트 허친스(Robert Hutchins)가 그의 동료 애늘러(Adler Mortimer), 마리탱(Jacques Maritain)과 같이 시도했던 위대한 독서 프로그램(Great Books Program)이 그것이다. 그들은 시카고대학에 입학한 학생들이 졸업할 때까지 100권의 인문학 서적을 읽고 독서물을 제출하는 것을 기본과정으로 만들었다. 그 결과 시카고대학은 수많은 노벨상 수상자들을 배출한 것으로 추정되거니와 시카고대학을 명문대학의 반열에 올려놓았다고 후세 학자들은 평가한다.14 이것이 플랫폼 도전 시대에 공헌할 수 있는 진정한 장인이 될 수 있는 길이다.

이와 맥을 같이 하여 〈시사매거진 이코노미스트〉는 2020년에 가장 중요해질 수 있는 10가지의 업무능력을 다음 표와 같이 제안한 바 있다.

개인의 능력만을 중요시하는 교육에서 벗어나 다른 이들과 함께 하는 '더불어' 사는 사회적 지능을 개발하는 것이 중요하다. 소위 공감능

---

13 김도일 편, "프롤로그," 『미래시대, 미래세대, 미래교육』 (서울: 기독한교, 2016), 27-29.
14 김도일, "항존주의 교육철학의 재조명과 기독교교육적 함의 - 한국 기독교의 미래에 대한 교육적 제언,"「장신논단」, 39권. 2010. 12, 379-407을 참고하라.

1. 맥락 파악(Sensemaking)	이미 존재하거나 드러난 사실을 토대로 보다 깊이 있고 새로운 의미와 신호를 읽어내는 능력
2. 사회적 지능(Social Intelligence)	다른 사람들과 직접적이고 깊게 교감/교류하는 능력
3. 참신하고 적응할 수 있는 사고(Novel and Adaptive Thinking)	기계적이고 틀에 박힌 방식이 아닌 새로운 방식으로 문제를 해결하는 능력
4. 다문화역량 (Cross-cultural Competency)	문화적 차이를 가진 타인을 이해하고 유연하게 받아들일 수 있는 능력
5. 컴퓨터적 사고력 (Computational Thinking)	정답이 없어도 데이터에 근거해 판단하고 데이터에 숨어 있는 추상적 의미를 찾아내는 능력
6. 뉴미디어 리터러시 (New Media Literacy)	뉴미디어를 활용해 새로운 콘텐트를 만들고, 주체적으로 정보를 받아들이는 능력
7. 초학문적 능력 (Transdisciplinary)	학문의 경계를 뛰어넘는 다양한 시각으로 현상을 이해하는 능력
8. 디자인 마인드셋 (Design Mindset)	요구하는 결과를 얻기 위해 적절한 업무 프로세스를 개발하고 표현하는 능력
9. 인지적 부하 관리(Cognitive Load Management)	중요도에 따라 정보를 판별하고 걸러내는 능력
10. 가상 협력 (Virtual Collaboration)	가상 팀의 멤버로 존재감을 드러내며 참여를 끌어내 생산성을 높이는 능력

〈표 5〉 미래교육에 필요한 10가지 핵심 능력

력과 소통능력을 개발하기 위하여 공동체적 삶을 추구하는 교육이 필요하다는 말이다. 무엇보다 제4차 산업혁명 시대에는 이전보다 더 다문화적 상황이 많이 벌어질 것이며 자신이 속한 민족이나 문화에 갇히는 사고에서 벗어나 차별하지 않고 차이를 인정하며 존중하는 자세를 함양하는 교육이 중요하다. 또 수많은 데이터를 대하면서 그 안에서 전체적으로 흐르는 사회적 가치를 찾아내어 더불어 행복한 공동체를 위해 공헌하는 열쇠를 찾는 능력을 배양해야 한다. 그렇게 되기 위해서는 오늘날과 같이 뉴미디어[15]가 넘쳐나는 시대에는 뉴리터러시, 즉 이전

---

15 뉴미디어란 "영화, 그림, 음악, 언어, 문자 등의 전통적인 전달 매체에 컴퓨터와 통신

보다 더 높은 밀도의 문해능력을 갖게 하기 위하여 교사와 학생이 힘을 합치고 토론과 현장 경험교육을 강화하여야 한다. 그렇게 함으로써 분별능력을 가질 수 있다. 또 통섭의 과정을 통하여 융합하는 초학문적 연구를 시도하고 마인드맵과 같은 사고체계를 발달시키는 사유훈련을 실시하고 부하가 많이 걸리는 압박상황 속에서도 견뎌낼 수 있는 심력, 즉 마음의 근력(Mind power, Grit)을 키워야 한다. 이를 위하여 사람과 사람이 서로 연대하고 연결하며 소통하는 가상 및 물리적 친교(koinonia)를 권장하는 문화를 창출하여야 할 것이다. 바로 이것이 제4차 산업혁명 시대의 전인, 전맥락, 뉴리터러시와 같은 도전에 응전하는 준비를 할 수 있다고 본다.

III. 마을교육공동체의 요소: 더불어 행복한 삶

1. 제4차 산업혁명 시대가 한 여름 밤의 꿈이 되지 않게 하려면

제4차 산업혁명 시대의 도래에 대하여 이미영은 "한여름 밤의 꿈"으로 묘사하면서 인공지능의 발전이 인간의 능력을 넘어설 조짐은 분명하지만 장차 인류의 삶을 더 풍요롭게 할지 아니면 인류의 안녕을 위협하게 될지에 대한 결정도 인간의 가치 판단에 달려있다는 클라우스 슈밥(Klause Schwab)의 얘기에 주목한다. 이미영은 "결국 인공지능과 제4차 산업혁명의 미래는 인간의 가치관과 의지가 좌우한다. 모든 인류공동체가 행복한 내일을 위해서, 서로를 보듬는 형제 의식으로 돌봄과 나눔을 실천하며, 인간 사회의 정의와 평화를 이루는 세상의 도구로 제

기술, 스마트 모바일 기기, 인터넷 등이 갖는 높은 상호작용성이 더해져 만들어진 새로운 개념의 매체를 가리킨다." https://ko.wikipedia.org/wiki/뉴_미디어. 2017. 9. 8. 12:30 접속.

4차 산업혁명의 방향을 논의"해야 하며 그렇지 않을 경우 인류의 생존과 번성을 위한 모든 몸부림은 한여름 밤의 꿈으로 끝나기 쉽고 결국 파국을 맞게 될지도 모른다는 점을 기억해야 한다고 하였다.16 제4차 산업혁명이 오고 있다는 경제 파수군의 외침은 어쩌면 작은 나라 대한민국이 세계경제계에서 생존하기 위해서는 속히 생존전략을 만들어 대응해야 한다는 조바심에 기인한 외침이라는 것이다. 그러나 결국 무엇이 다가오던지 제대로 대응하려면 건강한 자아와 더불어 행복한 사회를 만들기 위해 경쟁하기 보다는 서로를 보듬고 돌보아야 하고, 소유에 모든 신경을 곤두세우기 보다는 공유하여 서로를 위하여 나누는 삶에 더 초점을 맞추며 정의롭고 행복하며 살만한 사회를 건설하겠다는 의지를 앞세워야 한다는 말이다. 이러한 관점에서 여기서는 더불어 행복한 삶에 대하여 논하고자 한다.

2. 더불어 행복한 삶에 대한 두 가지 논쟁

더불어 행복한 삶이란 무엇을 말하는가? 시작하는 말에서 언급한 것처럼 우리 사회는 무서운 청소년들을 양산해 내었다. 동료의 얼굴에 발길질을 하고 머리가 깨져서 피를 흘리는 모습을 보고 말리는 동료를 향해 "너도 이 아이처럼 되어볼래?"라고 협박하며 도덕관념이 거의 없고 겁이 없는 우리의 자녀를 만들어내었다. 연구자는 2012년에 점점 더 피폐해져가는 어린이와 청소년의 삶을 살펴보았고 그 이유를 규명하기 위하여 어린이와 청소년들의 행복지수에 관한 고찰을 하였다. 또 청장년들의 근로관에 관한 고찰을 시도하였다. 이 두 가지 연구를 살펴본 결과 대한민국에 사는 어린이와 청소년들은 외모지상주의와 성적우선주의로 인하여 심하게 고통당하고 있으며, 청장년들은 경쟁과 성과 위주로 고착된 사고방식과 사회적 통념으로 인하여 오랜 시간 일하면

---

16 이미영, "한여름 밤의 꿈, '제4차 산업혁명'," 『가톨릭평론』, 2017. 7/8월 제10호, 8-9.

서도 성취감이 매우 적으며 타인과의 관계형성능력이 매우 취약한 것을 밝혀내었다.17 5년이 지난 2017년에는 어떤 상황이 되었는지 살펴보는 것은 오늘 우리의 모습을 평가하는 데에 도움이 될 것이다.

	주관적 행복	물질적 행복	보건과 안전	교육	가족과 친구관계	행동과 생활양식
2009	64.3	89.1	110.5	123.4	91.6	95.1
2010	65.1	96.9	104.2	109.6	99.4	129.2
2011	66.0	110.7	102.6	127.8	96.1	129.3
2012	71.4	110.1	102.6	133.9	96.7	126.6
2013	72.5	110.8	108.4	123.0	95.1	129.1
2014	74.0	111.9	111.1	122.2	98.9	128.8
2015	90.4	114.4	110.7	114.5	106.1	135.7
2016	82.0	112.4	113.0	114.5	104.8	129.8

〈표 6〉 어린이 청소년 행복지수의 변화 추이

연세대 사회빌진연구소와 방정환새단의 합동연구는 2012년 기준으로 할 때 조사가 완료된 2016년 현재 주관적 행복요소는 71.4에서 82로, 물질적 행복요소는 110.1에서 112.4로, 보건과 안전요소는 102.6에서 113.0로, 교육요소는 133.9에서 114.5로, 가족과 친구관계요소는 96.7에서 104.8로, 행동과 생활양식요소는 126.6에서 129.8로 된 것을 볼 수 있다. 이 보고서에 의하면 돈보다는 가족의 행복에 더 많은 가치를 두는 어린이와 청소년들은 전반적으로 삶에 더 만족하는 것으로 나타났으며, 성적이나 집안의 경제수준보다도 부모와의 관계가 어린이 청소년의 삶에 더 중요한 것으로 나타났고, 부모와의 원만한 관계가 자살 충동을 줄여 준 것으로 나타났으며, 위험집단에 속할 확률을 줄여준 것으로 나타났다. 위의 표도 역시 사회발전연구소와 방정환재단의 공동연구이다.18

---

17 김도일, "온전한 삶을 추구하는 기독교교육," 「장신논단」, 44(2), 2012. 7, 387-416.
18 연세대학교 사회발전연구소, 한국방정환 재단, 『한국어린이, 청소년 행복지수 연구: 국제비교연구조사결과보고서』, 2016. 5. http://www.korsofa.org/ pdf. 2017. 9. 11.

과연 행복이란 무엇인가? 행복에 대한 두 가지 중요한 연구는 행복에 대한 개념을 정리하는데 매우 필요한 것으로 사료된다. 그 두 가지는 목적론적인 행복에 대한 연구와 진화론적인 행복에 대한 선행연구이다. 전통적으로 행복에 대한 목적론적 연구는 다음과 같다.

임정환은 아리스토텔레스(Aristotels)의 목적론적 행복론에 대하여 다루면서 모든 생물은 목적을 향하여 살아가고 있으며 특히, 인간은 궁극적인 목적 혹은 최고선(善)인 행복을 실현하기 위하여 노력하며 존재한다는 점을 강조한다. 아리스토텔레스가 추구하는 행복이란 어떤 쾌락이나 명예를 추구하는 것이 아닌 인간의 본질인 이성적 탁월성을 추구하는 것과 인격적인 탁월성을 추구하는 영혼의 추구이며 그것은 곧 정신적인 탁월성과 관계적인 탁월성, 즉 도덕적인 삶을 추구하는 것이다.[19] 요약하자면 인간은 인간존재의 궁극적인 목적이자 최고선인 행복을 추구하는 존재라는 말이다. 이런 논리로 보면 행복이란 인간이 궁극적인 목적을 추구하여 즐겁고 만족함을 느끼는 상태이다.

두 번째 중요한 선행연구는 진화론적인 관점에서 본 행복에 대한 서은국의 연구이다. 그는 인간행복의 근원적인 동기는 생존과 번식이며, 행복은 진화의 산물이라고 말한다. 서은국은 모든 인간은 다른 동식물과 마찬가지로 행복을 궁극적인 이유나 목적으로 삼아 사는 존재가 아니라, "생존하기 위하여 필요한 상황에서 행복을 느껴야만 했던 것"이라고 한다. 행복은 생존을 위한 정신적 도구라는 것이다.[20] 행복이 최고의 선이며 인간존재의 목적이라는 아리스토텔레스의 행복론은 일종의 견해일 뿐, 사실은 아니며 다윈(Charles Darwin)의 진화론이 행복론의 사실에 접근할 수 있는 학문적 통로라는 점을 강조한다. 목적론은 도덕

10:30 접속.

19 임정환, "아리스토텔레스의 철학이 행복교육에 주는 시사," 『홀리스틱 교육연구』, 2015, 제20권 제1호, 55-67을 참고하라.

20 서은국, 『홀리스틱 교육연구』 (서울: 21세기북스, 2014), 71.

적 버전의 행복론이며 다윈의 그것은 과학책 버전의 행복론이 된다는 것이다.21 이런 논리로 볼 때 서은국에게 행복이란 인간의 뇌가 생존하기 위하여 발생시키는 일종의 의식적인 상태이다. 그는 북유럽 국가들의 행복지수가 높은 이유를 그들의 개인주의적 성향, 즉 다른 사람의 시선에 신경 쓰지 않는 문화적 특성에서 찾으며, 우리나라 사람들의 집단주의적 경향이 타인의 평가에 신경을 지나치게 민감하게 되어 상대적으로 행복감이 줄어들게 된다고 평가한다.22 그는 대개 행복을 느끼는 이들의 특성을 외향성에 찾으며, 개인주의적 성향을 중요시하는 문화에서 찾는다. 그의 분석은 일리가 있으며 행복에 대한 통찰을 준다. 서은국의 연구에서 백미는 그의 인간론적인 인간성에 대한 내적동기 연구라고 볼 수 있다. 인간은 다른 동물과 같이 생존과 짝짓기를 위하여 존재하며 경쟁 속에서 살아남고 자기 자손을 이어나가기 위하여 본능적으로 애를 쓰며, 행복이라는 목적을 달성하기 위하여 산다기보다는 생존하기 위하여 행복이라는 감정을 생성한다는 것이다. 더욱이 그의 연구가 집중하는 "한국인의 행복"(8장)에 나오는 한국인의 집단주의문화와 그 집단주의에 기인하는 획일주의적 사고는 한국인들로 하여금 서양 사람들보다 상대적으로 덜 행복하다고 느끼게 한다는 점이다. 그런 점에서 한국인들은 경제적인 행복도는 비교적 높은 편이나 관계적/사회적인 행복도는 낮은 편이라는 것이다. 그는 다음과 같이 주장한다:

> 사람은 행복의 절대조건이지만, 나의 모든 것을 버리고 오직 남을 위해 사는 것은 바람직하지 못하다. 각자가 가진 독특한 꿈, 가치와 이상을 있는 그대로 서로 존중하며 이해하는 것, 이것이 사람과 '함께' 사는 모습이다. 그래야 사람의 가장 단맛을 느끼며 살 수 있다.23

---

21 서은국, 『홀리스틱 교육연구』, 3장을 참고하라.
22 서은국, 『홀리스틱 교육연구』, 154-179.
23 서은국, 『홀리스틱 교육연구』, 179.

본 연구는 행복을 창조론과 진화론의 대결구도에서 다루려는 데에 가치를 전혀 두지 않는다.24 사실 아리스토텔레스의 관점이 창조론에 기인했다고 보기도 어려우며 그것이 본 연구의 초점은 전혀 아니다. 다만 행복이라는 개념을 정리하며 목적론적인 관점과 진화론적인 관점이 존재하는 것을 선행연구를 통하여 비교해 본 것이다.

3. 한국인의 현실적인 행복에 대한 연구

이제 한국인들의 행복관념에 대한 선행연구를 다루어 보자. 아래의 표는 한국보건사회연구원에서 발표한 연구 결과이다.

(단위: 점)

행복결정요인(행복지표)	중요도		실제 행복수준	
	순위	가중치	순위	행복수준 (10점 기준)
• 현재의 가족(결혼)생활에 대한 만족도	1	0.058	3	7.43
• 자신에 대한 자아 존중감 정도	2	0.057	8	7.03
• 가족의 건강수준	2	0.057	5	7.38
• 자신에 대한 긍정적인 가치관 및 감정	4	0.056	7	7.13
• 자신의 주관적인 건강수준	5	0.055	11	6.80
• 현재 자신의 모습에 대한 만족도	6	0.054	13	6.57
• 현재의 부부생활(이성교제)에 대한 만족도	6	0.054	9	6.94
• 가족원 관계에 대한 만족도	8	0.050	1	7.98
• 현재의 일 종류와 자신이 원하는 것과의 일치 정도	8	0.050	17	6.18
• 출산 및 자녀성장에 대한 만족도	10	0.049	2	7.88
• 친구 및 동료의 관계에 대한 만족도	11	0.047	4	7.39
• 자신의 일에 대한 보람 정도	11	0.047	12	6.70
• 현재 일에 대한 급여 및 근무환경에 대한 만족도	11	0.047	15	6.28
• 규칙적인 운동여부	14	0.046	21	5.39
• 타인에게 긍정적으로 인정받는 정도	15	0.045	6	7.27
• 원하는 만큼 재산소득을 소유(취)하고 있다는 충족감	16	0.044	20	5.46

〈표 7〉 한국인의 행복결정요인에 대한 중요도 및 실제 행복수준

---

24 다만 행복론을 펼치기 위하여 인간을 100% 동물로 보는 진화론적 관점에 전적으로 동의하지는 않는다.

앞의 표에서 보는 것처럼, 한국인은 가족생활과 건강에 대하여 가장 많은 관심을 갖고 있고(1,2위) 자신의 자아존중감과 가치관 및 건강수준에 깊은 관심을 갖고 있으며(4,5위) 자신의 일과 부부생활에 대한 만족도를 중요시하고 있는 것으로 나타났다(6위), 또 자신의 현재직업과 원하는 직업에 대한 일치도를 중요시하고 있었다(8위). 그리고 자녀성장과 동료에 대한 만족도를 중요시하며, 일에 대한 보람정도를 중요시한다(10,11위). 규칙적인 운동여부를 중요시한다(14위), 또 타인에게 인정받는 정도와 소득에 대한 충족감을 중요시하고 있었다(15,16위). 그런데 실제 행복수준을 조사한 결과 가족원관계에 대한 만족도가 1위, 출산 및 자녀성장에 관한 만족도가 2위, 결혼생활의 만족도가 3위, 동료에 대한 만족도가 4위, 가족의 건강수준 5위, 타인에게 인정받는 정도가 6위, 자신의 긍정적인 가치관 형성이 7위, 자기존중감 형성이 8위, 부부생활에 대한 만족도가 9위, 일에 대한 보람정도와 일에 대한 만족도는 각각 15, 17위, 재산소유에 대한 만족도 20위, 규칙적인 운동여부는 21위였다. 중요하게 생각하는 것과 실제의 행복수준이 다른 것은 자신의 가치관과 현실이 다른 것과 유사한 현상이라고 볼 수 있겠다.

또 아래의 〈표 8〉에서 보는 것처럼 한국인의 행복지수는 대도시가 가장 높았고, 남자보다는 여자가 높았고, 30대가 가장 높았으며, 결혼한 가정이 가장 높았고, 4년제 대학졸업자가 가장 높았고, 취업자보다 학생이 가장 높았으며, 월평균 501만 원 이상을 버는 사람들이 가장 높았다. 대부분은 상식적으로 이해할 만한 결과인데, 직업을 갖고 있는 이들보다 학생들이 행복지수가 더 높았다는 사실은 조금 의외라고 볼 수 있다. 이는 아마도 직업을 가진 이들의 직업불만족도 때문으로 사료된다. 아직 학생들은 자신의 미래 직업이 정해지지 않은 희망하는 과정에 있기 때문에 그러한 결과가 나온 것으로 보인다.

다음의 통계조사가 시사하는 바는 이것이다. 개인의 행복여부는 개인의 노력에 달려있는 것이 사실이나, 사회적지원이 절대적으로 필요하며, 구체적인 사회적 지원은 개인이 가장 잘할 수 있는 일을 직업과 연결시켜야 하며, 이를 위하여 다양한 직업훈련과 재능발견을 위한 시스템을 개발하여야 한다는 점이다. 무엇보다 행복한 가정을 이루어 살아갈 수 있도록 사회적으로 출산휴가와 안정된 육아를 지속할 수 있는 환경을 제공하여야 한다. 무엇보다 원만한 관계를 유지하며 살아갈 수 있도록 조직사회 속에서 근무환경을 쾌적하게 유지하여 주고, 근무시간을 적절하게 제한함으로 가정생활에 최선을 다할 수 있는 사회적 시스템을 만들어야 할 것이다. 개인은 자신의 취미를 개발하고 원만한 관계를 유지하는 훈련 프로그램과 상담 세미나를 정기적으로 제공하여야 할 것이다. 무엇보다 개인의 사업이 지나치게 한 종류에 집중되지 않도록 지방정부에서는 한 마을 당 특정한 사업의 종류와 숫자를 규제하여야 할 것이다.

한국 사회에서 행복한 사람은 소득이 안정되고 결혼생활이 안정적이며, 외향적이고 신경증이 낮은 성격을 가졌으며, 자신이 하는 일에 내적 동기와 의미를 갖고 사는 사람이라고 서은국, 구재선, 이동귀, 정태연, 최인철은 밝혀낸 바 있다.[25] 이 연구결과는 박영신, 김의철의 그것과 유사한데 한국인의 삶의 질 향상과 행복은 경제적 요인, 인간관계 요인, 정서적 요인, 자기 효능감과 성취감 그리고 건강과 사회경제적 지위와 아주 밀접한 관련이 있다.[26] 무엇보다 한국사람은 주위사람들로부터 받는 정서적 지원이 매우 중요하다. 이처럼 사회적 지원이 자기

---

25 서은국, 구재선, 이동귀, 정태연, 최인철, "한국인의 행복지수와 그 의미,"『한국심리학회 학술대회 자료집』 2010(1), 2010.8, 230.
26 한국의 도시는 한곳에 정주(定住)하여 안정된 삶을 꾸려나가기 너무도 힘든 형편에 있다. 물론 이러한 현상은 한국 사회에 만연한 자녀교육을 위한 학군과 밀접한 연관이 있다. 거주와 자녀교육에 너무도 많은 돈이 들다보니 사회전체에 피로감이 만연해 있는 현실이다. 행복은 정주, 즉 안정된 삶과 밀접한 연관이 있으므로 나라전체의 문화와 부동산 정책에 대한 심각한 개혁이 절실하게 요구된다. Christopher Smith, John Pattison, 김윤희 역, 『슬로처치』 (서울: 새물결플러스, 2015), 91-120을 참고하라.

(단위: 점)

특성		한국인의 행복수준 (가중치 적용후 100점 기준)
전체		67.8
거주지역	대도시	68.4
	중소도시	67.8
	군	65.1
성	남자	67.5
	여자	68.2
연령	20대	68.5
	30대	69.4
	40대	68.6
	50세 이상	66.0
혼인상태	미혼	67.4
	유배우	68.3
	이혼·사별·별거	59.5
최종학력	고졸 이하	66.1
	2~3년제 대졸	68.7
	4년제 대졸 이상	70.8
취업여부	취업	67.9
	미취업	67.2
	학생	70.7
월평균 가구소득	100만원 이하	62.5
	101~200만원	65.4
	201~300만원	68.8
	301~400만원	69.3
	401~500만원	72.3
	501만원 이상	73.0
	무응답	62.6

〈표 8〉 인구사회학적 특성별 한국인의 행복지수

효능감 진작에 결정적인 역할을 하는 것이 토착한국인들의 삶의 질 향상과 밀접한 관련이 있다는 것이 증명되었다.[27] 한국 사람의 행복에 대한 문화 형성이 위와 같이 이루어진 것을 미루어 보아도 앞서 서은국이 내어놓은 제안이 비교적 유효하다는 것을 알 수 있다.

---

27 박영신·김의철, 『한국인의 행복과 삶의 질: 토착심리 탐구』(서울: 교육과학사, 2014), 569-571.

4. 행복의 조건과 행복추구에 대한 일반적 연구

조지 베일런트(George E. Vaillant)는 1930년대에 입학한 268명의 하버드대학 졸업생들의 삶을 72년 동안 추적한 〈행복의 조건〉 보고서를 발표하였다. 다양한 삶을 산 다양한 사람들의 인생을 관찰한 그는 인생의 말년에 자신의 삶을 행복하게 마무리 하였다고 증언하는 이들의 이야기를 다음과 같이 정리하였다. 첫째, 행복의 조건은 인생의 고통에 어떻게 대응하는가에 달려있다. 둘째, 노년에 건강하게 행복한 이들은 젊을 때부터 규칙적으로 운동을 하였다. 셋째, 전쟁과 같이 참혹한 경험을 하지 않은 이들이 그렇지 않은 이들보다 비교적 일찍 죽었고 덜 행복해 보였다. 넷째, 건강하고 행복하게 나이 들어가는 이들에게 물질이나 사회적 계급보다는 원만한 인간관계를 유지하고 있었다. 그러나 그는 저술 후 이런 고백하였다. 연구대상자들의 삶은 "과학으로 판단하기에는 너무나도 인간적이고, 숫자로 말하기에는 너무나도 아름답고, 진단을 내리기에는 너무나 애잔하고 학술지에만 실리기에는 영구불멸의 존재다."[28] 그리고 마지막에는 다음과 같은 결론을 맺었다. 품위있고 행복하게 노년을 맞이하려면 (1) 다른 이들을 소중하게 여기고 보살펴야 하며 새로운 사고에 자신을 열라. (2) 노년에는 누구나 초라해지니 기쁘게 감내라. (3) 희망을 잃지 말고 스스로 할 수 있는 일을 찾아 하라. (4) 유머감각을 잃지 말라. (5) 과거의 성과들을 소중하게 여기고 즐기고 끊임없이 배우라. (6) 오래된 친구들과 친밀한 관계를 유지하려고 노력하고 인생의 정원사가 되라.[29] 베일런트는 개인이 어떻게 하면 자신의 삶을 잘 받아들이며 풍성한 인간관계를 유지하는가가 행복의 중요한 조건이 되는지를 강조하였다.

탈 벤 샤하르(Tal Ben-Shahar)는 베일런트처럼 오랜 세월에 걸쳐

---

28 George E. Vaillant, 이덕남 역, 『행복의 조건』 (서울: 프런티어, 2009), 9-25.
29 George E. Vaillant, 이덕남 역, 『행복의 조건』, 418-419.

행복한 사람을 추구하는 주변 사람들을 연구하지는 않았지만 행복학에 대한 종합적인 연구를 하였다. 벤 샤하르에 의하면 행복한 사람은 마치 자신에게 맞는 최상의 햄버거를 찾는 사람처럼, 현재의 이익을 위해 배가 고픈 나머지 정크푸드 햄버거를 먹고 나서 건강이 나빠지는 미래의 손실을 보는 쾌락주의에 빠지지 않고, 건강을 위해 맛없는 야채 햄버거를 선택함으로써 미래의 이익을 얻지만 현재 맛있는 햄버거를 먹는 기쁨은 포기하는 성취주의에 빠지지 않으며, 맛도 없고 건강도 해치는 최악의 햄버거를 선택하여 현재의 손실도 미래의 건강도 해치는 허무주의에 빠지지도 않는다. 이보다는 정크푸드 햄버거처럼 맛도 있고 야채 햄버거처럼 건강에도 좋은 햄버거를 선택하여 현재의 기쁨과 미래의 이익을 둘 다 보장받으려고 이상주의 햄버거를 선택하는 것이다.[30] 물론 이러한 선택을 위해서는 현재의 즐거움과 미래의 이익을 둘 다 추구하는 삶의 자세를 견지해야 한다는 것이다. 그러한 삶의 자세는 자신에게 가장 맞는 최적의 삶을 만들어가기 위한 노력이 필요하다는 것이다. 즉 내적이고 현재적으로 누리는 기쁨과 외적이고 관계적이며 미래적인 나눔의 기쁨이라는 쌍둥이와 같은 행복을 추구해야 한다는 것이다.[31] 행복은 자신의 감정을 솔직하게 받아들이고 용납하고, 자신의 일과 공부에 몰입하며, 사랑하는 사람을 보살피고 지속적인 이해의 여정을 걸어가는 중에 생성된다는 것이다. 이미 잘 알려진 TSL, 즉 "Thank you, I am sorry, I love you"(감사해요, 미안해요, 사랑해요)를 실천하는 관계를 소중하게 관리하는 것이 더불어 행복한 삶의 열쇠가 되는 것이다.

---

30 Tal Ben-Shahar, *Happier: Learn the Secrets to Daily Joy and Lasting Fulfillment*, 노혜숙 역, 『해피어』(서울: 위즈덤하우스, 2007), 44-46.
31 Tal Ben-Shahar, 노혜숙 역, 『해피어』, 195 이하를 참고하라.

IV. 더불어 행복한 삶을 위한 플랫폼: 마을교육공동체

1. 미시체계와 거시체계의 빈공간과 역할을 채워주는 마을공동체 속의 교회

앞서 언급한 베일런트의 얘기는 성경의 잠언과도 같아서 한 구절도 버릴 것이 없으나, 너무도 이상적으로 느껴진다. 진실한 철학자와 같은 삶, 후회가 적은 삶에 대한 희구는 누구나가 소망하는 것이다. 이러한 삶을 살기에 우리의 삶은 너무 치열하다. 실제로 오늘의 마을 상황을 보면 정부가 매크로 시스템의 역할을 잘 하고 있는 것 같지 않다. 한 작은 마을에 위치한 작은 쇼핑센터 안에 유료체육관이 다섯 개나 있고 미용실은 수를 셀 수 없을 만큼 많다. 체육관을 다니면서 한 운영주를 만나서 대화를 해보니 그가 속한 지역의 시청에서는 이 마을의 체육관 수요를 조사하지는 않고 무턱대고 허가만 내주는 느낌이 있다고 많은 불만을 토로하고 있었다. 동종기업이 비슷한 장소에 위치해 있을 때 서로에게 유익이 될 수도 있겠으나, 마을에 존재하는 주민의 삶에 대한 종합적인 검토가 필요할 것이다. 유럽의 비교적 안정되어 있는 나라들을 다녀보면 한 종류의 사업이 어떤 동네가 허가를 받을 수 있는 수는 엄격하게 제한하고 있다는 증언을 자주 듣는다. 한 사람이 건강하게 사회생활을 잘 하려면 개인도 잘해야 하지만 그 개인이 존재하는 마을에서 경제생활을 잘 할 수 있는 사회제도가 정착되어야 한다. 지금과 같은 사회시스템에서 건강한 마을이 정착되기란 거의 불가능하다는 생각을 지울 길이 없다.

한 아이를 잘 자라려면 온 마을이 필요한 것처럼, 개인이 마을 속에서 자신의 역할을 잘 하며 행복한 삶을 유지하는 것은 한 개인만의 노력으로는 부족하고 마을, 사회, 국가가 유기적으로 연결되어 미시체계에서부터 거시체계까지 시스템을 연구하여 가장 필요한 환경을 만들어

주는 것이 필요할 것이다. 특히, 미시체계에서 거시체계까지의 범위가 너무 넓어서 시청이나 구청 같은 정부의 시스템이 잘 작동하려면 시민사회에 대한 연구가 필수적이며 공무원들은 철저하게 사업의 숫자를 규제해야 할 것이다. 시민들은 자신들이 사는 지역의 공공시스템이 잘 작동하고 있는지를 감시해야 할 것이다. 이렇게 미시에서 거시체계까지의 조직이 느슨할 때 꼭 필요한 기관이 종교기관이다. 특히, 교회는 지역사회에서 중간체계의 빈 공간을 잘 채워서 마을사람들이 건강하고 균형 있는 시민생활을 할 수 있도록 도와주는 역할을 할 수 있다. 더욱이 한국인들은 타인과의 관계 속에서 자신의 개인 정체성을 형성하고 타인의 평가가 매우 중요한 문화적 특성을 갖고 있기에 문화인류학적이고 사회학적인 연구를 지속적으로 행함과 동시에 교회는 균형 잡히고 건강한 교회론을 정립하여 개인, 가정을 마을과 연결하는 연결고리로서의 역할로 실제 행복지수를 높여가는 노력을 기울여야 할 것이다. 더불어 행복한 삶을 위한 노력은 개인과 가정과 마을 속에서 유기적으로 진행되어야 한다.

더불어 행복한 삶은 저절로 이루어지지 않는다. 개인, 가정, 교회, 마을의 공동 노력을 통하여 만들어지는 것이다. 진정한 행복은 홀로 느낄 때보다 더불어 살 때 느낀다. 그리고 더불어 행복한 삶은 위의 연구결과에서 공동적으로 나타나는 것처럼 사회관계 속에서 건강한 자존감과 육신의 건강을 누릴 때 이루어진다. 무엇보다 마을 속에 있으나 삶의 이유와 목적을 미처 생각하지도 못하면서 방황하는 나그네와 같은 이웃을 지역공동체, 즉 마을에서 환대하고 식탁공동체를 이루어 더불어 먹고 마시며 삶을 나누는 것이 절실한 시대이다. 이 일을 하기에 가장 최적화된 그룹이 마을에 존재하는 교회가 아니고 무엇이겠는가? 친교와 섬김, 환대가 살아있는 마을을 위하여 정상적인 가정 그리고 그들이 모인 교회가 사명을 깨달아 지역사회 속에 존재한다면 그들이 존재하는 마을은 더불어 행복한 진정한 삶으로 나아갈 수 있을 것이라고 본다.³² 이러한 논리에서 더불어 행복한 삶은 건강한 가정, 교회, 마을에서 이루어진다. 그러기에 본 연구는 마을교육공동체를 더불어 행복한 삶을 위한 플랫폼으로 제안하는 것이다.

2. 마을공동체 형성을 돕는 교회론의 정립

마을교육공동체는 마을공동체 안에서 형성된다. 유창복에 의하면 마을공동체란 "주민들이 생활상의 필요와 욕구에 관해 함께 하소연하고 그것을 해소할 수 있는 가능성을 함께 궁리하며, 함께 해결하는 과정 속에서 형성되는 이웃들의 협력적 생활관계망"이다.³³ 또 마을공동체는 시나 구청에서 마을을 지원하는 과정에서 발생할 수 있는 소통의 문제, 인식의 차이 그리고 오해의 소지를 줄여주고 자발적인 시민참여와 소통 그리고 삶의 나눔과 보살핌의 빈공간을 채워주는 마을 속의 함께 하는 삶, 즉 더불어 행복한 삶을 실천할 수 있는 중요한 통로이자 플랫폼이 된다. 마을이 삶을 나누는 공동체가 되어감에 있어서 마을에 존재하는 개인과 가정을 묶어주는 교회의 역할이 매우 중요하다. 일찍이 연구자는 교회의 마을 속에서의 존재이유를 하나님의 나라를 확장해 나가며 마을 사람들의 삶 속에 스며들어가는 지역공동체가 되어야 함을 역설한 바 있다.³⁴ 교회는 한편으로는 구원의 방주이지만 다른 한편으로는 마을에서 마을 사람들과 함께 삶을 공유하는 마당으로서 존재하여야 한다. 이러한 신학을 대개 선교적 교회론이라 부른다. 선교하는 교회(doing mission)로서의 교회의 역할만을 강조하던 이전 신학에서 벗어나 선교적 교회(being mission)로서의 모습을 회복하는 것이 선교

---

32 Christopher Smith, John Pattison, 김윤희 역,『슬로처치』, 281-284.
33 유창복,『도시에서 행복한 마을만들기 가능한가』, 326.
34 김도일, "지역공동체로 나아가는 기독교교육,"「기독교교육논총」제47집 (2016. 9. 30): 51-93.

적 교회론의 핵심이다. 이런 의미에서 교회는 마을에 존재하며 마을 사람들과 함께 삶을 나누며 그들과 함께 하는(with) 교회로서의 정체성을 확립하여야 한다. 마을 사람들의 구원을 위하여 복음을 나누며 구원의 비밀을 소개하는 역할을 하는 것이 교회의 사명이기도 하지만 늘 교회는 마을 사람들을 전도의 대상자로 여기며 마을 사람들을 객체화 혹은 대상화(objectification)는 편협한 선교관에서 벗어나, 마을 속의 마을 공동체를 이루어가는 노력을 기울여야 할 것이다.

교회는 건물도 조직도 아니다. 그것은 교회가 지니고 있는 예배와 의전(leiturgia), 가르침(didache), 교육(paideia), 친교(koinoia), 섬김(diakonia), 선포(kerygma)와 같은 교회 내의 활동을 하기 위한 수단인 것이다. 교회 건물은 그러한 사역을 교회당 내의 신도들을 위한 장소가 된다. 교회는 이러한 사역만을 가지고 있는 것이 아니나. 교회는 물론 모이는 교회로서의 역할을 잘 감당하는 것이 필수적이다. 그러나 교회는 흩어지는 교회로서 세상 속에서 세상 사람들과 함께 지내며 대화하고 교류하며 세상에서 교회당 주변 마을 사람들을 사랑하고 보살피고 함께 친교하며 섬기는 하나님의 사람들이며 아픔을 함께 느끼고 기쁨을 함께 나누고 세상 속의 제문제에 대하여 서로 머리를 맞대고 해결책을 논의해야 한다. 교회는 바로 마을 속에서 마을공동체를 이루어 가는 마을사람들의 마당이자 플랫폼이 되어야 하는 것이다. 교회가 마을공동체로 형성되어 가는 과정의 필수 과정은 균형 잡힌 교회론의 정립으로부터 시작되는 것이다. 무엇보다 교회는 목사가 피라미드의 맨 꼭대기를 차지하는 수직적 구조에서 벗어나서 하나님의 모든 백성들이 유기적으로 제 구실을 하는 수평적인 구조로 재편성되어야 할 것이다. 교회가 마을교육공동체 형성에 기여하기 위하여 내딛어야 하는 첫걸음은 이처럼 교회론을 재정립하는 사고의 틀과 구조를 개혁하는 작업에서부터 시작되어야 하는 것이다.35 이미 공적영역에서 살고 있는 교우들을 교회당 안으로 데리고 들어와 사적 영역에 갇히게 하는 우를 범해서는 안될 것이다.36 한국일에 의하면, "하나님의 선교에서는 기존의 개인구원 중심적 구원관이나 교회 중심적 구원관을 넘어 선교의 책임과 영역을 전 세계와 피조세계로 확장"해야 할 것이다.37 이제 교회는 지역사회, 즉 마을 안의 교회가 되어야 하며, 마을 안에서 확대된 공동체로서의 교회가 되어야 할 것이며, 마을에 헌신하여 소통하고 연대하며 공유하기 위하여 울타리를 헐어버리는 교회가 되어야 할 것이다.38

3. 경제적, 사회적, 인적 자본을 가진 교회가 더불어 행복한 마을공동체 형성에 기여할 점

오늘의 지역교회는 지역사회, 즉 마을 속에서 가장 조직적인 체계를 갖춘 신앙공동체이다. 물론 교회의 크기에 따라 많은 성도가 모여 예배를 드리는 경우도 있고 수적으로 적은 교회도 존재한다. 그러나 모이는 교회는 오랜 세월 동안 교회내의 성도들 간의 조직을 발전시켜 왔고 그 가운데는 여전도회 남전도회 교회학교와 같은 하나님의 사람들 간의 연결을 강화하여 함께 힘을 합쳐 하나님의 나라를 세워나가는 일을 오랜 세월 지속해 왔다. 그러기에 교회는 마을공동체 형성의 매우 중요한 요소 중의 하나인 사회적 자본을 이미 가진 공동체라고 볼 수 있다. 사

---

35 Frank Viola, 이남하 역, 『유기적 교회세우기』 (서울: 대장간, 2010), 18-19.
36 백소영, "공적영역에서 자라다 사적영역에 갇혀버린 엄마들," 〈사교육 걱정없는 세상: 등대지기 학교 뉴스레터②〉, 2017. 9. 18. 이 작은 뉴스레터에서 백소영은 '더불어 함께'라는 주제로 제4차 산업혁명 시대의 자녀교육에 대한 통찰을 나누고 있다.
37 게오르크 F. 휘체돔, 박근원역,『하나님의 선교』(서울: 대한기독교출판사, 1980); D.J. Bosch, *Transforming Mission*, 389-399. 한국일, "복음전도와 교회의 공적책임," 장신논단, 35권, 2009. 8., 168에서 재인용.
38 정재영·조성돈,『더불어사는 지역공동체 세우기』, 51-61.

회적 자본이라 함은 "특정한 목적의 성취를 위해 개인이나 집단이 동원할 수 있는 자원으로 인적, 물적 자원이 아닌 사회적 관계로부터 얻어지는 자원"을 말한다.39 하나님을 믿는 신앙공동체인 교회가 지역사회에서 마을공동체로서의 확장된 정체성을 가질 때 마을공동체 형성에 기여할 수 있는 점이 바로 여기에 있다. 일반적으로 사회적 자본의 요소를 말할 때 사람들 간의 신뢰, 소통, 협력이 잘 이루어지는지, 협의회의체가 형성되어 있는지, 교육서비스가 확충되어 있는지, 공동시설이 설치되어 이용되고 있는지 등을 얘기한다.40 이런 점에서 볼 때 교회는 사회적 자본을 이미 갖고 있으며 실천의 역사를 갖고 있다. 이런 역사가 오히려 마을에서 마을공동체 형성에 장애가 될 수 있는 요인이 있기는 하다. 예컨대 앞서 언급한 교회론의 건강한 확장이 이루어지지 않고 성도 간의 이해가 충분하지 못하면 교회가 마을공동체를 형성하는 데에 이전 역사가 오히려 장애요인으로 작용할 수도 있다. 그러므로 교회가 아무리 사회적 자본을 이미 갖고 있다고 하여도 그것이 오히려 선입관으로 작용하거나 교회가 마을사람들과 함께 하려는 자세보다는 마을 사람들을 위하여 무엇인가를 베풀 수 있다는 시혜의식을 갖는 것은 금물이다. 그러므로 교회론의 정립이 선행된 후에 교회가 갖고 있는 사회적 자본을 적절히 활용하여 마을 속에서 마을공동체화 되어 간다면 매우 효과적일 수 있다고 본다. 교회는 사회적 자본뿐만 아니라 물적, 인적 자본을 포함한 경제적 자본도 어느 정도는 확보하고 있다. 이러한 자본은 교회가 지역사회에서 마을공동체를 형성하는 데에 매우 효과적인 역할을 할 수 있다. 그러므로 교회는 신앙공동체로서의 건강한 정체성을 가짐과 동시에 마을공동체로서의 역할도 동시에 감당할 수 있는 것이다. 바로 이러한 점이 교회가 마을 속에서 더불어 행복한 마을공동체

---

39 김상돈, 『마을공동체 이론과 실제』 (서울: 소통과 공감, 2014), 131.
40 김상돈, 『마을공동체 이론과 실제』, 135.

를 형성하는 데에 기여할 수 있게 된다는 것을 기억하고 본래의 존재 이유와 목적인 하나님 나라로서의 사명을 다할 수 있다는 것이다.

4. 교회가 더불어 건강하고 행복한 마을교육공동체 형성에 기여할 수 있는 역할

교회는 마을을 사역의 장으로 인식하고 마을 속에 마을 사람들과 같이 어울리며 삶을 공유하는 마을공동체로서 존재하여야 한다. 교회는 일찍이 친교와 섬김을 통하여 마을 속에서 마을의 마당으로서 역할을 수행할 수 있다. 교회의 벽을 허물고 마을 사람들을 대상화하는 데에서 벗어나 마을 사람들을 사랑하고 그들과 같이 삶을 나누는 모습을 실천할 때 오늘날 땅에 떨어진 교회의 신뢰를 회복할 길을 마련할 수 있다고 본다. 코이노니아는 교회당 안에서만 이루어지는 것이 아니며 교회당 밖 사람들과의 코이노니아이며 디아코니아이기도 하기 때문이다. 이러한 실천이 실제로 이루어지는 곳이 있다.

강원도 홍천의 도심리교회(담임 홍동완 목사)는 마을 속의 친교를 실천하고 있다. 마을사람들은 교회에서 마을사람들을 초대하는 추수감사예배와 축제에 거부감 없이 참여한다. 그들은 일 년 동안 농사를 지은 후 추수한 농산물을 교회로 가져와 함께 감사하며 친교하는 것이다. 이러한 친교는 일방적으로 교회 밖 사람들만 교회로 오는 것이 아니다. 평소에는 교회당에 다니는 교우들이 교회 밖 마을사람과 같이 농사를 짓고 협동하며 지하수를 끌어올리는 모터가 망가지면 목사를 비롯한 교우들이 마을의 모터를 낸 것으로 알고 무상으로 수리해 주고 아픈 이들을 찾아다니며 위로해 주고 음식과 시간을 함께 나누는 것이 일상화되어 있다. 마을의 환경미화를 위해 지방자체단체의 마을 만들기 사업에 같이 협력하고 마을사람들의 경제활동도 같이 하면서 실제로 마을의 잘살기 운동에 함께 참여한다. 홍동완 목사는 마을사람들로부터 깊은 신뢰를 얻어서 현재는 종신 마을 이장직을 맡고 있을 정도이다. 이 자리는 마을사람들이 투표를 하여 선출된 자리이다.

이러한 예는 이미 여러 마을에 많이 있다. 오필승 목사는 충청남도 홍성군의 신동리교회를 목회하면서 마을의 이장으로 봉사하면서 마을만들기를 하고 있다. 천안에서 멀지 않은 송악에는 마을목회를 오랫동안 해온 송악교회의 이종명 목사가 있다. 그도 역시 마을사람들의 농사를 도와주는 농사전문가이다. 귀농해온 이들을 손수 도와주며 비닐하우스를 관리하는 방법과 농촌에서 생존하는 데에 적지 않은 도움을 주는 송악교회는 마을공동체를 이루어 나가는 좋은 예가 된다. 도시에서도 얼마든지 이러한 일이 일어날 수 있다.[41] 수원성교회(담임 안광수 목사)와 한남제일교회(담임 오창우 목사)는 마을 속에서 마을사람들과 함께 하는 목회를 하고 있다. 어린이집에 아이들을 맡겨도 저녁시간에는 어쩔 수 없이 아이들의 양육을 위해 야근을 하지 못하고 퇴근을 하는 어머니들을 위해 저녁시간에 아이들을 저렴한 가격으로 돌봐주는 탁아시설을 운영하는 등, 이 두 교회는 도시에 위치해 있으면서도 마을공동체를 이루어 가고 있다.

오창우 목사는 자신의 정체성을 이렇게 표현한다. "나는 한남동 마을을 위하여 부임하여 일하고 있는 마을 목사다." 마을만들기의 구체적인 내용을 기술하면 다음과 같다. 마을만들기는 풀뿌리 자치운동이며, 다양성을 담보하는 주민참여 문화운동이고 지역주민의 경제공동체를

---

41 인구 50% 이상이 아파트에서 사는 대한민국의 아파트환경에서도 마을을 이룰 수 있다. 공동주택에서 공동체주택을 만들겠다는 정신으로 전환하여 여러 가정이 모여서 변화를 이끈 예가 있다. 학원과 독서실에서 늦게 귀가하는 자녀들을 위해 공용공간을 마련해 함께 자녀를 보살피는 도시 아파트 마을교육공동체의 예를 다음의 글에서 참고하라. 유창복, 『도시에서 행복한 마을만들기 가능한가』(서울: 휴매니스트, 2014), 64 이후.

활성화시켜 그들의 삶을 윤택하게 도와주는 구체적인 지역화 운동이다. 그러나 오해는 금물이다. 마을만들기는 마을을 적은 영역으로 축소시켜 작은 공동체만을 추구하려는 것은 아니다. 오히려 주변의 마을사람들에게 이 정신을 전파하여 그들도 건강하고 행복한 마을만들기에 동참하게 하여 나라 전체가 경제적으로 자립하고 정신적 사회적으로 자치의 능력을 갖게 도와주는 것이다.[42] 이 일이 구체적으로 성취되려면 마을사람들이 제대로 교육받고 생각을 모으며 실천할 수 있도록 생활패턴을 개혁해 나가는 것이 필요하다. 이 때 교회가 마당(플랫폼) 역할을 하고, 평소에 교역자와 교회 구성원들이 마을 속에서 마을사람들과 함께 하며 형성해 놓은 친밀한 인간관계를 적절히 활용하는 것이 필수적이다.

그러므로 교회가 마을에서 더불어 행복한 마을교육공동체 형성에 기여할 수 있는 길은 매우 많다. 교회는 마을교육공동체를 형성할 수 있는 기본 인프라를 구축하고 있다. 교회는 일단 사람들이 많이 모일 수 있는 큰 방을 갖고 있고, 자녀들을 교육하기 위한 교육관에 해당하는 방을 갖고 있는 경우도 많다. 무엇보다 교회학교를 운영하기 위하여 훈련된 교사를 보유하고 있는 경우도 많다. 그리고 교회학교는 대개 당회의 전폭적인 신뢰를 받기에 충분한 헌신된 교사와 교육경험을 갖고 있다. 이 모든 것이 사회적 자본인 것이다. 교회의 눈을 교회당 안으로만 축소시키지 말고 마을로 눈을 돌려야 한다. 이를 실제로 실천하고 있는 교회가 있다. 그 교회가 바로 이미 언급한 송악교회이다. 송악교회의 이종명 목사는 교회 바로 옆에 있는 송남초등학교를 자주 찾아가 필요한 일이 있으면 언제라도 자신을 호출하여도 좋다고 교장과 교무처장에게 말하였다. 교회에는 봉고차가 있고 목사가 있으니 활용하라는 것이었다. 교장은 그 지역 지리를 잘 아는 목사에게 아이들을 데리고 자연

---

42 서용선 외, 『마을교육공동체란 무엇인가?』 (서울: 살림터, 2016), 36.

학습을 해줄 수 있는지를 물었고 그렇게 교회와 학교의 협동 수업은 시작되었다. 송남초등학교는 현재 교사 중 1/3이나 되는 이들이 송악교회의 교인이며 그들은 사랑과 헌신으로 교사의 직을 수행하면서 학부모들과 활발하게 도서관을 운영하고 마치 영국의 섬머힐학교처럼 자연 속에서 마음껏 뛰어 놀며 공부하는 모범적인 학교가 되어 아산시에서 수많은 가정들이 이사를 오게 되어 가장 들어가고 싶은 학교가 되었다. 바로 이것이 마을교육공동체가 형성된 좋은 예인 것이다. 교장은 2년마다 전근을 가지만 마을교회의 목사는 70세까지 한 곳에서 목회를 하고 교우들은 평생을 한 교회에서 살다가 하늘나라를 가니 목사와 교우가 협력하여 마을의 학교를 섬기게 되면 그곳에서 반드시 마을교육공동체가 형성되게 되어 있는 것이다.[43]

마을교육공동체는 이제 교회가 함께 해야 할 중요한 사역이다. 마을교육공동체 운동은 오늘날의 지나친 경쟁문화, 입시위주의 학교문화, 지역과 상관없는 성처럼 변해버린 공공교육기관 문화, 어린이의 웃음소리가 들리지 않는 노쇠한 교회의 고령화 등과 같은 그냥 지나칠 수 없는 사회현상들은 도시와 농어촌을 망라하여 공히 드러나는 문제들을 인지하는 가운데서 시작된 것이다.[44] 학교는 더 학교다워지기 위하여 마을에 오랜 세월 동안 존재하고 있는 교회와 협력하여 마을교육공동체를 만들어나가야 하고, 교회는 점점 더 고령화 되어 가고 있는 교회와 마을의 현실을 직시하고 마을의 노인들을 위한 평생교육을 교회당을 플랫폼으로 하여 교육공동체를 형성해 나가는 노력을 해야 할 것이다. 마을이 공동체가 되어가는 노정에서 교회가 마당의 역할을 할 수 있고

---

43 구체적인 인터뷰 내용과 마을교육공동체 형성 이야기는 다음의 책을 참고하라. 김도일, 한국일 외, 『다음세대 신학과 목회』(서울: 장로회신학대학교출판부, 2016), 11-112. 이 책에는 송악감리교회, 부천새롬교회, 한남제일교회의 마을목회에 대한 이야기가 담겨있다.

44 서용선 외, 『마을교육공동체란 무엇인가?』(서울: 살림터, 2016)를 참고하라. 이 책에는 마을교육공동체의 탄생, 뿌리 그리고 나침반이라는 주제를 다루었다.

개인, 가정을 교회가 힘을 주고 시민사회 속에서 공공의 시민으로서의 역할을 할 수 있도록 설교와 가르침을 통하여 교우들을 위한 교육을 할 필요가 있다.

5. 생명망을 촘촘하게 만들어주는 슬로라이프

마을교육공동체가 다른 나라에서 어떻게 형성되어 운영되고 있는지에 대하여 경기도 교육연구원은 다음과 같이 말한다. 일본에는 야마구치현을 중심으로 약 1,570개의 커뮤니티스쿨이 있고, 미국에는 5,000개의 커뮤니티 스쿨이 있으며, 캐나다에도 적지 않은 커뮤니티 리소스 센터가 있다.[45] 실제로 연구자는 미국 이민생활을 하면서 몇 개의 커뮤니티칼리지를 다니면 영어도 배우고 새로운 문화에 적응하며 장차 공부에 대한 준비를 한 바 있다. 그러나 지방자치제도가 우리보다 오랫동안 정착되어왔던 그들의 예가 우리나라에 얼마나 좋은 모델이 될지는 미지수이며 문화가 전혀 다르고, 우리나라와 같이 공교육에 대한 심각한 불신으로 인해 시작된 마을교육공동체에 대한 논의를 함에 있어서 외국의 사례는 그야말로 참고만 하면 될 것 같다.

다만 거버넌스(governance)의 측면에서 경기도교육연구원이 제안한 네 가지 안이 도움이 될 것 같다. 첫째, 학교와 마을을 연결하는 중간조직이나 코디네이터의 역할이 중요하다. 둘째, 마을교육공동체와 관련된 분야에 대한 연구와 실천이 광범위하고 체계화되어야 한다. 셋째, 그동안 우리나라에서 진행되어온 마을교육공동체의 사업추진 방식을 개선하고 새로운 방향을 모색하여야 한다. 넷째, 관청은 마을교육공동체를 추진해야 할 지역사회에 공간이나 전문가를 지원해야 한다.[46] 그

---

45 김영철, 강영택, 김용련, 조용순, 이병곤, 『마을교육공동체 해외사례 조사와 정책방향 연구』(경기도교육연구원, 2016)를 참고하라.
46 김영철, 강영택, 김용련, 조용순, 이병곤, 『마을교육공동체 해외사례 조사와 정책방향

러나 이처럼 관에서 시민들의 세금을 꼭 필요한 사업에 다시 시민사회에 환원하는 일은 필요한 일이지만, 이와 더불어 행복한 마을교육공동체가 성공적으로 정착하기 위해서는 우리 사회에 만연되어 있는 '빨리빨리' 문화와 '과정보다는 결과를 중시하는' 문화를 고쳐나가는 것이 병행되어야 한다고 본다. 왜냐하면 더불어 행복한 마을교육공동체를 형성하는 일은 어떤 조직이나 행사이기보다는 라이프스타일의 변화가 없이는 아무 것도 이루어질 수 없기 때문이다.

패스트푸드(fast food) 문화는 맥도날드문화로 일컬어지며 효율성, 측정 가능성, 예측 가능성, 통제성 등에 초점을 맞추는 사회적 현상이다.[47] 앞서 인용한 스미스와 패티슨은 『슬로처치』에서 미국교회를 진단하며 맥도날드문화에 빠진 교회를 비판한 것이다. 이것이야말로 미국판 '빨리빨리' 문화다. 스미스와 패티슨은 현대인들의 조급증을 해결하는 것이 교회의 본질을 찾는 지름길이라고 강변하면서 온전함, 노동, 안식의 개념이 중요하다고 하였다. 온전함은 만물의 화해를 위해 상호연관성에 대한 인식을 새롭게 해야 하며, 노동은 하나님의 화해사역에 협력에 대한 주제로서 '느린' 노동의 가치를 되새겨야 하며, 안식은 화해의 운율을 맞추기 위한 것으로서 우리의 일상이 우리의 힘으로 이루어진다는 교만을 버리고 모든 것이 하나님의 은혜로 이루어지는 것을 고백하는 것이다.[48] 더불어 행복한 마을교육공동체를 위하여 삶의 양식에 대한 심각한 재고가 있어야 할 것이며, 슬로 라이프를 실천하는

연구』, 162-166.
47 Christopher Smith, John Pattison, 김윤희 역, 『슬로처치』, 25-26.
48 Christopher Smith, John Pattison, 김윤희 역, 『슬로처치』, 149-228을 참고하라. 슬로 라이프가 실천되어 나라를 건강하게 만든 예는 쿠바의 마을공동체에서도 볼 수 있다. 연구자가 아바나교외를 방문했을 때 그들의 마을공동체 삶을 목격할 수 있었다. 풍성한 우리의 시각으로 볼 때는 한없이 부족해 보이는 물적 상황에서도 그들은 절제와 자족과 느림의 미학을 실천하고 있었다. 그러한 쿠바의 사회적 분위기를 어니스트 헤밍웨이(Ernest Hemingway)는 사랑하였다고 전해온다.

슬로 처치가 되는 것이 필수적이라고 본다. 왜냐하면 마치 서서평(徐舒平, 1880~1934년, Elisabeth Johanna Shepping)의 삶이 많은 한국 사람을 더불어 행복하게 만들었듯이, 슬로 라이프가 실천되는 곳에 촘촘한 인간관계가 형성되고 꼼꼼한 일처리가 뒷받침되기에 알찬 역사가 만들어지며 바로 거기에 더불어 행복한 마을교육공동체가 만들어지기 때문이다.

예컨대 충청남도 홍성군 홍동마을의 이야기는 마을 속에서 하나님의 나라를 이루어가는 좋은 예를 보여준다. 오산학교에서 남강 이승훈 선생(오산교회 장로)의 영향을 받은 이찬갑 선생과 홍동사람 주옥로는 홍동에서 풀무학교를 세우고 학교를 중심으로 마을공동체를 형성하였다. 홍동마을사람들은 풀무학교를 중심으로 "마을에서 가르치고 마을에서 배우는" 마을교육공동체를 형성해 나가고 있다. 그들의 이야기를 한마디로 표현하면 "마을이 학교이고, 학교가 마을이며 교육과 마을이 하나가 된 이야기이다. 홍순명에 의하면, 홍동마을은 남강의 정신처럼 한사람 한사람을 소중히 여기고 이웃과 생태를 엮어나가는 것을 교육의 중심에 두고 역사와 문화와 삶의 이야기를 중요하게 여기는 마을을 만들고 흙과 공동체를 소중히 여기는 교육, 마을사람이 학교선생님과 더불어 교사가 되는 교육공동체로서 자치와 자생 그리고 지속가능한 마을을 만들어나가고 있다.[49] 최근 홍동마을이 어떻게 시골에서 성공적으로 마을을 만들어 나가며 더불어 행복한 마을교육공동체를 이루어 나가고 있는지를 밀착 취재한 보고가 나왔다. 홍동면은 바로 옆에 위치한 인접마을 서부면과는 〈표 9〉에 나타난 것과 같이 다르다는 것을 보면 차이를 알 수 있을 것이다. 이러한 예만 보더라도 마을교육공동체를 만들어 나가기 위해서는 마을사람이 더불어 힘을 모아 의도적으로 노력

---

[49] https://www.youtube.com/watch?v=lyNGhbkQpSM. 2017. 9. 16. 16:45 접속. 홍동이야기 동영상을 참고하라. 그들의 이야기는 충남발전연구원, 홍동마을 사람들, 『마을공화국의 꿈: 홍동마을 이야기』 (서울: 한티재, 2015)를 참고하라.

하는 것이 얼마나 중요한지를 알 수 있다. 교육의 성패는 철저한 의도성(inten- tionality)에 좌우된다는 금언은 홍동마을에서 증명되고 있다.

	충남 홍성군 홍동면	충남 홍성군 서부면
인구(2015년)	3431명	3193명
노인비율	34.7%	37.3%
어린이집	갓골어린이집(79명 만원)	없음
초등학교	홍동초(122명)·금당초(55명)	서부초(53명)·신당초(21명)
중·고등학교	홍동중(101명)·풀무농업기술고등학교	서부중(35명)
병·의원	의료생협 '우리동네의원'에 가정의학과 전문의 상주	없음
문화·여가 시설	밝맑도서관·느티나무헌책방·ㅋㅋ만화방·동네마실방 '뜰'·마을활력소 등	없음

〈표 9〉 홍동마을이 지속가능한 마을로 존재할 수 있는 이유

〈표 9〉에서 볼 수 있는 것처럼 홍동마을은 어린이집에서부터 초, 중, 고등학교가 있으며 전문의가 상주하는 의료원과 도서관과 책방, 심지어는 만화방까지 있으며 교육농연구소와 마을활력소가 있어서 마을의 삶을 풍요롭고 활력을 불어넣어주는 모임까지 있다. 돌봄과 교육이 살아있는 홍동마을의 학교와 마을에 사람들이 모여드는 것은 전혀 이상한 일이 아니다. 왜냐하면 홍동마을은 누구나 살고 있는 마을이 되었고 아이를 함께 키우고 삶을 나누며 더불어 행복한 마을교육공동체를 이루어가고 있기 때문이다. [그림 20]은 지역사회 속에서 학교공동체, 사회적 배움공동체, 교육자치공동체가 협력하여 마을교육공동체를 이루어가는 협력 모형을 이미지화한 것이다. 이는 민주적 참여와 문화적 리더십, 재능과 자원의 나눔과 공유 그리고 협의체와 지원센터의 연대와 소통이 활발할 때 마을교육공동체가 형성될 수 있다는 것이다.

바로 [그림 20]과 같은 역동적인 마을교육공동체 형성을 가능케하는 사역이 부천새롬교회(담임: 이원돈 목사)를 통하여 이루어지고 있다. 부천새롬교회는 거리에서 배회하는 청소년들을 위해 주변 교회와 함께 '꿈이 청소년식당'을 열어 육신의 배와 영혼의 배고픔을 채워주고, 노령

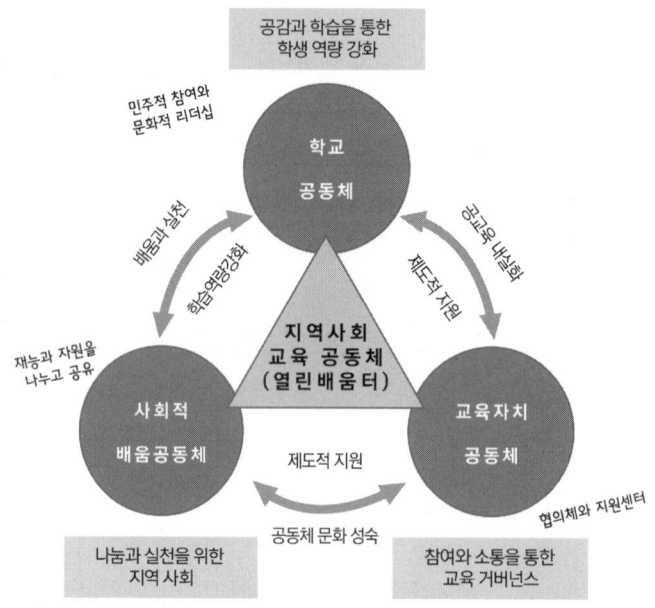

[그림 20] 지역사회 기반 마을교육공동체 모형

화시대에 갈 곳 없는 마을의 어르신들을 위한 노인학교를 운영하여 마을목회를 수행하면서 마을교육공동체를 만들어 가고 있다. 교회는 마을을 교구로 삼아 마을 속에서 마을교육공동체를 형성하는 교회가 되어야 한다. 이원돈은 부천새롬교회의 교인수는 많지 않아도 교회 밖 약대동 주민 전체가 자신이 함께 하는 교구식구로 여기고 사역하고 있는 것이다. 이러한 담론은 머리에서와 입에서만 끝나서는 안 되고 강수돌처럼 나부터 실천하여 더불어 교육혁명을 일으키는 삶의 실천이 병행되어야 할 것이다.50 그리고 공공의 역할을 인지한 교우들이 마을/세상

---

50 강수돌, 『더불어 교육혁명』 (서울: 삼인, 2015), 319-374를 참고하라. 강수돌은 오늘날의 망가진 교육생태계를 바꾸기 위하여 마을사람들과 연대하여 마을 속으로 들어가 유기농텃밭을 일구고 시골마을사람들과 인문학 모임을 여는 등 마을사람들과 소박한 생태계복원 작업을 하고 있다.

속에서 정직한 시민으로서의 역할을 다하고 예수의 제자로서의 역할도 동시에 감당한다면 마을교육공동체 형성에 일조할 수 있을 것이다. 또 예수를 믿는 사람들은 마을에서 통용되는 언어와 교회당 안에서 신앙인들끼리만 통용되는 언어를 분별력을 갖고 적절히 활용할 줄 아는 이 중언어에 능통해야 할 것이다.[51] 이러한 논지를 고려할 때 교회는 가정, 교회, 마을을 묶는 중요한 연결고리가 될 수 있고, 생명망을 촘촘하게 엮어주며, 마을교육공동체 형성을 통하여 마을 속에 본래의 건강한 교회의 존재 목적을 달성할 수 있다. 그리하여 마을은 동공화, 비교육화, 노령화 현상을 극복할 수 있는 열쇠를 갖게 되며, 마을의 모든 사람이 그 수혜자가 되기 때문이다. 바로 이것이 오늘날 교회가 마을에서 더불어 행복한 마을교육공동체 형성에 기여할 수 있는 역할이다.

V. 마을이 교회가 되고 마을이 학교가 되는 마을교육공동체

이 시대는 인공지능, 사물인터넷, 로봇 등으로 대표되는 제4차 산업혁명 시대이다. 기대와 우려가 교차하는 이 시대는 한편 성숙하지 못한 우리 시대의 자화상이 그대로 드러나면서 불안을 증폭시키고 있다. 또 사회적 신뢰를 받지 못하는 교회의 모습 속에 신뢰회복의 길을 모색해야 한다는 자성의 목소리도 커지고 있다. 결국은 윤리적 판단이 중요해질 제4차 산업혁명시대를 살아가는 우리는 지식의 평준화, 플랫폼, 전인교육, 전맥락적 교육, 뉴리터러시 교육이라는 도전이 우리를 압박하고 있는 이 상황 속에서 과연 더불어 행복한 삶을 이루어낼 수 있을까? 라는 주제를 다루며 행복에 대한 다양한 시각을 다루었다. 그리고 마을교육공동체를 이루어내는 길은 교회가 균형잡힌 신학적 교회론을 회복

---

51 Mary Boys ed., 김도일 역, 『제자직과 시민직을 위한 교육』 (서울: 한국장로교출판사, 1999), 27.

하여 마을 속에서 마을교회가 되고 인프라와 인적, 경제적, 사회적 자본을 가진 교회가 마을교육공동체를 형성하는 데 기여할 수 있다. 이는 실제 생활 속에서 이루어낼 수 있는 실현가능한 이야기이기에 교회로 하여금 가정, 교회, 마을을 연결하여 제4차 산업혁명시대의 도전에 대하여 올바르게 응전하며 하나님이 기뻐하시는 교회, 즉 하나님의 나라를 이 땅 위에 이루어가는 사명을 다할 때 교회는 이 땅에서 사회의 신뢰를 회복하고 세상을 향한 사명을 다할 수 있고 더불어 행복한 사회를 형성하는 기초를 놓을 수 있다고 믿는다. 대한예수교장로회 통합 교단에 일말의 소망이 보인다. 총회장 최기학 목사는 다음과 같이 말했다. "예수님이 하신 '마을 목회'가 최고의 목회 방식이다. 교회가 세상 속에 들어가 구체적인 방안을 내놓아야 한다. 마을이 곧 교회다. 마을 주민을 교인처럼 삼고 섬겨야 한다. 오늘날 교회에 필요한 건 마을이자, 마을 공동체다. 교회는 '섬김 센터' 역할을 해야 한다. 진정성 있게 섬겨 잃어버린 사회적 신뢰를 회복해야 한다."[52] 한 마디도 버릴 말이 없다. 이제 더 망가지기 전에 마을을 교회로 알고, 마을이 학교가 되며, 거꾸로 학교가 마을을 품고 마을이 학교를 품는 마을교육공동체 형성을 통해 미래세대를 살리고 이 땅 위에 하나님의 나라를 확장해야 한다.

---

[52] 이용필, "최기학 부총회장 '마을 목회'가 대안," 〈뉴스앤조이〉, 2017. 9. 18. 이 연설을 할 때 그는 부총회장이었다. 최기학 목사는 현재 예장통합 102회 총회장이다. 총회차원의 마을만들기 운동은 101회 총회장 채영남 목사로부터 시작되었다.

2 부

미래세대를 살리기 위한
가정·교회·마을 교육공동체
형성에 대한 도전과 교육원리

7장 ｜ 미래세대 살리기, 아기 울음소리가 그친 교회

8장 ｜ 미래세대 살리기, 부끄러운 교회

9장 ｜ 미래세대 살리기, 청년들이 떠나는 교회

10장 ｜ 미래세대 살리기, 함께 마을에서: 지역사회 생태계 살림과 회복

11장 ｜ 미래세대 살리기, 제4차 산업혁명시대에

12장 ｜ 미래세대 살리기, 하나님의 교육으로

13장 ｜ 미래세대 살리기, 하나님의 말씀공부로

— 삶과 만나는 말씀, 말씀에 응답하는 삶을 위한 성경공부

14장 ｜ 미래세대 살리기, 기다림으로

15장 ｜ 미래세대 살리기, 가정과 교회와 마을의 연계로

16장 ｜ 미래세대 살리기, 거룩함과 즐거움으로

17장 ｜ 미래세대 살리기, 교사를 세움으로

18장 ｜ 미래세대 살리기, 부모를 세움으로

7 장
미래세대 살리기, 아기 울음소리가 그친 교회*

I. 어린이 울음소리가 들리지 않는 한국 교회

대한예수교장로회(통합) 내의 8,383개 교회에 있던 교회학교는 오늘날 심히 위태로운 지경에 처해 있는 것으로 나타났다.(2016년과 2017년 현재) 아무리 다른 부서가 침체되고 힘들더라도 지속적으로 성장하거나 현상을 유지하던 영아부(0-2세), 유아부(3-5세), 유치부(6세), 초등부(1-6학년)도 이제는 더 이상 그런 상황이 아니다. 중등부, 고등부가 교회 내 성인들에 비하면 너무도 심각하게 줄어들고 있으며, 매우 심각한 쇠퇴를 경험하는 것으로 나타난 것이다. 전체 8,383개 교회 중 영아부가 없는 교회의 비율은 78.5%이며, 유아부가 없는 교회는 77.4%, 유치부가 없는 교회는 51%, 초등부 중 1-3학년 부서가 없는 교회는 47%, 4-6학년 부서가 없는 교회가 43%, 중등부가 없는 교회가 47%, 고등부가 없는 교회는 48%였다. 지역적으로 보아도 그 실태

---

* 이 글은 "미래세대를 살리는 프로젝트의 성패는 누구의 손에 달려 있을까?" 「교회성장」, 272호(2016년 2월호): 128-135에 게재되었고, 수정·보완하였다.

는 심각하다. 수도권에 있는 교회 중 6,580개 교회는 영아부, 즉 아기부서가 아예 존재하지도 않는다는 점이다. 한 마디로 표현하자면 교회 내에 교회학교가 더 이상 존재한다고 말하기가 어려운 실정이 되었다. 앞서 자료를 제시한 교단만이 이런 어려움을 겪고 있는 것은 아니다. 다른 교단 내의 문제도 심각하기는 마찬가지이다. 서울 시내에 위치한 한 교회는 성인 출석이 1만 명을 넘는 것에 반해 중등부와 고등부 학생부의 출석인원은 다 합쳐 보아도 200명이 넘지 않는다고 한다. 현장 실무자의 입에서 나온 이야기이니 믿을 만한 수치이다. 그러면 어차피 낮은 출산율(1.2명)과 늦어지는 초혼 나이(남자 32.2세, 여자 29.6세: 2013년 기준, 통계청)를 고려하면 다음 세대의 숫자가 줄어드는 것은 비단 교회만의 문제가 아니다. 이는 대한민국이라는 반만년 역사를 가진 숭고한 조국 역시 위태로운 지경이 되었다는 것을 보여준다. 인구학자들의 견해에 의하면 현재와 같은 저출산의 고리를 끊지 않으면 앞으로 수십 년 이내에 대한민국의 존폐 자체가 쉽지 않으리라는 전망이다. 이제 교회는 다음 세대의 숫자에 지나치게 얽매이는 일종의 환상에서 벗어나야 할 것이다.

II. 믿기는 하나 교회로의 소속은 거부하는 이들

그뿐만이 아니다. 오늘날 한국 교회에는 이전에 없던 현상들이 나타나기 시작했다. 예수님을 믿는 신앙은 갖고 있으나 교회 예배에는 참석하지 않는 성도들이 생긴 것이다. 믿기는 하지만 속하지는 않는다(Believing without belonging)라는 유럽교회의 현상들이 한국에도 나타나기 시작한 것이다. 그러나 유럽교회의 현상과 우리의 현상과는 기본적으로 많은 차이가 난다. 유럽은 오랫동안 기독교가 삶의 전반에 영향을 미치는 소위 크리스텐덤(Christendom, 기독교적인 문화와 사회가 형성된 것을 일컫는 말)이 사회 전체에 깔려 있다. 그러나 우리나라는 그렇지 않다. 한국은 기본적으로 기독교가 오늘날처럼 퍼지게 된 시대는 상대적으로 짧고 불교, 유교, 토속종교가 나라 전반에 뿌리를 내리고 있기 때문에 아직 200년도 채 되지 않은 우리나라에서 반짝하는 현상만을 맛보았던 기독교의 급격한 부정적 인식과 기독신앙인구의 감소는 매우 신경이 쓰이는 현상이라고 볼 수 있다. 2.55/5점밖에 받지 못한 기독교에 대한 사회적 신뢰도 수치는 모든 신앙인들이 결코 간과할 수 없다(기윤실). 한국의 기독교회가 유럽의 그것보다 분명 뿌리를 덜 내렸고, 기독교적 삶의 양식이 기독신앙을 가진 이들의 삶에서 자리를 잡기에는 너무도 짧은 역사를 갖고 있는 것은 사실이다.

그러면 한국의 개신교회는 더 이상 희망이 없는가? 이렇게 시간이 흐르다 결국은 교회의 종말을 볼 수밖에 없는가? 그렇지 않다. 아무리 출산율이 낮고 초혼연령이 높아져도 또 사회의 신뢰를 받지 못하는 현상이 우리를 에워싸고 있다고 할지라도 교회는 아직도 그리고 영원히 이 사회의 희망이며 등불과도 같다고 확신한다. 이제 한국 교회의 지도자들은, 분석은 냉철하고 뼈아프게 할지라도 결코 확신이나 소망마저 저버리는 일이 없어야 할 것이다. 이제 그 이유와 방도를 찾고자 한다. 그런 점에서 우리는 미래세대를 살리는 프로젝트를 가동한 것이다.

III. 미래세대를 살리는 것은 수(數)에 있다는 통념을 버려야

일찍이 우리나라에 기독교가 전래된 지 수십 년에 불과했을 때 우리나라는 일제의 침략으로 인하여 매우 위태로운 상태에 놓여 있던 적이 있었다. 1905년 을사늑약을 강제로 맺게 되고 국운이 기울었을 때, 교회의 지도자들과 성도의 수는 그리 많지 않았다. 특히, 1919년 기미만세운동이 전 국토를 휩쓸었을 때, 한반도 내 기독교인의 비율은 2%를 넘지 않았다. 당시 전체 인구가 2천만 남짓 했으니 대략 잡아도 40만 명을 넘지 않았던 것으로 사료된다. 그러나 나라의 독립과 온 백성의 자유를 위해 분연히 일어선 민족지도자 33명 중 16명이 기독교인이었을 정도로 기독교의 영향력은 지대한 것이었다. 무엇보다 당시 독립운동을 주도하였던 이가 남강 이승훈이었는데, 그는 공식적인 교육은 많이 받지 못했던 사람이었다. 그는 안창호의 모란봉 연설을 듣고 애국심이 불 일듯 하였고, 한석진 목사의 '십자가의 도와 고난'에 관한 설교를 듣고 회심하였다. 그는 키도 작고 학문의 깊이도 얕았으나 믿음의 도량은 바다보다 넓어서 주기철, 한경직, 함석헌과 같은 민족 지도자를 키워내었던 사람이었다. 그가 위 세 사람을 지도할 때, 그들도 역시 당시에는 미래세대요, 꿈나무였던 것이다. 이처럼 한 사람의 헌신과 사랑이 미래세대를 살리고 결국은 나라를 살리는 위대한 일을 이루었던 것이다. 미래세대를 살리는 것은 사람의 수에 있지 아니하다는 평범한 진리를 다시금 생각해 보는 것은 큰 의미가 있다고 본다. 오늘날에는 결혼을 늦게 하는 편이고, 아기도 많이 낳지 않는다. 또 아이 키우는 일이 너무 힘들어 한 집에 두 명 이상의 자녀를 둔 집이 드물어서 이러다가 대학도 문을 닫고, 교회도 텅텅 비는 것이 아닌가 하며 절망의 탄식이 이곳저곳에서 들리지만 너무 근심할 필요는 없다. 결국, 생각이 바로 박힌 미래 지도자를 한두 사람이라도 제대로 양육한다면 대한민국은 세계 속에서 우뚝 서게 될 것이고, 한국 교회는 마지막 때에 하나님의 도구로서 능히 사명을 감당할 수 있을 것이다.

세계적으로 한국 교회는 짧은 시간에 강력한 복음을 수호하고 전달하는 중요한 교회가 되었다. 그리고 세속화와 세계화의 험한 파고 속에서도 그 정체성을 잃지 않고 성장과 성숙을 거듭해 왔다. 비록 부작용이 전혀 없는 것은 아니지만 이제는 너무 수적 성장에 집착하지 말고 속이 꽉 찬 교회와 미래세대 양육의 사명을 감당해야 할 때가 되었다. 여러 대륙의 교회와 사회를 돌아보아도 한국의 성도와 교회처럼 열정과 사명감을 가진 경우는 드물다. 전 세계를 하나님의 나라로 만들어나갈 거룩한 영향력을 가진 나라는 바로 대한민국이며, 대한민국의 교회라는 확신을 갖게 되었다. 우리는 너무 두려워하거나 절망감에 빠지지 말고 최선을 다하여 세상에 소망을 주는 일에 매진해야 할 것이다.

IV. 미래세대 양육은 지도자의 헌신과 실천정신에 달려 있다

미래세대를 잘 양육하려면 현 세대 지도자들이 올바른 신학과 실천정신을 갖고 있어야 한다. 내면보다는 외면에 지나치게 신경을 쓴다든지, 지역사회와 함께 하며 삶을 나누기보다는 오로지 수적 성장에만 정신을 쏟게 되면 당장에는 큰 어려움이 없는 것 같아도 세월이 지나고 보면 그가 양육하는 미래세대는 망가지게 된다. 속사람에 대한 세밀하고 온전한 관심과 헌신이 먼저 있어야 한다. 미래세대가 바로 성장하기 위해서는 자신이 누구인지에 대한 신학적이고 심리학적인 정립이 먼저 있어야 한다. 자신을 하나님의 자녀로 인식하되 하나님의 자비와 은혜 밖에서 살게 되면 죄인의 비참한 습관에 빠질 수밖에 없다는 것을 늘 기억해야 한다. 도날드 블러시(Donald Bloesch)가 말한 것처럼 "모든 인간은 위대하면서도 비참한 존재"라는 사실을 기억하며 하나님을 항상 의지하고 교만하지 말아야 한다. 이것이 너무 간단한 신학적 명제인 것 같아도 사실 모든 실수가 이를 제대로 인식하지 못하고 자행자지(自行自知)하기 때문에 야기되는 어려움이라는 사실을 미래세대를 양육할 책임을 지닌 현세대 지도자들은 반드시 기억해야 할 것이다. 이러한 하나님과 사람의 상관관계에 대한 정립을 미래세대에게도 해주어야 할 것이다. 그리고 교회는 미래세대에게 성실성을 우선으로 하는 삶의 양태를 자연스럽게 나누어야 할 것이다. 그 성실성은 속마음의 진정성을 담보하는 것으로 시편 78장 72절에서 말하는 마음의 완전함을 의미하는 것이다. 그러나 마음이 착하고 진실한 사람이 지속적으로 사역하지 못하고 금세 도전정신을 잊어버린 채 뒤로 물러서게 되면, 세운 뜻을 제대로 이룰 수 없기 때문에 지속성을 가져야 한다. 거기에 전문성을 갖추고 장신정신으로 무장하여야 한다. 이것을 위의 성경구절에서는 손의 능숙함이라고 하였다. 사역자의 전문성이 요구되는 분야는 일단 사람에 대한 이해와 관리 그리고 설교 준비와 전달이라는 분야이다. 아무리 좋은 뜻을 갖고 있어도 하나님께로부터 받은 말씀을 사람들에게 효과적으로 전달할 수 없다면 낭패일 것이다. 미래세대를 올바로 세우기 위해서는 무엇보다 따뜻한 인간관계와 친교, 즉 코이노니아가 선행되어야 하며, 그것을 받쳐주는 것은 하나님의 말씀으로부터 주어지는 온전한 은혜와 확신이다. 이러한 은혜는 보통 레이투르기아와 케리그마를 통하여 전달된다. 마지막으로 미래세대를 키워내는 사역자는 성실성, 진정성, 지속성, 전문성이 갖추고, 희생정신으로 무장되어야 한다. 사람은 역시 희생을 먹고 자라는 존재이다. 아무리 좋은 양육의 내용도 양육자의 사랑과 희생이 뒷받침 되지 않으면 받아들이지 않게 된다.

[그림 21] 지도자가 추구해야 할 창의적 리더십

지도자가 균형 잡힌 신학과 창의적인 리더십을 가지고 미래세대를 대하며 양육하는 것의 중요성은 아무리 강조해도 지나치지 않다. 비록 미래시대가 예측하기 힘든 불확실성에 휩싸여 있다고 하여도 준비된 지도자에게 대처하지 못할 일은 없다고 본다.

V. 교회론에 대한 통전적인 이해가 중요

패배주의나 절망에 빠져 아무것도 시도하지 않거나 해봐야 소용없다는 식의 부정적인 견해를 너무 고수하는 것은 좋지 않다. 교회는 아직도 그리고 영원히 사회의 변혁을 촉진하고 나라를 올바르게 세울 수 있는 소망의 기관이며, 사랑이 형성되고 전파되는 거룩한 신앙공동체가 만들어지는 곳이다. 우리나라가 욕심스러운 제국주의의 희생양이 되어 어려운 상황에 처해 있을 때에도 교회는 미래세대들을 신앙으로 양육하였다. 우리는 교회가 무엇인가에 대한 확실한 신학을 정립할 필요가 있다. 교회는 하나님을 창조주로서 인생의 주인으로 모시고 사는 성도(들)이다. 그러므로 큰 건물에 사람들이 모여 있는 예배당을 교회로 생각하거나 늘 건물을 중심으로 모이는 형태만을 떠올리는 것은 건강하지 못하다. 교회는 건물을 중심으로 모이기도 하지만 지역사회로 흩어지기도 하는 살아있는 유기체이기 때문이다.[1] 이제 신앙을 생활화하고 만물 속에 교회가 들어가야 한다. 한국일은 성경에서 깨달은 바를 대화 중에 이렇게 강조했다. 기록된바 "교회는 그[예수 그리스도]의 몸이니

---

[1] 최근 노영상이 마을목회의 신학적 근거로서의 '유기체 교회론'과 비기독교인들에게 '열린 교회'론에 대하여 수행한 연구는 이 글의 논리와 그 맥을 같이 한다. 노영상, "마을목회의 신학적 근거로서의 '유기체 교회론,'" "마을목회의 이론적 기초로서의 비기독교인들에게 '열린교회,'" 『마을목회 매뉴얼』, 총회한국교회연구원 편 (서울: 한국장로교출판사, 2017): 30-58.

만물 안에서 만물을 충만하게 하시는 이의 충만함이니라"(엡 1:23). 교회는 예수 그리스도의 몸이다. 그리고 교회는 만물 안에서 모든 피조물을 충만하게 하시는 그리스도의 충만함이다. 예배당 안에만 국한되는 것이 교회가 아니라는 말이다. '만물' 안에서를 주목하여야 할 것이다.

세상을 죄 많은 곳으로 이해하는 복음성가는 이렇게 진행된다. "죄 많은 이 세상은 내 집 아니네. 내 모든 보화는 저 하늘에 있네." 과연 올바른 내용인가 다시 한 번 생각해 보아야 한다. 죄 많은 이 세상도 역시 신앙인인 우리가 살아가야 하고 변혁을 꾀해야 할 만물에 속하는 세상, 하나님이 사랑하시는 세상임을 기억해야 한다. 이제 이분법적인 사고로 교회의 본질을 오해하면 안 되겠다. 미래세대들에게 교회가 무엇이며 왜 이 세상에서 자신에게 주어진 재능을 따라 최선을 다하여 하나님과 함께 동행하며 살아야 하는지를 잘 가르쳐 주어야 한다. 그리고 그들과 함께 하나님의 뜻을 이루며 살아가는 양육자들은 온전히 교회를 이해하도록 노력해야 한다. 어느 시대건 위기 상황이 아니었던 때가 없었다. 그러나 올바른 신학과 실천정신이 갖춰진 지도자에게서 양육되고 훈련받는 일꾼들이 양산되던 시대에는 늘 희망의 불꽃이 타올랐다.

미래세대 살리기 프로젝트의 성패는 가정으로 보면 부모의 손에 달려있고, 언약의 공동체로서 큰 가정인 교회로 보면 담임목사의 손에 달려 있으며, 선교단체로 보면 대표의 손에 달려 있다. 위대하면서도 비참한 인간 본성에 대한 균형 잡힌 이해를 갖고 자신을 바라보는 지도자가 양육하는 미래세대는 그런 인간이해의 정신을 잘 전수할 것이다. 성실성, 진정성, 지속성, 전문성, 희생정신을 가진 지도자가 마음의 완전함과 손의 능숙함을 겸비한 창의적인 지도자가 될 때, 그가 미래세대를 잘 양육하고 긍정적인 영향을 미칠 것은 자명한 사실이다. 더욱이 교회가 교회라는 건물 안에서 성도들을 말씀에 기초한 신앙훈련을 시키는 장소일 뿐만 아니라, 지정학적이고 신앙적인 위치에 있어서 한 지역의 마당(플랫폼)으로서 역할을 다해야 한다. 한 사람 한 사람이 교회임을 인지하여 그 생명이 하나의 망(Network)을 이루어 지역사회를 기독신앙으로 살리고 번성하게 하는 생명유기체로서의 역할을 감당하게 될 때 우리의 미래세대는 어디서 무엇을 하며, 어떻게 살아야 할지에 대한 인생의 목표가 확실하게 되어 하나님이 기뻐하시고 만물을 충만케 하시는 그리스도의 몸을 이루어 나가게 될 것으로 확신한다. 그러기에 아무리 힘들고 큰 도전이 닥쳐와도 교회는 세상에 희망의 빛을 비추어주는 등대이고, 빛의 역할을 하게 될 것이다.

8 장
미래세대 살리기, 부끄러운 교회*

I. 수적 증가에도 한없이 부끄러운 한국 기독교

대한민국에는 불교, 개신교, 천주교 그리고 수많은 종교인구가 살고 있다. 오랜 세월동안 대한민국에서 가장 많은 종교인구는 불교였다. 그러나 이상하게도 2015년 통계청의 발표에 따르면 대한민국의 최대 종교는 어느덧 기독교가 되어 있었다. 그 기록은 다음 그림과 같다.

통계조사가 실시되었던 1995년과 2005년에는 불교가 대한민국의 제일 많은 종교 인구를 갖고 있었는데 2015년에는 기독교가 제1종교로 부상한 것이었다. 이러한 통계 결과에 대해서는 많은 견해가 있었다. 혹자는 2005년 통계 조사를 신뢰하기가 어렵다고 말한다. 옥성득 교수는 "10년 전인 1995년에 비해 기독교(개신교) 인구가 14만여 명이 감소했다고 발표했던 2005년 조사에 오류가 있었다"고 말한다. 이 인터뷰를 실은 크리스천투데이 인터넷 신문은 2015년의 개신교 인구에는

---

* 이 글은 "온겨레여 조국이여 안심하라,"「교회성장」, 285호(2017년 3월호): 140-145에 게재되었고, 수정·보완하였다.

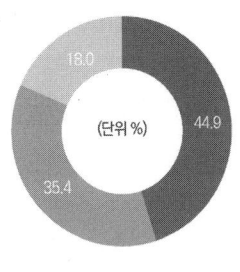 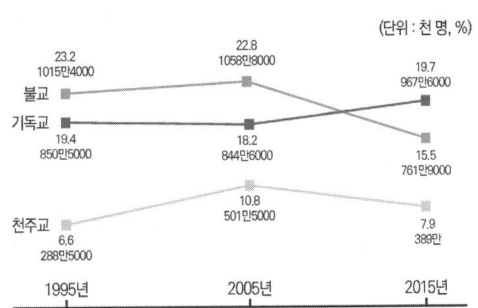

[그림 22] 통계청: 2015년 종교별 인구비율

기독교신앙을 갖고는 있으나 실제로 교회를 출석하지 않는 소위 '가나안 성도'를 포함하고 있는 것으로 판단하였다.[1] 이러한 통계를 보면서 우리가 기억해야 할 것은 어느 종교가 제1종교이며, 수적으로 얼마나 늘거나 줄었는지가 문제가 아니라는 것이다. 실제로 기독인구가 늘어났다고 하니 사실 더 우려가 된다. 왜냐하면 사회 속에서 기독교에 대한 신뢰도는 더 떨어진 것으로 느껴지기 때문이다.

II. 신학대학원 지원 추이

무엇보다 최근 몇 년 사이에는 신학교의 지원자 수도 현격하게 떨어지고 있는데 이는 젊은이들 사이에 번져나가고 있는 교회와 기독교에 대한 신뢰가 이전과 같지 않다는 것을 단적으로 보여준다. 한국기독공보의 아래 기사에 의하면 대한예수교장로회 통합교단에 속한 7개 신학대학원의 지원현황을 보면 이러한 현상이 확연하게 드러난다.

---

[1] http://www.christiantoday.co.kr/ 〈크리스천투데이〉, 2016. 12. 20.

2006년			2016년
1212명	장신대	(정원 300명)	674명
179명	호남신대	(정원 120명)	117명
53명	한일장신대	(정원 50명)	48명
169명	영남신대	(정원(85명)	91명
125명	대전신대	(정원 75명)	82명
80명	부산장신대	(정원 75명)	94명
211명	서울장신대	(정원 50명)	147명

〈표 10〉 대한예수교장로회(통합) 총회산하 직영신학교의 신학대학원 지원 현황 추이

필자가 일하고 있는 장신대의 경우만 보더라도 이러한 현상이 두드러진다. 2006년에는 1,212명이 신대원에 지원하였지만 2016년에는 674명으로 크게 줄어든 것을 볼 수 있다. 한마디로 신학을 하려는 젊은이가 많이 줄어든 것이다. 사역자가 되려는 이들이 줄어드는 현상이 고착화되면 훗날 한국교회를 책임질 지도자가 없어진다는 것을 의미하기에 이런 현상은 매우 심각한 것이다. 수적 증가라는 통계가 나왔음에도 한없이 부끄러운 한국 기독교의 모습을 어찌하면 좋다는 말인가.

기독교인구가 조금이나마 늘어나 겉으로라도 한국의 제1종교가 되었으나 아직도 많은 젊은이들은 기독교를 외면하고 있으며, 지엽적이지만 신학교에 대한 지원율이 이러한 추세를 반영한다고 볼 수 있다. 또 사회 속에서 기독교에 대한 신뢰도가 이미 바닥에 떨어져 있다는 것을 모르는 사람은 거의 없다. 도대체 어떻게 해야 공적 종교로서 기독교가 대사회적 신뢰를 회복할 수 있으며 미래세대인 어린이, 청소년, 청년과 현세대인 장년과 노년들이 가장 선망하는 소망의 종교가 될 수 있을 것인가를 깊이 생각하는 시기가 되어야 한다. 이 글에서는 기독교가 대한민국을 살리고 사회 속에서 거룩한 리더십을 확립하여 소망을 줄 수 있는 구체적인 길을 모색하고자 한다.

먼저 하나님의 말씀인 성경에서 그 길을 찾고, 말씀을 삶 속에서 실천하며 3대에 걸쳐 헌신하고 있는 가나안농군학교의 예를 통해 말씀의 사유에 머물러 있는 기독신앙인들과 교회에 경종을 울리고 생활 속에서의 변화에 대해 생각해보고자 한다.

III. 믿음으로 산다는 의미는 무엇인가?

"너희는 내 법도를 따르며 내 규례를 지켜 그대로 행하라 나는 너희의 하나님 여호와이니라"(레 18:4)라는 말씀에서 보는 바와 같이 여호와 하나님의 피조물의 사명은 하나님의 법도를 따르고 그분이 주신 삶 속에서의 규례를 지켜 '그대로' 행하는 것이다. 하나님의 백성은 하나님이 주신 말씀을 철저히 지키고 순종하는 삶을 살아야 한다. 그리고 이는 믿음으로 산다는 것이 결코 관념적이거나 정신적인 차원에 머물러서는 안 된다는 것을 의미한다. 이는 반쪽짜리 신앙이다. 얼마 전 강원도 신림에 세워진 제2가나안농군학교를 방문하여 김범일 장로(교장)을 만났다. 가나안농군학교는 이론과 실천을 온전히 이룬 생활공동체로 70만 명의 국내 훈련생과 40만 명의 국외 훈련생을 키워냈다. 그는 믿음으로 산다는 의미를 자신의 인생관과 연관지어 설명하면서 이렇게 말하였다.

> 사실 알고 보면 하나님이 허락하신 인생이란 그리 복잡한 것이 아닙니다. 하나님 잘 섬기고 가정을 잘 돌보고 아이들 잘 키우면서 자신에게 맡겨진 일을 잘 하는 게 아니겠어요?

근로, 봉사, 희생을 모토로 설립된 가나안농군학교는 본래 김범일 장로의 부친 김용기 장로가 창립한 황무지 개간학교이다.

IV. 온 겨레와 조국을 안심시키는 기독교가 되어야

일제 강점기에 사람이 살 수 없다고 하던 광야에서 가나안농군학교를 개척한 김용기 장로는 매일 아침 새벽 4시에 일어나 조국과 민족을 위하여 기도한 것으로 유명하다. 그가 기도하던 기도실에는 다음과 같은 글이 적혀 있었다.

"온 겨레여, 조국이여 안심하라"

아래의 사진은 그가 실제 기도하던 기도실을 직접 촬영한 것이다.

[그림 23] 김용기 장로가 기도하던 기도실과 기도실 내부 전경

지금은 김용기 장로의 차남 김범일 장로가 이 기도실에서 기도하고 있으며 기도실 입구에 적혀 있는 "온 겨레여, 조국이여 안심하라"는 문구는 소망이 없는 시대, 청년들이 실신하는 시대, 피로 시대, 탈진 시대, 포기 시대, 신뢰 상실 시대에 깊은 안심과 평화를 주는 희망의 메시지이다. 한마디로 가나안농군학교에서 김용기, 김범일 장로가 주는 "믿음으로 산다는 의미는 무엇인가?"에 대한 답은 이것이다. 믿음으로 산다는

말은 '아는 대로 실천하는 것이며, 자신의 안위와 행복만을 추구하는 개인적 축복에 머무는 신앙이 아니라 사회적이며 공적인 생활에서 열매를 맺는 삶이며 자신이 몸담아 살고 있는 조국과 겨레에 안심을 주는 삶'이다. 우리 한국 교회와 기독교는 과연 "온 겨레와 조국이여 안심하라"고 확신을 주고 있는가를 질문하여야 할 것이다.

V. 교육을 통한 교육선교가 절실하다

가나안(안나가) 성도가 점점 늘어가고 있는 이때에 진정 가나안 땅에 들어갈 성도를 양산해 내는 길은 입으로만 말하고 결코 몸을 움직이지 않는 신앙인을 양성하는 절뚝발이 신앙교육에서 과감하게 탈피하는 것이다. 2대 교장 김범일 장로는 다음과 같이 말하였다.

"오랜 세월 사역을 해보니 결론적으로 교육이 사람을 변하게 합니다."

가나안농군학교는 농사짓는 하늘 군사를 만드는 거룩한 사역이며 실제적인 훈련임을 방문과 대화를 통하여 확인하였다. 입구에 있는 종은 둔탁한 망치로 훈련생의 정신을 깨우고, 식당벽에 적힌 "일하기 싫거든 먹지도 말라," "먹기 위하여 일하지 말고 일하기 위하여 먹으라"는 구호는 물질문명에 찌들고 쓸데없는 탐욕주의, 경쟁주의, 성과주의에 죽어가는 현대인들에게 소중한 정신을 불어넣어 준다.

백성이 복을 받을만한 삶을 영위하게 도와주려는 사역 모토인 '복민정신'은 가나안농군학교의 뚜렷한 목표를 말해 준다. 오늘날의 기독교인들이 마음에 두고 실천해야 할 정신이며 목표라고 생각한다. 나 하나의 행복을 위한 이기적인 신앙은 오직 자기중심적이고 편협한 신앙인을 만든다. 겨레를 생각하고 나라를 안심시키고 소망을 주기 위하여 사

[그림 24] 신림 가나안농군학교: 입구 정신 비석, 개척의 종, 식당 내 구호

는 기독인들이 많아질 때 사회는 저절로 교회를 믿어주고 기독교를 신뢰할만한 종교로 여길 것이라고 확신한다. 앎과 삶이 통합되어 밥알 하나라도 버리지 않고 다 먹는 실천적 생활이 일상화되는 기독신앙인 양성과 교육에 힘쓰며, 아까운 시간을 낭비하지 않아야 한다.

9 장
미래세대 살리기, 청년들이 떠나는 교회*

I. 왜 청년들은 교회를 떠나는가?

왜 청년들은 교회를 떠나는가? 이런 질문을 던질 때 조심해야 할 것이 있다. 그것은 극단적인 논리이다. 다종교 사회인 대한민국에서 우리 사회의 모든 청년들이 교회로 들어온 적도 없고 또 교회 안의 '모든' 청년들이 교회를 떠난 적도 없다. 다만 오늘날 교회당 안에서 훈련을 받고 신앙생활을 하던 청년들은 서서히 교회를 등지고 있는 것으로 보인다. 그런 의미에서 '왜 청년들이 교회를 떠나는가?'와 같은 질문은 청년들에게 어필하지 못하는 기독교의 모습에 대한 우려와 걱정이 우리 가운데 있기 때문일 것이다. 실제로 청년 세대가 교회에서 활발하게 배우고, 활동하고, 헌신하는 것이 그 교회의 건강을 측정하는 중요한 바로미터(Barometer)가 될 수 있기 때문이다. 실제 청년에 해당하는 우리나라의 대학생들의 종교배경에 대한 그림을 보면 요즘 대학생들의 대부분

---

* 이 글은 "그 많던 청년들은 왜 교회를 떠나는가?"「교회성장」, 278호(2016년 8월호): 121-127에 게재되었고, 수정·보완하였다.

은 개신교 기독교인이 아닌 것으로 나타났으며, 대학생들의 교회에 대한 이미지도 별로 좋지 않은 것으로 나타났다.

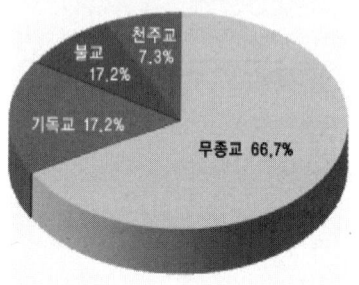

[그림 25] 한국대학생의 종교배경

위의 설문을 실시한 학원복음화협의회(글로벌리서치와 목회사회학연구소에 의뢰)의 "한국 대학생의 의식과 생활에 대한 조사 연구 결과"에 따르면 대학생들은 기득권층 옹호, 교회세습, 비리 연루 등으로 인한 이미지 실추가 기독교 신자 감소의 최대 원인(61.6%)이라고 생각하는 것으로 나타났다. 또 기독교의 교리만 옳다고 주장하는 독선적인 포교활동 때문에 기독교에 대한 이미지가 실추되고 있다고 38.8%의 조사에 응한 대학생들이 답하였다."[1] 마음이 아프더라도 이러한 통계를 보며 변화를 꾀해야 할 필요성이 있다. 그런데 이러한 현상이 비단 한국에서만 있는 것 같지는 않다. 최근 데이비드 키네먼(David Kinnaman)이 '그 많던 청년들은 다 어디로 갔을까?' 라는 질문을 던지며 이런 말을 하였다. "교회를 떠난 청년들이 자신의 신앙 여정에 대해 말하는 것을 들어보면 놀라울 정도로 성경의 언어와 비슷하다."[2] 그들은 자신들이

---

[1] 위의 면.
[2] David Kinnaman, *You Lost Me*, 이선숙 역, 『청년들은 왜 교회를 떠나는가?』 (서울: 국제

"교회에서 너무 멀어졌다는 이야기"를 하며 "때로는 기독교 자체를 버렸다는 이야기도 있다." 참으로 충격적인 보고이다. 이제 이러한 이야기가 우리에게도 낯설지 않다는 것이 더 슬픈 현실이다. 기독교 리서치 그룹의 대표인 키네먼은 청년들이 교회를 떠나는 이유를 조사한 결과를 다음과 같이 발표하였다.

II. 청년들이 교회를 떠나는 이유

첫째, 오늘의 청년세대(일명 모자이크세대)는 매우 창조적이고 문화 참여 욕구가 강한 이들인데, 이들의 창의성을 키워주지는 못할망정 오히려 교회가 그들을 세상으로부터 지나치게 과잉보호하여 청년들의 전투력과 야성을 죽이고 있다.

둘째, 청년들이 느끼기에 오늘의 교회는 깊이 있는 믿음을 가르쳐주지 못하고 있으며, 그리스도를 따르는 삶이 얼마나 흥미롭고 가치 있는 일인지를 제대로 생각하게 돕지 못한다.

셋째, 교회는 신앙과 과학이 대립된다는 이야기를 종종한다. 교회는 미래세대인 청년들이 믿음의 문제와 과학과의 관계를 긍정적으로 그리고 예언자적으로 교류할 수 있도록 도와야 한다.

넷째, 오늘의 교회는 청년들이 갖고 있는 성에 대한 관심과 질문에 대하여 답을 주기 보다는 억압한다는 느낌을 더 준다.

다섯째, 오늘의 교회는 문화에 대하여 배타적이어서 열린 태도, 관용, 수용을 강조하는 문화를 접하는 젊은이들에게 비타협적으로 보인다. 그리스도의 유일성과 교회의 독특함을 강조하면서도 이방인들을 받아들인 그분의 수용성과 혁신적인 태도를 어떻게 보여줄 수 있을까?

제자훈련원, 2011), 7.

여섯째, 오늘날의 교회는 청년들이 가진 마음의 질문과 의심이 일어나는 것을 억누르고 그러한 것을 표현하는 것조차 허용하지 않는 모습을 보인다. 어떻게 하면 청년들이 자신들의 의구심과 질문을 정직하게 표현하고 더 확고한 믿음의 세계로 들어갈 수 있도록 교회가 도울 수 있을까를 고민해야 한다.3

데이빗 키네먼(David Knnaman)의 해석은 청년이 교회를 등지는 이유에 대하여 합리적인 답을 찾게 도와준다. 그는 위의 여섯 가지 문제의 핵심 중의 하나를 과잉보호라는 용어로 표현하였다. 교회가 청년들에게 주는 메시지는 과잉보호인데, 이는 그들로 하여금 전투력을 상실케 하여 세상을 무서워하고 결국 세상과 분리되도록 만든다는 것이다. 그러다 보니 청년들은 과잉보호에 지쳐 교회 바깥(전통적인 테두리 바깥)에서 다른 스릴을 찾게 되고, 점점 더 자극적인 것을 찾기도 한다. 더욱이 과잉보호는 "재능이 많고 창조적인 사람들이 교회 공동체를 떠나게" 만든다. 그들은 대개 자신들의 놀라운 재능을 오직 교회안의 일만을 위해서 사용하도록 요청받는 경우가 비일비재하다.4 창의적인 기독 청년들로 하여금 보이는 교회 안과 보이지 않는 교회 밖의 세상에서도 활발하게 일할 수 있도록 가르치고 장려하는 것이 매우 중요하다. 키드먼의 제안을 해석해 보면 과잉보호라는 보호막을 치는 것에서부터 벗어나 통찰력과 야성을 회복하게 하는 시도를 해야 함을 발견할 수 있다.

또 깊이 없는 믿음 추구에서 벗어나 신앙과 삶을 연결시키고, 통합하는 믿음을 추구하게 도와주어야 할 것이다. 뿌리가 깊지 않은 신앙추구에서 탈피하여 뿌리 깊은 영성을 추구하는 길을 모색하도록 도와주어야 한다.5 큐티를 하는 것이 매우 중요하지만 만약에 성경을 단순히

---

3 위의 책, 124-127.
4 위의 책, 139-141.
5 위의 책, 157 이후.

읽고 가볍게 묵상하는 수준에 머무는 큐티에 만족하는 것도 문제가 될 수 있다. 또 기독교는 더욱 기독교다워져야 한다. 물론 무엇이 기독교다운 것이냐고 반문할 수 있는 상대적인 이야기이기는 하지만, 오늘날 지나치게 환한 조명과 현대식 혹은 극장식 건물로 예배당을 짓고 전통적인 예배 형식도 거의 다 무시하는 경향이 있는 교회에 대하여서는 반론을 제기하고 싶다. 교회는 엄숙한 분위기와 적당히 밝은 조명 그리고 지나치게 많은 이들이 각자 마이크를 들고 소리를 지르며 복음성가를 부르는 것보다는 음량과 곡의 분위기를 잘 살리는 경건한 분위기의 찬송과 예전을 수행하는 것이 매우 중요하다고 본다. 이러한 현상을 두고 키네먼은 "의례가 실종"된 것이라고 표현하였다.[6]

또 키네먼은 "과학에 대한 태도와 성에 대한 태도도 진지하게 제고해 보아야 한다"고 주장한다. 하나님이 말씀으로 천지를 창조하신 것에 대한 믿음을 견지하면서도 과학적 증거에 대한 합리적인 자세를 동시에 갖는 것이 중요하다는 말이다. 일반적으로 "과학과 하나님을 동시에 믿을 수 없다고 교회에서 배웠는데, 정말 그렇더라고요. 전, 더 이상 하나님을 믿지 않아요"[7]라고 말하는 청년들이 생각보다 많다. 청년들이 가진 과학에 대한 질문을 그저 무시하라고 말하는 것은 매우 무책임하다. 과학적 사고를 하는 것을 신앙 대 이성이라는 이분법적인 논리로 몰아가는 것은 바람직하지 않으며, 마치 기독교신앙이 반과학적/반지성적인 것처럼 이야기하는 것은 옳지 않다.[8] 이는 아마도 수많은 설교자들이 과학적 사고를 하는 데에 매우 익숙하지 않으며 대개 인문학적인 소양을 가진 이들이 목회자가 되는 것에서 기인한다고 볼 수도 있다. 즉 과학에 대한 청년들의 호기심과 열망에 대하여 청년 사역자들이 적

---

6 위의 책, 169.
7 위의 책, 181 이하.
8 위의 책, 189.

절하게 대응하지 못하고 있다.9 이제부터라도 교회는 과학적 사고를 하는 청년 사역자를 양성하고, 과학적 연구를 하는 기독 청년들을 격려할 뿐만 아니라 교회 안팎에서 일에 대하여 칭찬하고, 용기를 불어넣어 줄 필요가 있다. 과학과 신앙은 결코 대립하는 관계가 아니라는 것을 기억하고 장려할 필요가 있다는 것이다.

성에 대한 태도도 개선할 필요가 있다는 것을 키드먼은 강조한다. 혼전 섹스나 포르노 중독과 같은 성적 문란은 단호하게 거부해야 하지만 기본적으로 성은 하나님께서 사람들을 번성케 하시려는 의도와 밀접한 연관이 있다는 것을 지도해야 할 것이다. 성을 억압적인 개념으로 이해하는 전통적인 개념을 따르기 보다는 하나님의 사랑에 근거하여 결혼한 부부에게 주시는 축복으로 이해하는 것이 필요하다. 최근에 리디머교회의 팀 켈러(Tim Keller) 목사가 동성애는 당연히 환영하지 않고 동성이 섹스를 하는 것은 죄로 규정하지만, 하나님은 동성애자들도 사랑하신다는 해석을 한 영상에서 주는 교훈은 여러 가지를 시사한다. 하나님은 그들도 변화되어 돌아오기를 원하실 것이라는 취지의 이야기이다. 이와 마찬가지로 키드먼은 낙태를 한 청년들이 교회 안팎에 적지 않은 현실 속에서 그들로 하여금 사랑의 하나님께 나오도록 '또 한 번의 기회를 주는 것'은 교회가 이 시대에 고려해 보아야 할 중요한 사역 중의 하나라고 주장한다.10

III. 모이는 교회, 흩어지는 교회

모이는 교회에서는 청년들을 사랑으로 잘 돌보고, 영적 능력을 경험

---

9 위의 책, 193. 과학관련 직업을 갖고 싶어하는 청년들이 52%라면 과학관련 설교를 한 청년지도자의 비율은 1%에 불과하다는 통계가 이러한 것을 증명해 준다.
10 위의 책, 233-235.

하며, 험한 세상 가운데에서 빛의 청년, 소금의 청년으로 존재할 수 있도록 도와주어야 할 것이다. 그리하여 그들이 세상 가운데로 파송되어 흩어지는 교회로서의 사명을 잘 감당할 수 있도록 힘과 능력을 불어넣어 주어야 한다. 결코 세상을 망하고 썩어질 곳으로 단정하여 속히 '교회라는 방주'로 옮겨 와서 세상을 등지고 살아가도록 하는 우를 범해서는 안 될 것이다. 보이는 교회, 모이는 교회는 너무도 중요한 하나님의 사랑을 깨닫고 말씀을 배우고 체험하는 중요한 기관이다. 또 그곳에서 성도들은 진정한 섬김과 친교를 배우고 실천하게 된다. 그러나 교회는 건물도 제도도 아닌 하나님의 백성이다. 이런 점에서 볼 때 교회는 모이는 교회이면서 동시에 흩어지는 교회이다. 이를 그림으로 표현하면 아래와 같이 된다.

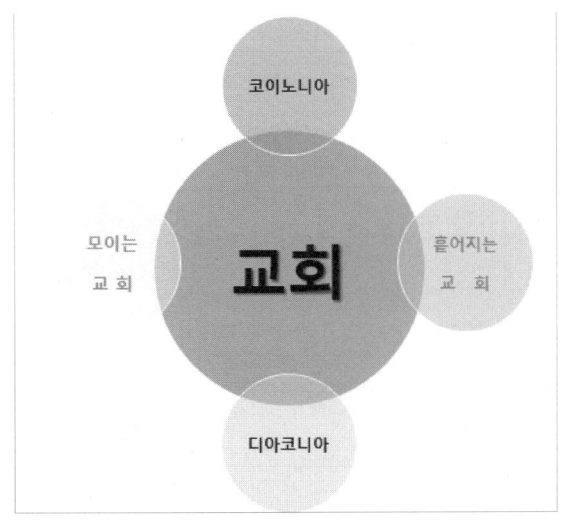

[그림 26] 모이는 교회와 흩어지는 교회[11]

---

11 김도일, "지역공동체로 나아가는 기독교교육," 2016년 한국기독교교육 하계학술대회 (2016. 06. 04), 발표 피피티 자료에서 재인용.

하나님의 교회는 세상 속에 존재한다. 에베소서 1장 23절에 나오는 말씀처럼 "교회는 그(예수 그리스도)의 몸이니 만물 안에서 만물을 충만하게 하시는 이의 충만함"이라는 사실을 기억해야 할 것이다. 무엇보다 예수 그리스도를 주로 믿는 하나님의 백성인 교회는 모이는 교회 밖에 존재하는 지역의 사람들을 대상화/타자화하는 우를 범해서는 안 될 것이다. 교회 밖 사람들을 오직 전도할 대상으로만 본다든지, 한 발자국 더 나아가서 섬길 대상으로만 생각하는 것은 신학적으로 올바른 태도가 아니다. 교회는 전도나 섬김을 타자를 위하여(for) 하는 사고에서 벗어나 이웃과 함께 하는(with) 사고를 가져야 할 것이다. 전도는 중요하지만 함께 하는 삶 또 중요하다. 지역에 있는 교회는 지역을 전도의 대상으로만 삼지 말고 전도와 더불어 잘 어우러져서 사는 삶도 중요하다는 의미이다. 또 디아코니아 중심의 사역에서 코이노니아를 바탕으로 한 디아코니아적 사역을 이어가는 것이 중요하다. 교회는 하나님이 그토록 사랑하셨던 세상(Cosmos)에서 이웃과 함께 공존하며, 예수 그리스도의 복음대로 살아감으로 거룩한 영향력을 발휘하여야 한다. 이렇게 신앙과 삶이 통합될 때 교회를 떠나는 수많은 청년들이 다시 교회가 되어 교회당으로 돌아오게 될 것이다. 다시금 교회가 하나님의 나라를 이 세상에서 확장하고 세워나가는 전기를 마련하게 될 것을 믿고 소망하며 이 글을 시편의 말씀과 함께 마무리 하고자 한다.

주의 권능의 날에 주의 백성이 거룩한 옷을 입고 즐거이 헌신하니 새벽 이슬 같은 주의 청년들이 주께 나오는 도다(시 110:3).

10장
미래세대 살리기, 함께 마을에서
: 지역사회 생태계 살림과 회복*

욕심이 잉태한즉 죄를 낳고 죄가 장성한즉 사망을 낳느니라(야고보서 1:15).

I. 인간 욕망의 끝은 과연 어디까지인가

현대는 욕망의 시대이다. 끊임없는 욕망은 인간으로 하여금 쉼 없이 무언가를 갈망하고 쟁취하도록 부추겼다. 이런 사고방식과 삶의 양식은 인간으로 하여금 수단과 방법을 가리지 않고 경쟁하고 싸우며 살게 하였다. 그렇게 인간은 욕망으로 인하여 죄를 짓게 되었고, 죄를 지은 인간은 결국 죽을 수밖에 없는 존재가 된 것이다. 생명과학자 양재섭은 『생명을 나누는 타원형 교회』에서 린 화이트(Lynn White, Jr.)의 "생태학적 위기의 역사적 뿌리"(Science지)라는 제목의 기고문을 인용하면서,

---

* 이 글은 "우리 교회, 우리 마을 이야기: 지역사회 생태계 살림과 회복,"「교육교회」, 459권, 2016. 11: 10-17에 게재되었고, 수정·보완하였다.

현재 인류가 당면한 생태학적 위기의 주범이 바로 기독교라고 고발하였다. "기독교는 인간중심적 세계관을 바탕으로 자연을 정복하고 착취하는 길을 열어주었는데, 기독교 문화가 서양 문화를 지배함으로써 결과적으로 자연 파괴가 가속화되었다는 것"이다.[1] 창세기 1장 28절의 "하나님이 그들에게 이르시되 생육하고 번성하여 땅에 충만하라 땅을 정복하라 바다의 물고기와 하늘의 새와 땅에 움직이는 모든 생물을 다스리라"는 말씀을 오해한 오늘 인류의 선배들과 오늘의 인류는 생태계를 수단과 방법을 가리지 말고 개발하여 지배하는 탐욕을 가져도 좋다는 허가서를 준 것이 아니다. 오히려 "하나님께서 창조하신 만물을 가꾸고 보존하는 생태감수성"을 가져야 하며 최선을 다해 관리하고 보살피라는 의미이다.

생각해 보면 기독교가 잘못된 선택을 하여 인류와 피조물의 상태를 망쳐놓은 이면에는 성경말씀을 자의적으로 해석하거나 오역하여 자기 욕망 충족의 근거로 삼았던 데에 있었다. 백인들이 흑인들을 마음대로 부려먹고 노예로 삼았던 성경적 근거는, 노아의 세 아들, 셈, 야벳, 함의 이야기에서 자신들은 셈 족속이고 흑인들은 함 족속의 후예이며 함이 아버지 노아의 벌거벗은 모습을 가려주지 않은 이유로 함의 아들 가나안 족속이 자손대대로 노예가 된다는 것이다. 놀랍게도 적지 않은 백인 설교자들은 창세기 9:22~27의 성경 이야기를 근거로 삼아 노예 소유의 정당성을 역설해 주었던 것이다.[2] 유럽의 노예상들이 아프리카 전 지역에서 4000만명에 가까운 노예를 잡아다 가나의 노예성을 중심으로 하여 유럽과 아메리카대륙에 팔아먹었던 노예상들의 장삿속을 채워

---

[1] 양재섭, 『생명을 나누는 타원형 교회』 (서울: 바이오사이언스, 2012), 31.
[2] 노아의 저주는 "가나안 사람들이 왜 하나님 앞에서 저주 받은 삶을 살아야 하며 왜 그들이 하나님께 심판을 받아 이스라엘에게 그들의 땅을 내어주어야 하는지를 설명해 주는 원인론적인 성격의 본문… 결코 흑인종이 백인종의 지배를 받아 마땅하다고 보는 식의 이론을 정당화시켜주는 본문이 결코 아니다"라고 강성열은 적었다. 강성열, 『현대인을 위한 창세기 강해』 (서울: 한장출, 1998), 108.

준 이면에는 검은색 피부를 가진 사람이 하얀색 피부를 가진 사람의 종이 되어야 한다는 말도 되지 않는 논리를 마음대로 써먹은 결과라고 하겠다. 역겹게도 노예들을 집결시켰던 지하 노예성, 엘미나 성(The Elmina Castle)의 위에는 목사관과 채플이 있다. 슬프게도 오늘날에도 수많은 흑인들은 이런 잘못된 관념으로 인하여 오해를 받고 있으며 인종차별로 인하여 희생되고 있다. 이와 유사한 일이 우리나라에도 일어나지 않는다고 말할 수 없다. 200만 명에 육박하는 다문화민족이 거주하는 우리나라의 국민들 가운데, 특히, 기독교인조차 우리나라보다 경제적 수입이 적은 나라의 민족들을 업신여기고 차별하는 풍조가 아직도 있음을 우리는 여러 매체를 통하여 확인하고 있다. 그러나 하나님은 모든 인간과 피조물의 하나님, 즉 만물의 하나님이시며, 어떤 사람도 다른 사람의 위에 군림하여도 좋다는 말을 하나님은 하신 적이 없다.

정의, 생명, 평화와 같은 하나님이 인류에게 원하는 기독교적 보편가치는 망각한 채로 인류는 물질만능주의와 극도로 치닫는 욕망 채우기에 급급한 나머지 생명을 살리기보다는 생명을 죽이는 데에도 눈 하나 깜짝하지 않는 우를 범하고 있다. 예를 들어 자연 파괴의 주범 중의 하나인 석유 산업, 플라스틱 제품의 무분별한 개발, 심지어 유전자 변형 식품(Genetically Modified Organisms)과 농산물을 개발하여 지구상의 생태계를 교란시키고 있다. 이 모든 것의 뒤에는 인간의 돈과 지배에 대한 욕망(greed)이 도사리고 있다.

II. 생태계 살림과 회복의 원리는 타원형교회 원리와 삼위일체 하나님의 교회론으로부터

앞서 인용한 양재섭은 오늘의 사회는 마치 두 원이 서로 중심점을 차지하기 위해 대립하는 모습을 지니고 있는데, 이런 대립과 경쟁의 문제를 타결하기 위해서는 원형적 사고에서 벗어나야 한다고 말한다. 한 사람이 중심을 빼앗으면 다른 사람은 주변에서 맴돌 수밖에 없으므로 호시탐탐 중심을 차지하고자 기회를 노리게 되는 피곤한 사회가 된다는 것이다. 양재섭은 원형적 사고에서 타원형적 사고로 전환할 것을 주장한다. 타원(ellipse)은 두 정점에서 거리의 합이 일정한 점의 자취이고 초점이 둘이기 때문에 대립적 입장에 있는 두 요인을 모두 포용할 수 있으며, 거리의 합이 일정하기에 한쪽이 모자라면 다른 한 쪽으로 채워줄 수 있다는 것이다. 이는 서로의 차이를 인정하고 나와 다른 사람과 함께 공동체를 추구해 나갈 수 있는 구조가 된다는 것이다. 그는 여자와 남자, 자연과 인간, 장애인과 비장애인, 생산자와 소비자, 교육자와 피교육자, 정치가와 시민 등이 서로 상호작용을 함으로써 서로를 살리고 세워주는 데에까지 갈 수 있다고 말한다.3 타인을 죽임으로써 내가 살 수 있다는 무한 경쟁, 투쟁, 전쟁의 개념을 버리고 상호존중, 상호세움, 상호살림의 원리를 추구해야 하나님의 뜻을 인생 가운데서 이룰 수 있다는 것이다. 양재섭의 타원형 아이디어는 섬김과 나눔의 삶이라는 관점에서 볼 때 매우 유용하다. 지배보다는 섬김, 쟁취보다는 나눔을 강조하는 삶의 양태는 이 땅의 생태계를 생명, 정의, 평화의 정신으로 가득하게 할 것이다.4

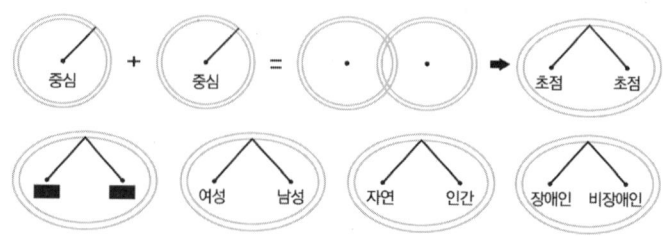

[그림 27] 원형 아이디어와 타원형 아이디어의 비교도

---

3 양재섭, 『생명을 나누는 타원형 교회』, 66-67.
4 양재섭, 『생명을 나누는 타원형 교회』, 67.

삼위일체 하나님은 페리코레시스(περιχώρησις)라는 개념으로 설명할 수 있는 하나님이시다. 이는 상호내주(相互內住), 상호순환(相互順換), 상호의존(相互依存)하시는 하나님이시라는 뜻이며, 마치 우리 전통에 강강술래를 하듯이 서로 손을 잡고 빙빙 돌면서 함께 춤을 추는 모습을 연상시킨다. 마치 "아버지께서 내 안에 계시고 내가 아버지 안에"(요 10:38) 있다고 하신 예수님의 말씀과 그 의미가 같다고 볼 수 있다. 생태계를 회복하고 살리는 비결은 삼위 하나님께서 상호간 친교하시면서 내주, 순환, 의존하는 원리를 생각함으로 이해의 실마리를 얻을 수 있다. 오늘날 망가진 생태계 회복을 시작하는 출발점은 어디인가를 생각할 때, 각 개인이 존재하는 가정을 생각할 수 있다. 그리고 가정이 삼위일체 하나님의 역사로 살아나게 되면 가정들이 모여 하나님이 불러내신 백성들의 모임인 교회에서 생태계 회복의 힘이 회복되게 되고, 지역사회, 즉 마을에 존재하는 교회가 마을 속에서 원형적 경쟁과 압박과 착취로 사그라져가는 마을 사람들이 열린 교회, 메시아적 교회라는 마당(플랫폼)에서 회복을 맛보게 되고 하나가 되어간다. 바로 이것이 위르겐 몰트만(Jürgen Moltmann)이 말하는 열린 교회, 세상에 관여하는 삼위일체적 하나님의 역사로 인하여 세상의 변혁에 힘쓰는 교회의 모습이다.5 하나님은 인간과 온 세상을 만드실 때 서로가 상관없는 존재로 만드셔서 서로가 서로를 물고 뜯으며 서로를 지배하려고 애를 쓰게 만드시지 않으셨다. 오히려 서로가 서로를 위해 존재하며 서로가 서로를 의지하고 존중하며 서로의 부족한 점을 채워주고 서로를 세워주게 하려고 온갖 피조물을 만드셨다. 하나님 자신도 "우리의 형상을 따라 우리의 모양대로 우리가 사람을 만들고 그들로 바다의 물고기와 하늘의 새와 가축과 온 땅과 땅에 기는 모든 것을 다스리게 하자"(창 1:26)고 하시며 삼위 하나님이 서로를 인정하고 상호간에 존중하며 의지하

---

5 이형기, 『교회론의 패러다임 전환』 (서울: 여울목, 2015), 639.

는 가운데 창조의 사역을 하셨던 것이다.

그러므로 생태계 살림과 회복의 원리는 하나님의 백성인 교회가 외딴 섬처럼 세상을 전도만의 대상으로 객체화하거나 대상화하는 것에서 벗어나, 십자가에서 죽으시고 부활하시어 모든 피조물을 위해 다시 오실 예수 그리스도의 예에서 보는 것처럼 메시아적 삶의 스타일을 가진 교회로 거듭나야 할 것이라고 몰트만의 신학을 이형기는 강조하였다. 이 메시아적 삶의 구조는 "하나님의 주권의 성취와 하나님 나라의 선취"를 의미한다. 즉 현대인들을 무감각, 무감동의 늪에서 건져내어 내 생명이 아니 다른 이의 생명에 대한 열정적인 사랑을 품고 고통의 짐을 함께 짊어질 각오를 하는 것을 의미한다. 이웃에 대해 온갖 질고를 자발적으로 지고 가기로 작정한 예수 그리스도의 사랑을 본받아 헌신과 고난에 동참할 것을 서약하며 살아가는 메시아적인 삶의 양식을 의미하는 것이다. 또 나보다 어려운 입장에 처해있는 장애인과 난민을 불쌍히 여기고 그들의 아픔을 같이 느끼고 도우며 상호의존하는 관계로 나아갈 것을 각오하는 삶의 양태로 결단하는 것을 의미한다. 무엇보다 타인에 대하여 열린 우정과 열린 마음으로 대하고, 하나님의 교회에 대하여 에큐메니칼 정신을 갖고 대하며, 교회는 "하나님의 백성을 위한 교회가 아니라 하나님 백성의 교회"임을 인정하는 몰트만의 주장은 일리가 있다고 이형기는 본 것이다.6 하나님 백성의 교회를 강조한 것은 하나님의 백성이 교회이며, 교회가 세상에 대하여 아니 작게 표현하여 마을을 타자화하거나 대상화하여 전도의 대상으로만 전락시킬 것이 아니라, 하나님이 정하신 때에 하나님의 나라가 될 것으로 알아 "선취적 하나님의 나라"에 합당한 처신을 해야 한다는 의미이다. 그러므로 교회는 마을을 오직 복음화해야 할 대상으로만이 아니라 결국 하나님의 때에 하나님의 나라가 될 곳으로 예상하고, 지금 여기에서부터 복음의 공공성

---

6 이형기, 『교회론의 패러다임 전환』, 640-659.

을 확보하는 데에 최선을 다해야 할 것이다. 몰트만의 신학을 요약하면서 이형기는 하나님 백성의 교회가 정체성(identity)과 적실성(relevance)을 찾아 교회가 무엇인지(하나님의 백성이 누구인지)와 교회가 마을에서 어떻게 처신하여야 하는지(하나님의 백성이 세속사회에서 무엇을 하여야 하는지)를 분명히 알고 행동해야 함을 강조하였다.7

III. 우리 교회, 우리 마을의 생태계 살림과 회복

인간의 멈추지 않는 욕망을 인지하고 생명을 죽이기보다는 생명 살리기에 온 "마음을 다하고 뜻을 다하고 힘을 다하여" 하나님을 사랑하고 이웃을 돌보기로 헌신의 맹세를 하여야 할 것이다. 무엇보다 성경말씀을 힘써 연구하고 그 진의를 파악하여 헛된 탐욕을 채우기 위하여 말씀을 이용하는 우를 범하지 말아야 할 것이다. 인생살이에서 그리고 목회 현장에서 원형 아이디어를 적용하여 자신이 늘 중심에 서 있어야 직성이 풀리는 유아기적 경쟁 심리와 욕심채우기식 삶의 양태에서 벗어나 나와 너, 장애 없는 이와 장애 있는 이, 남자와 여자, 어른과 아이, 흑인종과 백인종, 한국 사람과 비한국 사람의 차이와 다름을 인정하고 받아들이며, 서로가 서로를 존중하고 의지하고 서로가 서로 속에 존재한다는 성숙하고 열린 마음 자세와 삶의 양태를 갖겠다는 시각을 견지하는 것이 매우 필요하다. 무엇보다 교회는 하나님 백성의 교회임을 인지하고 하나님 백성이 태어나 함께 뛰어 놀고 자라고 함께 늙어가는 마을 사람들과 조화로운 삶을 살겠다는 의지와 신학을 가져야 할 것이다. 그러므로 교회는 뜻 없는 경쟁으로 피곤하고 허전하며 삶의 목표와 의미를 잃어버린 마을 사람들이, 인생의 진정한 주인이신 하나님을 알고

---

7 이형기, 『교회론의 패러다임 전환』, 672 이후.

만나고 그분과 함께 마을에서 하나님의 나라를 이루어가며 살아갈 수 있도록 신앙적 조우의 살아 있는 체험을 할 수 있도록 도와주는 "신앙의 경험"의 마당(플랫폼)이 되어야 할 것이다. 이런 의미에서 마을은 하나님의 '선취적인 나라'가 된다. 그러므로 교회는 마을사람들의 놀이터, 만남의 장소가 되고 마을이 매일 교회로 확장되어감으로 하나님의 주권이 인정되어지는 곳이 되어야 한다. 이런 시각으로 지역 사회, 즉 마을을 바라볼 때 우리의 제목인 우리 교회, 우리 마을이라는 주제는 매우 신학적으로 타당하고 실제적인 삶(신학과 삶이 분리되는 것은 결코 아니지만)에서도 자연스럽다.

우리 교회가 우리 마을을 이루어 개인, 가정, 교회, 마을의 건강한 생태계를 회복하고 이루어 인간공동체를 살리는 일은 모든 인간에게 주어진 가장 중요한 사명이다. 이 사명을 잘 감당하는 세 교회의 교육모형을 『다음세대 신학과 목회』라는 책에서 밝힌 바 있다. 첫 번째 교회는 송악감리교회이고, 두 번째 교회는 부천 새롬교회이며, 세 번째 교회는 한남제일교회이다. 세 교회의 모형은 이렇게 구분될 수 있다. 송악감리교회는 전형적인 농촌교회로서 마을의 교육생태계와 경제생태계를 복원한 경우이며, 부천 새롬교회는 전형적인 빈자들의 도시 외곽 교회의 경우로서 30년 동안 온 동네의 전반적인 생태계를 지역의 공공기관과 협력하고 마을의 전연령 세대가 존재하는 현장으로 들어가 교육, 복지, 문화 생태계를 복원시킨 경우이며, 한남제일교회는 전형적인 도시 중심 환락가에 위치한 교회로서 교육과 문화 생태계 복원을 위해 서울시의 마을만들기 사업을 적절하게 활용한 경우라고 하겠다.

1. 생태계 살림과 회복의 교회교육 모델

세 교회의 경우 모두에서 볼 수 있는 교육적 함의는 다음과 같다. 첫째, 세 교회는 교회와 마을의 교육생태계를 변혁하는 과정에서 공교육과 연계하는 모습을 띄었다. 물론 송악교회의 경우 초기에는 농촌지역의 목회와 농촌생태계 복원에 더 많은 관심을 기울인 것이 사실이다. 그러나 세 교회 모두 지역에 있는 공교육 기관에 들어가거나 공교육을 수행하는 구청이나 시청의 공무원들과의 관계를 돈독히 하고 학교의 교사와 교감, 교장을 돕는 단순한 역할에서부터 신뢰를 다졌다는 것이 특징이다. 송악교회의 이종명 목사는 교회 옆의 송남초등학교의 필요를 채워주는 역할을 하였다. 학교에서 생태교육을 수행할 교사와 버스를 운전할 기사가 동시에 필요한 것을 알아채고 이종명 목사는 그 일을 자원하였다. 학교의 아이들을 데리고 들과 산과 개울을 다니며 아이들에게 풀과 나무와 곤충의 이름을 가르쳐 주고 풀치기와 개울관리하기 등을 알려주며 시골산길에서 신발을 벗고 걸어 다니며 즐기는 법을 가르쳐 주었다.

아이들에게 생명존중에 대하여 그리고 자연돌보기의 중요성을 가르쳤던 것이다. 부천 새롬교회의 이원돈 목사는 부천시 약대동의 가난하고 혜택 받지 못한 동네의 아이들과 어르신들을 돌보는 일로 자신의 사역을 삼았다. 시간이 날 때마다 지역아동센터와 도서실을 운영하며 부천시의 공무원들과 협력을 도모한 결과 이제는 부천시에서 이원돈 목사에게 의뢰하는 사업이 점점 늘어가고 있다. 그는 마을이 꿈꾸면 교회가 춤을 춘다는 유기적 아이디어를 갖고 마을의 어린이, 청소년, 장년, 노년들이 꿈을 꾸게 하는 일을 구상한다. 최근에는 장신대 신대원 재학중인 이승훈 전도사와 함께 약대동 근처에서 청소년들을 위한 "꼽이 식당"(꼽이라는 말은 꼽사리라는 말로써 틈새를 채워주는 행위를 의미한다)을 운영하며 저녁 시간 공부를 도와줄 사람도 없고 저녁 끼니를 해결해 줄 사람도 없어 방황하는 청소년들의 마음과 배를 채워주는 사역을 하고 있다. 한남제일교회의 오창우 목사도 역시 이 교회에서 30년 이상을 사역해 오고 있는데, 이 교회는 이태원과 한남동의 경계에 있는 교회로서 도시의 엄청난 변화를 몸으로 체험하며 마을 전체를 체험현장과 이야기 창출의 장으로 여기고 사역한다는 특징을 갖고 있다. 그는 교회가 서울시 중심에 있다는 의미는 서울을 사역의 장으로 하고 서울시가 지닌 수많은 문화적 자원을 잘 활용하는 것이 사역 성패를 좌우한다고 생각하였다. 그리하여 어린이, 청소년, 청년들로 하여금 '꿈꾸는 도시 탐험'이라는 수직적 세대 통합 프로그램을 만들어 운영함으로써, 전세대가 함께 도시라는 마을 속에서 어떻게 마을을 이해하고 무슨 일을 해야 할지에 대한 구상을 하도록 돕고 있는 것으로 보인다. 그는 교회가 용산구청에 위치한 것을 십분 활용하여 용산구청에서 지원하는 마을 만들기 사업에 적극적으로 참여하여 용산구 전체를 교회의 사역 마당으로 활용하고 있다. 또 꿈꾸는 오케스트라와 같은 사역을 통하여 오래 전부터 동네 아이들을 모아 악기를 가르쳐주고 오케스트라를 조직하는 등의 감성적 사역을 실시한 결과 이제는 멋진 동네 오케스트라가 되었다고 한다. 이원돈 목사와 이종명 목사와 오창우 목사는 교회의 사역범위를 교회 안으로 제한하지 않고 마을 전체를 학교로 사역의 장으로 여기고 마을로 들어가 그곳에서 하나님나라를 확장하고 있다.[8]

2. 생태계 살림과 회복의 주는 하나님, 종은 사람

하나님은 이 모든 일을 있게도 하시고 없게도 하시며 모든 일 가운데 섭리하신다. 그리고 그 하나님은 교육에서는 하나님의 교육(에듀카치오 데이)을, 선교에서는 하나님의 선교(미시오 데이)를 주관하시는 하나님이시다. 창조로부터 지금까지 지속된 하나님의 일하심은 지금도 계속되고 있거니와 사람은 "생육하고 번성하여 땅에 충만하라 땅을 정복하라 바다의 물고기와 하늘의 새와 땅에 움직이는 모든 생물을 다스

---

[8] 김도일, "다음세대의 생명을 살리고 번성케 하는 교회교육 모델 탐구," 『다음세대 신학과 목회』(서울: 장로회신학대학교 출판부, 2016), 70-78.

리라"는 명을 받아 맡겨진 일에 최선을 다하여야 한다. 충만하라, 정복하라, 다스리라는 권리와 권한을 위임받은 것이다. 이는 피조세계에서 인간이 하나님이 위임하신 일을 성실성, 진정성, 지속성, 전문성 그리고 희생정신으로 투명하게 경영하고 관리해야 하는 엄청난 책임과 의무를 동시에 부여받았다는 사실을 의미한다. 우리 교회, 우리 마을이라는 조화로운 생태계 살림과 회복을 가능케 하시는 이는 하나님이시며 그분이 이 모든 생태계의 주인이시다. 그리고 인간은 그분의 종이다. 그러므로 다음의 그림과 같이 올바른 교회론을 비롯한 신학적 확신과 이를 삶에서 과감하게 옮겨낼 수 있는 창의적 실천정신을 가진 하나님의 종이 진정한 변혁을 일으킬 수 있다.

IV. 탐욕과 경쟁을 벌리하고 상생하라

우리가 끊임없는 탐욕의 노예가 되어 자신의 사명을 망각하고 함부로 자연 생태계와 교육 생태계를 망쳐 비인간화하여 마을 생태계를 '조

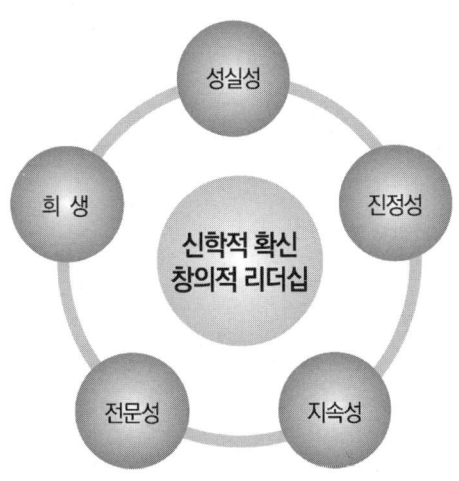

[그림 28] 우리 가정, 교회, 마을을 살리는 창의적 리더십

화와 상생의 장'으로 만들기보다는 '경쟁과 착취의 장'으로 만들어버린 다면 "너희 가운데서 하늘로 올려 지신 이 예수는 하늘로 가심을 본 그대로 오시리라"(행 1:11)라고 약속하신 주님이 다시 오시기도 전에 인류는 그대로 망해버릴지도 모른다. 더 늦기 전에 우리 교회, 우리 마을의 이야기를 만들어야 한다. 그래서 생태계를 회복하고 다시 살려내어 땅에 충만하라, 정복하라, 다스리라는 하나님이 주신 원(原)명령의 진의를 그의 종으로서 수행하여야 할 것이다.

11장
미래세대 살리기, 제4차 산업혁명시대에

인류의 삶은 예전 양상과는 다른 엄청난 변화에 직면해 있다. 예전에는 먼저 태어나 먼저 배운 사람이 뒤에 태어나 아직 덜 배운 사람 앞에서 자신의 지식을 가지고 '선생(先生)님'으로 살 수 있었다. 그러나 이제는 먼저 태어났거나 먼저 배운다는 것이 큰 의미를 갖지 않는다. 이른바 지식의 평준화 시대가 된 것이다. 어쩌면 '지식의 종말 시대'가 이미 우리 곁에 다가온 것인지 모른다.1

I. 더 이상 만물박사가 필요 없는 시대

미래세대는 이미 지식의 폭발 시대에 살고 있다. 손안의 컴퓨터인 모바일을 열기만 하면 구글, 네이버, 다음 등의 검색엔진이 우리를 기

---

* 이 글은 "4차 산업혁명시대의 기독교교육"「교회성장」, 286호(2017년 4월호): 133-139에 게재되었고, 수정·보완하였다.
1 KBS〈명견만리〉제작팀,『명견만리』(서울: 인플루엔샬, 2016), 279.

다리고 있고 적당한 검색어를 입력하기만 하면 빅데이터에서 검색엔진은 우리를 위하여 순식간에 우리의 요구를 충족시켜준다. 지난 1960년대 이후 오랜 세월 동안 대한민국에는 두 명의 유명한 만물박사가 존재했다. 국문학자였던 양주동(1903-1977)박사는 문학을 가르치는 사람으로서 모르는 게 없었던 사람이다. 적어도 나에게는 그렇게 보였다. 그는 앉은 자리에서 여러 개의 시를 줄줄 외웠으며 동양사상에도 정통한 사람이었다. 그가 살아 있던 시절에 사람들은 그를 만물박사라고 불렀다. 또 다른 사람은 조경철(1920-2010) 박사다. 그는 천문학자였다. "암스트롱이 달에 첫 발자국을 딛는 순간 너무 흥분한 나머지 의자가 뒤로 넘어가는 장면이 방송되었고 이것을 코미디언들이 소재로 삼으면서 인기를 얻어 '아폴로 박사'란 애칭을 얻을 정도로 유명하고 흥미로운 사람이었다"(위키백과). 그는 밤하늘의 창공을 보며 사람들에게 별자리에 대한 이야기를 끊임없이 할 수 있었던 또 한 사람의 만물박사였다. 필자가 어릴 때 그들을 대중매체에서 보면서 다음과 같은 두 가지 생각을 하였다. '참 저분들은 아는 게 많다. 그리고 저분들은 참으로 말을 많이 하신다.'

그러나 이제 그런 만물박사는 더 이상 존재하지도 필요하지도 않다. 왜냐하면 세상의 거의 모든 지식이 들어있는 손안의 컴퓨터를 거의 모든 사람이 소유하고 있기 때문이다.

일찍이 미래학자 버크민스터 풀러(Richard Buckminster Fuller)는 인류가 가진 지식의 총량이 기하급수적으로 증가하리라는 예측을 내놓은 바 있다. 그의 예측에 따르면 인류의 지식총량은 100년마다 두 배씩 증가했는데, 1990년대부터는 25년으로, 2016년에는 13개월로 단축되었고 2030년이 되면 3일마다 지식총량이 두 배로 늘어날 수 있다는 것이다.[2] 여기서 중요한 핵심은 이것이다. 이제는 인간이 지식을 먼저,

---

2 위의 책, 5.

많이 축적하는 것으로서 더 이상 어떤 권리를 주장할 수 있는 세상이 아니라는 말이다. 이제는 많이 알고 잘 외울 수 있는 능력을 갖고 있어도 다른 이들을 지도할 수 있는 세상이 아니다. 오히려 성경의 잇사갈 족속처럼 시대의 흐름을 읽어내고 마땅히 처신할 바를 아는 사람이 생존하고 번성할 수 있다는 말이다. 구약성경 역대상 12장 32절에는 이렇게 기록되어 있다. "잇사갈 자손 중에서 시세를 알고 이스라엘이 마땅히 행할것을 아는 우두머리가 이백 명이니 그들은 그 모든 형제를 통솔하는 자이며." 잇사갈 족속은 다른 족속에 비하여 상대적으로 적은 수를 갖고도 다른 족속들을 통솔할 수 있었다. 그 비결은 그들이 가진 시대의 흐름을 읽어내고 지혜롭게 처신할 줄 알았기 때문이다.

II. 바이센테니얼 맨(Bicentennial Man)과 아이로봇(I, Robot)

제4차 산업혁명은 소망과 위험을 동시에 가져다준다. 빅데이터(Big Data)에 기반한 딥러닝(Deep Learning)은 인공지능(Artificial Intelligence)의 능력을 극대화시켜줄 수 있다. 이는 끊임없는 인간의 욕구(필요)를 지능을 장착한 로봇이 채워줄 수 있다는 것을 의미한다. 예측하기로는 인간 신체의 많은 기관들(예: 심장, 신장, 위장, 팔, 다리, 혈관 등)이 인공기관으로 대체될 것이다. 그럴 경우 인간의 수명은 지금은 백세에서 두 배로 늘어날 수도 있다. 영화 〈바이센테니얼 맨〉(Bicentennial Man: 로버트 윌리엄스 주연의 미래공상 2004년을 배경으로 한 인공지능 영화, 20세기 폭스사, 1999년)과 같은 일이 실제 현실에서 일어날 수도 있다는 것을 의미한다. 컨베이어 벨트에서 일어나는 반복적인 일과 기계적 예민함을 요구하는 공예와 같은 일은 어쩌면 로봇이 훨씬 더 높은 생산성을 낼 수 있을 것이다. 〈바이센테니얼 맨〉과 같은 영화는 인공지능의 좋은 점을 부각한 영화라고 볼 수 있다.

오늘날도 자동차와 같은 생산공장에서 로봇의 역할은 그 어느 때보다도 강조되고 있다. 그러나 오늘날 인공지능에 대한 철학적, 신학적 성찰은 우리에게 적지 않은 근심을 안겨준다. 예컨대 〈바이센테니얼 맨〉은 인공지능의 좋은 면을 지나치게 강조한 공상 영화라면 〈아이 로봇〉(I, Robot: 윌 스미스 주연의 2035년을 배경으로 한 미래공상 인공지능 영화, 20세기 폭스사, 2004년)은 인공지능 기반 로봇에 끊임없는 의구심을 가진 한 형사의 투쟁기를 그린 영화이다. 인공지능이 과연 인간을 돕는 문명의 이기가 될지 아니면 인간을 배반하고 인간의 삶을 위협하는 자리까지 이르게 될지에 대한 질문이 이 영화의 백미라고 볼 수 있다. 영화의 초두에 이런 장면이 나온다. 주인공이 운전하던 차와 다른 한 가족의 차가 동시에 깊은 강물에 빠지게 되었다. 그 때 두 대의 차는 물에 가라앉고 있었으며 그때 고도로 발달된 로봇, 인공지능의 지배를 받는 로봇이 구조를 위하여 물로 뛰어든다. 그 시점에 로봇은 주인공과 한 가족 중에서 어느 편을 구하는 것이 더 높은 확률을 보장하는지를 순간적으로 계산한 후 결국 주인공을 구한다. 그 와중에 주인공은 어린 자녀와 그 아이의 엄마를 구하라고 종용한다. 그러나 결국 로봇은 구출 및 생존확률이 높은 편을 택한다.

두 작품 다 러시아계 미국인 공상소설가 아이작 이시모프(Isaac Asimov)의 공상과학 소설에 기반하였으며 놀랍게도 공상이 현실화되는 것 같은 착각을 일으킬 정도이다. 비록 소설이지만 그가 제안한 로봇공학의 3원칙은 오늘날 인공지능개발자들에게 모종의 개발원칙 같은 것을 제공해 줄 수 있다고 본다.[3]

---

[3] 로봇공학의 삼원칙(Three Laws of Robotics)은 미국의 작가 아이작 아시모프가 로봇에 관한 소설들 속에서 제안한 로봇의 작동 원리이다. 1942년작 단편 *Runaround*에서 처음 언급되었다. "서기 2058년 제 56판 로봇공학의 안내서"에서 인용된 세 가지 원칙은 다음과 같다: ① 로봇은 인간에 해를 가하거나, 혹은 행동을 하지 않음으로써 인간에게 해가 가도록 해서는 안 된다. ② 로봇은 인간이 내리는 명령들에 복종해야만 하며, 단 이러한 명령들이 첫 번째 법칙에 위배될 때에는 예외로 한다. ③ 로봇은 자신의 존재를 보호해

III. 인공지능이 인류에게 득일까 해일까?

인류 최고의 기사 이세돌이 인공지능 알파고와의 싸움에서 형편없는 승률로 졌다는 사실은 이미 주지의 사실이다. 4-1로 겨우 한판은 승리했지만 그도 사실 석연치 않기는 하다. 아무튼 그 이후 인공지능과 세계최고의 기사들과의 바둑 게임에서 인공지능은 한 번도 진 적이 없다는 사실은 우리로 하여금 긴장의 끈을 놓을 수 없게 만든다. 바둑은 상하 종횡으로 19줄이 지나가는 게임으로 엄청난 경우의 수가 내포되어 있다. 체스나 장기와는 상대가 되지 않을 정도로 바둑의 깊이는 실로 깊다고 할 수 있겠다. 빅데이터의 양이 거의 매일 배가 되며 잠시도 쉬지 않고 학습하는 컴퓨터는 인공지능의 기본이 된다. 물론 이를 프로그램화하는 것은 인간이 하지만 소위 딥러닝이라고 하는 자가학습을 통해 끊임없이 배운다. 위에서 언급한 원칙대로 제어하는 것은 모든 인간에게 숙제로 남아 있다.

문제는 인공지능이 수행하는 딥러닝은 그야말로 인간지능이 행하는 데이터의 수집, 가공, 분석과 처리 능력을 모방한다. 마치 인간 뇌 속의 뉴런(신경세포, Neuron)이 '수많은 데이터를 읽어내고 그 속의 수많은 패턴을 스스로 찾아내 빅데이터를 재빨리 분류하고 분석'해 내는 것과 같은 방식을 통해 일을 수행하는 것과 같다(TV 프로그램 〈명견만리〉, 87). 그러므로 당연히 인공지능은 사람이 만들어내는 작품이기에 인간이 모든 것을 통제할 수 있으리라는 단순한 생각으로만 대하면 안 될 것이다. 인간이 훗날 엄청난 발전을 통해 만들어질 인공지능을 제대로 활용하고 인간 삶의 동반자 내지는 도우미화 하려면 지금 아직 미완

야만 하며, 단 그러한 보호가 첫 번째와 두 번째 법칙에 위배될 때에는 예외로 한다. 이 대사는 위의 영화에 등장한다. https://ko.wikipedia.org/ 핵심어: 로봇공학의 삼원칙. 2017. 02. 25. 20:00 접속. 아시모프는 컬럼비아대에서 화학전공 박사학위를 취득한 재원으로서 500여권 이상의 책을 저술한 입지전적인 작가로 알려져 있다.

의 대기일 때부터 인공지능에 대한 윤리적 연구를 깊이 해야 할 것이다. 왜냐하면 인공지능은 점점 더 인간을 모방하며 닮아갈 것이며 급기야는 인간을 배반하게 될지도 모르기 때문이다. 특히, 인공지능을 활용한 무기개발의 위험성에 대하여 인류가 동의하고 절제해야 할 것이다.

    인류는 필요에 의하여 판자 밑에 다는 바퀴를 개발하고 그 바퀴를 끄는 짐승을 통하여 수레를 개발하고 그 수레를 끄는 동력을 개발하여 자동차가 세상에 나오게 되었다. 19세기에는 석탄을 에너지로 사용하였고 그 에너지를 기반으로 제임스 와트(James Watt)는 증기기관을 만들게 되었다. 그것이 1차 산업혁명이 되었던 것이다. 그리고 이후 석탄에서 전기를 만들어내는 에너지 혁명을 이루어내는 2차 산업혁명이 발생하였다. 3차 산업혁명은 컴퓨터와 인터넷을 통한 정보화혁명이 일어났으며, 20세기에는 석유를 에너지로 사용하면서 운송수단을 가능케 하는 일종의 동력이 개발되었다. 그리고 21세기에는 제4차 산업혁명 시대가 열렸는데 이를 뒷받침해주는 일종의 기술혁명은 융합과 사이버 시스템의 발전으로 가능케 되었으며, 인공지능이 석유시대와 정보화시대를 넘는 또 다른 혁명적 뒷받침을 하게 될 것이다.4 그리하여 인공지능은 세상의 대변혁을 몰고 올 새로운 동력이 되고 있으며 인류는 결코 이를 무시할 수 없는 지경이 되었다. 그러나 인공지능은 마치 양날의 칼과 같다. 이를 선하게 사용하면 인류공영에 이바지할 위대한 발전이 되지만, 만약 이를 한 사람, 기업, 국가의 배를 채우기 위하여 악용한다면 세상을 망하게 하고 인류를 크게 위협할 무서운 도구가 될 것이 분명하다. 그러므로 미래세대를 양육하는 현세대는 최선을 다하여 미래세대를 분별력 있는 존재로 키워야 할 것이다. 분별력과 책임감을 가진 미래세대 양육은 인공지능시대를 가능케 한 제4차 산업혁명 시대의 성

---

4 김진하, "제4차 산업혁명 시대, 미래사회 변화에 대한 전략적 대응방안 모색," KISTEP InI. R & D. 15, 2016, 45-58.

패를 가름하게 됨을 기억해야 할 것이다.

IV. 우리 교회 미래세대 세우기 4.0

지역에 있는 교회는 교회 내에 있는 미래세대를 세우기 위하여 전 교우가 힘을 모아 매진해야 한다. 먼저 이를 위하여 교역자들이 제4차 산업혁명 시대를 대비한 교육목회적 시각을 확립해야 한다. 전술한 것처럼 잇사갈 족속의 예를 따라 시대의 흐름을 읽고 지금 현 기성세대가 마땅히 해야 할 일을 찾아서 우선순위를 매겨 실행해야 할 것이다. 그리고 교회 내 교회학교의 교사와 가정학교의 부모들을 다음 그림과 같이 "우리교회 미래세대 세우기 4.0"과 "교회의 교육적 사명"과 같은 주제로 설교와 가르침을 통하여 교육하여야 할 것이다. 아래의 그림은 필자와 강영택 교수가 2017년 2월 19일에 행한 주일예배와 오후예배의 설교와 가르침의 예이다. 교회에서 기획한 세미나의 내용(큰 그림과 세부 그림)이 모범적이고 통전적인 주제를 적절히 다루는 것이어서 참고용으로 여기에 올린다.

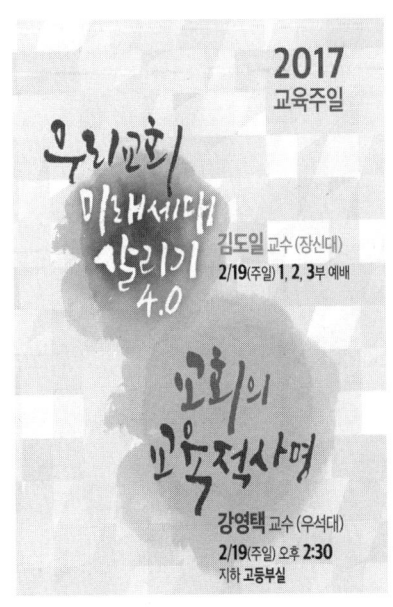

[그림 29] 서울서문교회의 교육주일 포스터

교역자, 교사, 부모가 지속적인 교육을 받아 준비하는 가운데 교회학교와 가정(학교)에서 미래세대를 기르고 지도해야 할 것이다. 무엇보다 우리 미래세대들에게 예수 그리스도를 믿고 영생의 길로 들어서서 생명의 삶을 살게 해야 할 것이다. 그러고 나서 '생각하는 힘'과 '심력'을 키워주고, 생명의 길과 멸망을 길을 분간할 줄 아는 분별력을 키워주는 일에 매진해야 한다. 마지막으로 한 가지를 강조하자면 이제 세상은 소통력과 책임적 리더십(Responsive and Responsible Leadership)을 가진 이를 절실하게 찾고 있다(47차 다보스포럼의 주제이기도 하다). 혼자서만 잘하는 사람이 아니라 공동체를 살리고 세우는 지도자, 하나님의 도를 바로 전하는 책임감 있는 일군을 제4차 산업혁명시대를 살고 있는 인류는 강력하게 요청하고 있다.

12장
미래세대 살리기, 하나님의 교육으로*

지식 전달이 교육의 대부분을 차지하던 시절은 서서히 지나가고 있다. 적어도 피상적인 정보를 전달하는 교육은 이제 그 막을 내려가고 있다. 지식 소유의 평준화 시대가 다가오는 것이다. 인간이 만든 슈퍼컴퓨터는 쉬지도 졸지도 자지도 않고 지속적으로 빅 데이터를 축적하며 자가 학습을 하고 있고 딥 러닝의 작업은 인공지능의 진화를 촉진하고 있다. 딥 러닝은 오랜 시간동안 많은 양의 데이터를 최적화하면서 인공신경망(Artificial neural network)을 활성화시킨다. 비지도학습(Unsupervised learning)의 충돌을 최소화하면서 학습하는 것이다. 이 인공신경망이 사물 인터넷(Internet of things)과 통신 기능을 통해 수많은 주변 데이터를 주고받으면서 스스로 분석하고 학습하는 인공지능 기술의 발전을 가져오게 된 것이다(위키백과, 핵심어: 사물인터넷, 2017. 03. 25. 21:00 접속/http://t-robotics.blogspot.kr/쉽게 쓴 딥러닝의 모든 것). 인류는 바야흐로 기계와의 경쟁 내지는 협업의 시대로 접어들게

---

* 이 글은 "아날로그 교육의 힘," 「교회성장」, 287호(2017년 5월호): 105-111에 게재하였고, 수정·보완하였다.

되었다. 같이 잘 지내면서 협력을 도모하든지 아니면 서로 물고 뜯으면서 경쟁하는 상황이 될 수도 있게 된 것이다.

I. 인공지능 시대와 고독

증기기관 발명-전기의 발명-인터넷의 발명-인공지능의 발명으로 연결되는 인류과학의 진보는 다분히 세계화를 앞당기는 데 공헌하였다. 지구에서의 삶은 이제 인류 모두에게 양극화라는 최악의 숙제를 남겨 놓았고 돈, 정보, 권력 등을 손에 쥔 1%의 사람들이 거의 모든 것을 누리고 중산층은 거의 없어졌고, 정규직과 비정규직의 소득격차가 두 배 이상 되는 불균형의 사회로 전락하였다. 동일 시간 동안 동일 노동을 하는 사람은 정규, 비정규직의 차이가 없어야 함에도 불구하고 오늘의 시대는 비인간화의 극단으로 치닫고 있다. 호주머니가 비어 있기에 소비를 할 수 없고 자신의 일자리가 보존되리라는 희망이 없어진 시대를 살고 있는 21세기 초반의 젊은이들에게 "다 잘될 것이니 안심하라"고 말할 수 있는 기성세대나 교회나 국가가 있으면 얼마나 좋겠는가. 거기에 인공지능의 발달은 인류를 옥죄고 있다. 단순히 지식이나 기술을 습득하는 것만으로는 도저히 생존할 수 없다는 말은 20대로부터 50대까지의 자살을 부추기고 있다.

인공지능과 사물인터넷 시대를 살아가는 세대의 가장 큰 적은 '고독'과 '무기력감'이다. 기사에 의하면 우울증 전문가인 미국 플로리다 주립대 심리학부 토머스 조이너 교수(Thomas Joiner)는 『남자, 외롭다』라는 책에서 이렇게 분석하고 있다.

남성들의 관심사는 직장에 쏠려 있었고 일자리 불안과 직장 내 경쟁, 심지어 동료 간의 적대감 등을 걱정했다. 남성들이 타인들에 아무 관심이 없다는 점에 주목하자. 이와 반대로 여성들은 직장과 가정생활 간의 갈등을 우려했고, 직장 내의 책임 증대가 가족에 미치는 악영향에 괴로워했다.[1]

이런 일은 성공한 중년 남자들에게만 일어나는 일이 아니다. 현대인은 이제 허세에서 벗어나 자신의 모습을 있는 그대로 받아들이고 주변 사람들과 진정한 관계를 형성하는 법을 다시금 배워야 한다. 아무리 수많은 명함을 관리하고 휴드폰에 잘 알지도 못하는 사람들의 전화번호와 주소가 빽빽하게 저장되어 있다고 하여도 자신의 마음을 털어 놓을 상대는 거의 없는 경우가 허다하다. 평생 더 높은 곳으로 올라가면서 죽을 고생을 하며 계단을 기어 올라갔어도 결국 자신의 인생 여정을 돌아보면서 한숨짓는 경우는 우리 주위에서 얼마든지 찾아 볼 수 있다.

[그림 30] 일러스트레이션, 김대중

---

1 토머스 조이너, 『남자 외롭다』, 〈한겨레신문〉, 2017. 03. 23., "성공한 남자의 역설, 지독한 외로움"에서 재인용.

사람은 사람 사이에서 살아야 한다. 서로의 땀 냄새를 맡고 자신의 손과 발을 움직여 일을 하면서 살아야 한다. 상대하는 사람의 이름을 알고 그의 습관을 파악하고 눈치를 보며 그의 입장을 고려하는 삶의 방식을 배우며 살아야 한다. 그러한 삶의 자세는 가정에서부터 일어나는 것이 바람직하다. 교회학교와 사회의 학교에서 서로의 이름을 부르고 그의 필요가 무엇인지를 파악하는 것은 교육의 첫걸음이다. 이것이 시편 기자가 강조하는 다윗의 두 가지 리더십, '마음의 완전함과 손의 능숙함'이다(시 78:72).

II. 사람 중심의 교육

오늘날의 인류는 디지털 시대를 살아가며 급기야 인공지능과 사물인터넷의 급격한 발전을 맞이하게 되었다. 디지털 시대를 살아가는 인류는 피로와 고독과 무력감과 패배의식에 사로잡히기 쉽다. 바로 이러한 이유로 인하여 오늘 우리는 아날로그 시대에 감사함 없이 지나쳤던 '사람 중심의 교육'을 다시금 회복해야 한다.

학습자의 이름을 불러주는 교사의 의무를 다시 상기할 필요가 있다. 멋진 공학적 세련됨만을 추구하다 보면 수업의 방식은 발전된 것 같아도 실제로 학습자가 더 깊이 배운다는 보장은 없다고 본다. 아래의 그림에서 보는 것처럼 수업 시간에 선생님의 말씀을 거역했을 때 학생들이 받던 교무실에서의 잔소리가 때로는 그립기도 하다.

경쟁을 통한 효율을 중시하는 교육철학을 더 이상 따라갈 필요가 없다. 지식소유의 평준화가 이루어지고 있는 마당에 아직도 비인간적인 기계중심, 성공중심, 효율지향중심의 교육목표와 교육내용을 추구할 필요는 없는 것이다. 공부를 잘하는 것이 암기에 능하고 다른 이를 밟고 일어서 일등을 하는 것에 있지 않다는 것을 이제라도 깨닫고 교육의 본

[그림 31] 아날로그 시대, 왜 아날로그 교육인가

길 회복의 길로 들어서야 할 것이다.

III. 아날로그식 기독교교육의 필요성

　기독교교육의 목적은 '쉐마'(신 6:4-9)에 잘 나타나 있다. 피조물된 인간이 여호와 하나님을 마음과 뜻과 힘을 다하여 사랑하고 오직 그분께만 영광을 돌리고 사는 것이다. 그러므로 인간이 인간답게 사는 길은 자신의 진짜 부모가 누구인지를 알고 그분을 사랑하며 경외하는 것에서 시작된다. 그러나 사람은 늘 자기중심적으로 살기 쉽고 하나님을 배반하는 죄악과 습성에 사로잡히기 쉽기 때문에 하나님이 일부러 성경 말씀을 주셔서 당신의 뜻을 계시해 주셨다. 그리고 우리 모두의 구원을 위하여 예수 그리스도를 이 세상에 보내 주시어 우리로 생명을 얻게 하고 더 풍성하게 살 수 있는 길을 열어 주셨다(요 10:10).
　진정한 성공은 인간이 자신의 본래 위치를 알고 자신의 존재 이유와 목적을 분명하게 아는 것에서 기인하는 것이다. 그러므로 디지털 시대에는 레너드 스윗(Leonard Sweet)이 오래전 주장한 것처럼 경험, 참여, 이미지, 연결을 강조하는 아날로그 교육에 더 신경을 써야 한다. 또 다니엘 핑크(Daniel Pink)가 『새로운 미래가 온다』(A Whole New Mind)에서 강변한 것처럼 디자인(하이컨셉 시대의 핵심 능력), 스토리(소비자를 움직이는 제3의 감성), 조화(경계를 넘나드는 창의성의 원천), 공감(디자인의 필수 요소), 놀이(호모 루덴스의 진화), 의미(우리를 살아 있게 하는 원동력)를 찾는 교육을 추구해야 할 것이다. 한 마디로 모든 교육자는 하이 테크닉 시대에는 하이 터치가 반드시 필요하다는 점을 기억해야 한다. 사실 디지털 세상에서 하루 종일 뛰어노는 디지털 키드로 알려진 해커들조차 디지털은 가상세계이며 컴퓨터 바깥의 세상을 IRL, 즉 In the Real Life(원천적인 현실 세계에서)라고 부르는 것만 보아도 잘 알수 있다. 그러므로 꼭 필요하다면 가상현실 세계인 디지털과 진짜 세계인 아날로그 사이의 균형을 맞추고 더 나아가서 "우리의 몸과 정신이 만들어지고 자라나는" 아날로그 세계를 중요하게 여겨야 한다.[2]

이 모든 아날로그식 교육은 학습자에 대한 사랑과 긍휼히 여기는 마음에서 비롯되는 것으로 소통과 책임을 중요시하는 기독교교육이다. 바로 이러한 점이 2017년 다보스포럼에서도 강조된 바 있다. 하나님은 저 멀리 높은 하늘에 계시면서 낮고 낮은 곳에 있는 인간과 간헐적으로 소통하시거나 침묵하시면서 이른바 원격으로 인간 및 자연을 통치하시는 것이 아니다. 만일 하나님이 피조세계에 그 정도로 관심이 없으셨다면 독생자 예수 그리스도를 보내시지도 않았을 것이다. 말을 잘 들으면 상을 주고, 반대로 말을 잘 듣지 않으면 벌을 주면 그만이다. 그러나 하나님은 인간을 그런 방식으로 대하지 않으셨다. 오히려 교훈하고 기다리고 참고 인내하셨다. 급기야 당신의 독생자를 보내시기까지 인류에

---

2 David Sax, *The Revenge of Analog: Real Things and Why They Matter*, 박상현, 이승연 역, 『아날로그의 반격』 (서울: 어크로스, 2016), 414.

대한 자신의 사랑을 표현하셨다.

IV. 하나님의 교육으로

미래세대를 살리는 교육은 하나님의 교육이다. 무엇이 하나님의 교육(Educatio Dei)이 아니며, 무엇이 하나님의 교육에 근접한 것인지를 살펴보면 다음과 같다.

하나님의 교육은 디지털식 원격조정 교육이 아니다.
하나님의 교육은 아날로그식 체험 교육이다.

하나님의 교육은 타인 위에 올라서는 교육이 아니다.
하나님의 교육은 함께 하는 교육이다.

하나님의 교육은 선언적인 교육이 아니다.
하나님의 교육은 본을 보여 주는 교육이다.

하나님의 교육은 말로 하는 교육이 아니다.
하나님의 교육은 같이 다니며 보고 땀을 흘리며 배우는 교육이다.

하나님의 교육은 경쟁을 조장하는 교육이 아니다.
하나님의 교육은 협업을 강조하는 교육이다.

하나님의 교육은 일방통행식 교육이 아니다.
하나님의 교육은 쌍방통행을 강조하는 소통의 교육이다.
하나님의 교육은 개인적인 구원에 머무르는 교육이 아니다.

하나님의 교육은 개인적이며 사회적인 구원을 추구하는 교육이다.

하나님의 교육은 자기중심적인 인간을 만드는 교육이 아니다.
하나님의 교육은 관계를 중시하고 책임적인 인간을 만드는 교육이다.

최근 발간된 『사회적 신앙인의 발자취』[3]에서는 개인구원에 머무르지 않고 자신을 불살라 겨레와 국가를 위해 사회적 구원을 이루는 데에 일조한 한국 교회의 선현들(이기풍, 여메례, 류영모, 유일한, 함석헌, 손양원, 한경직, 이호운, 김계용, 김찬국)의 삶과 사상을 다룬 바가 있다. 이기풍에서 김찬국에 이르기까지 진정한 신앙 선배들의 발자취에는 개인적인 신앙의 차원을 넘어선 사회적 차원의 신앙 확신과 생활이 있었음을 발견하였다. 이제 우리나라가 양극화를 넘어 사회 대통합의 기반을 다시 만들어 감과 동시에 하나님의 나라를 확장해 나가기 위해서는 진정한 교육의 핵심을 되짚어 실천해야 할 것이다. 마지막으로 인공지능시대를 살고 있는 미래세대의 심령을 일깨워주고 인생의 진정한 목표를 세우며 하나님이 기뻐하시는 삶을 살게 하는 비결은 모든 기독교교육자가 '아날로그 교육의 힘'을 재발견하는 데에 있다.

---

3 김도일 외, 『사회적 신앙인의 발차취』, (서울: 동연, 2017).

13장
미래세대 살리기, 하나님의 말씀공부로*
― 삶과 만나는 말씀, 말씀에 응답하는 삶을 위한 성경공부

> 책은 반드시 세 번 읽어야 합니다. 먼저 텍스트를 읽고 그 다음으로 필자를 읽고 그리고 최종적으로는 그것을 읽고 있는 독자 자신을 읽어야 합니다. _신영복[1]

Ⅰ. 삶에 대하여 질문하라. 삶의 질문에 대답하라

현대 사회학자 안토니 기든스(Anthony Giddens)는 저서 *Modernity and Self-Identity*(『현대성과 자아정체성』)에서 후기 현대 사회에서 핵심적인 문제로 떠오르는 것은 자아정체성"이라 한다. 자아정체성이란 "자

---

* 이 글은 「교육교회」(2015.7.1): 18-25에 게재되었고, 수정·보완하였다.
1 신영복, 『담론』(서울: 돌베개, 2015), 19. 그는 서삼독(書三讀)을 말하면서 누구나 독서를 할 때는 "텍스트를 뛰어넘는 탈문맥"의 차원에 이르기를 힘써야 하며 "역사의 어느 시대이든 공부는 당대의 문맥을 뛰어넘는 탈문맥의 창조적 실천"이라고 하였다. 고전을 읽는 원리를 이렇게 말하였거니와 하물며 하나님의 기록된 말씀을 읽는 우리의 자세를 다시 생각하게 해 주는 말이다.

신이 누구이며 어떠한 존재이고 또 어떤 지향성을 가지고 살아야 하는지에 대하여 본인이 규정하고 해석"하는 자기 이해를 말하는 것이다. 그렇기 때문에 자아정체성의 확고함은 삶의 방향성이자 추진력이며 원동력이 되는 것이다. 그런데 현대인들이 자아정체성을 찾지 못하고 방황하는 이유는 무엇일까? 기든스는 다음과 같이 설명한다. 첫째로 현대는 탈 전통적 질서의 사회이기에 그렇다는 것이다. 전통이 제시하는 외적 기준이 현대의 다원적 가치 속에서 사라져 가면서 또한 이러한 소멸 뒤에 생성되어야 하는 새로운 가치들이 제대로 형성되지 않으면서 외적 기준의 준거들이 사라져 가고 있는 것이다.[2]

두 번째는 생활세계의 다원화와 파편화의 문제가 심화되었기에 그렇다는 것이다. 현대에 이르러 삶이 다양한 국면들이 시간적으로나 공간적으로 완전히 분리되었다. 전통사회에서 가정은 사적 관계의 장이자 노동을 통해 생산을 하는 공적 생산의 영역이기도 하였다. 인간이 태어나고 죽어가는 그 과정이 일상의 삶속에서 그대로 노출되어 있었고 그를 통하여 인간은 전 생애적인 삶의 과정들을 직접 경험하면서 삶의 가치와 규범들을 형성해 갈 수 있었던 것이다. 인간이 태어나고 죽는 것은 병원에서 처리되며 생산하고 노동하는 것은 공장과 회사 안으로 한정되고, 공부하는 것은 학교와 학원의 영역으로 이양되어 가면서 인간의 탄생, 죽음, 축제와 노동, 노동과 놀이와 같이 중요한 삶들이 다원화 사회 속에서 파편화되어 가고 있는 것이다.[3]

세 번째는 권위의 부재의 시대이기에 방황한다는 것이다. 권위는 군림하는 힘이 아니라 모범이 되고 신뢰하고 따라갈 수 있는 표상이며 지도력을 의미한다. 그러나 무한 경쟁과 이익극대화의 시대가 가지고 온 가치관은 옳고 그름의 윤리적 잣대보다는 '무엇이 더 나에게 이익이 되

---

2 Anthony Giddens, *Modernity and Self-Identity: Self and Society in the Late Modern Age*, 권기돈 역, 『현대성과 자아정체성』 (서울: 새물결, 1997), 18, 65.
3 위의 책, 19 이후.

는가?'에 사람들이 몰두하도록 만들고 이러한 경향성은 한 사회의 정신적 가치나 권위를 상실하는 현상을 가지고 왔다는 것이다.[4] 넷째는 인터넷이나 텔레비전 등을 통해 간접경험이 직접 경험을 지배하는 시대이기에 방황이 초래된다는 것이다. SNS시대를 살아가면서 온라인상의 경험이나 관계가 오프라인상의 만남과 접촉을 대신하면서 과장되고 만들어진 사람들의 삶을 만나게 되고 또 자신도 '보여 주기 위한 모습'을 만들어가다 보면 실제의 자신과는 다른 정체감속에서 혼란을 겪게 된다는 것이다. 이러한 이유로 인하여 현대인은 수많은 다양성속에서 무엇을 삶의 기준으로 삼고 살아야 할지를 고민하는 자아정체성의 문제를 지니게 되었다.[5]

성경을 우리가 공부하고 그 안에서 하나님을 만난다는 것은 우리의 정체감을 새롭게 확인하는 것이다. 구원이 '하나님 자녀'로서의 새로운 거듭남이라면 성장은 우리의 삶 가운데서 새로운 정체감을 가지고 살아가는 것을 의미하는 것이다. 그렇기 때문에 우리의 삶의 주제들과 삶의 현장 속에서 만나는 사건들 속에서 성경을 향하여 끊임없이 질문해야 하는 것이며 동시에 성경이 우리의 삶과 선택과 행동에 대하여 질문하도록 성경의 말씀 앞에 서는 것이 중요하다. 이것이 바로 성경을 배우고 익히며 가르치는 목표가 되는 것이다. 상황에 대한 문제의식과 자기투영 없이 자신의 정체성에 대한 탐구가 일어날리 없다. 그렇다면 삶과 말씀이 만나고 매일의 일상 속에서 '하나님 자녀'의 정체감을 가지고 살아갈 수 있도록 돕기 위하여 성경을 어떻게 가르칠 것인가?

---

[4] 위의 책, 20.
[5] 위의 책, 20-21.

II. 성경에 대하여 질문하라. 성경의 질문 앞에 마주서라.

신약학자 게르트 타이쎈(Gerd Theißen)은 그의 저서 〈ZUR Bibel Motivieren: 성서, 어떻게 가르칠 것인가?〉에서 성경은 우리에게 질문을 던지는 책이라고 이야기 한다. 인간으로 하여금 세속적 의식에 의문을 제기하고 그것을 상대화하고 깨뜨리는 경험을 하게 한다고 하면서 그것은 다음과 같은 세 가지 경험을 통해서 가능하다고 이야기한다. 첫째, 성경을 통하여 인간은 초월경험을 한다. 성경은 하나님의 우월하심과 초월성을 드러낸다. 마치 "하늘이 땅보다 높듯이, 나의 길은 너희의 길보다 높으며, 나의 생각은 너희의 생각보다 높다"(사 55:8-9). 하나님은 "전적 타자"이며 유한한 인간의 능력으로는 인식 불가능한 분임을 가르쳐준다.6 둘째, 성경은 우리로 하여금 하나님은 우리가 도저히 형용할 수 없는 초월적인 분이기에 우리 자신이 상대적으로 우연한 존재일 뿐 필연적인 존재가 아니라는 영적 경험을 하게 한다. 결국 "모든 육체는 풀이요, 그의 모든 아름다움은 들의 꽃과 같을 뿐"(사 40:6-8)이고 오직 하나님의 말씀만이 영원히 서 있다(사 40:6-8)고 고백할 수밖에 없는 경험을 하게 한다.7 셋째, 그런데도 하나님은 기록된 말씀인 성경을 통하여 우리를 직접 지으시고 알고 계시며, 이런 모든 것들을 이미 주님의 책에 다 기록해 놓으신 것이다.

온전히 만물 위에 계시고 만물 안에 계시어 모든 것을 주관하시는 초월적인 하나님이 한낱 티끌과도 같아서 마치 필연적이기 보다는 우연에 가까워 보이는 인간이라는 작은 존재 각자를 부르시고, 말씀하시고, 친교하시고, 먹이고 입혀 주시며, 무엇보다 기가 막힌 사실은 그 하나님이 인간을 비롯한 피조물에게 "영광을 드러내고, 창공은 그의 솜씨

---

6 Gerd Theißen, *Zur Bibel Motivieren*, 고원석, 손성현 역,『성서, 어떻게 가르칠 것인가?』(서울: 동연, 2010), 235-237.
7 위의 책, 237-239.

를 드러내고, 낮은 낮에게 말씀을 전해주고, 밤은 밤에게 지식을 알려준다. 그 이야기 그 말소리, 비록 아무 소리가 들리지 않아도 그 소리 온 누리에 울려 퍼지고, 그 말씀 세상 끝까지 번져"(시 19:1-4)가게 하시는 역사를 언어로 표현하고 우리와 대화하시어 우리로 공명의 경험을 하게 한다.8 이것은 바로 우리의 유한성과 하나님의 초월성이 만나는 곳이 바로 성경이며, 이러한 만남을 위해서 우리는 우리의 삶의 자리(Sitz im Leben)의 이야기들을 성경 앞으로 가져가야 한다는 것이다. 즉 성경을 공부한다는 것은 삶의 이야기와 성경의 이야기가 부딪히는 곳에서 하나님의 음성을 경청하며 겸허하게 피조물 본연의 자세로 돌아가는 것이다. 그리고 하나님의 뜻 안에서 새로운 세계를 창조해 내는 것이며, 새로운 정체감을 확보하는 것이고, 그리하여 기독교인으로서의 부단히 새로운 삶의 비전들을 발견해내는 것을 의미하는 것이다.

헨리 나우웬(Henry Nouwen)도 그의 저서 『꼭 필요한 것 한 가지, 기도의 삶』에서 우리의 삶에서 기독교인으로서의 정체감을 유지하고 살아가기 위해서 가장 중요한 것은 '경청'이라고 말하면서 꼭 필요한 세 가지 경청의 형태를 다음과 같이 이야기한다. 첫째, 교회에 귀를 기울여야 한다는 것이다. 우리 시대의 가장 위험한 일은 예수님과 교회를 분리시키는 일이다. 예수님 없이는 교회도 있을 수 없고 교회가 없이는 우리가 예수님께 연합해 있을 수 없다는 것이다. 그래서 교회에 귀를 기울인다는 것은 곧 교회의 주님께 귀를 기울이는 것이다. 둘째, 책에 귀를 기울여야 한다. 성경을 읽고, 성경과 영적인 삶과 위대한 성인들의 삶에 대한 책들을 읽어야 한다는 것이다. 이때에 중요한 것은 '영적인' 책을 재미있는 정보의 출처로 읽는 것이 아니라 나에게 직접 말하는 음성을 듣듯 그렇게 귀를 기울이는 것이다. 책이 나를 '읽게' 하라는 것이다. 성경과 아울러 영적 전통이 있는 책들을 읽는 것을 통하여 새롭게

---

8 위의 책, 239-245.

자신을 읽어가는 것, 이것이 바로 텍스트와 컨텍스트가 만나게 하는 독서방법이다.

우리는 스스로 성경을 소유하고 성경을 해석하려는 차원을 넘어서서 성경이 우리에게 이야기하는 것을 듣고, 즉 성경으로 하여금 우리를 해석하게 하고, 성경이 오늘의 삶의 현장에 이야기하는 것에 귀 기울일 때 하나님의 말씀이 나의 내면뿐 아니라 삶의 순간까지도 변화시키는 변혁의 힘을 갖게 되는 것이다. 아울러 나우웬은 마음에 귀를 기울일 것을 이야기한다. 이것은 앎을 인지적 차원으로 머물게 해서는 안된다는 것이다. 성경의 이야기가 머리를 향해 이야기하는 것뿐 아니라 마음을 향하여 이야기할 수 있도록 하는 것이다. 마음을 향하여 이야기 하라는 것은 바로 우리의 삶의 자리에 대하여 이야기를 성경과 만나게 하라는 것이다. 개인의 정체감 형성에 있어서 친밀감은 기초적 정서이다. 이것이 가능할 수 있는 것이 바로 '성경'과 '교회'와 '자신의 삶의 정황'에 대한 경청에서부터 시작되어야 함을 헨리 나우웬은 강조한다.9

그렇다면 삶의 질문과 성경의 질문, 삶이 주는 답과 성경이 주는 질문 이 두 가지가 서로 만나게 하는 교육방법은 무엇이 있을 것인가? 즉 텍스트와 컨텍스트가 소통하는 성경공부는 성서교수법에 있어서 아주 핵심적이고 긴요한 질문이었다. 이러한 질문에 대하여 러셀과 리틀이 펼친 논의를 살펴보도록 하자.

---

9 Henry Nouwen, *The Only Necessary Thing: A Prayerful Life*, 윤종석 역, 『꼭 필요한 것 한 가지, 기도의 삶』(서울: 복있는 사람, 2013), 핵심 요약.

III. 삶과 성경이 만나게 하라. 그곳에서 비전을 발견하고 실천하라

1. 레티 러셀의 "모이는 교회, 흩어지는 교회" 그리고 공정한 환대가 실현되는 사역

1960년대 기독교교육학자인 레티 M. 러셀(Letty M. Russell)은 그의 부군 요하네스 C. 호켄다이크(Johannes C. Hoekendijk)와 함께 '하나님의 선교'(Missio Dei) 신학을 기초로 하여 삶의 자리에서 신학하기, 삶의 현장에서 기독교적 삶을 실천하기 위해 학문적 고민을 사역현장에서 실천적 삶으로 살아냈던 사람이다.[10]

그는 교회의 본질을 세상을 향한 하나님의 선교의 파트너로 보면서 기독교교육의 목표를 선교적 파트너십의 구현이라고 설명한다. 이러한 사명을 감당하기 위해서는 적어도 교회는 두 가지의 역할을 감당해야 하는데 첫 번째는 '모이는 교회'이며 두 번째는 '흩어지는 교회'이다.[11] 교회는 하나님의 말씀을 듣고 하나님과 대화하기 위하여 모여야 하되 동시에 세상에 나가 하나님의 나라를 전파하기 위해서 흩어져야 한다. 흩어지는 것은 세상을 향한 봉사이며, 함께 살아가는 삶이며 동시에 선교이다. 이러한 흩어지는 교회의 일을 감당하기 위하여 필수적으로 해야 하는 과정이 있는데 그것은 바로 '세상과의 대화'이다. 러셀은 기독교교육방법으로서 '대화'의 중요성을 강조한다. 여기서 대화라 함은 양면적 기능을 가져야 하는데, 첫 번째는 '하나님과의 대화'이고, 두 번째

---

10 이규민, "레티 러셀의 생애와 기독교교육 사상," 「기독교교육논총」, 제24집, 123-161을 참고하라. 그는 러셀의 삶과 사상이 교회의 본질 중의 하나인 선교 속에 있으며, 그가 파트너십, 코이노니아, 인간화, 해방 등의 주제를 심도있게 다룬 학자임을 밝힌 바 있다.

11 이를 부름받은 공동체, 세움받은 공동체, 보냄받은 공동체로 표현한 은준관의 글을 참고하라. 『실천적 교회론』(서울: 대한기독교서회, 1999), 475.

는 '세상과의 대화'이다. 세상은 우리가 가르치고 교화시킬 대상이 아니라 함께 대화해야 하는 장이다. 이 두 가지 대화는 변증법적으로 성경 안에서 만나야 한다. 하나님과의 대화가 성경이 우리에게 말하고 있는 것이라 한다면 세상과의 대화는 세상이 성경을 향하여 그리고 기독교 공동체를 향하여 던지는 질문들을 의미하는 것이다. 성경을 공부한다는 것, 하나님의 말씀을 가르치고 배우는 것은 바로 이 두 가지에 대한 상호 소통을 의미하는 것이다. 그렇기에 성경을 공부하는 것은 학문적 훈련이기도 하지만 실제적 실천이기도 하다.

러셀은 할렘 지역에서 주로 흑인들과 히스패닉 사람들이 중심이 된 장로교회에서 목회하면서 단순히 피부색이나 교육정도 때문에 타인으로부터 억압을 당하면서 살아가는 모습을 관찰하고 그들과 같이 생활하면서 과연 하나님의 사람이 하나님의 말씀을 읽고 묵상하고 실천한다는 것이 무엇인지를 깊이 성찰하였다. 그녀는 해방신학적 관점과 하나님의 선교적 관점에서 성경을 읽고 가르치면서 모든 생명을 공평하게 대하고 자유와 해방을 전제하는 '공정한 환대'가 실현되어야 함을 역설하였다. 서로 다른 사람들이 사는 세계에서 우리를 받아주셨던 하나님의 마음으로 낯선 이들을 받아들이는 공정한 환대를 실천하는 것이 상황에 바로 응답하게 하는 하나님 말씀의 요청으로 본 것이다. 러셀의 대화와 환대에 대한 통찰을 통해 하나님의 말씀이 우리 삶에 부딪혔을 때 우리가 어떠한 자세를 가져야 할지에 대한 바람직한 반응(response)을 배우게 된다.[12] 머리에서 인지한 하나님의 말씀을 삶의 자리에서 이웃이 처한 상황을 보고 마음으로 깊이 느끼고 결단한 후, 손과 발로 뛰지 않는다면 그건 이미 죽은 신앙이라는 것을 드러내는 것이다.

---

[12] Letty M. Russell, *Just Hospitality*, 여금현 역, 『공정한 환대: 서로 다른 사람들이 사는 세계에서 낯선 이들을 받아들이시는 하나님의 환영』(서울: 대한기독교서회, 2012)의 핵심 내용.

2. 사라 리틀의 실천과 행동의 교수방법과 이원돈의 약대 마을 공동체 사역

사라 리틀(Sara P. Little)은 그의 저서 〈기독교교육 교수방법론〉에서 기독교교육 방법을 크게 다섯 가지의 패러다임으로 설명한다. 1) 정보처리과정, 2) 집단상호방법, 3) 간접적 의사소통, 4) 인격발달, 5) 실천과 행동 모형이 그것이다. 정보처리과정은 인지적 차원의 가르침을 의미하고 주로 강의법을 통하여 핵심적 교육내용들을 전달하는 것을 의미한다. 집단 상호방법은 소그룹을 통한 토론 과정을 통하여 그의 삶의 규범들을 세우고 찾아가는 방법이다. 이 과정을 통하여 삶의 이야기가 성경의 내용 속에서 기독교적 가치 속에서 재발견되는 것이다. 간접적 의사소통은 예술이나 사연 등을 통하여 기독교 진리를 발견하는 과정이다. 여기서 다양한 느낌과 표상의 차이들을 발견함으로서 학습자들은 인식의 지평들을 넓히고 다양성에 대한 존중을 배울 수 있다. 인격발달은 성경의 이야기를 자신의 언어와 표현방법으로 이끌어 내는 것이다. 이것은 자신을 표현하는 것을 통하여 배우는 것이다. 그 과정에서 자신을 발견하고 새로운 세계를 만나는 것이다. 실천과 행동 모형은 실천을 통하여 깨닫는 과정의 교수방법이다. 알고 실천하는 것이 아니라 실천을 통하여 알게 된다는 것이다.[13] 이것은 우리의 배움의 과정과 가르침이 교실 안으로 제한되어서도 아니 되고 성경의 이야기와 삶의 자리가 만나야 한다는 것을 의미하는 것이다. 실천이 곧 앎이 되는 것이다. 여기서 텍스트와 컨텍스트의 만남이 이루어진다.

부천 새롬교회의 이원돈 목사는 부천시의 약대동이라는 서민들이

---

[13] 사라 리틀은 이를 행동-반성 모델로 부른다. 물론 이는 의식화(Awareness)-분석(Analysis)-행동(Action)-반성(Reflection)의 후반부에 대한 논의이다. 인간은 행동으로부터 배운다는 평범한 진리를 재천명한 것이다. Sara P. Little, *To Set One's Heart*, 사미자 역, 『기독교교육 교수방법론』 (서울: 한국장로교출판사, 1988), 161이후.

모여 사는 동네에서 사역하고 있다. 그는 경험적으로 행동하는 믿음의 실천이 신앙적 앎과 믿음의 우선되는 요소라는 알게 되었다. 동네의 비신앙인들에게 전도하여 교회를 출석하게 하고 교회중심으로 훈련을 오랫동안 하였지만 결국 더 큰 교회, 교육시설이 좋은 교회로 옮겨가는 교인들을 보며, 한편으로는 실망하였지만 다른 한편으로는 교회중심의 사역에서 지역을 활성화시키는 사역으로 전환하게 된다. 그것이 바로 그가 말하는 지역 학습 생태계의 형성이라는 대안이다. 이원돈은 교회의 교회학교와 지역과 마을의 지역아동센터, 도서관, 환경생태교실 등과 긴밀히 연계시키는 일환으로써, 청소년 인문학 교실, 다양한 여행 프로그램, 마을 사람과 함께 하는 작은 도서실 그리고 사회적 선교와 교육을 실천함으로써 말씀의 행동을 통해 앎과 믿음이 강화되는 경험을 하고 있는 현장전문목회자이다. 1909년 원산에서 태어나 청년시절 일제강점기에 있던 조선을 위해 "내 몸뚱이는 샘골과 조선을 위한 것이다"라고 외치며 짧지만 진정 의미있는 인생을 바쳤던 최용신은 협성여자신학교에서 실시한 실습을 통하여 농촌계몽운동에 헌신한 것이다. 우리는 이제 최용신과 이원돈 같은 이의 뒤를 좇아야 할 것이다. 실천과 행동의 교수방법이 삶의 현장에서 하나님의 말씀이 한 영혼에게 부딪혀 강력한 변혁을 만들어내는 것이다.

IV. 성경의 텍스트와 한국의 컨텍스트가 만나게 하라.

2014년 세월호 참사 이후 우리나라에 사는 사람들은 국가와 사회가 국민 개인의 생명을 보호하기 위해 생명 구조 매뉴얼 하나 제대로 작동하지 못한다는 사실을 정말 원치 않게 학습했다. 엄기호가 표현한 것처럼 요즘같은 시절에 살아남기 원한다면 시스템의 안내를 따르기 보다는 각자가 알아서 판단하고 살 길을 도모해야 살아남을 수 있는 형국이 되었다. 사회학자인 그는 신자유주의가 암시하는 "사회는 없고 개인만 있다"는 전지구적 현상을 "각자도생"이라는 말로 요약하면서 오늘의 우리 청년세대의 모습을 "무기력과 과격화"라고 하였다. 요즘처럼 암울한 시대를 살아가는 우리나라의 청년들은 일부 다른 나라의 청년들처럼 이슬람 극단주의를 추종하여 과격한 전복을 꾀하고 적대시하기보다는 모든 것을 다시 날려버리고 다시 시작하기를 원하는 리셋(reset, 컴퓨터에서 초기 상태로 되돌리는 명령어)을 선택한다고 하였다. 리셋은 사회를 변형시키고 잘못된 것을 고쳐보겠다는 의지와는 근본적으로 다르다는 것이다. 리셋은 "개조나 변혁이 아니라 한 번에 날려버리고 다시 원점에서부터 출발하는 것"을 의미하는 말이다.[14] 그리고 우리 사회에 사는 청년들은 또다른 형태의 과격화를 보여 주는데 사회나 국가에 대한 표현보다는 자신들이 소속된 소집단에서 약자를 향하여 집단따돌림을 행하는 형태로 나타난다는 것이다. 예컨대 사이버 공간에서의 악플을 다는 것과 같은 소극적이고 비겁한 표현방식을 취하기도 한다. 또 요즘 청년들의 다른 형태의 과격화는 극단적인 정치불신과 참여거부로 나타나기도 한다는 것이며, 결국 이러한 과격화 현상은 세금이나 국민연금 같은 공적인 상호부조에 대한 불신과 저항으로 나타날 수도 있다는 것이다. 결국 무기력의 깊은 늪에 빠진 청년세대는 경제적 소비능력에서도 소외되어 사회적 존재감을 박탈당했다는 심각한 우울감과 좌절감에 빠질 위험이 농후하다는 것이 엄기호의 분석이다.[15]

이토록 삶의 정황 속에서 느끼는 좌절감과 무기력감이 극에 달할 때 우리는 하나님을 믿는 이들은 어떻게 해야 할까? 예수님을 자신의 구주로 믿기는 하지만 지상의 교회는 가까이 하려 하지 않는 소위 가나안

---

14 엄기호, "무기력과 과격화," 〈청년을 위한 교회는 없다〉, 주제강의, 제6회 청어람 청년사역 컨퍼런스 (2015. 4. 30), 5-8. 청어람 홈페이지에 나오는 "청년사역"에 관한 다양한 자료를 참고하라. http://ichungeoram.com/ 2017. 11. 08. 9:21 접속.
15 위의글, 9-11.

성도가 증가하고 있는 이 세대를 향해 과연 우리는 어떻게 해야 성경말씀을 통하여 살아계신 하나님의 생명력 넘치는 이야기를 지금 여기라는 삶의 자리에서 만날 수 있게 할 수 있을까? 바로 이러한 질문이 오늘 우리가 함께 다루고자 하는 삶 속의 공통적인 고민이다.

1970-90년대 한국교회가 끝을 모르는 채로 양적으로 성장하던 시절은 어느덧 지나갔고 이제 한국교회는 진정 성숙의 내용을 갖추어야 할 시기에 접어들었다. 하나님의 영원하고 살아있어 좌우의 날선 검보다도 예리한 말씀이 정녕 그 효험을 다했다는 말인가? 절대 그렇지 아니하다. 하나님의 말씀은 예나 지금이나 모든 피조물에게 가장 필요한 절대 양식이며 여전히 "살아 있고 활력이 있어 좌우에 날선 어떤 검보다도 예리하여 혼과 영과 및 관절과 골수를 찔러 쪼개기까지 하며 또 마음의 생각과 뜻을 판단"(히 4:12)한다. 그런데 문제는 이러한 하나님의 말씀이 가진 "그 이야기"(The Story)를 대하는 사람들이 자신들의 삶의 자리에서 만들어지는 이야기(stories)에 함몰되어 막상 하나님의 말씀 속에 있는 진리와 생명의 능력을 미처 만나지 못하는 경우가 허다하고 행동으로는 옮기지 아니하고 머리에서 입까지만 왔다 갔다 하는 사변적인 차원에 머물러 있기 때문이다. 성경말씀 공부와 세상공부를 치열하게 하되 과연 이 시대 교회 밖 사람들은 무슨 고민이 있으며 이를 위해 기독교신앙을 가진 우리가 추구해야 할 진정한 성경적 신앙, 교회의 울타리를 넘어 사회를 품고 함께하는 공적 신앙, 사회적 영성 그리고 전정한 성육신적 신앙이 무엇인지를 삶의 자리와 하나님의 말씀이 교차하는 자리에서 심각하게 고민하고 경청하고 결단한 후 손과 발로 실천하는 신앙인, 말씀에 온존재로 응답하고자 애써야 할 것이다.

종교개혁자 장 칼뱅(Jean Calvin)은 다음과 같이 이야기 하였다. "인간이 가져야할 가장 중요한 지식은 두 가지이다. 첫째는 하나님에 대한 지식이며 둘째는 자기 자신에 대한 지식이다. 그러나 전자의 경험이 없으면 후자의 경험은 절대 불가능하다." 절망과 좌절과 불신의 때에 다시금 성경을 펴자. 그리고 성경이 지금도 살아 움직이며 이야기하는 하나님의 이야기에 귀를 기울이자. 그리고 그 말씀이 오늘날 우리의 삶 가운데 울리는 공명을 깨닫자. 그리고 실천하자. 거기에서 한국교회는 다시금 새로운 생명으로 소생할 수 있을 것이고 사회는 새로워진 교회를 진정 신뢰할만한 생명의 기관, 사회와 동떨어져있지 않은 유기체적 기관이라고 느끼게 될 것이다.

14장
미래세대 살리기, 기다림으로*

예수께서 그들 앞에 또 비유를 들어 이르시되 천국은 좋은 씨를 제 밭에 뿌린 사람과 같으니(마태복음 13:24).

미래세대를 살리려고 애쓰는 우리의 노력은 계속 되어야 한다. 그러나 미래세대를 살리는 일은 그리 쉽게 이룰 수 있는 일이 아니다. 때문에 미래세대 사역을 하던 사역자들의 경우 사역 중에 지쳐버리는 일이 많다. 그러나 미래세대 사역은 잠시 잠깐 몸담았다가 그만둘 일이 아니다. 이는 주님이 다시 오실 그날까지 신앙인들이 유념하여 놓치지 말아야 할 지상과제이기 때문이다. 이번 글에서는 장신대 선교학과 교수인 한국일의 설교를 통해 얻은 통찰을 나누고자 한다. 그 감동의 이야기는 그가 가나의 이명석 선교사로부터 받은 문자에서 시작한다.

---

* 이 글은 "미래세대 살리기 프로젝트: 좋은 씨를 뿌리는 사람이 되라!"「교회성장」, 275호 (2016년 5월호): 116-123에 게재되었고, 수정·보완하였다.

I. 선교사로부터 온 문자

한국일 교수님이 설교 청취를 권하셔서 오늘 저녁에 인터넷을 틀어놓고 한 교수님의 설교말씀으로 가정예배를 드리고 있었습니다. 특별히 전반부에 들려주신 설교는 우리 가정에게 꼭 필요한 용기와 격려의 말씀으로, 성령이 저희에게 말씀하시는 감동이 가득 했습니다. 중반부를 지나서 수원성교회 안광수 목사님과 저의 이야기가 1-2막 형태로 계속되어서 그때부터는 몸 둘 바를 몰랐습니다. 그러고 보니 생각이 납니다. 제가 안광수 목사님께 1988년에 세례를 받은 후, 2008년도에 104기 제자훈련반 헌신예배로 드려지는 수원성교회의 저녁예배의 설교를 부탁받았습니다. 그때는 제가 선교사로서 한 팀을 마치고 안식년으로 귀국한 첫 주일 저녁예배였습니다. 그런데 그날 저녁 설교가 끝나자 안 목사님이 말씀하셨어요.

"오늘 설교를 해주신 강사 목사님은 제가 지난 20년 동안 제자훈련반에서 말씀드렸던 바로 그 불신청년입니다."

저는 설교 후 강대상 뒤에 앉아 있다가 안 목사님이 교인들에게 말씀하시는 것을 듣고서야 제가 안 목사님의 일생에 중요한 전환점이 되었다는 것을 알게 되었습니다. 물론 저에게 역시 안 목사님을 만난 것은 인생의 전환점이 되었을 뿐만 아니라 죽었다가 살아난 자식이 된 것과 마찬가지였습니다. 그렇게 한 교수님의 설교말씀에 눈시울이 뜨거워지면서 다시금 옛 생각을 하게 되었습니다. 방황하던 시절, 안 목사님을 만나 변화된 제가 성가대 봉사를 하면서 만난 아내 최미애 선교사와 더불어 오늘 이 밤에 한 교수님의 변함없이 깊은 제자 사랑에 다시 한 번 감사의 인사를 올립니다.

안광수 목사는 천국이 뭔지도 모르던 한 청년과 함께 수개월간, 오로지 그만을 위한 새신자 교육을 하였다. 그리고 그의 마음에 '좋은 씨앗'을 뿌렸다.

II. 안광수 목사의 '아주' 평범하지만 '강력한' 새신자 교육

수원성교회는 수도권에 위치한 평범한 교회이다. 1982년에 교회를 개척한 안광수 목사는 지금까지 성도들과 함께 하나님을 섬기고 있다. 그는 지역 사회의 한 사람 한 사람에게 관심을 가지고, 사랑을 나누어주는 목회자이다. 이 글 서두에 소개한 이명석 선교사 역시 수원성교회를 찾아온 평범한 이웃 청년이었다. 안광수 목사는 처음 신앙생활을 시작한 청년 이명석 한 사람만을 위한 새신자 교육을 시작했다. 그러던 중 이명석은 예수님을 믿게 되었으며, 훗날 그는 가나에서 컴퓨터를 가르치며 복음을 전하는 수원성교회 파송 선교사가 되었다. 한국일은 "천국은 좋은 씨를 밭에 뿌리는 사람과 같다"(마 13:24)라는 설교를 하던 중에 그 예로 이명석 선교사와 안광수 목사의 이야기를 신학생들에게 소개한 것이다. 청년 이명석이 처음 교회에 발을 들여 놓았을 때는 아직 새신자 교육을 받을 사람이 많지 않아 교육을 망설이던 때였다. 그러나 안 목사는 그 한 사람을 위해서 24주 동안 최선을 다해 양육하였다. 그 결과 이명석이 예수를 믿고 헌신까지 하게 되는 놀라운 일을 경험하게 된 것이다. 이 사례에서 알 수 있는 것은 우리가 숫자에 현혹되지 말고 한 사람을 주님께로 인도하기 위해 최선을 다하여 '좋은 씨를 뿌리는' 사람이 되어야 할 것이라는 점이다. 앞서 인용한 천국에 대한 이해를 위하여 천국은 어떤 곳인지 이야기하는 것이 좋겠다.

III. 천국에 대한 이해[1]

천국에 대한 이해는 오늘의 글을 이해하는 데에 매우 중요하다. 천국은 미래성과 현재성을 동시에 포함하고 있다. 천국은 예수님을 구원의 주님으로 믿는 이들이 죽어서 가든지 살아 있을 때 주님이 다시 오시면 갈 나라이다. 그러므로 천국은 앞으로 다가올 나라로서 미래성을 내포한다. 어떤 의미에서 그리스도께서 다시 오신다는 말씀은 모든 인류의 지상에서의 삶이 거기서 종지부를 찍는 것이기 때문에 모두가 죽어서 가는 나라가 천국이다. 요한계시록에서 묘사한 천국은 눈물도, 고통도, 질병도, 사망도 없는 곳이며, 황금 길에 보석 집으로 꾸며져 있는 아름다운 나라가 바로 다가올 천국이다(계 21장). 한편 바리새인들이 예수님께 천국이 언제 임하느냐고 물어봤을 때 예수님은 "천국은 볼 수 있게 임하는 것이 아니오 또 여기 있다 저기 있다고도 못하리니 천국은 너희 안에 있느니라"(눅 17:20-21)고 하셨다. 이 이야기는 또 무슨 말씀일까? 이 말씀은 천국의 현재성을 강조한 말씀이다. 천국은 예수 그리스도의 초림으로 이미 시작되었으며(마 12:22-29), 현재의 사실이라고 강조하고 있다. 여기서 우리가 기억해야 할 것은 '천국은 우리가 죽어서 가는 나라일 뿐만 아니라 현재 우리가 누려야 할 축복이자 권리이며, 이미 다가온 나라'라는 것을 암시해 준다. 요약하면, 천국은 다가올 나라이며 다가온 나라이다. 주님의 초림으로 시작되었으며, 그 분의 재림으로 완성될 나라가 바로 천국이다(마 13:30, 38-43).

또 천국은 공간적인 장소이다. 이 천국을 영어로 Kingdom(왕국)이라고 한다. 일찍이 루이 1세(Louis I.)가 "짐이 곧 국가니라"라고 말했다. 여기서 말하는 국가, 나라를 이루는 세 가지 요소를 확인해보면 천

---

[1] 천국에 대한 이해는 박영선, 『하나님 나라의 이해』(서울: 엠마오, 1989), 1-3강에서 얻어온 통찰을 정리한 것이다. 박영선은 래드(G. E. Ladd)의 견해를 참고하였다고 말한다.

국에 대해 더 명확하게 알 수 있다. 국가는 국민, 주권, 영토의 3요소로 이루어져 있다. 천국은 우리가 앞으로 갈 나라인 것이 분명하다. 어쩌면 굉장히 고생하는 가운데 있는 사람이나 시험을 위해 애쓰고 있는 수험생들은 주님께서 빨리 오셔서 천국에 가길 원할지도 모른다. 필자 역시 그곳에 가길 원한다. 그러나 로마서 14장 17절을 보면 "천국은 먹는 것과 마시는 것이 아니요 오직 성령 안에서 의와 평강과 희락이라"고 말한다. 이는 천국이 그저 공간적인 나라만은 아니라는 것을 의미한다. "천국은 볼 수 있게 임하는 것이 아니라 너희 안에 있다"라는 말씀은 천국이 공간적인 개념뿐만 아니라 다른 의미가 있다는 것을 알 수 있다. 위에서 천국을 Kingdom이라고 했는데, 이 단어의 이해를 돕기 위해서 예를 들어보자. 만일 우리가 쿠데타가 일어난 파키스탄에 여행을 갔다가 그 곳 경찰의 오해를 받아서 쫓기는 신세가 되었다고 가정해보자. 이 상황에서 우리는 어떻게 해야 할까? 우리는 파키스탄에 있지만 한국인이기 때문에 한국의 법에 지배를 받는다. 때문에 대한민국 영사관으로 들어가면 그 곳이 파키스탄이라는 나라 안에 있는 영사관이지만, 대한민국 법에 의해 보호를 받게 된다. 이처럼 천국은 공간적인 개념뿐만 아니라 통치권, 즉 주권적인 개념까지 포함한다는 사실을 이해하여야 한다. 또 주님께서 바리새인들에게 말씀하신 천국이 너희 안에 있다는 말은 '네 마음 안에 있다'(Inside of you)는 의미보다는 '너희 사이에'(Among you 혹은 In your midst)의 의미로 이해해야 한다. 즉 천국은 하나님의 주권이 미치는 곳이라는 뜻이다.

우리는 지금 하나님의 통치권을 인정하며 그 분을 위해서 살고 있을까? 반드시 다 그러기를 바란다. 그러나 바리새인들은 천국을 장소적 개념으로만 이해했기 때문에 이미 임재하여 계신 천국을 알지 못했다. 그러므로 천국은 장소적이며 주권적이다. 만일 어떤 사람이 "천국이 이미 우리 가운데 임했는데도 왜 세상이 이 모양입니까?"라고 묻는다면, 그 이유는 많은 사람들이 바리새인들처럼 이미 다가와 있는 하나님의 주권적인 통치를 모르고, 장차 다가올 장소적인 나라로만 이해하며 살기 때문이다. 그러므로 우리는 현재 발을 딛고 서있는 여기에서부터 천국 생활을 할 수 있어야 한다.

천국은 그리스도를 믿는 우리가 앞으로 분명히 갈 나라이지만, 이미 임한 나라이기도 하다. 단, 우리가 천국 백성으로서 하나님의 통치하심과 주권을 인정하고, 그 분을 즐거워하며 기쁘게 해 드리기 위해서 최선을 다해 산다면, 우리 모두는 지금 여기서도 하나님 나라의 백성으로서 그 모든 권리를 누리며 살 수 있을 것이다. 그러면 위의 본문에서는 왜 천국이 좋은 씨를 뿌리는 사람과 같다고 했을까? 왜 천국을 사람과 동격으로 비유했을까? 이는 오늘 이야기 나눌 미래세대를 위한 교육내용 이해에 도움을 주는 핵심내용이다.

IV. 천국은 좋은 씨를 뿌린 사람

천국은 다가올 나라이며 다가온 나라이다. 천국은 장소적 개념과 주권적 통치의 개념을 모두 포함한다. 천국은 믿는 이가 죽어서 갈 나라이며 살아서 누릴 나라이다. 그런데 마태복음 13장 24절은 천국을 제 밭에 좋은 씨를 뿌리는 사람과 같다고 말한다. 천국을 사람으로 표현한 것이다. 이는 교회가 건물, 장소이기도 하지만 믿는 사람의 무리인 것과 개념이 비슷하다. 교회는 그리스도를 주로 믿는 사람들의 모임이다. 이러한 논리로 볼 때 '천국은 좋은 씨를 뿌리는 하나님의 사람이 모인 곳이다'라고 말할 수 있다. 아람어의 습관으로 볼 때 천국은 믿음을 가진 이가 좋은 씨를 밭에 뿌리는 것과 유사하다. 그러니 천국이 사람과 같다고 표현한 성경 원문의 묘사에 그 의미가 내포되어 있다고 볼 수 있다.

한편 이 말씀은 원수가 가라지를 뿌리고 갔다는 것에 주목하여 볼 필요도 있다. 세상은 하나님의 사람들이 좋은 씨를 뿌리는 곳일 뿐만 아니라 원수 마귀 같은 가라지도 씨를 뿌리는 곳이라는 점이다. 그러나 하나님은 당장에는 가라지를 뽑지 말고 추수 때까지 기다리라고 하신다. 그 이유는 안 좋은 가라지를 뽑으려다가 좋은 씨에서 나온 좋은 풀도 같이 뽑히는 경우가 발생하기 때문이다. 이것이 바로 악인의 존재와 형통이 눈에 거슬려도 원치 않지만 공존해야 하는 이유이며, 우리는 하나님의 추수 때까지 기다리고 인내해야 하는 것이다.

V. 미래세대를 살리는 기다림의 교육

미래세대가 하나님의 말씀 가운데서 성장하며, 예수 그리스도와 함께 성령 가운데서 영광스러운 삶을 소망하며 살게 하기 위해서는 먼저 좋은 씨를 뿌려야 한다. 그러나 그 씨가 아무리 좋은 땅에 뿌려졌다고 해도 반드시, 언제나 좋은 환경을 유지하며 자랄 수 있는 것은 아니다. 더욱이 우리가 잘 때 마귀가 와서 가라지의 씨를 뿌려 놓고 갈 것이 분명하기 때문에 어느 정도 세월이 지나기까지는 좋은 씨의 줄기와 가라지의 줄기를 확연히 구분하는 것도 쉽지 않다. 그러므로 미래세대 사역자는 쉽게 실망하거나 좌절하지 않아야 하며 기다림의 싸움을 달게 여겨야 한다. 왜냐하면 이 사역은 세월이 흘러야 구분할 수 있는 씨의 모습처럼 금세 결과가 나타나지 않기 때문이다. 그러나 가라지는 결국 뽑혀서 버려지게 될 것이며, 좋은 씨에서 나온 열매는 하나님께서 기쁨으로 단을 거두시게 될 것이다.

이명석도 처음에는 예수님을 모르던 '불신 청년'이었다. 그러나 수개월 동안 이명석 한 사람을 위하여 새신자 훈련을 시키던 안광수가 인내한 결과, 그는 자신을 그리스도께 온전히 헌신하여 결국 하나님의 사역을 풀타임으로 감당하는 아프리카 선교사가 되었다. 처음 안 목사가 이명석에게 주님을 소개할 때 그가 선교사가 될 것이라는 사실은 알지도 못했으며, 그것을 기대하지도 못했을 것이다. 그러나 세월이 지나면서 두 사람은 그때 그 만남이 하나님의 일을 펼쳐나갈 놀라운 기적의 순간이었음을 깨닫게 되었다. 한 가지 일에 대하여 하나님께서 어떻게 계획하고, 일하시는지 사람은 그 당시에는 전혀 알지 못한다. 그러나 사람의 알고, 모름과 상관없이 하나님께서는 모든 것을 기획하시고 운행하고 계시는 분이다. 필자는 기적의 증인인 이명석 선교사를 통하여 하나님께서 어떻게 일하시는지 목격하게 되었다. 지난 2014년, 아프리카 선교여행을 통하여 가나의 수도 아크라 한복판에서 컴퓨터 학교를 열고 한국, 독일, 가나 이 세 나라의 크리스천들이 모여 가나의 젊은이들에게 복음을 전하고, 그들의 척박한 삶을 개척해 나갈 수 있도록 돕는 사역현장을 보게 된 것이다.

　이명석 선교사는 가나가 하나님의 역사로 말미암아 근검한 국민정신과 높은 교육열 그리고 상승에 대한 욕망을 품고 있다고 전한다. 이를 바탕으로 이명석 선교사는 가나의 청년들을 장로회신학대학교로 파송하여 공부할 수 있도록 돕고 있다. 현재 장로회신학대에서는 길버트 미오눔이(Gilbert Miwornumyuie) 목사가 공부하고 있다. 그를 보면서 필자는 〈안광수-이명석-길버트〉로 이어지는 좋은 씨 뿌리기의 사역이 지속적으로 연결되는 것을 통해 하나님의 일하심을 분명히 느낄 수 있었다.2 결코 실망하지 않는다면, 결코 좌절하지만 않는다면 분명 '제 밭에 좋은 씨를 뿌리는 사람'의 사명을 다할 수 있을 것이다. 또 그가 천국을 이룰 수 있다고 믿는다. 미래세대 사역은 쉽지도 않고, 단기간에 열매를 볼 수도 없다. 하지만 분명 하나님이 기뻐하시는 사역이며, 우리 믿는 모두에게 부여된 거룩한 하나님의 사역이다. 미래세대를 살리는 하나님의 사역은 앞으로도 계속되어야 한다.

---

2 이명석 선교사의 사역이야기는 loveghana.egloos.com라는 블로그에서 찾아볼 수 있다.

15장
미래세대 살리기, 가정과 교회와 마을의 연계로*

최근 논문을 지도하던 대학원생과 함께 발견한 충격적인 설문조사 결과를 나누고자 한다. 오늘의 논지는 가정의 부모와 교회의 목회자/교사가 힘을 합쳐 '가교사역'을 수행하는 것이 무엇보다도 중요하다는 것이다. 핵심 질문은 다음과 같다.

"자신의 신앙생활에 영향을 주는 사람은 누구입니까?"

I. 신앙생활에 영향을 주는 사람

이 질문을 받은 이들은 주로 청소년들이며 이에 대한 자세한 분포는 다음의 표와 같다.

---

* 이 글은 "미래세대 살리기 프로젝트: 미래세대의 신앙생활에 누가 가장 큰 영향을 미칠까?"「교회성장」, 277호(2016년 7월호): 115-121에 게재되었고, 수정·보완하였다.

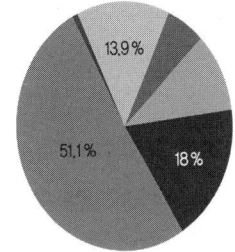

아버지	66	18%
어머니	187	51.1%
형제 또는 자매	3	0.8%
교회 친구 / 교회 선후배	51	13.9%
교회 교사	22	6%
목회자	37	10.1%

[그림 32] 2016년 온누리교회 청소년부서 설문조사 결과[1]

[응 답 자 특 성 표]

		1	
		사례수	%
전 체		384	100.0%
학교구분	중학생	196	51.0%
	고등학생	170	44.3%
	무응답	18	4.7%
성별	남학생	137	35.7%
	여학생	232	60.4%
	무응답	15	3.9%

[그림 33] 응답자 특성표[2]

"당신의 신앙생활에 가장 큰 영향을 준 사람은 누구입니까?"라는 질문에 대하여 이 설문조사의 결과는 놀라운 사실을 보여준다. 미래세대가 가장 영향을 받는다고 점수를 준 사람은 어머니(51.1%)였다. 두 번

---

[1] 노희태, "신앙공동체의양육태도가청소년신앙정체성에미치는영향," 장로회신학대학교 대학원 석사 학위 논문, 2016. 최근 다시 확인한 설문조사 결과는 조금 상이했다. 함께 연구할 때 나온 설문조사결과는 어머니와 아버지의 영향을 퍼센티지로 환산할 때, 62.9% 였으나, 노희태는 출간된 최종 논문에서 "청소년들이 생각하는 신앙의 영향력 중어머니와 아버지 비율의 합이 68.9%"로 환산한 것이다. 확실한 것은 자신에게 신앙의 영향력을 주는 사람을 '아버지'로 대답한 비율이 '어머니'로 대답한 것에 비해 매우 낮은 수준이라는 점이다. 위의 글, 67.

[2] 위의 글, 56 이후 참고.

째 영향을 주는 이는 아버지(18%)로 어머니의 그것과는 현격한 차이를 보여준다. 세 번째 영향을 주는 이는 교회 친구 또는 교회의 선후배(13.9%)였다. 두 번째 영향을 주는 아버지와 큰 차이를 보이지 않는다. 그리고 네 번째로 영향을 주는 이는 목회자(10.1%)였다. 이 또 충격적인 결과이다. 그 다음은 교회학교의 교사(6%)였고, 마지막은 가정의 형제 또는 자매(0.8%)인 것으로 나타났다. 한 사람에게 있어서 부모가 큰 영향을 미칠 것이라는 생각은 누구나 한다. 그러나 어머니의 영향력이 아버지보다 2배 이상 차이가 난다는 사실은 설문결과를 표피적으로만 해석한다고 해도 그동안 아버지가 가정에서 자녀에게 얼마나 영향력이 없었는지 말해 주는 것이다. 단, 한 교회만을 조사한 이 설문결과를 얼마나 신뢰할 수 있는지에 대한 것은 차치하더라도 본 연구결과가 주는 중요한 시사점은 미래세대의 신앙생활에 있어서 부모가 차지하고 있는 중요성은 아무리 강조해도 지나치지 않는다는 점이다. 물론 백분율에 있어 높은 수치를 차지하지 않는 요소들이 전혀 중요하지 않다는 의미는 아닐 것이다. 예컨대 목회자의 영향력이 아버지의 영향력보다는 낮은 수치로 나왔다고 해서 목회자의 고유한 영향력을 과소평가할 수는 없다.

일반적으로 미래세대가 보내는 시간을 중심으로 평가할 때 가정 대 교회의 비율을 대개 3,000시간대 50시간 정도로 본다. 비교적 오렌지 사역(가정과 교회의 연계 사역을 일컬음)을 일찍 시작한 노스포인트 커뮤니티교회(담임: 앤디 스탠리 목사)에서는 전술한 가정 대 교회의 비율을 3,000시간대 30시간이라고 말한다. 이는 아마도 미국의 애틀랜타 지역에서 교회를 다니는 어린이와 청소년들의 경우 가끔 교회를 빠지기 때문인 것 같다. 이것이 오늘날 한국 교회의 현상이 되어가고 있음을 목격하곤 한다.

위의 조사로 미루어보면 교회학교 교사와 목회자가 힘을 합쳐도 가정의 아버지가 미치는 영향 정도밖에 되지 않는 것을 알 수 있다. 그렇다고 해서 교사와 목회자가 할 수 있는 일이 별로 없다는 말은 아니다. 한 가지 슬픈 사실은 형제나 자매가 미래세대에게 영향을 준다고 말한 이는 0.8%밖에 안 된다는 것이다. 아마도 아예 영향을 줄 형제나 자매가 존재하지 않는 이들이 많아서 이런 통계가 나온 것일 수 있다. 예전에는 가정에서 형제와 자매 통해서 배우는 것이 많았고, 형제와 자매는 준 교사 혹은 준 부모의 역할을 하는 경우도 비일비재했다. 그러나 이제는 그러한 경험을 역사책 혹은 이야기책에서나 볼 수 있을 지경이 되었다. 가정생활이 점점 약화되면서 가장 아쉽고, 안타까운 점이다.

II. 다가오는 인구절벽의 시대

우리나라에 인구절벽 현상이 발생할 것이란 이야기는 이미 다양한 매체를 통해 들어봤을 것이다. 한국경제통계시스템에서 발표한 아래의 표는 그것이 곧 현실화 될지도 모른다는 가능성을 보여 주고 있다.

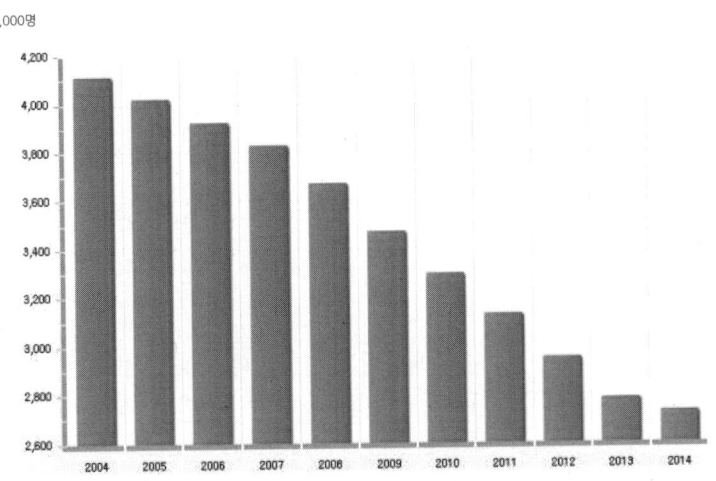

[그림 34] 한국경제 통계시스템, 초등학생 수의 급감현상 추이

〈파이낸셜 신문〉은 "최근 10년간 초등학생 수가 3분의 1이상 급감한 것으로 나타났다. 이미 중학생도 인구 감소 현상이 나타나고 있어 향후 5-10년 내 대학재적을 비롯해 취업시장이 20대 '인구절벽' 영향권에 들어갈 것으로 전망 된다"라며 최근의 통계를 근거삼아 경고한 바 있다(2015. 2. 21). 이런 현상이 계속되면 한국 사회 전체가 심각한 인구변화를 겪게 될 것이다. 때문에 이에 대한 철저한 준비가 필요하다. 더욱이 가정에서 형제나 자매간의 학습을 경험하기 어려운 상황이 계속된다면 장기적으로 봤을 때 한국 사회는 부정적인 사회화가 일어날 가능성이 매우 높다. 예를 들어 오늘날 어머니와 아버지의 역할에 대하여 각각 영원한 사랑, 돌봄이나 영원한 가정교사의 이미지로만 규정짓는다면 뭔가 이상하다는 것을 느낄 것이다. 자녀교육이나 생활을 위하여, 또는 내 집 장만을 위해 맞벌이를 해야만 하는 가정이 늘고 있으며, 그로 인하여 부모의 역할은 경계가 허물어져 이제 더 이상 서로 제한할 수 없는 지경에 이르렀기 때문이다. 이때 우리는 가정 안에서 미래세대를 위한 신앙교육이 원활하게 이루어지고 있다고 말하기는 어려운 형편이다.

III. 다가오는 아니 이미 다가온 초고령 사회

우리나라가 곧 초고령 사회로 접어들 것이라는 전망은 우리 모두를 불안하게 한다. 통계청은 다음과 같이 시대흐름에 따라 국내 65세 이상 인구의 증가표를 발표하였다.

필자는 '우리나라의 미래세대는 어린이와 청소년에 국한되지 않고 은퇴한 시니어들을 포함한다'는 생각을 가지고 있다. 이는 그저 허공에 던져보는 이야기가 아니다. 실제로 오늘날 55-60세에 은퇴하는 이들은 은퇴이후에도 거의 30년은 더 삶을 영위하는 경우가 많다. 그러나

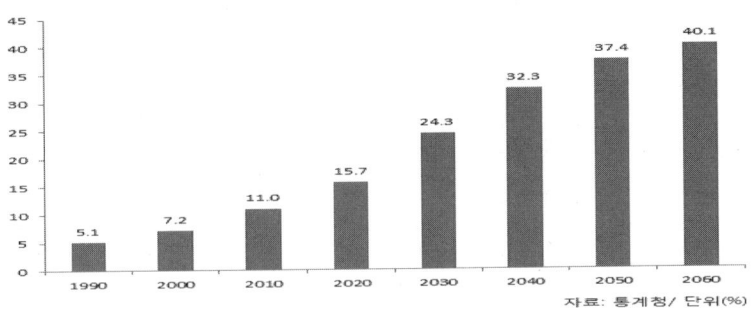

[그림 35] 한국 65세 인구비율 예상표, 통계청

우리는 그들이 더 이상 교회와 사회를 위해 아무 일도 할 수 없는 뒷방 늙은이로 여겨 "아무 일도 하지 말고 조용히 있으라"고 말하는 것은 참으로 무지의 소치가 아닐 수 없다. 교회에서도 그들을 어린아이처럼 취급하며 아주 단순한 놀이를 가르치거나 가끔은 온천이나 모시고 간다. 실로 은퇴 시니어들의 우수하고 경험 많은 능력을 사장시키는 어처구니없는 일이 벌어지고 있는 것이다.

위의 예상 통계에 의하면 65세 이상의 노인들의 비율이 2020년에는 15.7%, 2030년에는 24.3%, 2040년에는 32.3%, 2050년에는 37.4% 그리고 2060년에는 40.1%가 된다. 이 말은 우리 사회의 인구 구성원 중 거의 절반에 가까운 사람들이 65세 이상의 노인들이란 의미이다. 2060년에는 지금 10살 어린이가 45세가 되는 때이다. 그때는 아마도 평균 수명이 100세가 넘을 것으로 예상한다. 그렇기 때문에 미래 세대가 신앙을 가질 수 있도록 적극적으로 도와주며, 가정과 교회가 긴밀하게 연계하여 '가교사역'(Family-Church Ministry)을 활발하게 펼치는 노력을 기울여야 한다. 신앙생활에 가장 큰 영향력을 미치는 동인(Drive, 動因)을 제공하는 사람은 예나 지금이나 여전히 어머니와 아버지이다. 그러므로 교회는 부모교육과 성인교육을 연중 교육과정으로 편성하고 지속적으로 그들을 교육하여야 할 것이다.

오래 전 엘리스 넬슨(C. Ellis Nelson, 1916-2011)이 강조했던 것처럼, 성인교육은 늘 미래세대 교육보다 선행되어야 하는 중요한 부분이다. 왜냐하면 미래세대를 교육하는 이들은 부모를 포함한 성인들이기 때문이다. 더욱이 우리의 미래세대들이 건강하고 균형 잡힌 신앙생활을 배울 수 있도록 가정에서 신앙의 본을 보일 수 있는 어머니와 아버지에 대한 교육을 가정, 교회, 마을을 연계하여 이행해야 한다. 이제 더 이상 미룰 수 없다. 세월이 너무도 급히 흘러가고 있으며 급히 변하고 있기 때문이다. 인공지능의 개발이 이토록 급속히 이루어지고 급기야 인간계에서 바둑의 최고수라고 하는 이세돌을 무찌르게 될 줄을 누가 감히 생각이나 했단 말인가? 이제 하루가 다르게 발전하고 있는 인간 문화에 올바른 방향과 목표를 설정해 주는 일이 무엇보다 시급하다.

IV. 가정과 교회와 마을이 연계하는 것은 선택 사항이 아니다

어머니와 함께 이 시대의 아버지들에 대한 대책도 함께 세워야 한다. 이 대책은 분명 어머니와 연계하여 세워져야 한다. 어쩌면 사회체계 자체가 아버지로 하여금 역할을 전혀 할 수 없도록 만들고 있는지 모른다. 그러나 사회의 체계가 바로 잡힐 때까지 기다릴 시간이 없다. 가정과 교회와 마을이 연계하여 마을 속에서 최선의 역할을 할 수 있도록 도와주는 작업이 필요하다. 특히, 이를 위하여 가정이 모여 이룬 교회가 진지한 논의를 해야 한다. 그리고 사회 속에서 아니 마을 속에서 어떠한 모습으로 살아가고 있는지에 대한 솔직하고 예리한 분석을 해야 한다. 이것이 진정 미래세대에게 긍정적인 영향을 끼쳐 그들의 영혼이 살아나고 번성케 되는 시작이 될 것으로 믿는다.

16장
미래세대 살리기, 거룩함과 즐거움으로*

    정기적으로 교회예배에 출석하면서 신앙생활을 하는 이들은 대개 평생 몇 개의 교회밖에 출석하지 않는다. 어릴 때 태어나면서부터 부모님과 같이 다니던 교회 하나, 대학을 가거나 출가를 하게 되어 이사를 가면서 다니게 되는 교회 하나 그리고 군대를 가거나 직장을 바꾸거나 새로운 나라에 이사를 가서 살게 되는 교회 하나 그리고 평생 죽을 때까지 출석하게 되는 교회 하나. 이 정도다. 직업 자체가 끊임없이 이사를 다녀야 하는 경우가 아니라면 3-5개의 교회를 다니는 경우가 대부분일 것이다. 요즘에는 교회에 풍파가 일어서 다니던 교회를 도저히 계속 다니기가 어려운 경우도 종종 발생하거니와 어려움이 발생하여 부득이하게 교회를 옮기게 될 때, 오랫동안 다닐 교회를 선택하여 출석을 결정하고 등록을 하는 일이란 참으로 어려운 일이다. 이는 마치 한 남자와 한 여자가 결혼을 하기로 약속하고 헌신하는 것과 비슷하다. 과연 성도들은 출석 교회를 정할 때 어떤 기준으로 정하게 될까? 오늘은 미래세

---

* 이 글은 "가고 싶은 교회, 거룩함과 즐거움이 살아 있는 교회,"「교회성장」, 279호(2016년 9월호): 131-138에 게재되었고, 수정·보완하였다.

대, 현세대, 이전세대를 아우르는 교회 선택의 기준을 중심으로 바람직한 교회 사역의 모습에 대하여 함께 이야기를 나누어보자. 이러한 대화를 할 때 중요한 것은 '과연 성도들의 시각에서 어떤 교회를 출석하고 싶을까?'에 대한 관점을 고려하는 것이다.

I. 성경적 비전이 뚜렷한 교회

먼저 어떤 교회가 되어야 하나님이 가장 기뻐하시고 성도들이 행복해 하며 거룩함과 즐거움이 살아 있는 교회가 될 수 있을지에 대하여 고민해 보는 것이 최우선이다.

아마도 세속화된 세상에 존재하지만 세상을 변화시키는 데에 앞장서는 교회가 이 시대의 성도들이 원하는 교회일 것이다. 모든 것이 상대화되어 기준 설정을 꺼려하는 세태, 하나님보다는 스포츠 우상이 사람들의 마음을 사로잡고 있는 세태, 비정상적인 삶의 양태가 마치 정상적인 것처럼 활개를 치는데도 평등이라는 잣대 하나로 비집고 들어와 사람들의 기준 자체를 흔들어 놓는 세태. 사람들은 이런 세상 속에서 살아가고 있다. 때문에 성도들은 명확하여 흔들리지 않는 기준과 삶을 정확하게 인도해 줄 교회를 찾고 있다. '세상 속에서 오직 예수님만이 영광을 받으시며 비록 부족한 보통 사람들의 모임이지만 비범한 신앙인의 삶을 따라가려는 신앙공동체를 추구하는 교회'를 선호할 것이라고 본다. 하나님이 사랑하시는 세상을 품고 기도하며 이웃의 어려움을 내 어려움으로 삼는 모습, 세상의 평화와 안전을 위해 기도하고 노력하며 예수 그리스도의 복음을 믿으며 그대로 사는 모습, 복음을 전파하며 가르치고 최선을 다하여 하나님의 나라를 이루어 나가는 신앙인들이 모여 함께 떡을 떼고 삶을 나누는 공동체, 거룩한 예배가 살아있어서 함께 모이면 즐겁고 행복한 공동체, 성도들은 바로 이런 공동체를 소망한다.

거룩함과 즐거움이 동시에 살아 있는 교회, 바로 이러한 모습의 신앙공동체가 되는 것이 교회의 비전이 되어야 한다.

II. 환영과 환대가 살아 있는 교회

기회가 되어 여러 교회를 돌아볼 때마다 가슴 깊이 느끼는 것은 어느 교회건 간에 사람들로 북적대는 교회에는 생동감이 넘친다는 것이다. 뭔가가 살아서 꿈틀대고 있다. 사람들은 기뻐하고 있었으며 활력이 넘쳐났다. 마치 펄떡이는 물고기처럼. 새로운 사람이 그 교회를 가면 누군가가 다가와서 "안녕하세요? 좋은 아침입니다"라고 인사를 건네주었다. 물론 이러한 발랄함보다 점잖음을 더 좋아하는 문화의 우리에게는 퍽이나 낯선 것일 수 있다. 그러나 만일 우리의 생동감 넘치는 환영이 진정한 마음을 담아 보내는 것이라면 상대방은 거부감보다는 오히려 교회에 대한 낯섦을 떨쳐버릴 수 있는 좋은 기회가 될 것이다. 때문에 처음 교회에 나온 사람에게 교회에 등록하라고 신청서를 내밀면서도 억지로 강요하지 않는 적당한 환영은 중요하다.

물론 영적 수련을 위해서 교회 예배에 참여하여 맨 뒷자리에 앉아 하나님의 임재를 기다리는 어떤 성도에게는 불필요한 환영일 수도 있다. 그러나 지나치지만 않다면 적절한 수위에서의 따뜻한 인사와 환영의 몸짓은 필요하다. 그렇지 않아도 처음 교회에 와서 어색하고 낯선데, 지나가는 성도들이 자신을 본 체 만 체하고 누구에게 무엇 하나 물어볼 수 없을 정도로 쌩하니 지나간다면, 교회에 대한 어색함은 더 커지고 적응하기는 더 어려워질 수도 있다.

지역 사회 속에 존재하면서 그 지역을 위하여 아니 그 지역 속에서 조용히 제 할 일을 하는 지역 교회가 되는 것 또 매우 중요한 일이다. 이 일을 위해서 그 교회는 지역 속에서 순결한 거룩함을 갖고, 지역 사회의 성결을 위해 존재하는 교회가 되어야 한다. 또 이와 더불어 아무리 지치고 고단한 사람도 그 교회를 찾아가면, 거기에는 거룩한 예배와 따뜻한 사귐과 나눔이 있다는 것을 지역에 사는 교회를 출석하지 않는 사람들도 인지할 수 있도록 해야 한다. 교회는 "우리가 보고 들은 바를 너희에게도 전함은 너희로 우리와 사귐이 있게 하려 함이니 우리의 사귐은 아버지와 그의 아들 예수 그리스도와 더불어 누림이라"(요일 1:3)라고 한 사도 요한의 말처럼, 우리뿐만 아니라 우리의 뒤에 오는 모든 사람들이 함께 그리스도 예수와 사귐으로 축복을 누릴 수 있는 공동체가 되어야 한다. 이처럼 자연스러운 환영과 환대가 살아있는 공동체가 되는 것이 교회의 모습이다.

III. 이야기를 만들어가는 교회

교회가 신앙공동체로서의 역할을 하게 되면 그곳에 모이는 이들의 삶에 이야기 만들어진다. 마치 TV 드라마 〈응답하라 1988, 1994〉 시리즈처럼 신앙공동체 안에 성도들의 이야기가 생기고, 그것은 자연스럽게 성도들의 삶에 공통분모를 만들어낸다. 이를 두고 우리는 보통 전통이라고 부른다. 전통은 삶의 이야기가 모여서 생긴다. 이때 모든 삶의 이야기가 다 긍정적인 것만은 아니기 때문에 공동체 안의 성도들에게는 좋은 전통을 만들어가는 정화작업(Filtering process)이 필요하다. 예배, 가르침, 설교, 봉사, 친교, 증거(레이투르기아, 디다케, 케리그마, 디아코니아, 코이노니아, 마르투리아)는 좋은 전통을 만들어가는 중요한 통로가 되며, 이를 통하여 성도들은 전통을 걸러내는 전통화(Traditioning) 작업을 하게 된다. 이야기는 성도들의 신앙생활 중의 희노애락을 담게 되며, 신앙공동체는 더욱 견고해진다. 물론 이 와중에 어려움이 생기면 신앙공동체가 와해되기도 한다.

성도들은 신앙생활을 하는 중에 서로가 함께 웃고, 울며 삶의 온갖 경험들을 나누는 가운데 성경에서 배운 신앙생활의 원리를 삶 속에서 연습하고, 경험하면서 신앙을 자기 것으로 만들어가는 과정(Owning process)을 겪게 되는 것이다. 신앙공동체가 외부로부터 환란과 핍박을 겪게 되면 이러한 자기화 과정이 더 함축적으로 이루어지기도 한다. 반면 외적 어려움이 줄어들게 되면 자기화 과정이 더디게 일어나기도 한다. 그럴 때 자칫 잘못하면 신앙공동체는 탈진 혹은 무력증에 빠지기 쉽다. 그러므로 신앙공동체를 이끄는 지도자는 성도들이 신앙생활 속에서 갱년기에 빠지지 않도록 도와주어야 한다. 뜨거운 기도회 모임과 흥미로운 성경공부 그리고 인생의 통과의례(Rites of passage)를 잘 활용할 수 있다. 한 사람이 태어나고, 유아세례를 받고, 입교교육을 받으며, 결혼하고, 아기를 낳고, 늙어가며, 결국은 하늘나라에 가는 성도의 삶 전체의 순환과정을 알아가되, 신앙공동체가 지치거나 긴장을 잃지 않도록 도와주어야 한다. 그래야 신앙공동체의 이야기 형성이 재미있고 즐거운 과정이 될 수 있다. 이러한 과정이 지속되고, 향상될 때 그 교회는 가고 싶은 교회가 된다.

IV. 신앙공동체를 세워가는 담임목사

모든 성도는 하나님 앞에서 제사장과 동일하게 하나님께로 나아갈 수 있다. 우리의 구세주이신 예수님은 모든 사람의 구세주이시며, 꼭 목사를 통해서만 예수께로 나갈 수 있는 것은 아니기 때문이다. 이는 "만인이 제사장이다"라는 종교개혁의 핵심 내용으로 간단하지만 명확한 진리이다. 그렇다고 이 말이 교회에서 풀타임으로 사역하는 목사가 필요 없다는 말은 아니다. 가정에서 아버지의 역할이 있고 회사에는 사장의 역할이 있듯이, 교회에는 전임으로 사역하는 목사의 역할이 있다.

목사의 역할은 배의 선장과도 같다. 아무리 배가 커도 그 배를 이끌어가는 것은 키(Rudder)이다. 그리고 그 키를 움직여, 배의 방향을 정하는 사람은 선장이다. 담임목사가 어떤 방향으로 교회를 이끌어가든지 그의 역할이 가진 중요성은 아무리 강조해도 지나치지 않다. 더욱이 담임목사는 성도들로 하여금 자신의 역할을 잘 감당하도록 하는 역할을 담당하기 때문에 매우 중요한 것이다.

무엇보다 담임목사는 하나님의 말씀을 효과적으로 가르치는 역할을 감당하기 때문에 매우 중요한 위치에 있다. 그는 성도들과 같이 교회의 이야기를 만들어나간다. 더욱이 담임목사는 하나님의 말씀에 기초하여 말씀의 해석, 풀이, 적용을 할 수 있도록 돕기 때문에 그의 설교는 중요하다. 이때 최대한 자신의 말은 줄이고, 하나님의 말씀을 중심으로 핵심을 풀어서 전달해야 한다. 그러기에 적게 가르쳐 더 많은 효과를 얻어야 한다. 일찍이 앤디 스탠리(Andy Stanley)도 이와 유사한 말을 한 적이 있다. 자신의 해석이 말씀의 진의를 왜곡시켜서는 안 된다는 것이다. 목사는 말씀으로 말씀되게 하는 작업을 해야 하는 것이다.

담임목사는 교회와 성도를 위하여 온몸과 정신을 다 바치는 헌신자이다. 아무리 많은 성도들이 각자의 역할을 다하기 위하여 최선을 다한다고 하여도, 그 모든 역량을 조정하는 이가 없다면 그 교회라는 배는 산으로 갈지도 모른다. 그러므로 담임목사의 역할은 중요한 것이다. 만일 선장이 망망대해에서 갈 길을 잃고 헤맨다면, 그 배는 이미 끝난 것과 마찬가지이다. 이렇게 길을 잃지 않고, 계속 올바른 방향을 유지하기 위해서는 담임목사의 상태가 어떠한지에 많은 영향을 받는다. 이러한 이유로 선장인 담임목사의 영육간의 균형 있는 삶과 행복한 삶을 위한 자기관리는 매우 개인적인 동시에 공동체적이다. 개인의 삶이 공동체의 안녕에 직간접적인 영향을 미치기 때문이다.

무엇보다 담임목사는 열심히 일한 후에 적절하게 쉬면서 재충전을 할 수 있는 제도적 장치가 필요하다. 어떤 경우, 안식하면서도 목회자의 책임을 다하지 못하고 있다는 죄책감에 사로잡혀 제대로 쉬지 못하는 경우를 많이 목격하곤 한다. 그러나 담임목사의 안식은 교회에 하나님의 은혜가 더 넘치고, 올바른 방향으로 배를 이끌기 위한 중요한 과정임을 인식해야 한다. 이를 바탕으로 교회의 모든 성도들 역시 쉬는 것이 한 걸음 더 전진하는 일에 도움이 된다는 것을 자신의 삶에서도 경험할 수 있다. 담임목사의 영육간의 건강을 위하여 온 교회가 노력하고 같이 힘을 쓰는 것은 매우 중요하다.

V. 거룩함과 즐거움이 공존하는 신앙공동체

다니엘 핑크(Daniel H. Pink)는 미래 인재의 조건을 디자인, 스토리, 조화, 공감, 놀이, 의미를 잘 찾는 것으로 보았다. 이미지가 사람의 시선을 사로잡는 시대가 되었음을 간파한 것이다. 좋은 내용을 담는 것이

[그림 36] 모두가 안위에 빠져있을 때 모험을 위해 점프하는 금붕어[1]

---

1 https://brunch.co.kr/@stillalive31/33 한재우의 블로그.

중요하지만 아무리 좋은 콘텐츠를 가지고 있어도 보기에 아름다워야 그 가치가 드러나는 시대가 되었다. 그리고 전술한 것처럼 이야기, 즉 스토리가 중요한 시대가 되었다. 재미난 스토리를 듣기 위해 수많은 사람들이 아이슬란드나 유럽으로 돈을 들여 여행을 떠나는 시대이다. 아무리 살기 힘들다는 뉴스가 나고, 실제로 그런 형편이 되어도 여행을 위해 투자하는 이유는 자연경관을 보고, 쉼을 얻기 위해 찾아가는 것이기도 하지만, 재미난 스토리를 듣기 위해서이다.

이 시대는 특히, 조화가 중요하다. 하모니는 특출함이나 편리함보다 더 중요하다. 왜냐하면 조화는 결국 사람과 생태를 살리기 때문이다. 중국의 계림과 같은 아름다운 절벽을 올라가는 것이 힘들다고 (아니 돈을 더 쉽게 벌 수 있다고) 해서 그곳에 엘리베이터를 설치하는 것은 자연과 인간의 조화를 무시한 처사이다. 이는 단순한 조화를 넘어 하나의 자연유산이 훼손되는 것일 뿐만 아니라 그 가치와 의미가 사라지는 것이기 때문이다. 이렇듯 조화를 무시하면 자자손손이 그 행위를 후회하게 될 것이다. 이와 마찬가지로 이 시대는 다른 사람들과의 공감이 중요하다. 나는 너 없이 존재할 수 없고, 너는 나 없이는 절대 존재할 수 없다. 그러므로 곁에 있는 사람들의 마음을 잘 헤아릴 줄 알아야 한다. 공감은 그저 잘 살기 위한 수단이 아니다. 이는 공동체를 위한 생존의 통로가 된다. 주변의 성공한 사람들을 만나보면 대개 잘 노는 사람들이다. 아니 자기만의 놀이수단과 철학을 가지고 있는 사람이다. 그리고 그들은 대개 다른 사람들과도 잘 놀기를 추구하는 사람들이었다. 놀이(잘 즐길 줄 아는 것)에 대한 시간 투자를 아까워하는 사람의 경우, 미래를 잘 살기 어렵다. 잘 놀 줄 모르는 사람은 무엇 때문에 공부를 하며, 또 무엇 때문에 돈을 버는 것인지 그 목적이 불분명하기 때문이다.

마지막으로 의미를 추구하는 삶을 살아야 미래를 성공적으로 만들어 나갈 수 있다. 의미는 가만히 앉아서 생각만 하는 사람의 몫이 아니다. 의미는 몸을 움직이고 마음을 움직여 실천하고, 모험을 두려워하지 않는 사람이 차지할 수 있는 일종의 산과 같은 것이다. 의미추구를 위하여 시간을 투자하고 책을 읽고 모험을 하기 위해 도전하는 이들을 만나는 것이 필요하다. 위의 점프하는 물고기 그림과 같이 모두가 자기 생존을 위하여 눈에 보이는 작은 것에 집중하고 있을 때, 다른 어항으로 점프하는 과감함을 가질 필요가 있다.

가고 싶은 교회, 거룩함과 즐거움이 살아 있는 교회를 만들기 위해서는 성경적 비전이 뚜렷한 교회, 환영과 환대가 살아있는 교회, 이야기를 만들어가는 교회, 이러한 생각을 잘 실천하는 담임목사가 있는 교회가 되어야 한다. 더욱이 디자인, 스토리, 조화, 공감, 놀이, 의미를 잘 살릴 수 있는 우뇌형 미래지도자가 활발하게 일할 수 있도록 격려해 주는 분위기를 창출해야 할 것이다. 이런 정신이 살아 있을 때, 그 교회는 가고 싶은 교회, 거룩함과 즐거움이 살아 숨 쉬는 교회가 되어 미래세대가 넘쳐나게 될 것이다.

17장
미래세대 살리기, 교사를 세움으로*

I. 교사, 위대한 힘을 꺼내라

미래세대를 살리는 길은 '나의 변화'에서 시작한다. 여기에서 '나'는 상관없다. 그대라는 한 사람의 변화가 결국 공동체의 변화로 번져 나간다. 서재를 정리하다 이진우의 책『교사, 위대한 힘을 꺼내라』라는 책에서 조동화의 시를 읽었다.

나 하나 꽃 피어
풀밭이 달라지겠느냐고
말하지 말아라
네가 꽃 피고 나도 꽃 피면
결국 풀밭이 온통
꽃밭이 되는 것 아니겠느냐

---

* 이 글은 "미래세대를 살리는 프로젝트의 성패는 누구의 손에 달려 있을까?"「교회성장」, 272호(2016년 2월호): 128-135에 게재되었고, 수정·보완하였다.

나 하나 물들어
산이 달라지겠느냐고도
말하지 말아라
내가 물들고 너도 물들면
결국 온 산이 활활
타오르는 것이 아니겠느냐[1]

오늘날 절망과 패배주의에 사로잡힌 한국 교회와 교회학교 교사들의 마음이 느껴진다. 출산율이 한없이 떨어지고 초혼연령이 높아져서 기본적으로 어린아이가 많이 태어나지 않는 사회에 살고 있으며, 거기에다 교회의 신뢰도가 떨어져 교회를 신망하는 이들이 많이 없다고 하여도 전혀 희망이 없는 것은 아니다. 언제부터 우리나라에 이렇게 많은 십자가가 빨갛게 타올랐던가. 아기를 낳아 키우기 좋은 사회를 만들기 위해, 젊은이들이 이십대 중반에 결혼하는 것을 사회적 트렌드로 만들기 위해, 나라의 안위와 품위를 회복하기 위해서는 교회의 목소리를 들어야 한다고 모든 시민사회가 이구동성으로 말하던 시절이 다시 찾아오도록 하기 위해 우리 모두는 노력하여야 할 것이다. 그리고 믿는다. 그런 시절이 반드시 다시 올 것이라고! 나 하나 꽃피고 너 하나 꽃피워 나가다 보면 결국 꽃밭을 이루게 되고 나 하나 물들고 너 하나 물들어 산을 물들이다 보면 결국 온 산이 우리의 꽃으로 다 물들어 온 산이 활활 타오르게 될 것이다.

II. 나의 변화가 우리의 변화가 되어

이제 한국 교회는 미래세대를 살려내는 교사들과, 교사들과 함께 하

---

[1] 이진우,『교사, 위대한 힘을 꺼내라』(서울: 기독신문사, 2002).

며 지도하는 교역자들의 헌신으로 다시 타오르게 될 것이다. 꼭 그리될 것으로 소망하며 한편으로는 확신한다. 나의 변화가 우리의 변화가 되어 한반도를 복음으로 변화시켜 새롭게 도약하게 될 날이 멀지 않은 것이다. 이제 쓸데없는 절망과 패배주의에서 벗어나 나부터 변화하겠다는 결단과 실천의 자리로 나가야 한다. 타인의 변화를 기다릴 것이 아니다. 내가 변화해야 한다. 여기에는 복잡하고 수준 높은 이론이나 신학이 필요한 것이 아니다. 미래세대를 도와 그들로 하여금 예수 그리스도를 바라보게 하고 하나님의 자녀로서 겸손하며 자신감 있게 살아가게 하자. 교회에 다시금 소망을 갖게 하고 신뢰의 닻을 내리게 하기 위해서는 교사가 먼저 그리스도의 심장으로 미래세대를 품어야 할 것이다. 바울은 빌립보교회의 성도들에게 그와 같은 편지를 보냈다.

내가 예수 그리스도의 심장으로 너희 무리를 얼마나 사모하는지 하나님이 내 증인이시니라(빌1:8).

III. 기본으로 돌아가라

기본으로 돌아간다는 의미의 라틴어 아드 폰테스(Ad fontes)의 본래 의미는 근본(원천적 자료: Sources)으로 돌아간다는 의미이다. 미래세대를 비교적 자주 대하는 교사들은 그들을 이해하기 위해 심리학에 지나치게 의존하곤 한다. 발달심리학은 미래세대인 학생들을 이해하고 교사 자신을 이해하는 데에 매우 유용하다. 기본적인 심리학적 지식을 갖고 있으면 학생들의 특정한 행동을 파악하는 데에 도움이 되는 것도 사실이다. 예를 들어 지나치게 사람을 믿지 못하고 늘 불안에 떠는 이들은 대개 아주 어린 시절에 엄마로부터 외면을 당하거나 버림을 받았던 강력한 상처를 경험했을 확률이 높다. 대개 이것을 '불안정 애착경험'이라고 부른다. 만일 이 사람이 어릴 때 부모의 충분한 사랑을 받고 부모와의 신뢰관계가 정상적으로 형성되었다면 갖지 않았을 것이라는 이론이다. 청소년시절이나 청년시절에 마약이나 술을 지나치게 의존하고 자신을 떠난 친구에 대하여 지나치게 집착하는 이들을 상담해 보면 대개 정상적인 애착관계 형성에 실패한 경험이 있는 사람들이라는 것이다.

그러나 이렇게 사람들이 가지고 있는 현재의 심리상태를 과거의 트라우마에 근거하여 해석하려는 프로이트적인 시각이 다 옳은 것은 아니다. 아들러(Alfred Adler)는 과거의 경험에 지나치게 의존하여 현재를 진단하는 심리기법을 너무 결정론적이고 원인론적인 것으로 규정하며, 프로이트(Sigmund Freud)의 심리학에 반기를 들었다. 아들러의 생각은 각 개인의 존재가 갖고 있는 변화의 힘을 인정하며, 사람은 누구나 성장환경이 중요하지만 그것이 모든 것을 결정하지는 않는다는 것이다. 그는 자신의 삶을 주관적으로 만들어갈 수 있는 능력이 각 개인에게 주어져 있다고 주장한다. 이처럼 심리학이라는 것도 관점에 따라서 결론이 정반대로 나올 수 있는 것임을 기억해야 한다. 결국 인간이 노력하여 만들어 낸 학문에 개인의 현재와 미래를 그대로 맡길 수는 없다. 프로이트의 심리학과 아들러의 심리학 모두 일견 신뢰할만한 구석이 있기는 하지만 절대적인 진리는 아니기 때문이다.

근본자료로 돌아가는 것은 과연 무엇을 의미할까? 여기서 우리가 주의를 집중해야 할 근본자료는 하나님의 말씀이다. 성경말씀은 모든 믿는 사람이 신앙의 근본으로 삼아야 할 유일무이한 신앙의 원천자료이다. 더욱이 미래세대를 양육하는 교사와 부모가 신앙교육을 할 때 성경말씀을 기초로 삼아야 할 것이다.

그러나 너는 배우고 확신한 일에 거하라 너는 네가 누구에게서 배운 것을 알며 또 어려서부터 성경을 알았나니 성경은 능히 너로 하여금 그리스도 예수 안에 있는 믿음으로 말미암아 구원에 이르는 지혜가 있게 하느니라 모든 성경은 하나님의 감동으로 된 것으로 교훈과 책망과 바르게 함과 의로 교육하기에 유익하니 이는 하나님의 사람으로 온전하게 하며 모든 선한 일을 행할 능력을 갖추게 하려 함이라(딤후 3:14-17).

성경은 모든 사람으로 하여금 "예수 안에 있는 믿음으로 말미암아 구원에 이르는 지혜가 있게" 하는 신앙의 생수를 제공해 주는 샘/우물(Fountain)과도 같다. 심리학이 사람의 특성을 이해하는 데에 도움을 주는 것은 사실이지만 예수를 믿게 하지는 못하고 더욱이 결코 구원을 줄 수 없다. 더 나아가서 성경은 하나님의 감동으로 된 것이기에 미래세대를 "교훈과 책망과 바르게 함과 의로 교육하기에 유익"하다는 사실을 교사는 기억해야 할 것이다. 성경을 통하여 인간은 자신의 근본을 깨닫게 되고 어떻게 살아야 할지를 배워 "선한 일을 행할 능력을 갖추게 되는" 것이다. 결국 사람이 온전하게 되기 위해서는 성경말씀을 통해 그 속에 기록된 가르침으로 돌아가야 할 것이다. 그러므로 교사는 원천자료인 성경으로 돌아가 성경말씀을 묵상하고 연구하면 미래세대에게 구원의 도를 소개하고 온전한 교육을 수행할 수 있다. 미래세대를 양육하는 책임을 맡은 교사들은 먼저 성경이 하나님의 말씀임을 믿어야 한다. 하나님의 감동으로 쓰인 성경을 믿고 그 말씀대로 사는 연습을 매일 그리고 매순간 게을리하지 말아야 할 것이다.

IV. 아무것도 가정하지 말라

교사가 성경말씀으로 돌아가 구원의 도리로 무장하고 미래세대를 그리스도께로 인도하여 그들로 하여금 온전한 신앙인으로 자라날 수 있도록 "교훈과 책망과 바르게 함과 의로 교육"하는 것은 매우 중요하고 필수불가결하다. 그런데 여기에서 우리가 잊지 말아야 할 사실이 있다. 어린이와 청소년들이 교회에 정기적으로 출석한다고 하여 그들이 자동적으로 하나님의 자녀가 되는 것은 아니라는 점이다. 충격적인 통계이지만 교회에 다니는 초등학교 5-6학년 학생들 중 72%는 세례가 무엇을 의미하는지 모르고, 40%는 예수님의 죽음이 의미하는 바가 무엇인지 모르며, 91%는 성령님이 누구신지 모른다. 그리고 교회에 다니는 성인들 중 62%는 그리스도인이나 불교인이나 무슬림이 다 같은 하나님께 기도한다고 믿고 있다.[2] 오늘날 수많은 어린이, 청소년, 청년, 장년은 성경의 기본적인 내용조차 모르고 있으며, 강단에서 선포되는 성경의 내용을 모른다는 사실에 대하여 유념할 필요가 있다. 오래전에 유행하던 웃지 못 할 유머이지만 "누가 여리고 성을 무너뜨렸는가?"라는 질문에 대하여 교회 내 모든 연령대의 교인들이 자신이 그러지 않았다고 하여 당회까지 이 사안이 올라갔다는 이야기가 있다.

　미래세대를 지도하는 교사와 부모들은 결코 아무것도 가정하지 않아야 한다. 오래 전 기독교교육학자 C. 엘리스 넬슨(Carl Ellis Nelson)이 말한 것처럼 현대 교인들은 규칙적으로 성경을 읽지 않으며 그러기에 성경 속에 나오는 팔복이야기, 십계명, 삭개오 이야기 등과 같이 일반적으로 다 알 것 같은 보편적인 성경이야기조차 모르는 경우가 많다. 그러다 보니 강단에서 설교자들이 당연히 알 것이라고 여기며 선포하는 설교 내용을 못 알아듣는 경우가 비일비재하다는 것이다. 평신도 자유주의라는 용어는 평신도들의 신학적인 성향을 말하는 것이 아니라 보편적인 성경지식이나 교회생활을 하면서 알아야 될 기본적인 내용, 즉 세례, 십자가, 구원, 입교 등을 이해하지 못하는 경우가 많다는 이야기이다. 그러므로 교사와 부모 그리고 목회자들은 우리의 미래세대들

---

[2] Thom Schultz, Joani Schultz, *Why Nobody Learns Much of Anything at Church: And How to Fix It*, 마영례 역, 『지루함을 깨뜨리는 가르침의 기술』 (서울: 도서출판 디모데, 2000), 68.

이 당연히 많은 것을 알 것이라고 가정하는 우를 범하지 않아야 한다. 교회를 정기적으로 다니는 자녀들도 기본적인 교회생활의 용어와 성경 내용에 매우 무지한 경우가 많으므로 이를 잘 지도할 수 있도록 다양한 방법을 강구하여야 한다.

V. 재미있게 그리고 피부에 와닿게 가르치라

오늘날 적지 않은 교회가 분쟁을 겪고 있고, 그러한 과정 속에서 수많은 젊은이들과 장년들이 교회를 떠나 '가나안 성도'가 되어 가는 현상을 목도할 때 가슴이 아프다. 그러나 현실을 냉정하게 분석하고 무엇이 잘못되었는지를 잘 파악할 필요가 있다. 수년 전 미국 장로교회는 현재 한국 교회가 걷고 있는 길을 앞서 걸었던 적이 있었다. 그리고 침체원인을 찾기 위해 연구자를 공모하고 미국 내의 주요교단 현황을 조사하였다. 그 결과 프린스턴신학교의 리차드 오스머(Richard Osmer)와 장로교회(PCUSA) 연구팀이 발견한 것은 미국 내의 주요교단 중 유독 복음주의 루터교회(Evangelical Lutheran Church)만이 대학을 가며 흩어졌던 청소년들이 청년이 되어 다시 본 교단 교회로 돌아오는 수가 적지 않다는 사실을 발견하게 되었다. 그 이유를 조사해 본 결과 복음주의 루터교회에는 입교교육 프로그램의 체계가 잘 잡혀 있으며, 교회생활의 전반적인 내용을 교회력과 인생력에 의거하여 잘 가르치고 있었다.[3] 그리하여 미국 장로교회의 교육부에서는 『신앙의 여정』이라는 입교교육 교재를 만들어 전국에 배포하였고, 필자는 여러 도시를 다니며 그것을 가르쳤다. 그러나 때가 이미 늦었던 것 같다. 미국장로교는 20세기 말에 300만 명을 넘었었지만 이제는 190만 명도 안 되는 급격한 침체

---

3 Richard Osmer, *Confirmation* (Louisville: Geneva Press, 1996), chapter 1을 참고하라.

를 겪게 되었다.

우리는 그들의 경험을 잘 살펴보면서 타산지석으로 삼아야 할 것이다. 변화도 다 때가 있는 것이며, 내리막에서 가속도를 받은 바위를 밑에서 받아 다시 언덕 위로 올리는 데에는 엄청난 노력이 소요된다는 사실을 기억해야 할 것이다. 그들이 만든 『신앙의 여정』은 비교적 통전적으로 잘 만들어져 있으며, 성경의 기본적인 지식과 교회력 그리고 지교회, 노회, 총회의 역할까지 총체적으로 잘 설명한 아주 훌륭한 교재이다. 이를 미래세대에게 가르치기 위하여 '모노폴리'와 유사한 게임을 개발하여 놀면서 재미있게 지식을 습득할 수 있도록 가르친 점이 특기할 만한 사항이다. 오늘날 수많은 교사들이 아직도 하나님의 자녀로서 교회를 사랑하며, 비록 예전보다는 적은 숫자의 학생들이지만 최선을 다하여 지도하고 있다는 것은 참으로 소망적인 일이다. 이제 변화된 교사와 부모를 통하여 영향을 받아 하나님의 자녀로서 살아갈 수 있도록 지원하는 교회의 목회 체제가 되어야 할 것이다.

VI. 디지털 시대에 아날로그 양육으로

사람은 가르쳐도 잘 변화되지 않는다. 오히려 가르치기는 최소화하고 같이 시간을 보내는 동안에 인격적인 감화를 받는 것이 더 효과적이다. 무엇보다 성실성, 진정성, 지속성, 전문성을 가진 교사가 자신의 삶을 통하여 미래세대와 같이 놀고, 먹고, 말씀을 배우고 품어줄 때 그들은 변화할 것이다. 하이테크 시대에 우리가 추구해야 할 교육 자세는 하이터치이다. 그들의 말을 경청해 주고 손을 잡아 주고 같이 인생길을 걸어갈 때 미래세대는 교사와 부모들을 친구로 여기고 마음을 열게 된다. 이전 시대보다 기술은 더 발전하여 스마트 폰과 컴퓨터는 잘 다루지만 마음은 훨씬 더 여리고 갈피를 못 잡는 경우가 많다. 그러므로 디지털 시대의 교육 해답은 아날로그식 양육이다.

우리는 하이테크놀로지가 판을 치는 이 시대 속에서 외로워하고, 피로감을 호소하는 미래세대에게 다가가 옆에 앉아 있어야 한다. 가르치려 들지 말고, 그들이 원하는 것이 무엇인지 먼저 듣고 기다려야 한다. 또 말보다는 한 명의 귀한 존재로 양육하는 자세를 가져야 할 것이다. 키는 더 커졌고, 몸은 이전보다 훨씬 더 성숙한 것처럼 보이지만, 그들의 속사람은 여전히 어리고, 미숙하며, 누군가의 도움을 절실히 요청하고 있다. 단지 말로 표현만 안 할 뿐이다. 예민하고 자기중심적인 미래세대에게 조용히 다가가 손을 내밀어 줄 때 그들의 마음은 열릴 것이다. 따뜻한 차 한 잔과 성경말씀을 가지고 그들과 만나 "요즘 어떻게 지내니?"하고 다가간다면 그들의 마음은 서서히 열릴 것이다. 미래를 기약할 수 없어 어지럽고 혼란스러운 시대 속에서 신음하며 갈피를 잡지 못하는 그들에게 영생을 주시는 예수 그리스도를 차근히 설명하고, 성령의 도우심을 구하며 함께 기도할 때, 그들의 영혼 속에 분명히 구원의 확신이 심어질 것이다.

VII. 유쾌한 학교, 행복한 아이들

미국에서 새언약 학원(유, 초, 중, 고등학교)를 운영하고 있는 제이슨 송(Jason Song)이 몸으로, 마음으로 쓴 책의 제목이다. 이 책의 마지막을 정리하던 중 이 책을 발견하고 한숨에 읽어 내려갔다. 그는 이 학교의 교장선생님으로 섬기면서 자신의 삶을 이국땅에서 디아스포라로 살아가고 있는 한인청소년들을 사랑으로 지도하면서 그들과 함께 하고 있었다. 그의 형 송창현 목사는 필자와도 동양선교교회에서 함께 전도사로 봉직한 적이 있다. 송 교장은 115명의 학생들을 사랑으로 키우는 교사, 학생들과 친구로 지내는 교사, 성적이 떨어지는 것보다 정직하지 않은 것을 더 부끄럽게 여기는 학교, 선배가 자발적으로 후배의 공부를 돕는 학교, 학생들이 자발적으로 청소를 도맡아 하는 학교로 키워나가고 있다.4 미국의 공립학교와 사립학교가 지닌 문제를 그는 다음과 같이 파악하였다.

첫째, 학생의 안전을 보장할 수 없고 사명감이 부족한 교사가 많아져 가는 공립학교. 심각한 학교폭력과 범죄, 마약 등의 문제를 안고 있는 미국의 공립학교가 되어버린 현실에 경악할 수밖에 없는 것이다. 정신질환이나 전과가 없는 만 21세 이상의 성인이면 누구나 총기를 소지할 수 있는 그 땅에서 갱(gang)이 많이 존재하기 때문에 공립학교는 늘 엄청난 폭력의 위험에 노출되어 있다. 그리스도인의 자녀들도 이러한 위험에 고스란히 노출되어 있다.

이뿐만이 아니다. 공립학교들은 약물중독과 성적문란에도 노출되어 있으며 이제는 초등학교 3학년생에게도 콘돔을 나눠주어 임신을 예방하려는 학교의 노력도 일반적인 현상이 되어 버린 현실이다. 둘째, 특권층의 전유물이 되어 버린 사립학교. 소위 기독학교, 명문학교, 가톨릭학교, 외국인학교 등과 같은 학비가 높은 학교들이 존재한다. 그들은 우리 돈으로 2천만 원에서 심지어는 5천만 원을 연간학비로 받으며 학생들을 지도한다. 우리나라의 대안학교에 해당하는 학교는 아마도 기독학교들일 터인데 다 그렇지는 않지만 많은 기독학교들이 학생들의 신앙생활과 안전에는 많은 신경을 쓰지만 학생들의 학업지도에는 실패하는 경우가 많아서 대학들에서 자격미달학생으로 취급하는 경우가 많다고 한다.5 이런 점에 착안하여 UCLA에서 철학박사학위를 취득한 제이슨 송이 새언약학교를 설립하고 오늘까지 운영하고 있다. 그는 1999년에 11명의 학생, 1명의 교목과 같이 학교를 창립하여 2017년 현재

---

4 제이슨 송, 『유쾌한 학교, 행복한 아이들』(서울: 스텝스톤, 2009), 8. 이후.
5 위의 책, 41-49.

170명의 학생, 17명의 교사, 7명의 직원으로 발전하였다.6 그는 마치 이승훈 선생처럼 기독교교육은 전달하는(delivery) 것이 아니라 전수하는(modeling)것임을 삶으로 실천하는 것으로 보인다.7 세속화가 극심한 미국이라는 땅에서 디아스포라의 자녀들을 양육하는 사명을 가진 이 학교가 마을 속에서 마을을 변혁시켜나가는 모델을 발견한 것은 매우 큰 기쁨이다. 더욱이 죽을 고생을 하며 건실한 학교를 이루어가는 과정을 생생하게 묘사한『유쾌한 학교, 행복한 아이들』이 미래세대를 살리기 위하여 삶을 바친 모든 교사들에게 소중한 모델이 된다. 새언약학원의 예를 보더라도 미래세대를 살리는 교사의 중요한 덕목은 신앙과 전문성 그리고 진정성이다.8 한 사람의 헌신된 교사가 수많은 생명을 살리고 가정을 일으키며 교회를 건강하게 하며 마을의 행복을 위해 공헌하다는 사실을 직접 목격하고 확인하는 계기가 되었다.

---

6 New Covenant Academy, https://www.e-nca.org/
7 제이슨 송, 『유쾌한 학교, 행복한 아이들』, 80-81.
8 위의 책, 85.

18장
미래세대 살리기, 부모를 세움으로*

I. 박인비 선수의 초연한 모습

2016년 리우데자네이로에서 열린 올림픽 경기는 우리에게 많은 것을 가르쳐주었다. 특히, 자신의 마음과 몸을 위해 철저히 관리하며, 116년 만에 열린 올림픽 여자골프 대회에 참가한 박인비 선수. 거의 10미터나 되는 퍼팅을 멋지게 성공하며 담담히 대회에서 우승한 박인비 선수의 경기 모습을 지켜보면서 우리 교육의 현실을 되돌아보았다.

일반적으로 많은 선수들이 경기에서 좋은 성적을 내었을 때에 감격의 눈물을 흘리거나 태극기를 망토처럼 어깨에 두르고 경기장을 뛰어다니며 환호한다. 그동안 고생하며 훈련해왔던 것에 대해 보상이라도 받듯 자신의 우승을 마음껏 즐거워했다. 그러나 박인비 선수의 경우, 그들과 전혀 다른 반응을 보여 주었다. 모든 사람이 그녀의 우승을 축하하며 환호하는 가운데서도 차분히 자신을 다스리고 있었던 것이다. 심

---

* 이 글은 "자녀들로 하여금 인생을 즐기게 하라,"「교회성장」, 280호(2016년 10월호): 117-123에 게재되었고, 수정·보완하였다.

지어 자신에게 골프에 대한 영감과 꿈을 주었던 박세리 감독마저 눈물을 흘리며 좋아할 때 역시 그녀는 감격에 겨워 흥분하거나 울지 않았다. 사실 작은 요소에도 승패에 많은 영향을 받는 골프에서 어느 쪽에도 치우치지 않는 마음, 그렇게 다스리는 감정이 얼마나 중요한가는 골프를 해보지 않더라도 충분히 짐작할 수 있다.

필자의 경우, 일부러 골프를 배우지 않았다. 그 이유는 너무나 재미있어 보이는 골프를 한 번 시작하면 아마도 미치도록 좋아할 것이 뻔했기 때문이다. 그 예로 1970년대 말 한국에서 대학교에 입학했을 때 당구를 배우며 수년간 그 매력에 빠졌던 적이 있었다. 표면이 매끄러운 당구공으로도 수많은 궤적을 만들어내며 선보인 신비한 매력에 빠졌던 필자가 채도 다양하고 표면도 여러 가지 딤플(Dimple)로 수많은 경우의 수를 만들어내는 골프를 시작한다면 어떻게 될지 눈앞에 선했다. 훗날, 미국 뉴욕주의 롱아일랜드의 교회에 사역자로 부임한 필자에게 교우들이 골프를 권했다. 조금 과장된 말로 그곳에서는 '걸어 다닐 힘만 있어도 골프를 친다'는 지역으로 대부분의 교우들이 골프를 즐기고 있었다. 교우들은 "목사님, 몸만 오세요. 모든 도구는 다 마련해 놓을 테니까요. 골프는 아주 재미있고 몸에 좋은 운동이에요"라며 필자를 초청했다. 그러나 필자는 스스로가 어떤 사람인 줄 잘 알고 있었다. "만일 내가 골프를 시작하면 분명히 빠져들게 되어 목회할 시간을 빼앗기게 될 거야. 그러니 아예 시작하지 않는 게 좋아!" 넓고 푸른 잔디 위를 걸어 다니며 골프를 친다는 것은 유쾌한 경험이 아닐 수가 없다. 훗날, 개인적인 모든 여건이 충족되면 시도할지도 모르나 아직은 삼가고 있다. 골프를 하는 이들을 정죄하려는 의도는 추호도 없다. 다만, 철저한 자기관리를 통해 자신이 좋아하는 골프를 하는 박인비 선수를 통하여 깨닫게 되는 것을 나누고자 할 뿐이다. 박인비 선수의 강한 정신력은 평정심 유지에 도움을 주어 경기에서 좋은 성적을 내도록 한다. 이를 바탕으로 생기는 선수로서의 명예는 축하할 일이며, 좋아하는 일을 열심히 함으로써 국위선양할 수 있으니 참 행복한 사람이라 생각된다.

　박인비 선수의 모습을 보면서 가장 인상 깊었던 것은 멋진 퍼팅을 성공하고서도 웃으며 가볍게 손을 흔드는 것으로 감사의 표현을 했던 것이다. 심지어 전 세계의 실력 있는 선수들을 물리치고 우승을 차지했을 때에도 담담하게 웃었다. 반면 금메달을 따지 못했다고 눈물을 흘리거나 땅을 치는 모습을 보이는 다른 선수들의 모습에서는 안쓰러운 마음이 들었다. 사실 운동을 하다보면 환경적 요인이나 선수의 컨디션에 따라 이길 때도 있고 질 때도 있다. 운동이란 그렇다. 그럼에도 그 경기의 승패가 이 세상의 전부인 것처럼 모든 것을 걸어버리는 경우가 있다. 운동은 그 자체로 즐기며, 한 단계씩 성장해가는 과정가운데서 행복을 누리는 것이 가장 큰 승리라고 생각한다.

II. 상보다 더 중요한 삶

　올림픽은 그저 올림픽일 뿐이다. 다양한 종목의 선수들이 각자 노력한 만큼 서로의 실력을 겨루고, 그것을 통해 자기실현을 이룰 뿐만 아니라 다른 나라의 사람들과 서로 교류하며, 어우러져 사는 법을 배우는 것. 이것이 올림픽의 본질이다.

　한 기사를 보니 영국에서는 선수가 올림픽에 나가서 메달을 획득해도 그에 대한 대가로 나라에서 별도의 상금이나 부상을 주지는 않는다고 한다. 물론 열정과 땀으로 노력하여 국위선양한 선수들을 향한 축하와 인사는 당연하다. 그러나 그들의 수고와 노력에 대한 축하와 인사이지 메달 자체가 목적이 되어 그들에게 환호하는 것은 아니다. 반면 신체조건이나 실력이 뛰어난 다른 나라의 선수를 아예 귀화시키면서까지 올림픽 같은 국제대회에서 좋은 성적을 내고, 금메달을 따기 위해 애쓰는 모습은 눈살을 찌푸리게 만든다. 냉정하게 보면 이러한 행동은 좋은 성적을 내기 위한 노력보다는 그 나라의 형편이 얼마나 열악한지를 여실히 보여 준다.

또 즐거운 마음으로 열심히 운동하고 상을 받는다면 참 좋겠으나 만약 상을 받지 못하게 될 경우는 어떠할까? 이번 올림픽에서도 한 레슬링선수가 금메달을 기대하면 시합에 나섰다가 경기에서 진 후, 눈물을 흘리며 전 국민에게 미안해하는 모습을 봤다. 사실 '그게 그렇게나 미안할 일인가?'라는 생각이 들었다. 그는 결국 동메달을 땄고, 그럼에도 못내 아쉬워하는 모습은 안쓰럽기까지 했다. 그러나 잠잠히 생각해보자. 세계에서 3등이라면 그 자체도 얼마나 대단한 일이며, 참으로 대견한 일을 해낸 것이다. 그는 전혀 미안해 할 필요가 없는 일에 미안해하고 있었다. 정작 중요한 것은 그것이 아닌데 말이다.

문제는 이러한 일이 우리 한국 교회 교육에서도 발견할 수 있다는 점이다. 예를 들면 달란트 시장을 위해 달란트를 모으는 것이나 요절 빨리 암송하기 등이다. 이러한 일이 본래 목적과 달리 다음 세대의 관심을 끌기 위한 도구로만 사용된다면 자신의 달란트를 발견하고, 개발하여 하나님 나라를 위해 살도록 허락하신 삶이 어떻게 될까?

사람은 누구나 자신에게 주어진 하나님의 특별한 선물이 있고 그 선물을 잘 발전시켜 행복한 삶을 살아갈 권리와 의무가 있다. 그것을 잘 활용하여 즐기면서 우리의 주인이신 하나님을 기쁘시게 하고, 그분과 동행하면서 살아가는 것. 바로 이것이 마태복음 25장에 나오는 달란트 비유의 핵심 주제 중의 하나이다.

III. 종교가 되어버린 스포츠

현재의 우리는 예수 그리스도를 주로 믿고 하나님을 우리의 아버지로 믿는 그리스도인이라 하면서도 이 세상에서 진짜 주인을 알지 못하는 사람들을 따라가고 있는 것은 아닐까? 여기에 현대신학의 기틀을 세운 독일도 예외는 아니다. 독일에서 축구는 굉장히 인기 있는 스포츠이다. 그곳에서 축구는 기독교보다 인기가 높다. 그 기세에 신학자들마저 혀를 내두를 정도이다. 유럽챔피언십이 열리던 6월의 어느 날, 당시 튀빙겐에 있던 필자 역시 그 사실을 똑똑히 확인할 수 있었다. 거의 대부분의 독일인들은 토요일 저녁 밤늦게까지 소리를 지르며 축구경기를 즐긴다. 그리고 다음날 주일 아침에는 도시가 어찌나 조용하던지. 일행과 함께 튀빙겐의 중심에 위치한 500년이 넘은 교회에 가는 길은 너무도 한적했다. 다행히 교회가 텅텅 비면 어쩌나했던 우려와 달리 교회 안은 튀빙겐 대학 교수나 학생들, 교우들 그리고 여행객들이 자리를 꽉 매우고 있었다. 반면 독일의 국민 대다수는 주일에 교회에 가는 것이 그리 자연스러워 보이지 않았다. 종교개혁의 중심 나라, 독일에서 말이다. 물론 사회 전반에 깔려있는 그들의 기독교 정신과 실천, 기독교 정신에 입각한 정책 등 우리가 배워야 할 점은 여전히 많다. 그럼에도 위르겐 몰트만(Jurgen Moltmann) 교수, 위르겐 캄프만(Jurgen Kamp-mann) 교수, 크리스토프 슈베벨(Christopher Schwoebel) 교수와 같은 신학자들마저 독일의 기독교적 상황에 우려를 나타냈던 것처럼 필자 역시 안타까운 마음이 드는 것은 어쩔 수 없다.

독일에서 축구(차범근도 뛰었던 독일의 최고연방리스인 푸스발-분데스리가, Fußball-Bundesliga를 중심으로)는 마치 종교와 같다. 그러나 그것이 어디 독일에서뿐일까? 오늘의 세계는 각자의 관심사에 관하여 이러한 병적인 현상이 나타나 뭇사람들의 정신을 지배하고 있다. 아직 민주주의가 정착하지 못했거나 문화수준이 낮았던 예전의 경우, 독재자들이 스포츠를 이용하여 국민들의 마음을 돌리고 자신들의 정치적 목적을 이루던 때도 있었다. 그러나 선진국이라 불리는 나라에서조차 보이는 이러한 모습은 우리에게 무엇을 요구하는지 깊이 생각해 보아야 한다. 필자는 기독교가 다른 것처럼 하나의 종교가 아니라고 확신한다.

그것은 그리스도의 인류를 향한 십자가의 희생정신과 절대적인 사랑은 그 어떤 종교에서도 찾아볼 수 없으며, 한 사람을 향한 관심과 사랑이 기독교가 가진 절대적인 장점이라는 데에서 비롯된다. 생명의 주인을 모시고 사는 것보다 더 복된 일은 없다. 이제 더 이상 스포츠가 사람들의 종교가 되는 것을 방치해서는 안 될 것이다.

IV. 풀꽃도 꽃이다

일전에 조정래의 소설 『풀꽃도 꽃이다』를 읽으며 평소 가지고 있었던 우리나라의 교육에 대한 관심이 더 커졌다. 소설 속의 주인공 강교민이 철저하게 간직했던 교육자 알렉산더 S. 닐(Alexander Sutherland Neill)의 철학은 오늘 우리의 주제를 그대로 보여 주고 있다.

> 성공한 인생이란 자기가 가장 하고 싶은 일을 찾아내고,
> 그 일을 한평생 열심히 즐겁게 해나가고, 사는 보람과
> 행복을 느끼며 노년을 맞는 것이다.[1]

과연 성공한 인생의 정의를 모르는 사람이 있을까? 우리 가정과 사회는 머리로는 알지만, 실제 생활에서는 아는 것을 실천하지 못하는 모순으로 가득 차 있다. 필자는 이러한 현상을 바로 잡아줄 수 있는 곳은 교회밖에 없다고 생각한다. 물론 모든 사람에게는 각자가 추구하는 성공을 위해 노력하고, 그 가치관에 따라 살아갈 권리가 있다. 다만 그 성공과 가치관의 진정한 성공을 위해서 교회가 가정의 부모를 가르치고, 자녀들의 잠재력을 일깨우며 사회 속에서 자아 정체성을 확인하며, 나

---

[1] 조정래, 『풀꽃도 꽃이다』 (서울: 해냄출판사, 2016), 49.

아가 주체적인 삶을 살 수 있도록 도와야 한다는 것이다.

리우올림픽 태권도 경기에서 이대훈 선수는 패배를 하고서도 상대 선수의 손을 번쩍 들어 올리며 승리를 축하를 했다. 경기에서의 승리도 중요하고 좋은 일이지만 그것보다 먼저 진정으로 경기를 즐기며, 옳다고 여기는 것을 실천한 이대훈 선수의 모습이 귀감이 된다. 기쁨을 표현하는 것보다 먼저 승리한 사람에게는 박수를, 패한 사람에게는 그의 노력에 대한 경의를 표하며 함께 마무리하는 것. 그것이 더 성숙한 모습이 아닐까. 적어도 교회교육, 기독교교육에서만큼은 이렇게 가르쳐야 할 필요가 있다. 자신이 진심으로 좋아하는 일에 열심을 다하고, 그 일을 통해 즐거움을 누리며 살아가는 사람이야말로 하나님이 베푸신 선물을 가장 보람되게 활용하는 사람이요, 가장 행복한 사람일 것이다.

위에 언급한 닐은 "세상에 문제아는 없다. 문제 가정, 문제 학교, 문제 사회가 있을 뿐이다"[2]라고 말한다. 시대를 초월하여 틀림없이 맞는 이야기다. 문제 가정, 문제 학교, 문제 사회가 문제 아이를 만들어내는 것을 기억한다면 자녀의 삶 가운데 진정한 행복은 스펙이 아닌 삶의 내용을 채워가는 일이 가장 중요하다는 것을 깨달을 수 있을 것이다. 그 노력이야말로 우리가 자녀를 위해 할 수 있는 가장 최선의 것임을 기억하자.

V. 부모들이여, 자녀로 삶을 즐기게 하라

자녀로 하여금 자신의 삶을 진정으로 즐기면서 살게 한다는 것은 자기 마음대로 살아가게 둔다는 의미가 아니다. 오히려 자신이 가장 잘 할 수 있는 일을 찾게 되면 그것이 어떤 일이든 사명으로 알고 최선을

---

2 위의 책, 49.

다해 즐기며 열심히 살도록 도와준다는 것을 의미한다. 삶은 '사명'이기 때문이다. 그러므로 '자신의 사명을 다하는 것을 즐기게 하라'는 것이 오늘 이야기하고자 하는 핵심이다. 하나님을 믿는 사람에게는 무엇인가를 성취하는 것에 모든 것을 걸기보다, 자신에게 주어진 사명을 이루어가는 일에 모든 것을 거는 것이 더 중요하다. 이를 위하여 교회는 부모가 자녀에게 하나님의 가치관을 알려주고, 바른 삶, 진정으로 즐기는 삶을 살아가는 데에 도움이 되도록 부모교육에 많은 정성을 기울여야 한다. 부모가 자신의 기준에 따라 자녀에게 강요하는 것이 아닌 자녀가 원하는 것은 무엇인지 파악하고, 그 일을 하나님 안에서 이루어가도록 돕는 것이다. 사실 자녀를 양육함에 있어서 이론대로 성공하는 것이 그리 쉬운 일은 아니다. 자신의 자녀이기 때문에 더 좋은 것을 주고 싶은 욕심이 있기 때문이다. 그러나 교회에서 부모가 자녀의 은사가 무엇인지 파악할 수 있도록 훈련하는 일에 도움을 줄 수 있다면 그리 먼 이야기는 아니다. 하나님께서 우리에게 잠시 맡겨놓은 자녀를 하나님의 눈으로 바라보는 법을 배워야 하는 것이다.

3 부

더불어 건강하고 행복한
생태계를 만들어가는
가정·교회 ·마을
교육공동체를 향하여

19장 ｜ 가정·교회·마을 교육공동체 형성의 출발점
20장 ｜ 가정·교회·마을 교육공동체 교육목회 원리
21장 ｜ 가정·교회·마을 교육공동체 만들기 전략: 천천히, 꼼꼼하게
22장 ｜ 가정·교회·마을 교육공동체 형성의 과정과 목적
23장 ｜ 가정·교회·마을 교육공동체 형성 사례 1
    : 꼽이청소년심야식당과 새롬교회
24장 ｜ 가정·교회·마을 교육공동체 형성 사례 2: 재한몽골학교와 나섬공동체
25장 ｜ 가정·교회·마을 교육공동체 형성 사례 3
    : 안산명성교회의 사회적 중보 이야기
26장 ｜ 가정·교회·마을 교육공동체 만들기 세미나의 실제 1
27장 ｜ 가정·교회·마을 교육공동체 만들기 세미나의 실제 2 그리고 부모-학생
    -교사가 함께 참여하는 독서운동 ― PST Reading Program Movement

19장
가정 · 교회 · 마을 교육공동체 형성의 출발점*

I. 겨울이 되기 전에 오라

디모데후서 4장에는 다가오는 인생의 겨울을 맞이하는 한 인간의 애절함이 깊이 묻어난다. "너는 속히 내게로 오라"(9절) 이런 직접적인 요청을 거의 명령조로 재촉한 바울은 또 다시 구체적으로 이렇게 말했다. "너는 겨울 전에 어서 오라"(21절). 모든 인간에게는 몇 가지 중요한 욕구(Needs)가 있다. 바울에게도 그러한 필요가 있었다. 그가 표현했던 첫째 욕구는 신체적(Physical) 욕구다. 그는 디모데에게 13절에서 "겉옷을 가져오라"고 했다. 자신의 죽음을 예감한 노 선교사의 육신이 그리 강건할 리 없었다는 것은 상상하기 어렵지 않다. 디모데후서는 바울의 마지막 옥중서신으로서 "전제와 같이 내가 벌써 부어지고 나의 떠날 시각이 가까웠도다"(6절)라는 그의 일성이 그것을 확인해준다. 감옥은 아무리 일정한 자유가 주어진다 해도 운동을 하거나 건강을 유지하

---

* 이 글은 "겨울이 오기 전에 속히 오라," 「교회성장」, 282호(2016년 12월호): 118-125에 게재되었고, 수정 · 보완하였다.

기에 좋지 않은 환경이다. 그는 연로한 몸으로 감옥생활을 하였고 육신의 피로도가 극에 달했으며, 정신적 스트레스도 매우 컸던 것으로 보인다. 신체적인 욕구가 채워지지 않는 최악의 상황에 놓여 있었던 것이다. 둘째, 바울이 갖고 있던 욕구는 지적인(Intellectual) 욕구이다. 그는 가죽종이에 쓰였던 책을 가져오라고 디모데에게 부탁하였다. 셋째, 바울이 갖고 있었던 욕구는 영적(spiritual) 욕구이다. 그는 자신이 선한 싸움을 다 싸우고, 달려갈 길을 마쳤으며, 믿음을 지켰으니 자신을 위하여 의의 면류관이 예비되었으므로 의로운 재판장이신 예수께서 자신에게 주실 것을 믿는다고 하였다(7-8절). 넷째, 바울이 갖고 있던 욕구는 사회적(Social) 욕구이다. 바울은 비교적 젊은 시절에 선교의 사명을 잠시 망각하고 예루살렘으로 떠났던 마가를 다시 데리고 오라고 요청한다. 이 세상을 사랑하여 바울을 버리고 떠난 데마를 언급하는 반면에 끝까지 함께 한 누가를 언급한 것을 보면 바울도 우리와 마찬가지로 사회적 필요를 갖고 있었던 것으로 보인다. 사람은 누구나 이 네 가지 욕구를 갖고 있는 것을 기억해야 한다. 특히나 미래세대를 하나님께로 인도하려는 우리라면 말이다.

겨울이 되기 전에 오라(Come before winter)라는 제목으로 설교를 행했던 클레런스 매카트니(Clarence Macartney, 1879-1957)의 일화는 아직도 전설처럼 사람들의 입에 회자된다.

Do thy diligence to come shortly unto me....
Do thy diligence to come before winter...(2 Timothy 4:9, 21a).
너는 어서 속히 내게로 오라
너는 겨울 전에 어서 오라…(딤후 4:9, 21a).

최선의 노력을 경주하여(Do thy diligence) 내게로 오라는 바울의 간절함을 담아 열정적으로 설교한 매카트니 목사의 메시지를 교우들은 그들의 심장으로 받았고, 그의 설교문은 아직도 우리의 귓전을 때린다. 그의 메시지는 개혁을 촉구하였고, 우정 어린 관계회복에 대한 호소를 담고 있으며, 인생의 겨울을 맞이하기 전에 나를 영접하라는 그리스도의 목소리를 대변하였다. 겨울 전에 오지 않으면 결코 다시는 기회가 없으리라는 사도 바울의 애타는 편지는 매카트니의 설교를 통하여 재현되었으며, 그 설교를 들은 수많은 청중들은 너무도 깊은 감동을 받은 나머지 매년 늦가을 겨울의 매서운 바람이 들이닥칠 때가 되면 매카트니 목사에게 똑같은 설교본문으로 설교해 줄 것을 요청하였다. 그리하여 그는 30년 동안 "겨울이 되기 전에 오라"(Come before winter)는 동일한 설교문으로 설교하였다고 전해진다.[1] 그렇다. 계절의 겨울, 인생의 겨울, 가정의 겨울, 역사의 겨울이 불현 듯 찾아오기 전에 속히 주님께로 돌아오라는 종말론적인 설교를 우리의 미래세대에게도 전하는 것이 매우 절실하게 요구되는 것이다. 지금은 대한민국의 미래세대를 위한 기독교교육을 준비할 늦가을이다. 소위 골든타임(Golden time)인 것이다. 겨울이 되기 전에 속히 미래세대를 주님께로 인도하는 모든 교사와 부모, 목회자가 되어야 한다.

II. 하나님 나라 프로젝트

데니와 리사 벨레시(Denny Bellesi and Leesa Bellesi) 목사 부부는 일생에 다시 오지 않을 모험을 하기로 작정했다. 그들은 〈기적의 100

---

[1] http://www.christiansermonsandmusicvideos.com/2014/10/come-before-winter-sermon-by-clarence.html. 2016. 10. 24. 13:26 접속.

달러〉라고 명명한 '하나님 나라 프로젝트'를 온 교우들과 같이 실험하기로 마음을 먹었던 것이다. 하나님 나라는 우리가 죽어서 갈 나라, 우리에게 다가오는 공간적인 나라이지만, 동시에 우리가 살아서도 누릴 수 있는 나라, 공간적이면서도 정신적인 나라라는 신학적 담론을 실제로 시험해 본 프로젝트가 바로 하나님 나라 프로젝트, 기적의 100달러인 것이다. 벨레시 목사는 마태복음 25장의 달란트 비유를 실제의 생활에서 실천하기 위해 교회의 회계부서에 만 달러를 요청하였다. 이유는 단 한 가지. 영화 〈Pay it forward〉(아름다운 세상을 위하여)에서 받은 이웃을 향한 사랑의 실천이 실제의 삶에서도 가능한지를 알아보기 위해서였다. 벨레시 목사는 모든 성도들이 모여 있는 예배 시간에 이 프로젝트에 참여할 25명의 지원자를 모집하였다. 그리고 얼마간의 세월이 흐른 후 2001년 2월 7일이 되었을 때, 모든 성도들이 수요예배에 모여서 그동안 하나님이 주신 100달러의 돈으로 무슨 일을 하였는지 서로에게 간증하는 시간을 갖게 되었다. 어떤 이는 동네의 불우한 이웃이 자기 딸을 위하여 교육비를 대지 못하는 것을 알고 그와 비슷한 처지에 있는 이들을 다른 교우들과 같이 돕게 된 이야기를 하였다. 또 다른 사람은 남편의 학대를 피해서 도망 중에 있는 여인을 돕게 된 이야기, 하나님의 부르심을 받기는 하였으나 학비가 없어서 전전긍긍하는 신학생을 도운 이야기까지. 하나님이 교회를 통하여 주신 100달러를 가지고 최선을 다하여 이웃을 도운 교우들의 이야기는 교회당을 가득 메운 성도들에게 퍼져나갔으며, 방송을 통하여 전국으로 퍼져 나가게 되었다. 심지어는 이러한 일도 있었다.[2]

예배를 드리고 있는 한 성도에게 하나님께서 조용히 그의 마음에 "통로

---

2 Denny Bellesi and Leesa Bellesi, *Passionaries, Turning Compassion into Action*, 박혜경 역, 『기적의 100달러』 (서울: 두란노, 2002), 핵심 내용.

가운데로 나가서 팔굽혀펴기를 열 번 하라"고 말씀하셨다. 그는 하나님의 그 음성을 믿을 수가 없었다. 그리고는 되물었다. "주님 설마 아니겠지요. 제가 창피를 당할 뿐만 아니라 제 아내도 무척 당황할 겁니다." 그러나 또 다시 들리는 음성은 "통로 가운데로 나가서 팔굽혀펴기를 열 번 하거라"였다. 그래서 그는 순종하여 팔굽혀펴기를 열 번하였고 그리고는 자기 자리로 돌아와서 앉았다. 그런데 예배가 끝날 무렵 부축을 받으며 한 남자가 팔굽혀펴기를 한 성도에게 다가와서 울면서 다음과 같이 말하는 것이었다. "저, 저는 교회당 뒤쪽에 앉아 있었습니다. 그런데 정말 교회에 오기 싫었습니다. 제 마음에 하나님에 대한 거부감과 상처가 있었거든요. 그래서 저는 하나님이 계시다는 사실을 증명할 어떤 사건 같은 것을 보여 달라고 했어요. 저는 하나님을 시험하기로 마음을 먹었고 "만일 당신이 계시다면 오늘 예배 중 누군가가 자진해서 일어나 통로 한 가운데로 나와 팔굽혀펴기를 열 번 한다면 하나님을 믿겠어요"라고 말했다.3

이렇게 살아 있는 이야기를 가득 담은 이 책은 전 세계에서 아직도 방황하며 하나님의 존재를 믿지 않는 수많은 사람들에게 살아계신 하나님을 소개하는 놀라운 기적을 만들어내고 있다. 때로는 마치 장 칼뱅이나 마틴 루터가 살아나서 가르치는 것과 같이 철저하게 공부한 교사나 목사가 교사의 역할을 맡아 교리를 교육할 필요가 있다. 또 어떤 때는 퀘이커교도들처럼 믿는 이들이 함께 모여 하나님의 인도하심을 구하며 같이 기도하는 것도 필요하다. 하나님은 많은 경우에 성경 말씀을 통하여 깨달음을 주시지만 때로는 기도 중에 마음속으로 혹은 우리 귓전에 말씀하시기도 하기 때문이다. 물론 환경을 통하여 지도해 주시거나 주의 종을 통하여 지도해 주시기도 한다. 사도행전 8장을 보면 에티

---

3 위의 책, 132-134.

오피아 내시에게 지도하시기 위하여 빌립을 사용하기도 하셨다. 미래 세대는 감성세대이다. 그들은 지적인 말씀 교육과 더불어 직접 하나님의 인도하심과 임재를 체험함으로 신앙의 깊은 세계로 들어가곤 한다. 이런 점에서 위에서 소개한 하나님 나라 프로젝트와 같은 체험적이고 도전적이며 모험적인 프로그램이 필요할 때도 있다. 물론 이 모든 것은 하나님이 기뻐하시는 가운데 진행되어야 하리라고 본다.

III. 지금 여기에서

어느 주일이었던가. 하루는 필자가 한 교회에서 새벽설교를 하고 동네를 한 바퀴 돌며 산책을 할 기회가 있었다. 밤새 술 파티로 찌든 거리는 온통 지저분한 쓰레기로 몸살을 앓고 있었다. 담배꽁초는 어디에나 넘쳐나고 있었으며, 일부 휴지와 정체불명의 오물들은 일찍이 거리에 나와 청소하시는 공무원의 손에 처리되고 있었다. 그때 버스 정거장 부근에서 열심히 거리를 청소하시는 한 아주머니를 보게 되었다. 그분은 장갑을 끼고 담배꽁초 등을 쓰레기 봉지에 열심히 담고 있었다. 주변의 시민들은 공무원이 아닌 그 아주머니의 행위를 물끄러미 바라만 보고 있었다. 아무도 그분을 돕지 않았다. 필자가 교회에 돌아와 의자에 앉았을 때, 멀리서 지나가던 필자 역시 왜 그분을 돕지 않았는지 생각하게 되었다. 그리고는 그러한 순간은 언제라도 불현듯 찾아올 수 있음을 기억하고, 늘 마음의 준비를 하며 걸어야겠다는 생각에 이르게 되었다. '하나님 나라를 위하여 봉사하는 기회는 언제든지 찾아올 수 있다'는 생각을 늘 하면서 살아야 한다. 내가 지금 여기서 수행해야 할 프로젝트는 무엇인가?[4]

---

4 위의 책, 134 이후.

학교라는 공동체에서 일하다 보면 수많은 학생들을 지나치게 된다. 가끔은 수업료가 전혀 없어서 등록을 미루다 못해 포기하는 학생, 일찍 결혼하여 힘겹게 가정을 꾸려가다가 결국은 이혼의 문턱에 서 있는 학생, 봉사하는 교회나 단체에서 쫓겨나게 되어 당장 봉사할 곳을 잃은 학생, 좋아하던 이성과 이별하고 우울한 마음을 주체할 길 없어 방황하는 학생, 잠깐 동안 정신을 차리지 못하고 학교를 다니다가 과제물을 제때 내지 못한 학생들도 종종 만나게 된다. 내가 오늘 수행하여야 할 프로젝트는 내가 준비되어 있든지 안 되어 있든지 간에 나를 찾아오게 된다. 그러므로 늘 준비하고 깨어 있어야 한다.

IV. 미래세대를 살리는 마을교육공동체를 향하여

가정은 교회를 이루고 교회는 마을 속에 존재한다. 하나님 나라는 예수님을 믿는 가정 안에서와 그 가정들이 모인 교회당 안에서뿐만 아니라 교회가 존재하는 마을 속에서 이루어져야 한다. 아무리 인구절벽이 현실화되어 상대적으로 어른세대가 미래세대와 현세대의 숫자를 추월함으로 미래세대의 경제적 사회적 부담과 절망이 커졌다고 해도, 삶 속에서 소망과 가능성을 발견하며 정말 사람이 살만한 사회를 만들어 나가는데 최선을 다한다면 우리 사회가 생각만큼 그렇게 못살 만한 곳은 아닐 것이라고 믿는다.

"자치, 협동조합, 민주주의, 공동체는 약자의 언어이며 동시에 사회에 대한 성찰의 결과물이다"라고 주장한 책에서 우리 사회의 소망을 본다. 지금 이 시대에도 예수를 주로 믿으며, 그분에게만 소망과 진리의 도가 있음을 믿고, 오늘의 삶 속에서 희망을 잃지 않고 최선을 다하는 '작은 예수' 크리스천들이 있기 때문이다. 그러니 여전히 이 세상은 한

번 살아볼만한 곳이다. 더욱이 이러한 소망으로 비록 작고 힘은 없지만 최선을 다하여 마을 속에서 사람들과 함께 삶을 나누고, 연약한 이웃을 돌보는 교회의 목회자들과 성도들이 존재하기에 다시금 소망을 품어 본다.5

V. 문제는 사람이다

문제는 다시 사람이다. 겨울이 오기 전에 속히 오라는 바울의 음성은 시대를 초월하여 우리에게 울림이 되어 다가온다. 개인의 삶 속에서 겨울이 오기 전에, 교회라는 신앙공동체에 겨울이 닥치기 전에, 대한민국이라는 나라에 겨울이 오기 전에 그리고 우리의 역사에 겨울이 들이닥치기 전에 우리는 어서 주님의 음성을 청종하여 삶을 다시금 돌아보고, 흐트러진 옷매무새를 다시금 고쳐야 한다. 예수를 믿은 지가 이제 겨우 130년밖에 되지 않은 젊은 교회인 한국 교회가 벌써 늙은이 흉내를 내고 매너리즘에 빠진 채로 허우적댄다면 그건 말이 되지 않는 일이다. 진정성을 가진 나와 우리가 되어야 한다. 사명감과 희생정신을 실천하는 진정한 종이 되어야 한다. 잠시 뜨겁다가 바로 식어버리는 사람이 아닌 지속적인 헌신을 감행하는 사람이 되어야 한다. 하나님 나라 프로젝트를 매일의 삶 속에서 진행하는 실천적 크리스천이 되기 위하여 날마다 기도와 말씀 속에서 살아야 한다. 이러한 일은 가르치는 자리에 있는 목사와 교사와 부모의 삶에서 먼저 일어나야 한다. 왜냐하면 교육은 삶으로 '보여 주는' 것이기 때문이다. 겨울이 오기 전에 오라는 주님의 음성은 아직도 유효하다!

---

5 서용선 외, 『마을교육공동체란 무엇인가?: 탄생, 뿌리, 나침반』 (서울: 살림터, 2016). 뉴스앤조이 취재팀, 『마을을 섬기는 시골교회』 (서울: 뉴스앤조이, 2012) 참고.

20장
가정·교회·마을 교육공동체 교육목회 원리*

I. 살아있는 모든 것을 사랑하겠다는 각오로

필자는 하나님께서 한국이라는 나라를 특별히 사랑하신다고 믿는다. 약육강식의 원리가 판치는 세계 속에서 오늘날까지 한국은 살아남았고 아직까지 건재하다. 총체적인 난국의 상황이 계속되는 상황 속에서도 양심을 지키고 소망을 버리지 않으며, 나라와 교회와 가정과 개인을 위해 기도하는 이들이 많이 있음은 참으로 자랑스러운 일이다. 그러나 한반도에 사는 우리는 세월호 사건으로 희생된 단원고의 어리고 여린 생명들이 스러져가는 모습을 지켜보면서 미래세대가 늘 우리 곁에 있는 것은 아니라는 사실을 깨달았다.

시인 윤동주(1917-1945)[1]는 〈하늘과 바람과 별과 시〉라는 자신의

---

* 이 글은 "미래세대 교육목회 계획수립 원리," 「교회성장」, 283호(2017년 1월호): 114-123에 게재되었고, 수정·보완하였다.
1 2017년은 윤동주가 태어난 지 100년이 되는 해였으나 우리는 종교개혁 500주년에만 정신이 팔려 그의 숭고하고 순수한 정신을 기리지는 못했다. 그는 해방을 보지 못하고 1945

시에서 "별을 노래하는 마음으로 모든 죽어가는 것을 사랑해야지"라고 처절한 심정을 역설적으로 표현했지만 우리는 더 이상 젊은이들로 하여금 죽어가게 놔둘 수 없다. 오히려 '살아있는 모든 것을 사랑해야' 한다. 더 치열하게 사랑하고, 돌보고, 보살피고, 양육해야 한다. 윤동주의 종말론적 시어를 떠올리며, 21세기의 한복판에 서서 우리 모두가 기억해야 하는 마을교육공동체를 위한 교육목회 사역의 기본원리에 대하여 살펴보자.

II. 광장에 서있는 기독교로서 신뢰 회복을 위하여

기독교와 개신교회는 광장에 서 있다. 한때 우리나라는 전쟁의 폐허로부터 새롭게 나라를 세워야 하는 절체절명의 시절에 처했던 적이 있었다. 그때는 모든 국민이 앞뒤 돌아볼 것 없이 일에 매진했고, 때문에 시간적, 마음 적으로 여유가 전혀 없었다. 그저 앞만 보고 달려갈 뿐. 너도 나도 경제성장, 발전, 자립 등을 외치며 달리고 또 달렸다. 공부하는 학생도 빨리, 일하는 직공도 빨리, 살림하는 주부도 빨리, 정치하는 공무원도 빨리, 심지어는 목회하는 사역자까지 사람들 모두 "빨리! 빨리!"라는 말을 입에 달고 살았다. 그 결과 우리나라는 개인과 가정과 회사와 나라 그리고 교회까지 일정 부분 목표를 이루며, 성공적인 수준에 이를 수 있게 되었다. 비교적 짧은 시간에 가시적인 성과를 얻은 우리나라는 경제개발협력기구(OECD)에 속한 나라 중 2000년 이후 국제 학업성취도 평가(Program for International Student Assessment-PISA)로 따지면 대개 1-3위 안에 들게 되었다.[2] 미국의 버락 오바마(Obama)

년 2월 16일에 하늘의 별이 되었다. 개혁은 매일, 매년 아니 매순간 하는 것인데도 말이다.
2 http://terms.naver.com/ 네이버 두산 백과. 핵심어: 국제학업성취도평가. 2016. 11. 27. 접속.

대통령은 말끝마다 대한민국의 교육을 본받아야 한다고 할 정도였다. 이는 온 국민이 자녀들의 학업에 관심을 갖고, 삶에서 성공하기 위해서는 좋은 대학을 들어가야 함을 강조한 때문이었다.

희대의 인물 최순실, 그의 딸 정유라의 사건은 왜곡된 산업시대 교육 패러다임의 종말을 여실히 보여 주는 사건이다. 왜곡된 산업시대는 어떤 수단이라도 명문대학교에 들어가기만 하면 그만이라는 마키아벨리적 의식으로 목적이 수단을 무력화시키던 시대였다. 그러나 이제 그런 사고방식으로는 결코 사람이 사람다울 수 없다.

중·고등학생들이 정유라 사건에 분개하는 이유는 간단하다. 노력한 사람이 성공하는 세상에 살고 싶다는 것이다. 베이비부머 세대(1955-1963에 태어난 세대)들은 더욱 이런 성향이 강한 시대를 살아왔다. 그들이 청년이던 때는 우리나라가 성장 열풍에 휩싸여 있었다. 경제, 사회, 정치, 문화, 종교, 교육 전반에 걸쳐 나라 전체가 온통 성장통, 빨리빨리병, 성과중심주의에 젖어 있었으며, 수많은 일에서 과정보다는 그 결과가 모든 것을 말해 준다는 식의 사고방식이 판을 치던 시대였다. 바로 그때 기독교가 사회적 인식에 있어서 중심을 잡아 주어야 했으며, 기독교교육이 길잡이 역할을 해 주었어야 했다. 그러나 개신교회 역시 그러한 성장병에 걸려 그만 사적인 종교로 전락하고 말았다. 세계에서 손가락에 꼽을 정도로 교인의 수가 많은 큰 교회들이 등장하고 은혜로운 집회나 세계대회를 척척해낼 정도로 우리 교회의 역량이 커진 것은 정말 감사할 만한 일이다. 그러나 현실을 외면한 우리 교회의 책임이 작다고 할 수 없다.

본래 한국에서 기독교는 도탄에 빠진 나라를 구하고, 사회적 신뢰를 얻었으며, 불의에 맞서 싸우던 종교였다. 그러나 성장제일주의에 빠진 후부터는 교회당 안으로 사람들이 오게 하는 열심은 있었으나 밖으로 나가서 사회를 변화시키는 일에는 소홀했던 것이 사실이다.3 물론 모든 교회가 다 그렇다는 것은 아니다. 어려운 시절에도 어려운 이웃들과 함께 하며 그들의 생활과 공부를 돕고 사회와 나라를 위해 최선을 다했던 교회도 적지 않다. 성도의 성숙에 초점을 맞추고 비록 작아도 자기 몫을 다하는 수많은 교회들이 있었다. 한편 덩치가 큰 만큼 감당할 수 있는 사회적 교회역할을 묵묵히 감당해냈던 교회 역시 있었음을 인정하며, 그 또 자랑스러운 일이다. 그러나 베이비부머들이 교회와 사회의 주역으로 활동하던 시절에는 성장일로의 라이프스타일을 갖는 것이 정설로 인지되었던 것이 문제였다.

물론 많은 사람이 교회당에 모여 예배를 드리고 많은 이들이 구원을 받는 것은 너무도 중요한 일이다. 그러나 교회의 역할에 구원의 방주만 있는 것은 아니다. 물론 모든 인생은 하나님이 만드신 피조물로서 피조물은 하나님의 품으로 돌아갈 때 가장 평안하고 그 품안에서만 진정한 평강과 형통함을 누릴 수 있는 것이 사실이다. 시편 122편 6절에는 "너희는 예루살렘을 위하여 평안을 구하라 예루살렘을 사랑하는 자는 형통하리로다"라고 기록되어있다. 그러나 이 구절에서의 예루살렘은 예루살렘 성전만을 가리키는 것이 아니라 그 가운데 계시는 하나님을 가리킨다. 상징적으로 예루살렘 성전에 하나님이 계시다고 여겼기 때문에 예루살렘을 위하여 평안을 구하고 사랑하는 자는 형통한다고 말한 것이다. 또 시편 122편 9절에는 "여호와 우리 하나님의 집을 위하여 내

---

3 최근 성장제일주의를 매몰되지 않으면서 건강한 교회를 추구하는 연구가 일어나고 있는 현상은 바람직하다. 정재영은 소형교회에 대한 연구를 진행하고 나서 다음과 같이 연구결과를 보고하였다. "교회 성장을 추구하는 목회자보다 건강한 교회를 추구하는 목회자의 목회에 대한 만족도와 자존감이 더 높았다." 이용필, "2017 소형교회 리포트," 〈뉴스앤조이〉, 2017. 11. 22. 교회가 작다고 해서 무조건 건강한 것은 아니라고 본다. 건강한 신학으로 목회하여 수적 성장을 한 것 자체가 잘못된 것은 결코 아니다. 그 예가 하용조 목사 이후 상식적인 절차를 거쳐 건강하게 세대교체를 한 온누리교회(담임: 이재훈 목사)이다. 큰 교회는 큰 교회 나름대로 작은 교회는 작은 교회 나름대로의 소명과 사회적 책임을 잘 감당하며 건강성을 유지하는 것이 관건일 것이다.

가 너를 위하여 복을 구하리로다"라는 말씀에 볼 수 있는 '하나님의 집'
은 무엇을 의미할까? 이는 가시적으로 확인할 수 있는 교회당을 의미할
수도 있고, 또 그렇지 않을 수도 있다. 하나님은 교회당 안에만 계시지
않기 때문이다.

에베소서 1장 23절은 "교회는 그의 몸이니 만물 안에서 만물을 충
만하게 하시는 이의 충만함이니라"고 말한다. 교회는 만물을 충만하게
하시는 이의 충만이기 때문에 만물 안에, 아니 만물 위에 계신다. 그러
므로 이제 하나님의 거룩한 백성의 모임이자 부르심을 받은 이들의 모
임인 교회는 교회당 밖의 뭇사람들에게 구원 방주로서의 역할과 세상
속에서 선한 영향력을 끼치고 하나님의 나라를 이루어가는 광의의 교
회로서의 역할을 동시에 감당해야 할 것이다. 그러므로 하나님의 교회
는 예수 그리스도를 주로 믿는 제자의 모습과 광장 속에서 신뢰할 수
있는 시민의 역할을 다할 수 있도록 신앙인을 온전히 세워주어야 한다.
그러나 지금의 한국 교회는 사회로부터 거의 신뢰를 받지 못하는 것으
로 나타났다. 조성돈의 저서 『한국 교회를 그리다』에 의하면 19.4%의
사람들만이 한국 교회를 신뢰하고 있으며, 신뢰하지 않는다는 응답이
44.6%, 보통이라고 말한 응답은 36%였다.[4] 이는 한국 교회가 사회로
부터 신뢰를 받는 것과는 거리가 멀다는 것을 단적으로 보여 준다.

무엇보다 교육계획을 세우는 이들은 교회가 신앙공동체로서 하나
님께 진실한 예배를 드리고(레이투르기아), 말씀을 온전히 설교하여(케
리그마) 가르치며(디다케), 주안에서 친교/친교(코이노니아)할 뿐만 아
니라, 서로를 섬기고 봉사하는 가운데(디아코니아), 교회당 밖의 사람들
에게 증거하는(마르투리아) 삶을 통하여 공적기관으로서 신뢰를 회복
하는 것에 초점을 맞추어야 할 것이다. 예수 그리스도의 몸인 교회는

---

4 조성돈, 『한국교회를 그리다』 (서울: CLC, 2016), 68.

만물 안에서 만물을 충만하게 하시는 이의 충만이다. 만물 가운데서 아직 하나님을 알지 못하고 믿지도 않는 피조물 전체가 교회를 신뢰할 수 있도록 하나님의 백성들이 공동체적 삶을 형성하여 생활 속에서 거룩하고 선한 영향력을 발휘해야 할 것이다.5 책임감 넘치는 시민으로서 성도를 세우고 투철한 복음정신으로 무장한 예수님의 제자로 양육하는 것의 조화를 통하여, 광장에 서있는 교회가 신뢰를 회복하는 일에 모든 에너지를 집중하는 교회교육이 되어야 할 것이다.

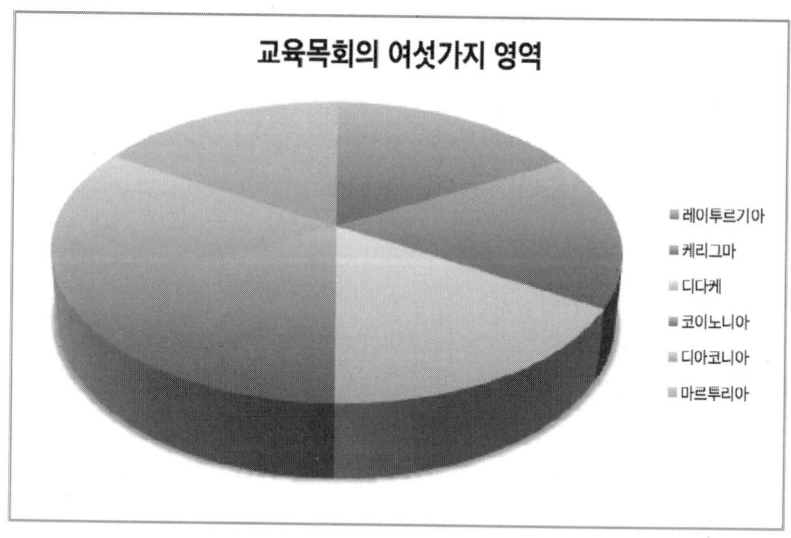

[그림 37] 교육목회의 여섯 가지 영역6

---

5 Miroslav Volf, 김명윤 역, 『광장에 선 기독교』(서울: IVP, 2014), 37 이후.
6 어쩌면 여섯 가지 영역만을 가지고는 이 시대의 요구를 다 채워주지 못할 것 같다. 필자는 〈제4차 산업혁명 시대의 교육목회〉라는 책에서 아홉 가지의 영역을 다루었다. (기도, 예배, 가르침, 공학, 행정, 섬김, 전도, 친교, 설교) 김도일 편, 『제4차 산업혁명 시대의 교육목회』, 28-36.

III. 가정, 교회, 마을을 생명망으로 연결하는 교육목회 원리: 제자직과 시민직의 통합으로

협의의 교회 개념인 교회당을 중심으로 한 교회는 교회교육을 통하여 여전히 가정을 건강하게 하고 가정 안의 개인을 신앙인으로 양육하는 데에 핵심적인 역할을 한다. 그리고 교회는 마을 속에 존재한다. 교회는 가정의 부모와 자녀를 건강하게 양육하는 일에 있어서 가정과 밀접한 관계를 갖고 매진해야 한다. 그리고 교회는 마을 사람들의 삶을 연결하는 장이 되어야 한다. 이를 대개 마당 혹은 플랫폼이라고 부른다. 가정과 교회를 연결하는 사역을 가교사역이라고 명하고 이를 실천하게 도와주는 프로그램을 개발한 바 있다. 이 프로그램의 이름은 해피투게더인데 장로회신학대학교 기독교교육연구원에서 발간하였다.

해피투게더는 가정과 교회가 함께 하는 협력사역을 가능케 해주는 커리큘럼으로서 세 가지의 아래와 같은 교육과정을 포함하고 있다.

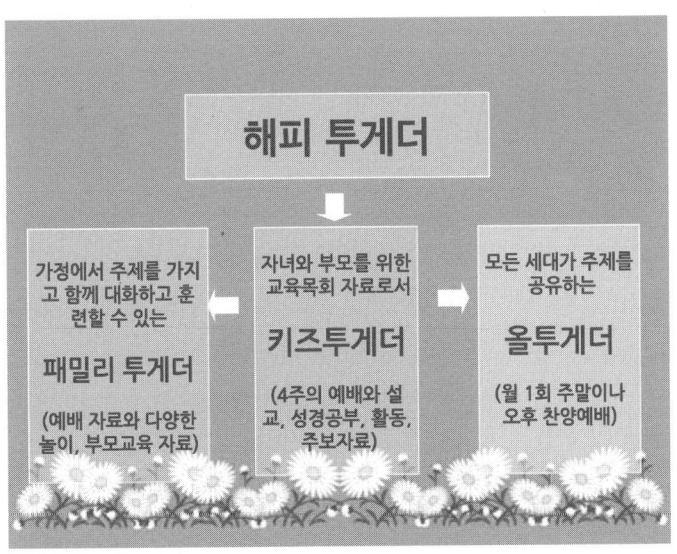

[그림 38] 해피투게더 교육과정도

첫째는 중앙에 있는 키즈 투게더로서 자녀와 부모를 위한 교육목회 자료이다. 키즈 투게더를 통하여 가정의 부모와 자녀에게 다음 달에 이루어질 예배와 설교, 성경공부의 전체 그림을 그려준다. 둘째는 가정에서 부모와 자녀가 함께 나눌 성경공부 자료를 제공하는데, 이를 패밀리 투게더라고 부른다. 셋째는 올 투게더로서 월 1회 주일 오후나 찬양예배 시간에 전 세대가 공유하는 주제를 미디어 프로덕션으로 제공한다. 장로회신학대학교 기독교교육연구원은 이미 3년 동안 실시할 수 있는 36가지의 주제를 선택하여 교회의 전 세대가 함께 배울 수 있는 교재를 개발하였다.

해피투게더는 기독교 성품교육 교재로서 기독교 가치관 교육에 집중한 교육목회 교재라고 할 수 있다. 앞서 논의한 광장에 서있는 기독교의 공적 책임과 도전에 대하여 구체적으로 응답하게 도와주는 균형 잡힌 교재로 기독교인의 제자직과 시민직을 균형 있게 교육할 수 있는 교재로 평가되고 있다. 이미 개발된 3년 과정의 주제는 [그림 16]에 자세히 소개되어 있다.

한 마디로 〈해피투게더〉 교육과정은 가정과 교회이 연계하여 마을에서 우리의 미래세대를 구체적으로 교육하여 마을 속에서 건강한 교육공동체를 형성하기 위하여 부모와 성인들이 함께 같은 주제를 공부하는 원포인트 레슨(One Point Lesson)이 핵심이다.

IV. 교육목회를 위한 생명망 형성의 중심: 오직 예수 그리스도

결론적으로 하나님이 만드신 인간이 하나님을 예배하며, 유일한 구세주이신 예수 그리스도를 통하여 하나님께 나아갈 뿐만 아니라 아직도 하나님을 모르고 방황하는 미래세대에게 복음의 중심이자 주제이신 예수님을 소개해야 한다. 이를 통해 양육하는 건강한 가정이 만들어지고, 그들이 교회에 모여 함께 친교하고 죄를 고백하며, 뜨겁게 사랑하고 배우게 하는 것이 오늘 연구의 핵심이다. 그리고 교회가 마을 사람들의 마당이 되어 함께 어우러짐으로 마을 사람들이 자연스럽게 하나님의 사랑과 예수 그리스도의 주되심과 구세주 되심을 알고 믿게 되는 선한 영향력을 받게 될 것이다. 이것이 바로 가정, 교회, 마을을 연결하는 생명망 형성의 모습이다. 이러한 두 가지 원리를 유념하여 마을교육공동체 형성을 위한 교육목회 계획수립을 하게 될 때 우리 교회와 마을의 미래를 책임질 미래세대를 온전하게 키울 수 있을 것으로 확신한다.

21장
가정·교회·마을 교육공동체 만들기 전략
: 천천히, 꼼꼼하게*

I. 성장지상주의로 부패한 교회

　기독교의 역사가 비교적 짧은 대한민국에서 우리나라의 교회는 무척 빠른 시간에 괄목할 만한 성장을 하였다. 교인의 숫자도 그러하지만 실제로 내용적인 면에서도 성숙한 모습이 없다고 말하기는 어렵다고 본다. 나라가 외부의 도전에 의해서 풍전등화의 상황에 놓였을 때 기독교는 결정적인 역할을 하였다. 독립을 위한 몸부림이 가능케 되는데 기독교의 역할이 무척 컸음을 부인하기는 어려울 것이다. 교회는 수많은 젊은이들에게 삶의 소망을 주었고 영생에 대한 확신을 주었으며 나라를 사랑하는 것이 중요함을 깨닫게 하여 주었다. 전래 초기 한국의 기독교는 개인적이며 사회적인 신앙의 본질과 교회의 역할을 잘 드러내 주었다고 본다. 본래 배우기를 좋아하고 공동체적 삶의 중요성을 중요하

---

* 이 글은 "건강한 가정, 교회, 마을 만들기 전략: 천천히 꼼꼼하게,"「교회성장」, 289호 (2017년 7월호): 139-147에 게재되었고, 수정·보완하였다.

게 여겼던 한국 사람들은 단기간 동안에 예수 그리스도의 복음이 주는 능력의 삶을 체험하였다. 실로 복음은 사람으로 하여금 생명을 얻게 하고 풍성한 삶을 누리게 하는 기적의 종교인 것은 분명하다.

    그런데 우리나라는 일제로부터의 해방을 맞은 후 기쁨을 잠시 누리다가 불행한 한국전쟁을 겪은 이후 나라가 두개로 나누어지는 아픔을 겪게 되었고 남쪽의 대한민국은 금세 군부의 독재정권 하에서 온 국민이 아픔을 경험하게 되었다. 아이러니컬하게도 군부정권은 폐허가운데 있었던 나라의 경제 재건에 일조하였고 1970년대 이후 교회는 경제 부흥과 발맞추어 수적인 성장을 이루어왔다. 우리나라의 교회가 그토록 눈부신 성장을 할 수 있었던 배경에는 미국에서 수입된 성장주의의 영향을 간과할 수 없다. 교회성장이라는 화두는 오랜 세월동안 한국교회의 분위기를 장악하고 있었으며 실제 한국의 교회는 수적인 성장을 이루었다. 그러나 오늘날 교회가 사회로부터 외면을 받고 문제를 일으키는 사람들 중에 한두 명은 기독교 내의 지도자가 차지하는 현실을 직시해 볼 때 과연 성장지상주의가 진정한 성공을 이루어내었는지 심각하게 질문해 볼 필요가 있다. 수적 성장은 자동으로 질적 성장을 담보해 주지 않는다. 무엇보다 21세기의 한 가운데를 통과하고 있는 한국교회는 이제 과거에 경험하지 못했던 도전에 직면해 있으며 더욱이 제4차 산업혁명의 소용돌이 속에서는 더욱이 교회의 존재이유와 본질에 대한 숙고를 깊이 해야 할 것이다. 이 글은『슬로처치』라는 책과 서서평(Elisabeth Johanna Shepping 1880~1934) 선교사의 삶에서 드러난 통찰을 통해 가정, 교회, 마을을 연결시켜 건강한 생태계 형성을 도모하고 그 가운데 진정 하나님이 원하시는 온전한 가정의 삶이 온전한 교회의 생활 속에 펼쳐지고 그러한 지역사회 속의 교회가 되어 하나님의 나라를 마을 속에서 이루어가는 이상적인 현실을 추구함에 있다.

II. 슬로처치, 슬로라이프 스타일

최근 분주하고 여유를 상실한 현대 산업사회의 사람들에게 새롭고 신선한 바람을 불어 넣어주는 한 가지 움직임이 있다. 그것은 "슬로푸드," "슬로워킹," "슬로라이프"로 불리는 느림의 미학을 강조하는 새로운 움직임이다. 크리스토퍼 스미스와 존 패티슨은 "예수님을 따라 신실하게 일하는 인격적 교회론"을 추구하는 슬로처치(Slow Church)라는 저술에서 이전에 존재했던 교회성장론에서 벗어나 교회가 마을 속에서 건강한 신앙공동체를 이루어나가야 함을 주장하였다. 특히, 우리나라가 근대화 속에서 물질적 풍요로움을 이루어낸 이면에는 영적 파편화와 정신적 조급함으로 만들어진 조악한 삶의 모습은 우리로 하여금 그리스도인이 삶속에서 본질적으로 추구해야 할 건강한 신앙적 성찰을 요청한다. 〈슬로처치〉의 강조점은 윤리, 생태, 경제이다. 윤리는 "효율성과 양에 집중하는 산업화의 논리에 저항"[1]하는 시각을 조명한 것으로 교회의 본질은 양보다는 질에 관심을 두어 하나님의 사람들로 하여금 소유보다는 공유에, 경쟁보다는 협동에, 일방적 소통보다는 쌍방적 소통에 더 관심을 두고 지역사회 속에서 하나님의 나라를 이루어 나가야 한다는 점을 다룬 주제이다. 생태는 창조주 하나님의 모든 피조물이 서로 밀접하게 연결되어 있고, 상호의존/보완적으로 생명을 지탱하고 있기에 교회가 만물을 충만케 하시는 이의 충만으로 구체적으로 어떻게 이루어 나갈지를 고민해야 한다는 말이다. 마지막으로 경제는 공정한 소유와 분배가 정의롭게 이루어져야 함을 강조한 핵심 개념이라고 본다.

전 세계 대부분의 사람들은 동방의 작은 나라 대한민국이 단기간에 비기독교 사회 속에서 개신교회의 존재감을 드러내고 있다는 것을 모

---

[1] 크리스토퍼 스미스, 존 패티슨, 김윤희 역, 『슬로처치』 (서울: 새물결플러스, 2015), 31.

르지 않는다. 그러나 다양한 종교와 문화 가운데서 매우 빠르게 속성으로 기독교가 퍼지다 보니 적지 않은 부작용도 생긴 것 같다. 예컨대 교회 내에도 무한경쟁식 자본주의가 들어와서 큰 교회, 많은 교인이 있는 교회의 목사가 마치 성공한 것이라는 인식이 퍼지게 되었다. 사례비가 교회크기에 따라 다르게 된 것은 매우 불행한 일이다.

슬로라이프 스타일(삶의 양식)이 결여되면 진득하게 기다리지 못하면 차분하게 한걸음씩 걸으며 주위를 관찰하는 사람이 파악하는 삶의 내용을 절대 알기가 어렵다는 것이다. 더욱이 전쟁과 침략의 희생양이 되면서 오랜 세월 세포와 혈관 가운데 인이 박히게 된 "조급증"과 "성과 중심주의"는 우리 민족에게 "빨리빨리 문화"와 과정 보다는 결과를 중시하는 습관을 갖게 되었다.

그러나 이제 한국교회는 건강하고 인격적인 본질적 교회론을 다시 회복하여 하나님의 뜻을 이루는 길은 슬로처치의 철학을 적용하는 것이 필요하다고 본다. 〈슬로처치〉의 진단처럼 "얕은 물이 쉴 새 없이 소용돌이치는 듯한 포스트모던"의 파도가 몰아치는 현대 사회 속에서 슬로처치가 "지향하는 삶은 깊은 곳에 닻을 내리고 하나님과 동행하며" 그분의 뜻을 파악하는 것이다.[2] 바로 하나님이 모든 피조물을 향하여 가지신 다함없는 오래 참음의 도를 배워 인간의 죄성과 존재론적인 가벼움과 조급함을 극복하여 건강한 가정, 교회, 마을의 생태계를 회복하는 것이 시급하다. 그리고 천천히, 꼼꼼하게 하나님의 백성에게 주어진 일을 개인으로서 가정의 일원으로 처리하는 과정 중시의 삶으로 나가는 연습이 필요하다.

---

2 위의 책, 41.

[그림 39] 독일 에어푸르트 소재 토마스개신교회

[그림 40] 독일 지역 교회 탐방단과
독일 교회 목회자들

III. 미래세대를 위해 노력하는 독일교회

필자는 종교개혁 500주년을 맞이한 2017년 4월 중순에 이전에 잠시 친교하였던 독일의 지역교회를 방문하여 그들의 목회현장을 돌아보는 기회를 갖게 되었다. 그들은 2015년에 한국의 지역교회를 방문하여 다양한 교회(새롬교회, 송악교회, 덕수교회, 영락교회, 경동교회, 한남제일교회)의 사역현장을 돌아볼 기회를 갖게 되었다. 2년 후 독일목회자들을 맞이했던 한국 목사들(조암신흥교회 이명식, 수원성교회 안광수, 새롬교회 이원돈 목사)과 장신대 김도일, 한국일 교수, 독일 타보어대 김나함 교수 그리고 기독교사회단체 사역자(황인성 바른교회아카데미/가정교회마을연구소 총무, 배경임 크리스천아카데미 국장, 오세향 꿈이청소년심야식당 공동대표) 등 10명은 체코의 이종실 선교사를 통하여 얀 후스가 주도한 체코 형제단의 개혁시도와 비밀성경출판소 등의 사역을 살펴보고, 독일 비텐베르크에서 루터하우스와 요하네스블록과 독일의 지역교회와 선교단체들을 돌아보았다. 그리고 바르트부르크 성에서 일어난 사건

[그림 41] 세례를 베푸는 장면과 토마스교회의 환영 플래카드

속으로 한걸음 더 들어가 보았다. 위의 사진에 나오는 독일 에어푸르트(Erfurt) 〈토마스개신교회〉의 주일예배에 참여한 일행은 마침 진행된 두 청소년의 세례예식에 참여하여 함께 헌신의 장면을 목격하였다. 여타 독일 기독교집안과 달리 유아세례를 받지 않은 청소년 두 사람은 전도를 받아 예수님을 믿기로 작정하였고 일정한 세례교육과정을 수료한 후 당일 세례를 받았다. 담임목사의 세례문답에도 씩씩하게 "예, 나는 믿습니다"라고 대답하였다. 그 광경을 지켜보는 것은 실로 감동적이었다. 많은 청소년이 교회에 새로 오지 않는 독일의 상황을 목격하였기 때문이다. 그리고 그러한 현상은 남의 일 같지 않았다.

또 아우구스티누스 수도회와 대성당에서 개혁적 삶의 실천을 보았다. 그래서 안나 마리아 수녀와 가브리엘 수녀와 같은 개신교 수녀들의 청빈하고 건강한 삶을 볼 수 있었다. 그들은 하루에 네 번씩 공동기도회를 갖고 있었으며 하루 종일 노동에 힘쓰고 있었다.

그러고 나서 리벤젤 미션(Liebenzel Mission)의 선교활동과 바덴주 스필버그(Spielberg) 지역의 지역교회 사역을 눈으로 확인하고 살아있는 독일지역교회의 확신에 찬 사역에 놀라기도 하였다. 특히, 바덴주의 한 국가교회는 120여명의 많지 않은 교인들과 함께 미래세대를 살리고 교회를 번성케 하기 위해 최선을 다하는 모습을 인상 깊게 보았다.

교회의 모든 사역을 매우 투명하게 공개하며 자신들의 민낯을 가감 없이 그리고 비판적인 진정성을 갖고 나누어 주었다. 개신교인으로 나라에 등록한 이들이 내는 월급의 8%나 되는 세금으로 국가는 넓은 의미의 지역 교회(우리로 치면 노회 혹은 총회)를 돕고 모든 목사는 동네 교회(Gemeinde)의 크기나 성도의 수에 상관없이 거의 동일한 월급을 받고 사역한다는 점은 부럽기도 하였으나 동시에 근심을 주기도 하였다. 독일교회에도 역시 동네 교회의 일정한 교인의 수에 따라 목회자에게 후원하는 월급이 달라지기는 한다는 설명은 이해하기가 그리 쉽지는 않았다.

여행을 통하여 독일 동네/마을 교회의 교회가 최선을 다해 청소년과 젊은이들을 위하여 노력하는 모습을 목격하였다. 독일 바이덴주의 스필버그시에 있는 교회(Evangelshishes Gemeindehaus Eyachstrasse, Kalsbad)는 미래세대를 위하여 모든 노력을 아낌없이 쏟아 붓고 있었다. 그들은 청소년 펍(Youth Pub)을 운영하고 있었다. 우리 문화에서는 청소년 카페 정도로 생각하면 될 법한 그곳은 본래 그 마을교회에 출석하는 성도 두 가정이 헌신하여 시작된 동네의 청소년을 위한 찻집이었다. 영리를 목적으로 하지 않은 그곳은 어느덧 청소년들의 아지트가 되었고 그 중 한 청소년이 브라질 선교를 다녀오면서 활성화되기 시작했다고 한다. 그 마을교회는 평신도들의 헌신적 노력으로 미래세대들을 붙잡았고 이제는 청소년담당 목사를 모실 정도로 부흥하고 있었다. 그들은 매주 저녁 9시에 모여 기도회를 가지며 서로의 신앙생활을 격려하고 있었으며, 개인적 신앙의 범주를 넘어서서 사회적 신앙인의 모습을 갖추기 위하여 세계 교회의 구체적인 형편을 위하여 기도하고 있었다.

필자와 위에 언급한 황인성 목사는 한 청년 성도 가정에 방문을 하였고 그들은 정성을 다해 음식을 차렸으며, 자신의 부모님을 초대하여 우리와 같이 대화하며 소박한 삶을 나누었다. 대화는 필자는 너무도 평범하지만 부끄러운 질문을 하였다. 안정된 삶의 양태와 잘 갖춰진 집의 분위기를 살펴보다가 "대학에서는 무슨 전공을 하였나요?"라고 물은 것이다. 당연히 그 집의 주인이 대학을 나와 좋은 직장에서 근무하고 있을 것이라고 단정했던 것이다. 그러나 그의 답은 너무도 당황스러울 정도로 간략했다. "저는 대학을 다니지 않았습니다. 대학에서 일은 하고 있으나 대학의 보안을 담당하는 사무실에서 IT관리를 하고 있습니다. 저는 직업학교를 나왔습니다." 필자는 무척 미안하고 당황하였다. 한국에 돌아온 후 독일의 직업학교교육에 대하여 약간의 공부를 하여 다음과 같은 사실을 조금 더 자세하게 알게 되었다. 그 내용은 다음과 같다.

독일의 직업 교육은 교육이 끝난 후 직업을 구하는 데 필요한 실무 중심의 교육을 위한 것입니다. 독일의 가정에서는 모든 자녀가 대학에 진학해야 한다고 생각하지 않습니다. 따라서 대학에 진학할 생각이 없는 경우 초등 교육(Grundschule)이 끝난 뒤 보통 김나지움에 가지 않고 레알슐레(Realschule/실업학교)나 하우프트슐레(Hauptschule/종합학교)에 진학합니다. 그리고 직업학교(Berufsschule)에서 집중적인 직업교육을 받습니다. 하지만 중간에 대학에 가고 싶을 경우 김나지움에 다시 갈 수도 있고 대학에 진학할 수도 있습니다. 대학을 나오지 않더라도 어떤 분야에서 특별한 기술을 획득하여 마이스터(Meister), 즉 대가가 되면 사회적으로도 인정받고 생활도 안정되기 때문에 독일에서는 꼭 대학을 고집하지 않는 것이 일반적입니다. 마이스터가 되면 자신의 이름을 딴 상점 또는 상표를 쓸 수 있습니다.3

그는 자신이 레알슐레까지 공부했는지 베루프슐레까지 공부했는지를 밝히지는 않았으나 대학에 진학하지 않았음은 분명하게 말하였다. 무엇보다 관심을 끄는 부분은 대학에 다니지 않았어도 자신의 삶을 충분히 물질적으로 알차게 관리하고 행복한 삶(자신이 그러하다고 말하였다)을 영위할 수 있음을 보며 매우 흥미롭게 여길 수밖에 없었다. 그뿐만이 아니었다. 그 마을교회에서 운영하고 있는 어린이집에서도 유사한 사실을 알게 되었다. 오후 늦게 방문한 손님을 맞은 젊은 선생님은 이십대 중반도 채 되어 보이지 않는 여린 여자 선생님이었다. 그는 너무도 당당하게 자신이 예수 그리스도를 주님으로 고백하는 신자이며 기독교 정신으로 어린이들을 교육하고 있다고 밝히며 어린이 집이 어떻게 운영되고 있는지를 또박또박 설명하였다. 그러나 적어도 겉으로 볼

---

3 http://www.daad.or.kr/ko/27680/index.html 주한독일고등교육진흥원 홈페이지. 2017. 12. 03. 09:00 접속.

때 그 어린이 집의 시설이나 운영 형태는 그 어린이집이 백년이 넘는 역사를 갖고 있다는 사실을 제외하고는 한국 교회의 일반적인 어린이 집과 크게 달라 보이지 않았다. 헤어지면서 필자는 또 한 번 우문(愚問)을 던지고 말았다. "미안하지만 혹시 대학에서 아동교육학과 같은 전공을 하였나요?" 그러자 그는 활짝 웃으면서 "아닙니다. 저는 레알슐레까지만 다녔어요. 나중에 조금 더 공부하고 싶어서 김나지움 과정을 하기는 했으나, 대학을 다니지는 않았습니다"라고 답하는 것이었다. 그때 비로소 독일교육이 매우 실용적이며 우리의 일반적인 경우처럼 거의 대부분의 전문직 종사자들이 대학이나 대학원 학위를 갖고 있는 것 같지는 않았다.

IV. 리뉴 처치(Renew Church)에서 말하는 교회갱신의 통찰

북미에서 가르치며 북미지역의 교회를 연구한 이상훈은 선교적 교회론에 의거한 교회갱신 원칙을 다음과 같이 정리하였다. 첫째, 유기체적 성령 공동체로 거듭나라. 모든 성도가 예수님의 복음 안에서 한 가족이 되었음을 기억하고 "사랑과 신뢰, 용서와 관용, 포용과 인내"가 넘쳐나는 공동체를 이루어가는 유기체적 공동체를 이루어야 한다. 둘째, 소수의 성직자 중심에서 다수의 성도가 주체가 되는 체질로 변화하라. 목회자 중심의 교회에서 모든 성도가 공동체를 세워 나가는 주체가 되어야 한다는 말이다. 셋째, 공동체적 환경 속에서 그리스도의 참된 제자를 만들라. 이 글은 삶의 현장 속에서 진정한 예수님의 제자가 될 수 있도록 훈련할 뿐만 아니라 건강한 세상의 시민이 되라는 의미로 읽힌다. 넷째, 기존 전통 교회는 가정교회의 건강한 사역 내용을 적용할 방안을 찾아야 한다. 교회내의 소그룹이 건강하게 유기체적으로 살아있어 마치 생동감 넘치는 가정교회를 형성하듯 교회의 모든 성도가 더불어 건강하고 행복하게 살며 치열한 삶의 현장에서 굳건하게 살게 도와주라는 의미일 것이다. 다섯째, 한국교회에 독립된 가정교회가 발생할 때, 기존교회는 이들의 방패막이가 되어 주고 건강한 운동으로 자리 잡을 수 있도록 도와야 한다. 이상훈의 글이 의미하는 바는 각 가정이 하나님의 말씀 가운데 서서 자녀를 온전히 양육하고 그 가정들이 모여 가정교회를 형성하게 되는 변화가 일어나는 것을 기존교회들이 막지 말고 작은 가정교회들이 성령 안에서 잘 성장하여 교회를 이루어 지역사회를 섬기고 마을에서 제 역할을 잘 감당케 하는 하나님의 사람이 되도록 도와야 한다는 것이다. 이를 통하여 교회의 갱신이 일어나고 진정한 선교적 교회로서의 사명을 감당할 수 있다는 것이다.4 이상훈의 교회갱신 전략은 전술한 미시체계 특히, 교회의 갱신에 더 초점을 맞추었으나, 본서가 지향하는 가정·교회·마을 교육공동체를 만들어 나가는 전략과 일맥상통하는 점이 적지 않다고 본다.

V. 천천히, 꼼꼼하게

독일의 마을교회와 마을을 다녀본 체험담을 한 마디로 요약하면 "그들은 매우 침착하였고, 속이 꽉 차보였으며, 자신의 신앙적 확신에 따라 천천히, 꼼꼼하게 맡겨진 일에 충실하였다." 마치 이 땅에 오래 전 처녀의 몸으로 32세에 건너와 천천히 평온하게 수많은 나환자들과 어린이들 갈 곳 없는 여인들을 사랑으로 가르치고 품어 주었던 서서평 선교사처럼 이제 한국 기독교는 다시 "천천히, 꼼꼼하게" 본래 가진 어질고 세심하며 따뜻한 마음을 회복해야 한다. 개인이 가정에서 사랑을 받

---

4 이상훈, 『RE-New Church, 리뉴처치: 창조적 사역을 위한 교회 갱신 모델』(서울: 교회성장연구소, 2017), 291-293.

으며 자라나야 사람답게 성장하기 좋으며 그 가정들이 모인 교회가 마을에서 사명을 감당하는 하나님의 나라를 이루어갈 수 있기 때문이다. 다시는 "빨리 빨리", "과정은 무시해도 좋으니 성과만 내라"는 망조 들린 말은 마음에 품지도 입에 내지도 말아야 한다. 열정을 갖는 것도 필요하고 목표를 바로 설정하여 돌진하는 것은 필요하나, 천천히, 꼼꼼하게 예수 믿는 신앙생활의 한걸음 한걸음에 최선을 다해야 한다. 그래야 이 시대 우리 주 예수님의 마지막 명령 모든 족속으로 제자를 삼아, 아들과 아버지와 성령의 이름으로 세례를 주고, 그 분이 분부하신 모든 것을 가르쳐 지키게 하는 일에 매진할 수 있는 믿음직스러운 한민족이 될 수 있다.

22장
가정·교회·마을 교육공동체 형성의 과정과 목적*

I. 꿈 너머 꿈을 꾸다

꿈 너머 꿈을 꾸다니. 이게 무슨 이야기인가? 도대체 무슨 꿈, 누구의 꿈인가? 오랜 세월 우리는 나의 꿈을 위해 살았다. 나에게 허락하신 삶 그리고 예수님을 믿은 후에 주신 엄청난 축복의 선물인 구원. 그러나 나에게 주신 구원의 선물을 받은 나는 인생을 살며 깨달은 구원받은 이에게 요구하시는 너를 위한 삶. 그것을 깨달은 후에 나의 꿈은 이제 우리의 꿈으로 승화되었다. 그러나 우리의 꿈은 어느덧 신앙공동체인 모이는 교회 내의 꿈으로 그 영역을 넓혀갔다. 우리는 동네마다 마을마다 모이는 크고 멋진 교회를 만드는 데 모든 힘을 모았다. 교우들은 크고 멋진 교회당을 사람들로 채우는 일에 전력을 다했다. "내 집을 채우라"는 말씀에 전적으로 순종한 것이다. 그래서 세계에서 가장 큰 교회가 몇 개씩 생기는 가슴 뛰는 일이 실제로 벌어졌다. 참 멋진 꿈을 이루어

---

* 위 글은 "꿈 너머 꿈을 꾸는 마을교육공동체의 목적," 「교회성장」, 293호(2017년 11월호): 150-157에 게재되었고, 수정·보완하였다.

냈다. 작은 나라 대한민국에서 전 세계로 많은 선교사를 파송하고 오지에도 산간에도 교회당을 세우는 일에 전력을 다했다. 그래서 교회사에 없던 일을 해낸 것이다. '그런데 그것으로 우리의 사명을 다했는가?'라는 질문이 나오기 시작했다. '교회의 본질적 사역이 과연 교회당을 채우고 복음을 모르는 이들에게 복음을 전해서 그들이 교회당으로 들어와 예배를 드리는 것으로 우리의 할 일을 다한 것인가?'라는 단순하면서도 본질적인 질문을 하게 된 것이다. 여기까지는 나의 꿈이 교회당 안의 우리의 꿈으로 승화되는 범주까지는 이루어진 것이다.

그러나 교회는 건물을 세워 그 안에 성도를 채우는 일에서 그치지 않는다. 이제 그 꿈 저 너머로 꿈이 넘어가야 한다. 꿈 너머 꿈은 한 개인이나 교회당 안에 머무르지 않는다. 교회는 본래 건물이 아니기 때문이다. 교회는 예장통합 102회기 총회장 최기학 목사가 말한 것처럼 교회당 안에 머무르지 않고, 마을로 나가는 것이기 때문이다. 그는 "마을이 교회입니다"라고 총회에서 말하였다. 그는 2017년 9월 19일 총회에서 "마을이 곧 우리 교회이고, 마을주민이 우리 교인'이라고 마음먹고 마을을 섬긴다면 신뢰를 얻을 수 있고, 교회에 대한 반감은 사라질 것이며 이는 교회의 재부흥에 단초가 될 수 있다"[1]고 하였다. 옳은 말이다. 그는 "거룩한 교회, 다시 세상 속으로"(요 3:16-17)라는 주제로 총회를 이끌며 잃어버린 신학, 전도의 대상으로만 여겼던 마을 속으로 들어가 하나님의 나라를 확장시키려는 마을목회의 시각을 교단적으로 넓혀나가는 데에 헌신한 것으로 보인다. 이 운동은 한시적인 사업으로 끝날 것이 아니라 한국교회가 다시 세상 속에서 신뢰를 회복하고 온 민족이 자신의 꿈에서 나와 온 겨레의 꿈을 같이 꾸자는 사명선언을 한 것이다. 이제 교회는 교회당으로 국한되지 않고 교회가 존재하는 마을 속에서

---

[1] 강민석, "예장통합 최기학 총회장 "건강한 마을 공동체 만드는 마을목회, 교단서 강력 추진," 〈국민일보〉, 2017. 09. 20.

마을을 교구로 알고 마을 속에서 마을 사람들과 함께 그곳에서 하나님의 나라를 이루어나가는 시도를 해야 한다는 말이다. 이것이 꿈 너머의 꿈을 좇는 선교적 교회론의 핵심이라고 할 수 있다.

II. 세상은 어지러워도 우리는 "나무를 심어야 한다"

북한의 핵실험과 대륙간 탄도 미사일 실험이 완성단계로 접어들었다는 요즘, 미국의 도날드 트럼프 대통령은 유엔총회에서 자국과 동맹국을 보호해야 하는 시점이 오면 북한을 파괴시켜야 한다고 공식연설 중에 선전포고 아닌 선전포고를 하였다. 수년전 조지 부시 미국 대통령이 유엔총회에서 이라크를 향하여 악의 축이라고 공표한 후 일 년 후에 이라크를 침공했던 그림과 비슷한 모양이 되었다. 사람들은 만일의 사태를 준비하는 모양이다. 어떤 부자 아파트에서는 모든 주민들이 전쟁 발발 시 어떻게 처신하고 어디로 대피해야 하는지를 연습하는가 보다. 어떤 이들은 비상식량을 준비하고 생존배낭을 홈쇼핑에 주문하는 형국이 되었다. 세상이 어지럽다. 앞날의 안녕을 기대하기가 어렵게 되었다. 이토록 혼란스럽고 위험이 상존하는 시절에 예수님을 믿고 하나님의 통치를 믿는 우리는 어떻게 처신해야 하는가?

그래도 우리는 나무를 심어야 한다. 생명의 나무, 희망의 나무, 믿음의 나무, 신뢰의 나무, 행복의 나무를 심어야 한다. 오늘 지구의 종말이 오더라도 우리는 지금 여기에서 사과나무를 심어야 한다고 말했던 네덜란드의 바뤼흐 스피노자(Baruch Spinoza: 1632-1677)와 그 말을 자신의 나라에서 실천했던 덴마크의 니콜라이 그룬트비(Nikolai Fredrik Severin Grundtvig: 1783-1872) 목사처럼 우리가 지금 여기서 할 일도 나무를 심는 일이다. 특히, 그룬트비는 목사의 아들로서 패전 후에 엉망이 된 덴마크에서 청년들의 마음을 움직여 나라의 농업개혁을 성공적으로 이끌어 평민들이 잘 사는 부강한 나라를 만드는 데에 기여하였다. 네덜란드에 스피노자가 있고, 덴마크에 그룬트비가 있다면 우리나라에는 가나안농군학교를 만들어 황무지를 개간하고 "일하기 싫거든 먹지도 말라"고 외치며 수많은 사람들에게 땀의 소중함과 노동의 가치를 일깨워준 김용기 장로가 있다. 그는 일부러 망가지고 소출이 없는 황무지로 들어가 젖과 꿀이 흐르는 옥토로 바꾸어 지역사회를 바꾸고 마을을 사람이 살만한 곳으로 변화시켰다.

그는 일제치하의 혹독한 나라의 현실 속에서도 굴하지 않고 매일 깜깜한 새벽에 일어나 기도하고 하루종일 삽과 호미를 들고 땅을 개간하였으며 절망과 무기력증에 빠져있는 이들에게 "온겨레여, 조국이여 안심하라"고 격려하며 묵묵히 자신의 일을 하였다. 그는 꿈 너머의 꿈을 개척한 우리 민족의 진정한 어른이었다. 우리는 오늘도 묵묵히 자신의 일을 하여야 한다. 어떤 사람은 인문학 공부로, 어떤 사람은 공학 공부로, 어떤 사람은 장사로, 어떤 사람은 자녀 양육으로, 어떤 사람은 설거지로, 어떤 사람은 노동자로, 어떤 사람은 정치로, 어떤 사람은 목회자로, 어떤 사람은 경비원으로, 어떤 사람은 구두수선으로 자신의 일을 해야 한다. 그것이 바로 지금 여기에서 나무를 심는 일이다. 우리 시대에도 그런 실천하는 신앙인이 있다. 그가 바로 충청북도 보은에 보나쿰 예수마을을 창설하고 닭을 키우며 풍력발전을 연구하고 비옥한 땅과 풍성한 농촌을 일구어내기 위하여 최선을 다하는 강동진 목사이다. 그는 자신의 손으로 땅을 일구도, 병에 잘 걸리지 않는 건강한 닭을 키우는 방법을 연구하여 우리나라와 전세계에 자립하는 길을 전하고 있는 땀흘리는 농사군 목사요, 닭키우는 양계사요, 건물짓는 건축쟁이다. 스피노자, 그룬트비, 김용기의 정신이 이제 강동진으로 연결되어 가고 있는 실례를 보는 것은 참으로 안심되고 자랑스러운 일이다.

세상이 점점 더 험악해지고 사람들의 마음은 피폐해져가도 결국 모든 것을 지탱하시고 주관하시는 분은 하나님이시다. 그러므로 우리는 피조물로서 우리에게 맡겨진 일을 열심히 하며 나무를 심는 심정으로 살아가야 할 것이다. 다시 장 지오노의 『나무를 심은 사람』을 다시 읽어본다. 이 책은 "공기와 물과 땅과 나무와 그밖에 수많은 생명이 죽어가는 오늘의 병든 물질문명의 시대에, 이 위기의 시대에, 생명을 사랑하며 그것을 가꾸는 숭고한 한 인간을 통해 오늘의 절망을 넘어 미래에 대한 희망을 심어주는" 위대한 생각을 담고 있다. "단 한 사람의 외로운 노력으로 황무지였던 프로방스의 황무지가 거대한 숲으로 바뀐 기적"은 오늘날 우리의 삶에도 일어날 수 있는 실현가능한 얘기이다.[2]

III. 마을목회신학과 실천을 통하여 꿈꾸는 마을교육공동체의 역할에 관한 이야기

마을교육공동체를 추구하는 이유와 목적은 간단하다. 마을을 교회로 삼고 지역사회 속에서 말과 삶으로 복음을 전하며 마을사람들과 같이 살아가며 신앙공동체를 이루어 나가기 위하여 애쓰는 일을 진행하다 보면 마을 속에서의 기독교교육이 절대적으로 필요한 것을 인식하게 된다. 물론 교육은 교실에서만 진행하는 좁은 의미에서의 교육을 의미하는 말이 아니다. 아래 그림에서 보는 바와 같이 최근 〈마을목회신학과 실천〉이라는 시의적절한 주제를 다룬 책이 세상에 나오게 되었다. 참으로 반갑고 고마운 일이다. 그러나 마을목회가 적절하게 이루어지기 위해서는 마을 속의 교회의 역할 중 많은 부분은 어린이에서부터 노인에 이르기까지를 아우르는 마을학교, 협동조합, 논밭가꾸기, 함께 살아가기 등 수많은 주제를 다루게 되는데 이 때 기독교교육의 역할이 필

---

2 Jean Giono, *The Man Who Planted Trees*, 김경은 역, 『나무를 심은 사람』 (서울: 두레, 1995)을 참고하라.

수적으로 대두되게 되어 있는 것이다.

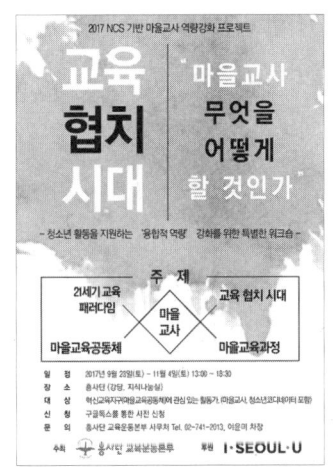

[그림 42] 마을목회신학과 실천   [그림 43] 흥사단의 마을교사훈련프로그램

[그림 42]의 책은 마을목회신학을 정립하고 마을만들기의 신학적 근거를 제시하였으며 공동체를 통한 지역 공동체 섬김에 대한 구체적인 연구를 소개하였고 마을목회 패러다임 전환을 위한 이론적 토대를 제시하였고, 마을만들기 운동을 실천하기 위한 네트워크 형성과 이 운동에 참여하는 목회자들의 씨름을 담은 매우 실제적인 사례를 소개하였다. 그리고 후반부에는 마을목회를 수행해 온 도시와 농촌의 목회자들의 목회 이야기를 담고 있다. 매우 유익하고 실천적인 사례를 담고 있는 이 책은 앞으로 마을목회를 계획하는 이들에게 필수적인 교과서로 활용되기에 충분한 자료를 풍성하게 담고 있다. 신동리교회를 담임하면서 신동리의 이장을 맡아 마을목회의 모범을 보여 주는 오필승 목사의 노력이 정경호, 황홍렬, 오은석, 유재무, 이원돈 등과 같은 이론가와 실천가들의 연대를 통하여 마치 모세혈관과도 같은 모든 마을사람들의 삶에 깊숙이 파고들어 가기 위해서는 기독교교육적 협동이 반드

시 필요하다. 예를 들어 마을목회를 시도하려는 도시와 농어촌의 교회들에서 성장지향적인 목회에서 마을을 장으로 하는 목회로의 전환이 부드럽게 이루어지기 위해서는 기존교회에서 성장지향적이며 전도중심의 목회에 물들어 있는 목사와 성도들을 설득시킬 교육과정과 성경공부교재 개발 등이 필수적이다. 결국은 이 일도 하나님의 인도하심을 따라 부르심 받은 사람들의 사역이기 때문이다.

[그림 43]은 민족교육의 대명사인 도산안창호선생의 정신을 이어가는 흥사단에서 주관하는 마을교육공동체를 만들어갈 마을교사 모집을 위한 홍보자료이다. 이 자료에 의하면 오늘날은 교육협치시대이며 마을교육공동체를 함께 만들어갈 교사는 반드시 21세기의 교육패러다임과 시대의 흐름을 이해하고 마을교육과정을 이해하고 훈련을 받아야 하며 마을 속에서 함께 살아갈 사람이어야 함을 강조하는 것으로 판단된다. 실로 놀라운 일이며 이러한 작업이 진행되고 있다는 사실에 감동과 감사를 느낀다.

필자가 몸담고 있는 장로회신학대학교의 글로컬사역센터, 흥사단의 교육운동본부, 예장마을만들기 네트워크 그리고 가정교회마을연구소(공동소장: 한국일, 김도일, 조은하 교수)의 사역이 서로 연대하게 되면 앞으로 더욱 탄탄한 마을교육공동체만들기 운동이 활발하게 일어날 것을 기대한다. 연구와 실천은 늘 함께 가는 것이어야 하고 기독교교육학과 선교학이 현장을 만날 때 진정한 공동체형성이 실현될 것을 믿기 때문이다.

마을만들기는 마을이 어떻게 마을교육공동체를 이루어 사람과 사람을 연결하고 마을과 마을을 연결하며 그 속에서 하나님의 나라를 이루어 나갈 것이냐에 관한 문제이다. 비록 오늘의 상황이 전쟁의 위협과 위험/피로 사회 속에서 바로 내일의 안녕을 기약할 수 없는 급박한 상황이라고 하여도, 마치 지구의 종말이 다가온다고 하여도 나는 여기서 지금 한 그루의 사과나무를 심겠다는 의지와 기독교교육적 설계에 매진하며 한사람 한사람을 하나님의 사람으로 준비되게 하는 인내를 발휘한다면 결국 만물을 통치하시고 만물 안에서 만물을 충만하게 하시는 하나님의 교회가 이루어질 것을 믿어 의심치 않는다.

IV. 마을교육공동체는 뿌리 교육이며, 라이프스타일 교육

나무가 건강하게 자라나 거대한 숲을 이루려면 먼저 좋은 씨를 뿌려야 한다. 그리고 물을 주고 가꾸어야 한다. 제4차 산업혁명의 거대한 도전이 우리의 삶을 송두리째 바꾸려고 하고 산업화와 기계화가 우리의 라이프스타일을 빨리빨리 문화로 조바심을 내게 하려 부정적인 영향을 주려 하여도 천천히 꼼꼼하게 삶의 전 영역을 하나님의 말씀 중심, 이웃을 보살피고 배려하려는 환대와 돌아보는 라이프스타일로 무장되기만 한다면 디지털문화에 신음하지 않고 오히려 디지털과 인공지능의 도전에 대하여 올바르게 대응하면서 아날로그식 반격을 적절하게 할 수 있다고 본다. 이러한 자세가 바로 일전에 소개한 바 있는 "슬로 라이프스타일"(Slow Lifestyle)이다. 미셔널처치운동(Missional Church Movement)는 이제 우리 고유의 사고가 겸비된 "미션얼" 교회운동이 되어야 한다. 선교하는 삶에서 선교적 삶을 강조하고. 성장지향적 교회에서 성숙도 같이 추구하며 사람과 땅에 대한 신의와 신뢰를 삶의 중심에 놓아 함께 정주(定住)하고픈 삶의 지향성을 갖는 것이 마을교육공동체를 이루어 가는 데에 핵심이 될 것이다. 우리는 페리 코레시스의 하나님이 지으신 상호내주, 상호연대, 상호침투하는 하나됨의 삶을 지향하는 하나님의 사람이라는 우리의 뿌리의식을 강화하고 자기중심, 자국중심적으로 생각하는 유아기적 의식에서 탈피하여 함께 존재하고 타인 속에서 나를 발견하는 공동체적 사고를 생활화하는 것이 마을교육공동체를 이루는 길이다.

마을교육공동체를 형성하려는 가장 중요한 목적은 사람이 살만한 사회, 건강한 생태계 형성, 경쟁보다는 협동과 보살핌의 정신이 살아있는 마을을 만들려는 것이다. 이를 위하여 지역교회의 성도들과 목회자들의 마음 속에 아직까지 자리 잡고 있는 전도하는 교회, 성도가 되려는 개인적인 영혼구원의 패러다임을 서서히 변화시켜야 한다. 이 말은 전도가 중요하지 않다는 말이 아니라, 전도를 통하여 이루려고 하는 선교하는 삶의 양태와 함께 선교적인 삶(from doing mission to being mission)에 대해서 구체적으로 가르치고, 삶에서 변화가 일어나도록 도와주는 일종의 제자와 시민의 삶에 대한 훈련이 필요할 것이다. 이를 위하여 글씨만 읽을 줄 알아도 따라갈 수 있는 성경공부와 성경적 삶에 대한 실천적인 노력이 전교회적으로 일어나야 할 것이다. 먼저 패러다임의 전환을 경험해야 할 사람은 당연히 담임목사이다. 예전에 신학을 공부한 수많은 목회자들은 방주론적인 교회론에 머물고 있는 적이 많으며 만일 선교적 교회론(missional: 미션얼, 보통 미셔널로 읽으나 선교적인 정신으로 읽는 것이 더 바람직하다)을 강조하는 목회로 전환하면 교회를 붙들고 있는 중심축이 흔들릴 것만 같은 불안감에 휩싸이기 쉽다. 그러므로 먼저 성경공부 교재를 만들어야 한다. 이해하기 쉽고 실천을 격려하고 단계별로 배울 수 있는 성경공부 교재를 속히 만들고자 한다. 이제 다음 프로젝트는 선교적 교회론과 기독교교육적 양육론을 접목한 성경공부교재 만들기가 될 것이다.

V. 학생들만의 학교, 입시만을 위한 학교에서 마을교육공동체를 이루는 학교로

최근 『마을을 품은 학교공동체』를 펴낸 강영택(우석대학교 교수)는 마을에 존재하는 학교가 배움과 행함을 아우르는 "배움의 공동체"가 되어야 하며, 교회가 마을 존재하지만 마을과 상관없는 기관이 되어서는 안되는 것처럼, 학교도 마을 속에서 존재한다는 생각을 갖고 운영을 하며 학생과 교직원이 마을을 품어야 한다고 역설하였다. 그는 학교가 마을 속의 공동체로서 마을교육공동체가 되어야 함을 강조한 것이다. 전술한 바와 같이 이승훈의 오산학교가 마을교육공동체였고, 홍성의 풀무학교가 마을교육공동체인 것처럼, 기독교정신을 가지고 설립되어 마을에 존재하는 기독교학교는 마을을 품고 마을교육공동체로서의 역할을 다해야 한다고 주장한 것이다. 실로 옳은 이야기다. 그는 마을교육공동체로서의 학교 존재 이유와 목적을 다음과 같이 설명하였다. "마을은 교육적 인프라와 자원들을 학교에 제공하고, 마을 주민들은 학교를 마을의 문화교육적 기관으로 이해하고 활용하며, 학교는 마을을 교육과정으로 삼아 삶을 위한 교육을 실시하고, 학교는 마을의 지속 가능한 성장의 토대 제공 등의 네 가지 협력 관계를 가져야 한다." 그는 미국의 알바니 프리스쿨과 일본의 커뮤니티 스쿨을 예로 들어 설명하였다.[3]

실제 필자도 미국에서 이민생활을 할 때 미국의 작은 카운티마다 적어도 한 개 이상 있는 커뮤니티칼리지에 다니며 대학공부도 준비하고 영어와 문화공부를 한 적이 있다. 필자는 이러한 대학을 마을대학으로 부른다. 흥미로운 점은 커뮤니티칼리지에서 봉직하는 교수들에 대한 대우가 큰 대학(주립대학)의 교수들보다 못하지 않다는 점이다. 그들은 최고의 대우를 받으며 지역사회의 마을대학에서 소신껏 제자들을 양육하며 자신의 전문분야에서 연구하고 있었다. 이제 우리나라도 이러한 구조적 변화가 실제로 일어나기를 기대한다. 지방자치제가 정착되어 가고 있고 마을교육공동체를 만들어 나가기 위하여 노력하고 있는 대한민국이 진정한 국민을 위한 교육시스템을 마을이라는 컨텍스트 안에

---

[3] 이수진, "학생의 학교에서 마을의 학교로… 지역의 교육, 문화의 중심되라,"〈기독공보〉 2017. 11. 10. 이 글에서는 근간된 강영택의 책을 소개하며 그의 사역에 대한 기사를 중심으로 다룸을 일러둔다. 다만 참고문헌에는 독자들을 위하여 그의 책 정보를 올리고자 한다.

서 형성할 수 있도록 예산을 배정하고 있음은 참으로 다행스러운 일이 하겠다. 이제 학생들만을 위한, 입시만을 위한 학교가 아니라, 진정 마을 속에서 살아가는 마을사람들을 위한 마을을 품고, 마음사람들과 함께 성장해 나가는 마을교육공동체로서의 마을학교, 마을대학이 되는 그날을 소망해 본다.

2 3 장
가정·교회·마을 교육공동체 형성 사례 1
: 꿈이청소년심야식당과 새롬교회*

I. 청소년들은 길 위에 있었다

자녀인 미래세대와 부모인 현세대를 예수 그리스도를 중심으로 한 신앙으로 연결시키는 것은 매우 중요한 문제이다. 특히, 정서적 연대감을 활성화시킴으로써 건강한 가정을 이루게 하고, 이 가정들이 함께 모여 하나님께 예배를 드리며, 성도간의 친교와 교회 밖 이웃들을 섬기고 증거하는 삶. 이를 촉진케 하는 사명을 가진 교회는 성도들이 활력 넘치는 신앙공동체, 교회 울타리 밖 세상 속에서도 하나님의 나라를 확장시켜 나가는 균형잡힌 생활공동체가 되도록 해야 한다. 이것이 오늘날 예수 그리스도의 몸이며 '하나님의 백성'인 교회가 이루어나가야 할 사명, 즉 "만물 안에서 만물을 충만하게 하시는 이의 충만"(엡 1:23)을 이루는 방법이다. 그러나 오랜 세월 동안 우리는 만물 안에서 역할을 감당하는

---

* 이 글은 "청소년들이 있는 곳으로 가라,"「교회성장」, 284호(2017년 2월호): 130-137에 게재되었고, 수정·보완하였다.

교회의 모습, 예컨대 흩어지는 교회로서의 역할은 등한히 한 채 눈에 보이는 예배당으로 우리의 자녀가 모이기만을 기다려왔다.

예전에는 청소년들이 놀만한 곳이 그리 많지 않았고 학업에 대한 부담도 상대적으로 적었다. 그래서 교회의 '문학의 밤'이나 '학생부서'에서의 활동이 비교적 원활하게 이루어질 수 있었다. 그러나 오늘날의 청소년들은 교회의 학생 부서에서 또래들과 어울려 지내는 것이 어렵다. 온갖 종류의 학원에서 하루 종일 공부해도 학업에서 성공적인 결과를 내기란 여간 어려운 일이 아니다. 그럼에도 불구하고 오늘날의 청소년들은 여전히 방황하고 있으며, 허탈한 인생살이 가운데서 고민하며 답을 찾기 위해 애쓰고 있다.

요즘 교회 안에서 청소년들이 많이 보이지 않는 이유는 무엇일까? 이전 글에서 밝힌 것처럼 오늘의 청소년들은 그 부모조차 신앙생활의 중요성을 망각해가는 시대에 살고 있다. 그 와중에 청소년들이 교회당에 오지 않는 이유 중의 하나는 그들의 시선을 사로잡는 재미난 게임이 끊임없이 출시되고 있다는 것도 한 몫한다.

청소년들이 많이 찾는 동네의 PC방에 가보면 수많은 청소년들이 모여 최근(2016년 5월 21일 이후) 출시된 '오버워치', '배틀필드', '문명', '타이탄폴2', '콜오브듀티'와 같은 대작 게임에 몰두해 있는 광경을 목격할 수 있다. 물론 모든 청소년들이 컴퓨터나 핸드폰 게임만을 즐기는 것은 아니다. 어떤 청소년들의 경우, 컴퓨터나 모바일 게임보다 땀을 흘리며 움직이는 축구, 배드민턴, 격투기 등을 하며 에너지를 쏟아내는 것을 좋아하기도 한다. 그들은 또래 친구들과 어울리며 학교와 학원을 넘나들다 남는 자투리 시간을 십분 활용하여 자신의 열정을 불태우고 있는 것이다. 미래세대들이 공통적으로 관심을 갖고 있는 분야는 자신의 넘쳐나는 열정을 쏟을 만하며, 시선을 한 번에 사로잡을 만큼 흥미로운 게임이나 운동이다. 지나간 세월을 되돌아보면 지금 어른이 된 우리도 한 때는 다 그랬었다. 피가 끓던 그 시절, 공부를 끝마치고 나면 한바탕 땀을 흘리며 운동을 하거나 게임에 빠져 시간을 보내기도 했다. 그러다 문득 정신을 차리고 보면 그렇게 흘려보낸 시간에 뭔가 허탈함이 밀려오곤 했다. 그렇게 정신적, 영적 허탈감과 동시에 찾아오는 것은 엄청난 배고픔이었다.

본 글에서는 부천시 원미구 약대동에 위치해 있는 꼽이청소년심야식당과 새롬교회의 목회철학에 대해 소개하고 기독교교육적 함의를 도출해냄으로써 '가정, 교회, 마을이 함께 연대하는 기독교교육'을 실제 삶의 현장에서 활용할 수 있는 실천원리와 방법을 모색하여 정체 및 퇴보현상에 대한 해결책을 모색하고자 한다.

II. 사랑과 돌봄과 열정이 넘치는 '꼽이청소년심야식당' 이야기

꼽이청소년심야식당은 배고픈 청소년들을 위한 무료식당이다. 2015년부터 부천의 새롬교회(이원돈 목사, 이승훈 전도사), 약대감리교회(송규의 목사, 안중회 목사), 약대중앙교회(이세광 목사, 안수집사회)가 힘을 합쳐 운영하는 식당이다. 무명의 독지가가 푸드트럭을 기증하고 부천교육청이 학교를 연결하였을 뿐만 아니라 시설관리공단이 장소를 지원하는 협조를 통해 시작된 무료식당이다. 부천시 실내체육관 앞에서 운영하는 이 식당은 오세향 대표가 떠도는 청소년들을 사랑으로 품어주고, 음식을 통하여 사랑을 전하며 보살피는 사역이다.

꼽이청소년심야식당의 이름은 매우 특이하다. '꼽이'라는 말은 청소년들이 많이 쓰는 꼽사리라는 표현에서 가져온 용어이다.[1] 청소년들에

---

[1] 약대동에서 개최한 꼽사리영화제의 캐릭터 이름이 "꼽이"이다. 마치 칸(깐느)영화제(Festival de Cannes)가 열릴 때 근처의 프로방스에서 작은 영화제가 열리듯이, 부천시에서 부천국제판타스틱영화제가 열릴 때 약대동에서 두 개의 영화제, 즉 꼽이영화제와 꼽이청소년영화제가 시도되는 것도 유사한 맥락이라고 볼 수 있다.

게 다가가기 위하여 오세향 대표의 딸과 의논하여 만든 용어이며, 아래 그림 이미지도 그가 만든 것으로 언제나 우리 주변에 있는 먼지를 형상화한 것이라고 한다. 꼽이청소년심야식당은 매주 금요일 저녁 5-10시까지 부천시 원미구 약대동 마을에 사는 청소년들과 함께 하고 있다. 이곳에서 어른은 밥을 먹을 수 없다. 오직 어린이와 청소년들만이 마음껏 밥을 먹을 수 있다. 매주 평균 약 100-150명의 청소년들이 따뜻한 어묵국물, 닭튀김, 돈가스 등 정성껏 차린 음식을 먹으러 온다.

< 꼽이청소년심야식당 소개: 꼽이심야식당 오세향 대표 제공>

[그림 44] 길 위의 청소년들을 사랑으로 맞이하는
꼽이청소년심야식당 이미지

III. 꼽이청소년심야식당이 마을교육공동체 형성에 기여하는 이유

꼽이청소년심야식당에 오는 아이들은 공부가 싫어서 떠돌거나 공부에 지친 아이들, 가정을 뛰쳐나와 갈 곳이 없는 아이들, 혹은 체육관에서 운동하다 지친 아이들이 대부분이다. 오세향 대표는 그 아이들에게 따뜻한 밥을 먹이고 있다. 사실 이 아이들을 섬기기 위해서는 오세향 대표 혼자만의 힘으로는 어렵없다. 감사하게도 이 일의 중요성을 인지하고 있는 근처 교회의 성도들이 지속적으로 협력하며 돕고 있다. 심지어 교회를 다니지 않는 비신자들도 자원하여 봉사하는 모습을 볼 수 있다. 최근에는 장로회신학대학교 졸업을 앞둔 이승훈 전도사가 합류하여 이 청소년 사역을 섬기고 있다. 그는 청소년들과 함께 뛰어 놀며 시간을 보내다 배가 고프면 함께 꼽이청소년심야식당으로 와서 밥을 먹는다. 이승훈 전도사의 합류로 오세향 대표의 사역은 큰 힘을 얻게 되었다. 이승훈 전도사의 경우, 아이들의 영성지도 뿐만 아니라 격투기 선수로서 운동(신체) 지도까지 가능한 리더이기 때문이다. 청소년들이 넘치는 에너지를 올바로 발산하며, 건강하게 생활할 수 있는 힘을 기르는 법을 가르치고, 그 힘을 통해 스스로 건강한 정신을 기르며 그 바탕에 복음을 전하고 있는 것이다. 오세향 대표는 "그의 '친구 리더십'은 꼽이청소년심야식당이 한층 더 업그레이드되는 데에 도움이 되었다"고 말한다. 아래 그림은 교육 선교 사역을 펼치고 있는 꼽이청소년심야식당의 개요이다.

꼽이청소년심야식당 개요

2014. 7. 무명의 복지가
10. 주민간담회
11. 자원봉사팀 구성
12. 시범운영 및 홍보

교육청 협조로 시설관리공단과
연결 및 장소요청

· 부천실내체육관 분수대 사용

꼽이 = 꼽사리의 캐릭터
약대동 주민영화제 '꼽사리 영화제' 유래
꼽이의 어감이 너무 예쁘고 생김새가
귀여워 마을주민들이 사랑하게 되었음
이름 공모에서 선정 됨

일본의 만화 '심야식당'은 지치고 힘든
사람들에게 음식을 해주면서 이야기를
나누는 식당으로 밥과 힐링을 주제로 함

[그림 45] 꼽이청소년심야식당 사역 개요: 오세향 대표 제공

꿈이심야식당은 길 위에서 떠도는 청소년들의 배만 채워주는 것이 아니었다. 그들의 영혼도 채워주고 있었다. 꿈이심야식당은 흩어지고 깨진 마을을 한 그릇 카레와 오뎅국물로 고치고 치유하고 있었다. 그러기에 꿈이심야식당은 마을교육공동체를 형성하고 있다고 말해도 전혀 이상하지 않았다.

IV. 교육선교 현장으로 찾아가 배우는 기독교교육

한국기독교교육학회(회장: 조은하 교수)는 매년 갖던 송년회를 교육선교 현장에서 청소년들과 함께 하기로 하고, 꿈이청소년심야식당을 찾았다. 꿈이청소년심야식당을 경험한 그들은 "이곳에서 전하고 있는 사역을 통해 따뜻함이 느껴지는 놀라운 경험을 하였다"고 고백한다.

사실 꿈이청소년심야식당은 그동안 기독교 교육학자들이 부르짖던 이론과 실천이 함께 이루어지는 현장으로서 부족함이 없는 사역이다. 이 현장을 경험한 기독교 교육학자들로서는 어쩌면 당연한 반응이다. 이곳에서 삶과 씨름하고 있는 청소년들을 만나 대화하고, 함께 식사를 하는 동안 그들의 반응은 더욱 명확해졌다. 만약 추후 기독교 교육학자들이 꿈이청소년심야식당 사역에 동참하여 청소년들을 위한 진로 혹은 인생 상담에 도움을 줄 수 있다면 더 폭넓은 사역으로 확장될 수 있을 것이다. 또 교육학자들의 이러한 동참은 교육선교에 대한 이론과 경험을 바탕으로 삶의 현장에서 벌어지는 실제적 문제에 대한 학문적 조명과 해법을 모색하는 데에 많은 도움이 될 것으로 기대된다.

V. 새롬교회 마을 만들기 사역의 비결: 사회적 자본(Social Capital) 확충

약대동은 부천시에서도 가장 낙후된 지역으로 아직도 옛골목이 존재하는 소박한 동네이다. 처음 동네가 형성될 때부터 경제적으로 넉넉지 못한 사람들이 모여 살던 곳으로 이원돈 목사와 오세향 대표는 소외된 이웃을 위해 이곳에서 30년 전부터 헌신해왔다. 특히, 약대동 기독교문화생태계 형성을 통해 거룩한 생명망으로 엮는 마을 만들기 사역을 수행하고 있다.

이원돈 목사와 오세향 대표는 새롬교회의 지리적 울타리를 넘어 약대동 전체를 사역의 장으로 규정하고, "교회는 마을에 신앙의 선한 영향력을 퍼뜨리는 마당(Platform) 역할을 해야 한다"고 강조한다. 현재 그들의 노력은 지역사회 속에서 드러나기 시작했다. 약대동에 위치한 새롬교회가 넓게는 부천시에 사는 지역 시민들과 공무원들에게까지 신뢰를 얻게 된 것이다. 그 일환으로 마을도서관을 〈부천 약대동 신나는 가족도서관〉으로 명명하고, 새롬교회가 운영하게 되었다.2 다음 그림은 약대동의 학습생태계와 문화생태계를 묘사한 것이다.

새롬교회 예배에 출석하는 교우들은 약 100명가량 된다. 그럼에도 어떻게 이토록 방대한 사역이 가능할 수 있었을까? 이는 새롬교회 사역을 접한 사람들이 갖는 공통질문이다. 이점에 대하여 이원돈 목사는 다음과 같이 설명한다. "저희 교회는 화폐자본이 부족한 편입니다. 그러나 충분히 축적된 사회적 자본이 화폐자본의 부족함을 메워줍니다."3

일반적으로 교회에서 사역을 할 때는 대부분 모든 사역비를 교회 내의 헌금수입으로 충당한다. 그러나 새롬교회처럼 규모가 작은 교회의

---

2 "부천 약대동 마을 만들기 - 새롬 교회," Facebook 자료를 참고하라.
3 2016. 12. 23.에 새롬교회 이원돈 목사와 나누었던 대화.

<약대동 학습 및 문화생태계, 부천약대동 마을 만들기: 페이스북>

[그림 46] 약대동 학습 및 문화생태계

경우 교회에서 사역에 필요한 모든 재정을 출현하기란 쉽지 않다. 그러나 새롬교회의 경우, 오랜 세월동안 지역 사회에서 쌓아온 신뢰와 인적 자산을 바탕으로 이러한 부족함을 채울 수 있었다. 새롬교회의 사역을 신뢰하는 지역 사회의 자발적으로 봉사에 참여할 뿐만 아니라 부족한 재정적 지원도 아끼지 않은 것이다. 이처럼 사회적 신뢰를 얻게 되면 그것이 사역수행을 위한 자본, 즉 사회적 자본이 되어 부족한 점을 충분히 채울 수 있다.

[그림 47]은 이원돈 목사가 자신의 교회로 생각하고 있는 약대동의 교육문화 복지 생태계의 전경이다. 지역 교회가 마을 속에서 뭇사람들의 신뢰를 얻고, 건강하게 성장하며, 큰 교회를 이루어 지역 사회와 세계선교에 큰 역할을 감당하는 것은 매우 중요하다. 큰 교회는 큰 교회 나름대로, 반대로 작은 교회는 작은 교회로서 그 나름의 감당할 역할이 있다. 바로 그것을 성실히, 잘 감당하는 것도 매우 중요하다. 우리나라

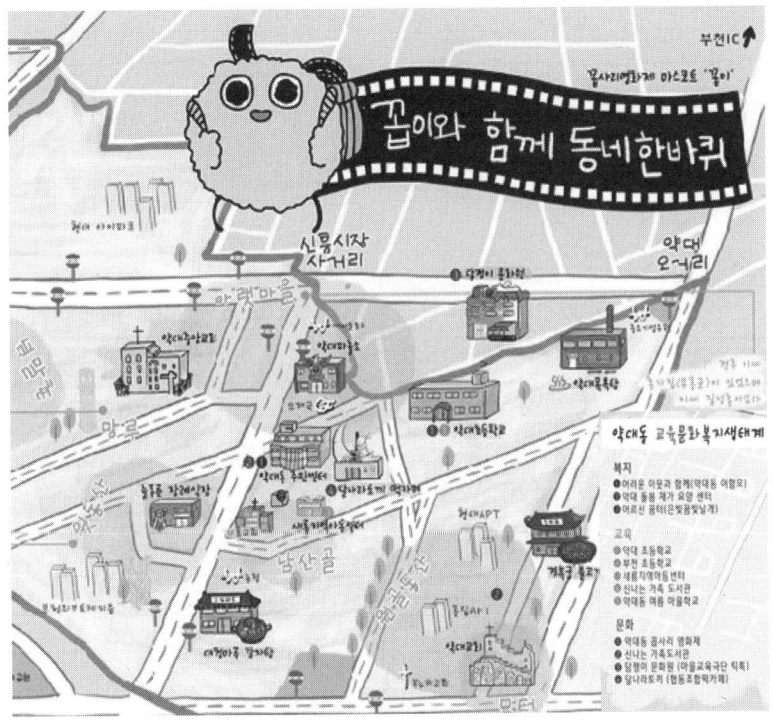

[그림 47] 약대동 교육문화 복지 생태계

에는 성도수가 200명이 채 안 되는 교회가 전체 교회의 80%를 차지하고 있다. 교회 밖 사람들을 오직 전도의 대상으로만 여기지 말자. 있는 그대로 그들에게 다가가되 시간을 두고 꾸준히 신뢰를 쌓아 가면 사회적 자본으로 또 그 후에는 진정 함께할 성도들로 우리 옆에 서게 될 것이다.

VI. 개별적 성장 대 연대적 성장

교회가 성장한다는 것은 매우 자연스러우며, 바람직한 현상이다.

그러나 그것은 교회가 건강한 신학 위에서 성장한다는 것을 전제하는 말이다. 모든 성장이 다 똑같은 것은 아니다. 때문에 지금 우리가 추구하고 있는 것이 과연 무엇을 위한 성장인지 염두에 두는 일이 필요하다. 과거 그 끝을 알 수 없을 정도로 수적 성장을 이어가던 한국 교회. 그때는 개별적 교회의 성장, 즉 개별적이고 독립적인 성장만을 추구했었다. 물론 소속 교단도 있고, 주변에는 다른 교회들도 있었지만 그를 돌아볼 여력이 없었을 뿐만 아니라 그럴 필요도 없다고 느꼈던 것 같다. 그러나 그러한 개별적 교회성장에는 적지 않은 문제를 야기한 것도 사실이다. 수적, 건물중심적, 방주형 중심의 교회성장주의는 그 실효성을 떠나 성경적으로 보기 어렵다는 결론에 이르렀다. 물론 이 말이 교회성장 그 자체를 나쁜 것으로 치부하고, 그런 의미를 뜻하는 것은 전혀 아니다. 단지 지역 교회가 개별적으로 성장하는 것에는 한계가 있다는 말이다.

과연 교회는 무엇일까? 교회는 결코 건물에 국한되지 않고 모이는 교회에도 한정되지 않는다. 교회는 오히려 그러한 범주를 넘어 지역 사회 속에 존재하는 것, 흩어지는 것이기도 하다. 교회는 주변의 교회와 함께 사역에 참여하는 가운데 성장하는 것이 바람직하다. 그런데 이런 이야기를 하면 대부분의 사람들은 그것이 과연 가능하냐고 묻는다. 필자는 그 물음에 꼭 이렇게 대답한다. "그렇다! 가능할 뿐만이 아니라 매우 재미있게, 반드시 이루어낼 수 있다." 그러니 "왜 청소년들이 교회로 오지 않느냐?"고 묻지 말자. 오히려 "교회들이여! 청소년들이 있는 곳으로 나가라!"고 외치자. 부디 약대동의 꿈이청소년심야식당과 이 식당의 운영주체 중 한 곳인 새롬교회의 사례를 바탕으로 우리 청소년들의 정체 혹은 퇴보현상에 대한 해결책 마련에 실마리를 찾게 되기를 소망한다.

24장
가정·교회·마을 교육공동체 형성 사례 2
: 재한몽골학교와 나섬공동체*

I. 나그네를 섬기는 교회, 재한몽골학교의 유해근 목사를 만나다.

대학원 학생들과 일생에 잊지 못할 소중한 추억을 만들었다. 아니 충격의 하루를 보냈다. 학생들은 이런 소감을 적었다.

나섬공동체, 큰 기대 없이 듣기 시작한 유해근 목사님의 말씀, 듣는 중에 가슴이 뛰고 벅차올라 펜과 종이를 꺼내들지 않을 수 없었다. 잊지 않기 위해 적었다. 그 감동이 가시지 않아 집으로 돌아와서도 한참이나 어머니께 입을 놀리며 숨 가쁘게 전했다. 인사이트가 일어나는 놀라운 시간, 감사하다(강사랑: 대학원생, 가명).

---

4 이 글은 "미래세대 살리기 프로젝트: 유해근의 사역에서 해답을 찾는다," 「교회성장」, 276호(2016년 6월호): 111-117에 게재되었고, 수정·보완하였다.

노마드, 유해근 목사님의 이야기를 다시 한번 들으며 [장신대] 교문 앞에 있는 카페 노마드에 관한 말씀을 하셨다. '노마드'는 유목민이라는 뜻이다. 이 단어를 처음 들었을 때, 목사님의 사역과 연결 된 몽골 이라는 단어가 생각났다. 뒤이어 하신 이야기 중에 이 부분이 가장 마음에 크게 남는다. 자신이 가게의 주인이라면 자신이 손님이 있는 곳으로 간다. 사역도 마찬가지로 앉아서 기다리는 것이 아니라 사람이 있는 곳으로 가야 한다는 것. 나는 얼마나 사람들을 찾아다녔나 되짚어 보는 시간이 되었다. 복음서를 보면 예수님도 계속 '돌아다니시며' 사역을 하셨다"(좁은길: 대학원생, 가명).

봄의 꽃 중 벚꽃의 마지막 아름다움 즐길 수 있는 좋은 날이었습니다. 또 사역자로서 월요일은 상당해 피고한 날이었지만 벚꽃 길을 거닐며 또 목사님의 열정적이 말씀을 듣고 힘을 얻는 유익한 시간이었습니다. 한때 광장초등학교 학부모들에게 이슈가 되었던 것이 재한 몽골학교의 건축에 관한 일들이었습니다. 고압전류가 흐르고 몸에 유해한 전자파가 흐르는 변전소 옆에 어떻게 아이들이 공부하는 학교가 들어 설수 있는가 하는 안타까움이었습니다. 도저히 건축허가가 날 수 없는 곳에 몽골학교라 해서 나라에서 아무 고민 없이 허가를 내 준 것이 아니냐며, 아이들이 불쌍하다는 것이었습니다. 하지만 목사님의 말씀을 듣고 나니 그런 어려움 속에서도 주님의 사역을 이루어 내려는 몸부림이 있었다는 것을 알게 되었습니다. 저에게 있어서 재한몽골학교 방문은 금년에 개척교회를 시작한 저에게 상당히 유익한 시간이었습니다. 제가 많은 고민과 연구를 하지 못해 분명하고 명확한 답을 얻지는 못했지만, 분명한 것은 용기와 희망을 얻었다는 것입니다. 목사님께서는 다문화에 속한 부모 자녀 노동자들을 대상으로 최초의 공동체를 이루고 많은 업적을 만들고 계시는 것에 대해 많은 도전이 됩니다. 그렇다면 이제 개척을 한 나는 목사님 같은 사역을 해야 하는가? 하지만 도심 속에서 개척을 시작한 저에게는 또 다른 이 시대의 다문화 범주를 생각하게 된다. 저에게 있어서는 우리 교회 권사님께서 늘 전도하시려고 시장 골목을 지나시면서 채소를 사주시는 할머니, 아이를 출근길에 어린이 집에 맡기며 아픈 마음을 쓸어내리는 어머니, 이 시대의 가나안 성도들, 새벽예배를 마치시고 파지를 하루 종일 주어서 생계를 유지하시는 성도님 등 이 시대의 나그네와 고아와 과부가 목회 대상입니다. 하지만 이들을 대상으로 새로운 방법으로 목회를 할 선한 것은 더 이상 대한민국 교회 안에는 없는 것 같습니다. 문득 수업시간에 교수님의 말씀이 깊은 생각을 하게 됩니다. "이 시대는 부흥과 성장을 말하면 안 된다. 이제는 성숙과 진실을 위해 노력하고 기도해야 한다." 우리 시대의 교회의 롤 모델은 대형 교회였습니다. 이로 인해 하나님과 교회의 권위가 땅에 떨어진 이 시대에 작지만 진실하게 하나님을 기쁘시게 하는 목회를 해야겠습니다. 목사님께서도 나그네와 같은 고아와 과부를 끌어안는 목회를 하신 것처럼 저도 작지만 진실하게 또 이 시대에 원하는 성숙한 그리스도인을 양육하는 목회를 해야 할 것 같습니다(김인홍: 대학원생, 가명).

'나그네를 섬기는 교회 유해근 목사님'을 만나다.
시작부터 자극적이다. "미래세대의 개념을 바꾸자. 시니어, 이주민들이 미래세대다."
교회에 아이들이 없고 시니어들이 많아진다. 발상의 전환을 해 보자. 사역하고 있는 교회를 돌아보게 되었다. 교회학교에 대한 프로그램과 예산은 늘어가지만 시니어들에 대한 아무런 준비도 없는 교회의 모습을 보게 되었다.
"최고가 아니라 최초가 되어야 한다"는 말씀처럼 시니어 목회에 최초 자들이 나와야 된다고 생각했다.
가장 큰 도전을 받은 말씀은 눈이 보이지 않고 나서의 고백이다.

1. 약한 자의 마음을 읽게 됐다.
2. 다른 걸 못하기에 했던 걸 계속할 수밖에 없다.

이것들이 하나님의 또 다른 은혜와 축복이라는 고백 앞에서 한없이 작아질 수밖에 없었다.

하나님의 사랑을 전하고 살겠노라고 서원하고 이 길을 걸어가는 내가 입으로만 사랑을 외치고 있지는 않았는지, 약한 자, 작은 자를 섬겨야 하는데 그들을 외면하고 있지는 않는가? 교회는 약한 자, 소외받은 자들을 위해 교회가 존재하고 우리사회의 나그네들 아이들을 돌봐야한다. 교회의 목적은 선교이고 하나님 나라의 확장이다.

그러기 위해서는 변화에 따라가야 한다. 그렇지 못한다면 도태된다. 지금의 변화를 읽어내고 속도를 따라가지 못하면 어느 누구도 생존할 수 없다는 목사님의 말씀처럼 교회가 지금의 위기를 기회로 생각하고 극복해 나가야 한다고 생각한다.

그리고 내가 있는 곳이 선교지고 내가 사는 곳이 하나님나라 일터라는 생각으로 융합의 신학, 융합의 목회를 생각해 보게 했다.

목사님의 강의를 들으며 내가 과연 저런 일들에 일부를 감당할 수 있을까라는 걱정을 하고 있을 때 위로의 말씀을 해 주신다.

"두려워할 필요 없다. 성경을 믿는 사람들이라면 도전해야 된다. 기적은 순종할 때 동시에 일어난다. 일을 해야 기적이 일어난다."

하나님의 위로의 말씀으로 믿고 현실에 안주하는 것이 아니라 성경을 믿는 사람으로서 도전하고 싶다. 그래서 하나님의 기적을 경험하는 목회를 하고 싶다.

나섬공동체를 섬기는 유해근 목사님을 만나게 하신 하나님께 감사드리고 늘 학우들을 좋은 길로 인도하려고 끊임없이 노력하는 교수님의 노고에 감사드리며 두 분의 외침과 가르침이 나의 목회 방향에 좋은 길잡이가 되기를 소망하며 소감을 마칩니다(서영창: 대학원생, 가명).

나섬공동체 유해근 목사님의 말씀과 재한몽골학교를 돌아보며 참 많은 것을 느끼게 되었습니다. 그 가운데 세 가지 정도를 나누려 한다.

1. 시대적 흐름을 읽을 줄 알아야 한다.

많은 사람들이 시대의 변화를 읽기 위해 노력하고 있다. 사업가 → NGO → 학교 → 공무원 → 정치인 → 교회 순으로 시대의 흐름에 제일 둔감한 곳이 교회라는 말이 정말 안타까웠다. 교회는 교회 안에만 갇혀 있어 시대가 무엇을 원하는지 알지 못하고 있다고 안타까워하시는 목사님의 마음이 그대로 전해졌다.

2. 미래세대

우리는 교육파트에서 사역하느라 오직 자라나는 아이들만을 다음 세대로 바라보았고, 교회는 이러한 아이들을 위해 끊임없이 지원해야 된다고만 생각했다. 그런데 유해근 목사님께서는 우리의 수명이 늘고, 비교적 일자리를 빨리 그만둘 수밖에 없는 현실 속에서 시니어들이 교회에서 얼마나 많은 일을 감당할 수 있겠느냐는 말에 새로운 지평이 열리게 되었다.

3. 하나님 나라

기독교교육을 접하면서 가장 많이 들었던 말이 하나님 나라다. 그래서 하나님 나라에 대해 여러 책을 보다가 『하나님 나라 복음』이라는 책의 한 저자인 김회권 교수님은 하나님 나라를 하나님의 통치가 이루어지는 곳이라고 소개하고 있다. 즉 사회, 경제, 문화라는 모든 분야에서 하나님의 통치가 이루어지고 또 하나님의 통치를 인정하는 곳이 하나님 나라라는 것이다. 이러한 하나님 나라를 이루어 가는 모습을 나섬공동체를 통해 설명을 듣고 그렇게 살기 위해 노력하는 모습을 직접 보고 나서 하나님 나라의 모델 하우스라는 말을 왜 하셨는지 알게 되었다. 끝으로 나섬공동체를 방문하고 나서 드는 생각은 '드러냄을 위한 노력' 이다. 유해근 목사님께서는 끊임없이 변화되는 시대에 생각의 전환으로 귀한 일꾼들을 세워 하나님의 나라를 이루어 가신다. 그래서 목사님의 삶은 변화하는 시대에 살아계신 하나님을 드러내기 위한 노력이라 말할 수 있다. 그리고 나그네들에게도 살아계신 하나님을 드러냄으로 하나님 나라로 초대하고 더 나아가 그들의 민족에게 역파송함으로 하나님 나라를 확장해 가는 온전한 교회의 모습을 드러내기 위한 노력이다. 이러한 삶을 위해 노력하시는 목사님의 삶 앞에 부끄러움을 감출 수 없었다. 하지만 새로운 지평이 열림과 또 새로운 도전이 주어졌음에 감사하고 또 다시 변화될 시대의 흐름에 하나님의 나라를 드러낼 교회의 모습을 만들어 가기 위해 간절한 노력이 필요할 것이다. 지금부터 그 첫 걸음을 내딛어보자!!!(박성민: 대학원생, 가명).

II. 눈에 보이는 게 없는 유해근 목사의 불굴의 도전

나그네를 섬기는 공동체, 나눔으로 섬기는 공동체, 나아가서 섬기는 공동체가 바로 나섬공동체이다. 학생들의 마음으로부터 우러나오는 글은 우리나라 기독교교육의 나아갈 길을 보여 준다. 말만 번지르르한 교육이나 학문적인 생각만 나열한 교육이 아닌 삶으로 보여 주는 교육, 나그네를 섬기고 나이든 이들의 식은 열정을 다시 불일 듯 일어나게 하며, 앉아있지 않고 일어서서 행동하는 프락시스 중심의 교육이 우리가 본 받아야 하는 교육이다. 바로 이런 교육을 나섬공동체와 재한몽골학교를 이끌고 있는 유해근 목사이다. 그는 젊은 시절 군종장교로 복무할 정도의 정상인이었지만, 시각장애인이 되었다. 이제는 무엇을 하든지 어디에 가든지 그의 부인 이강해사모와 동행을 하며 사역을 한다. 아래 두 사진은 재한몽골학교/ 나섬공동체의 모습이고 옆의 사진은 이강해사모와 유해근 목사의 모습이며 그 옆은 학생들을 인솔하고 간 필자의 모습이다.

[그림 48] 재한몽골학교와 나섬공동체에서 강의하는 이강애, 유해근 목사 부부, 김도일 교수(우편) 그리고 함께한 장로회신학대학교 대학원 학생들(좌편)

재한몽골학교는 자신의 집 앞에서 놀고 있는 한 외국 어린이를 돌봐준 일을 통해 알게 된 몽골 이주노동자의 삶에서 비롯된 것으로 이제는 매일 220여 명의 재한몽골학생들을 사랑으로 지도하고 있다. 그의 철학은 학생들의 증언에 나오는 것처럼 "이주민이 우리나라를 살릴 미래 세대다"라는 것이다. 그는 또 은퇴한 시니어들을 동력화하는 것이 중요하다는 사역 철학을 갖고 있다. 나이가 어린 어린이와 청소년들을 잘 키워내는 것이 미래세대를 살리는 일인 것은 분명하지만 100세 시대가 된 오늘날 60세여쯤에 은퇴하여 40년을 더 사는—경험 많고, 유연하며, 지혜가 풍성한— 시니어들을 잘 활용하여 이 사회를 위하여 재봉사하게 하는 것은 무엇보다 중요한 미래세대 사역이라고 그는 확신하고 있었다.

III. 영혼의 눈으로 마을교육공동체를 이루다

그는 사역자의 제일가는 덕목을 '자립'이라고 하였다. 마치 간디가 스와라지를 말한 것처럼. 자신의 경제생활을 다른 사람에게나 교회에 기대기보다는 자신이 책임질 줄 아는 정신이 중요하다고 하였다. 자립을 가르쳐 주기 위하여 그의 몽골학교는 태양열 에너지를 사용하며, 한국전력의 큰 도움 없이 생활이 가능해졌고, 빵공장과 꿀벌, 버섯공장 등 여러 가지 자급자족의 시스템을 가지고 있는 모습을 보았고, 또 노마드 카페 겸 식당으로 확장하여 정말 스스로 자립하는 교회, 학교가 되었다. 그가 판단한 상황은 다음과 같다. 이제 저출산, 초고령, 인구절벽을 경험하며 주일학교가 없는 교회가 60%가 된 현실을 직시하고 사회적 신뢰를 잃어버린 교회가 9포세대 (연애, 결혼, 출산, 취업, 주택, 인간관계, 희망, 외모, 건강포기)를 끌어안아야 하며, 최고보다는 최초가 되기를 추구하고, 약자를 섬기는 것이 목회가 되어야 한다. 그는 나섬공동체 안에 6개의 교회(나섬교회, 몽골교회, 인도교회, 필리핀교회, 베트남교회 등)가 모일 수 있도록 그들을 초청하였다. 그야말로 전세계가 그의 교구인 셈이다. "교회 사역 현장 속 블루오션을 찾아라"라고 젊은 학생들에게 엄청난 담대함을 불어넣어 주었다. 또 몽골 아이들, 이주민들, 다문화 아이들을 교육시키고 케어하며 여러 NGO와 협력하고 도전하고 기도하여 학교를 세웠고 그리고 마지막으로 교회까지 세워졌다는 목사님의 스토리에 신학적 회심, 목회적 회심, 교회론적 회심이 일어나게 된 귀중한 견학이었다.

비록 육신의 눈은 잃었을지도 그의 영혼의 눈은 누구보다 더 크게 열려 있었으며 넓고 큰 가슴으로 지역사회를 품고 있었으며, 나와 다른 배경을 가진 이들을 사랑하고 존중하며 살아가고 있었다. 가정, 교회, 마을 공동체 사례를 유해근 목사의 사역에서 찾아볼 수 있었다. 그리고 그의 정신이 이어질 후배들을 꾸준히 교육하고 진정성 있는 사역자로 키워내어야 하겠다. 그리하여 이제 또 다른 유해근이 나와서 미래세대를 함께 살려나가고 진정으로 사회에 공헌할 마을교육공동체를 이루어 갈 주역이 될 것으로 확신한다. 나는 대한민국의 크리스천이 마지막 시대에 하나님의 나라를 확장해 나가게 될 것이라고 확신하게 되었다.

25장
가정 · 교회 · 마을 교육공동체 형성 사례 3
: 안산명성교회의 사회적 중보 이야기*

I. 꿈 너머 꿈을 꾸다

미래세대 살리기 프로젝트는 생각보다 훨씬 더 어려운 작업이다. 꿈을 잃어가고 있는 미래세대를 살리기 위해서는 실제 사역의 현장 속에서 꿈을 꾸고 꿈을 현실 속에서 실현해 나가는 건강한 교회의 실례를 찾아내어 소개하는 것이 필수적이다. 살인적인 여름의 더위가 상흔이 아직 아물려면 멀기만 한 도시 안산을 뒤덮기 시작하고 있을 때 필자가 함께 하는 가정교회마을연구소의 전문연구원들은 마을교육공동체 만들기에 여념이 없는 기독교대한감리회 안산명성교회(담임: 김홍선 목사)를 찾았다. 안산명성교회는 "꿈 너머 꿈을 꾸는 교회"라는 케치 프레이즈를 걸고 마을에 소망을 주며 마을사람들과 함께 건강한 교회를 꿈꾸고 있다. 한 아이를 제대로 키우려면 온 마을사람이 함께 힘을 모아

---

* 이 글은 "꿈 너머 꿈을 꾸는 마을교육공동체: 안산명성교회 이야기," 「교회성장」, 291호 (2017년 10월호): 140-146에 게재되었고 수정·보완하였다.

키워야 한다는 격언이 어울리는 교회가 되기를 소망하는 이 교회에서 참여했던 이들은 일말의 소망을 갖게 되었다.

[그림 49] 안산명성교회를 찾은 가정교회마을연구소 전문연구원들과 담임목사

이 글은 단순히 한 교회의 사역을 소개하는 데에 집필의 목적이나 의도가 있는 것이 아니라는 것은 "더 넥스트 스텝: 미래세대 살리기 기독교교육 프로젝트〉 시리즈를 읽은 독자들은 알것이라고 사료된다. 안산명성교회가 단순히 성장주의에 매여 마을과 상관없는 외딴 섬과 같은 교회가 아니라는 사실은 그들이 내세우는 표어: 교회를 세우는 교회(교회로 교회되게 하라: Let Church Be Church)에서 극명하게 드러난다. 이 교회가 진정한 교회로 존재하기 위하여 실천하기를 원하는 교회로서 다음의 소개글을 나누고자 한다. 안산명성교회는 ① 경건의 모양보다 경건의 능력이 있는 교회, ② 성 쌓는 교회보다 길 닦는 교회, ③ 모아 축적하는 교회보다 흩어 나누는 교회, ④ 천사의 방언보다 사랑의

수고가 있는 교회, ⑤ 바르게 믿고 의롭게 살고자 하는 사람들의 모임, ⑥ 건물을 키우는 교회보다 인물을 키우는 교회라는 것이다. 담임목사 김홍선은 현장에서 선교적 교회론을 제대로 실천하고 있었으며, 그의 교회론에 대한 이해는 정확한 현실진단에 의거한 것이며 그러하기에 그가 진정 꿈 너머 꿈을 꾸는 교회, 진정 하나님이 원하시는 교회를 이루어나가는 것이라는 판단을 참석한 이들로 하여금 내리게 하였다. 하나님의 백성이 자신의 성공만을 위한 꿈을 꾸는 것에서 넘어서서 타인을 위한 꿈을 꾸게 하는 교회로 존재하기를 원하는 갈망을 본 것이다.

II. 목회 현장이 곧 텍스트다

건강한 교회, 바른 목회를 꿈꾸며 작은 것에서부터 실천해 나가는 것은 이 사회에 가득한 교회에 대한 부정적인 이미지 개선에 적지 않은 도움을 준다. 책에서 배운 건강하고 바른 목회를 위하여 교회가 위치한 삶의 자리에서 마을 사람들의 필요를 파악하여 교회가 마을 속에서 어떠한 역할을 하여야 할지를 아는 것은 매우 중요하다. 목회현장은 곧 사역의 콘텍스트일뿐만 아니라 그 자체가 텍스트가 된다. 교과서가 된다는 말이다. 실제로 오늘날 사역자가 되기를 원하여 신학교에서 훈련을 받는 목회후보생들은 목회를 책에서 이론적으로만 배워서는 실제로 좋은 목회자가 되기 어렵다. 그리고 건강하고 바른 목회를 실제로 수행하고 있는 교회의 예는 많은 목회후보생들에게 아주 좋은 교과서적인 역할을 할 수 있는 것이다. 그러기에 본 연구는 본보기가 될만한 교회의 예를 발굴하여 소개하고 벤치마킹을 할 수 있도록 돕는 것이 필요하다. 실제로 한국에는 목회자들이 본으로 삼을만한 건강한 모델 교회가 많이 있는데 안타깝게도 잘 알려지지 않은 것 같다. 한국일 교수가 말한 "목회현장이 곧 텍스트"라는 말은 이 시대를 살아가며 훈련에 매진하는 이들이 꼭 귀담아 들어야 할 이야기이다. 안산명성교회는 희망을 잃어가는 이 시대를 살아가는 후보생들에게 희망의 증거가 되며 그러기에 그들의 목회현장을 교과서 삼아 배우는 계기가 되기를 소망한다.

III. 마을교육공동체를 이루기 위한 첫걸음은 교회론 정립에서부터

마을사람들로부터 돌을 맞던 교회가 돌 대신 꿈을 맞는 교회가 되기 위한 몸부림은 어느 날 그들이 살아가는 삶의 현장에서 그들을 찾아왔다. 경기도 안산시 단원구 단원로 61번지(고잔동)에 위치한 안산명성교회는 세월호참사의 아픔을 그 누구보다도 더 참혹하게 경험한 단원고등학교의 바로 앞에 위치하여 있다. 교회의 옥상에 올라가 보면 단원고등학교가 바로 앞에 있음을 알 수 있다. 본래부터 이 교회가 마을의 학교와 긴밀하게 연관을 가진 것은 아니었다. 그러나 2014년 4월 16일 진도 앞바다에서 단원고 학생들을 싣고 제주도로 수학여행을 떠났던 큰 배가 좌초하여 진대미문의 사고에 직면하고 나서 안산명성교회에는 그야말로 난리가 났던 것이다. 이 교회에 속한 여섯 명의 고등부학생들이 저 세상 사람이 되고 나서 교회의 시대적 사명은 그렇게 다가오게 되었던 것이다. 이 교회의 역사는 세월호 참사 사건 이후와 이전의 교회로 나누어질 만큼 절체절명의 위기와 도전에 직면하게 된 것이다. 이전에 어렴풋이 가졌던 모이는 교회론 중심의 목회는 여느 교회의 목회와 크게 다르지 않았던 것 같다. 물론 지역사회 속에서 교회의 역할을 나름대로 최선을 다하려고 노력을 하지 않았던 것은 아니지만 참사이후 흩어지는 교회, 마을 속의 교회로서의 역할이 부각된 것은 사실이다. 세월호참사는 안산명성교회에게 있어서는 하나의 전쟁과도 같은 엄청난 사건이었다. 특히, 단원구 단원로에 위치한 교회로서 한집 건너 희생자를 낸 전쟁터와 같은 마을 속에서 교회가 과연 무엇을 할 수 있을지를 심각하게 고민하게 된 것이다.

남택률 목사는 일찍이 하비 콕스(Harvey Cox)가 외친 "교회가 세상을 버리면 하나님은 교회를 버린다"는 말을 인용하면서, 그동안 예배당 안에 모이는 교회만을 강조해온 한국교회는 마을에 존재하면서도 마을 사람들을 전도의 대상으로만 생각했지 함께 살아가는 이웃으로 대하기에는 게을리 했다고 주장했다.[1] 실로 옳은 말이다. 안산명성교회는 한편으로 마을 사람들에게 복음을 통해 예수님을 전하는 구원의 방주로서의 역할을 감당하면서도 다른 한편으로 마을 속의 교회로서의 역할, 즉 하나님의 선교를 실천하는 마을 속의 교회, 마을 사람들과 함께 하는 하나님의 백성, 즉 교회의 본질적인 모습을 회복하게 되었던 것이다. 교회는 선교공동체 혹은 신앙공동체이면서 동시에 마을 속의 교육공동체, 삶을 나누는 공동체이어야 한다는 말이다. 이것을 이 글에서는 마을교육공동체로 부른다. 안산명성교회는 마을 속에서 세월호참사로 인해 고통 받는 마을 사람들과 함께 아픔을 나누고 언제나 정다운 이웃으로서 존재하기 위하여 애를 썼다. 자녀를 잃은 부모님들을 위하여 치유상담소를 개설하고 마음의 병을 치유하는 노력을 하고 있는 것으로 보인다. 상담방에는 자신 속에 자리 잡고 있는 화(anger)의 정도를 자기 측정해 볼 수 있는 첨단장비를 갖추고 있으며, 피상담자가 원할 경우 그들에게 전문가의 도움을 청할 수 있도록 하고 있다. 또 청소년들을 위하여 전교우가 힘을 모아 "천천솔로몬 장학금"제도를 마련하고 실천하고 있는 것도 보았다. 천천솔로몬 장학금이란 교우들이 매달 천원씩 헌금하여 단원고학생들에게 제공하고 있는데 참사로 인하여 풍비박산이 난 가정의 청소년들을 위하여 천명의 교우가 한구좌씩 가입하여 현재 천만원의 장학금을 지급하고 있다고 한다. 그들은 안산명성교회가

---

[1] 남택률, "우리 동네 목사님," 〈한국기독공보〉, 2017. 08. 09.

지역사회에 있는 교회로서 건강한 마을교육공동체를 이루어 나가는 것을 추구하고 있었다.

IV. 이웃, 안부를 묻습니다

안산명성교회 방문에서의 경험은 아주 특별했다. 그들은 아주 소박하게 본당을 꾸며 놓았다. 본당 내의 거룩한 교회, 경건한 성도라는 표어는 모이는 교회로서의 거룩한 예배공동체의 확립에 많은 애를 쓰고 있음을 볼 수 있었다. 특별히 아래에서 보는 것처럼 예배인도자와 기도자가 강단으로 올라갈 때는 작은 문을 통과하여야만 올라갈 수 있는데 하나님 앞에서 겸손한 자만이 공예배의 자리로 들어갈 수 있다는 상징을 적절히 활용한 것을 알 수 있다.

[그림 50] 좌: 예배자가 강단에 올라 갈 때 반드시 통과해야 하는 기도의 문
[그림 51] 우: 단원고가 내려다 보이는 옥상에 설치한 희생자를 위한 묵상의 자리

소박한 본당에 비하면 예배당 옆에 지어놓은 교육관은 마을 사람들, 특히, 자녀를 잃은 부모와 동료를 잃은 청소년들과 마을 사람들을 위한 배려와 치유의 공간으로 최선을 다해 꾸며놓은 것을 알 수 있었다. 이름하여 〈힐링센터0416〉이 바로 그것이다. 연세대학교 상담, 코칭센터, 다일공동체, 안산의료복지협동조합, 고잔동 주민센터 등과 연대하여 마을사람의 안부를 늘 묻는 센터를 운영하고 있었다. 심리상담과 치료 과정을 통하여 마을사람들에게 쉼과 힘을 얻게 하는 노력을 하고 있었다. 마을사람들에게 우리가 "함께 할게요", "사랑합니다"라는 메시지를 끊임없이 주고 받는 코이노니아 정신을 실천하고 있었다.

V. 사랑 실천 운동은 "겸손하게, 조용하게"

단원구 단원로 마을에 존재한다는 의미는 우리 삶에 언제라도 재난이 닥칠 수 있다는 경각심과 준비하는 마음을 가져야 한다는 의미이다. 그러므로 안성명성교회는 경험적으로 재난신학을 갖게 되었고 언제 닥칠지 모르는 재난을 당한 이웃을 위한 "긴급구호기금"을 마련하게 되었단다. 어려운 형편에 처한 이웃을 위하여 오직 신용으로 소액을 대출해 주는 사회적 실천운동을 전개해 오고 있는 것이다. 이를 그들은 "따스머니"로 명명하고 곤경에 처한 이웃을 돕는 따스한 사랑운동을 실천하고 있다. 이외에도 예수님을 첫째, 이웃을 두 번째, 나를 세 번째로 생각하는 해피 조이 투게더(Happy Joy Together: Jesus First, Others Second, Yourself Last)운동을 벌이고 있었다. 물론 이 모든 사랑 실천 운동은 겸손하게, 조용하게 수행하는 것을 기본 정신으로 하고 있었다.

VI. 저항은 없었을까?

"이 모든 사회적 나눔을 할 때 교우들의 저항은 없었을까?"라는 질문이 저절로 나오게 된다. 그러나 예배와 교육을 통하여 철저하게 복음의 진리를 설교하고 모이는 교회의 중요성과 친교의 강화를 통하여 전 교우가 하나가 되는 신앙공동체로 단단하게 뭉치는 데에 담임목사는 최선을 다하였고, 교회의 모든 경영 원칙을 투명 경영, 감동 복지, 꾸준한 소통이라는 세 가지 정신으로 세우게 된 것을 교우들이 이해하고 동의하였을 때 저항은 최소화되었고 현재는 모든 교우들이 마을 사람들과 잘 어우러지며 함께 한다고 한다. 교역자들은 가능한대로 마을의 사람들과 함께하며 격의 없는 소통을 하려고 애를 쓴다. 처음 이러한 사회적 활동을 할 때 본 교회에 오래 있던 기신자들 중 "목사님 그런다고 전도가 됩니까?"라는 저항심리를 갖고 있었던 것이 사실이다. 그러나 목적하지는 않았지만 결과적으로 목사의 목회철학이 마을에서도 통하게 되고 진심이 전달되었을 때 실제로 전도도 되어 교회의 부흥이 되는 것을 목격하면서 저항심리를 가졌던 이들도 점차 이해하게 되어 설득이 된 것을 알 수 있었단다.

고잔1동에 있는 54개 통장들을 교회로 초청하여 '통장초청하례식'을 매년 1월에 갖고 실제 마을에서 봉사하며 고생하는 풀뿌리지도자들을 위로하고 격려하는 것을 의례적으로가 아닌 진정성을 갖고 꾸준히 했더니 모든 마을사람들의 입에서 교회를 칭찬하고 함께하려는 분위기 조성되었다. 안산시를 위하여 진정으로 수고하는 이들은 국회의원이나 시장이기보다는 통장이라는 자부심을 불어넣어 주고 그들의 노고를 치하하는 것이 중요하다는 것이다.

VII. 교회적 중보기도와 사회적 중보기도 마을교육공동체의 좋은 본보기

주일 예배에 참석하는 교우는 1천 명이지만 안산에서 사는 이들은 70만 명이기에 주일 교인 천명, 평일 교인 70만 명이라는 생각으로 목회지를 생각한다는 김홍신 목사는 마을의 애경사에 늘 신경을 쓰고 중요한 마을의 일에는 내일이라는 생각으로 참여한다. 마을을 품으려고 노력하고 있다. 또 지역 에큐메니즘의 차원에서 교단을 초월하여 다른 교회들과 연대하여 사역하려고 애를 쓴다고도 하였다. 이제 교우들은 대중기도 때도 교회 내의 문제를 놓고 기도하고, 사회 속의 문제에 대하여도 기도하는 교회적이며 사회적인 중보기도를 하기에 이르게 되었다. 한 가지 분명한 것은 교세불리기식의 기도는 지양하게 되었다고 한다. 신앙의 체험은 개인적이면서도 동시에 사회적이어야 한다는 목회철학을 갖고 교우들과 함께 한다는 것이다. 마을 속에서 마을 사람들을 품고 마을 사람들과 함께 하는 지속적인 마을교육공동체 만들기 사역에 매진하는 안산명성교회의 사역은 오늘날 많은 교회에 귀감이 되고 있다고 본다. 안산명성교회는 많은 교회가 사회 속에서 신뢰를 잃어가는 오늘의 상황에서 하나의 좋은 본보기가 된다. 개인적 구원론에 사로잡히기 보다는 예수님을 구주로 믿고 확실한 구원을 선물로 얻은 하나님의 사람이 모인 교회는 마을 속에서 예수님의 본을 따라 마을로 나가(눅 9:56) 마을 사람들과 함께 하면서 그들의 친구가 되고 그들의 필요를 채워주는 사역을 해야 할 것이다. 마을 사람들의 아픔에 동참하고 그들을 위해(for) 그들에게 나누어주는 시혜적 사역을 하기 보다는 그들과 함께 삶을 나누는(with) 존재적 사역을 해야 할 것이다. 바로 이것이 안산명성교회를 통하여 확인하는 마을교육공동체를 만들어나가는 중요한 여정이다.

26장
가정·교회·마을 교육공동체 만들기 세미나의 실제 1*

이 장에서는 실제 가정, 교회, 마을이 연대하여 교육공동체를 만들어가는 것을 목적으로 하는 마을교육공동체 만들기 세미나의 실제를 그대로 옮겨 오고자 한다. 그 이유는 간단하다. 마을교육공동체는 이론으로만 만들어지지 않고 마을 속에서 실제로 살아가고 있는 주민들과 교인들이 같이 모여 자신들이 살고 있는 동네의 현실을 같이 파악하고 마음을 모으는데서 시작되기 때문이다. 물론 필자가 기획하는 세미나가 모든 주민들에게 다 적용되기에는 아직도 부족한 점이 많이 있으나, 먼저 교회에 출석하거나 교회에 대하여 부정적인 입장을 갖지 않은 마을사람들도 초대하여 세미나를 진행하는 것은 매우 유익하고 의미 있는 일이라고 생각되기에 여기에 소개하는 것이다.

---

* 이 글은 "제4차 산업혁명의 도전과 마을교육공동체 만들기 세미나: 제주편,"「교회성장」, 290호(2017년 8월호): 135-139에 게재되었고, 수정·보완하였다.

I. 제주교회 어린이 부서의 현실과 제주에서 벌어진 기적의 세미나

이 일을 위하여 세 사람의 현직 신학교 교수와 세 사람의 현장 목회자가 힘을 합쳤다. 대한민국의 관광 중심지 제주는 풍광이 수려하고 맑은 공기가 넘쳐나며 온갖 숙박시설을 다 갖춘 이국적인 멋이 넘쳐나는 우리나라의 보물이다. 돌, 바람, 여자의 고장 제주는 분명 모든 사람의 마음을 사로잡기에 충분하다. 그러나 제주는 100여 년이 넘는 기독교 역사를 지녔음에도 불구하고 오랫동안 놀러가는 고장으로 남아 있었다. 몇 년 전 제주도의 기독교 실태를 조사한 바에 의하면 제주도는 분명 선교지였다. 다음은 연구의 결과를 요약해 주는 자료이다.[1]

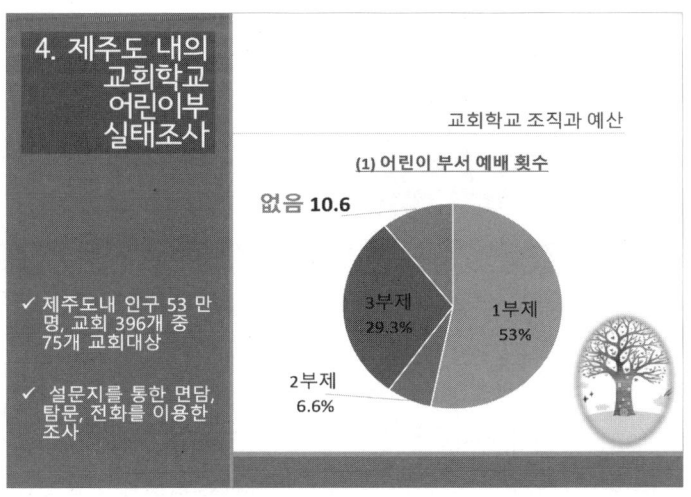

[그림 52] 제주도 내의 교회학교 어린이부 실태조사 1: 어린이 부서 예배 횟수

---

[1] 이 설문조사는 장신대에서 기독교교육학을 젊은 시절에 전공한 제주 사랑하는 교회의 서성환 목사가 수행했다. 당시 그는 제주교육선교연구원의 이사장직을 맡고 있었으며 필자는 그의 설문조사를 근거로 다음의 글을 발표한 바 있다. "교육선교에 관한 연구: 제주교육선교의 가능성을 모색하며,"「기독교교육논총」, 제34집, 2013.: 1-30,

II. 제주 교회학교 어린이부의 실태조사

필자가 살펴본 〈제주도 내의 교회학교 어린이부 실태조사 1〉에 의하면 제주에는 겉으로 볼 때 어린이 예배를 열심히 드리고 있었다. 이는 제주도내 인구 53만 명, 396개의 교회 중 설문에 응답한 75개 교회를 대상으로 조사한 결과이다. 그런데 조사에 응한 교회를 중심으로 볼 때 다음과 같은 결과를 도출할 수 있었다.

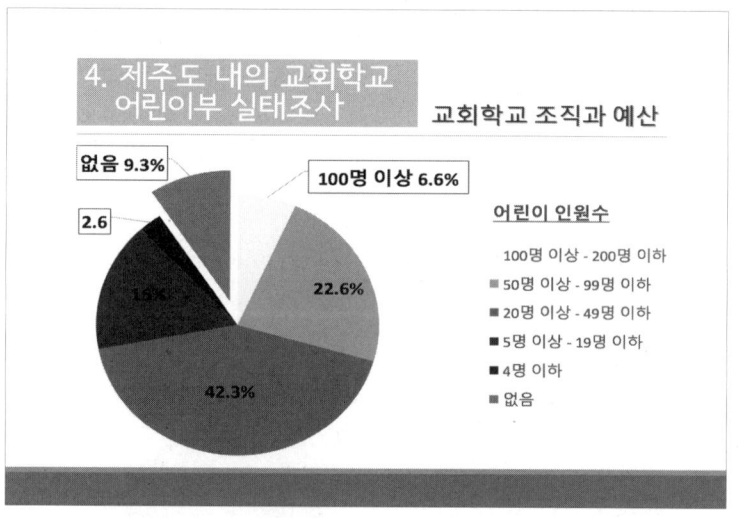

[그림 53] 제주도 내의 교회학교 어린이부 실태조사 2, 어린이 인원수

[그림 53] 〈제주도 내의 교회학교 어린이부 실태조사 2〉에 의하면 제주도 내 70.2퍼센트의 교회는 어린이 부서가 20명 이하이며 이 중 11.9퍼센트에 해당하는 교회에는 4명 이하의 어린이가 있거나 아예 없는 교회도 10퍼센트에 가깝다. 왜 이러한 결과가 나왔을까? 이에 대하여 제주에 오래 거주한 교역자들과 평신도 지도자들의 증언에 의하면 제주에는 미션스쿨이 전혀 없으며 신학교도 전무한 상태여서 어린이를 비롯한 청소년 사역들을 오랫동안 키워내지 못했고, 제주도에서 잘 훈

련받은 청소년 중 많은 이들이 육지로 공부하기 위하여 떠났으며 이 중 대부분은 육지에서 자리를 잡은 후 돌아오지 않는 경우가 대부분이라고 했다. 그들의 말에 의하면 "잘 키워 놓으면 육지로 돌아가 다시는 돌아오지 않는 경우가 비일비재하다"라는 것이다. 이러다 보니 제주에는 어린이와 청소년을 위한 전문 사역자가 거의 없다고 보아도 과언이 아닐 것이다. 물론 6.6퍼센트에 해당하는 소수의 교회에는 어린이들이 100명 이상 존재하고 있다. 그러나 이들은 부모들의 제주이주로 인한 한시적인 인원이라는 것이다.

여기서 한 발자국 더 들어가 보자. 과연 제주에는 전문 신학 훈련을 받은 교역자가 얼마나 있을까? 이는 매우 중요하다. 왜냐하면 그들이야말로 제주의 미래세대를 양육할 수 있는 사람들이기 때문이다. 제주에는 복음이 오래전에 전파되었으나, 육지처럼 미션스쿨이나 신학교가 존재하지 않는다. 물론 각 교단에서 운영하는 신학원 수준의 교육기관들이 있기는 하지만 충분하지 않은 것으로 보인다. 더욱이 마치 외국으로 유학을 떠나는 것처럼, 제주에서 자라난 똑똑한(?) 사람들은 제주를 떠나 육지에서 공부하고 나서 육지에 머무는 경우가 적지 않다고 한다. 물론 이를 아무도 막을 수 없고 막아서도 안 될 것이다. 그러나 제주도의 미래세대를 양육하는 지도자가 턱없이 부족하다는 점을 고려할 때 실로 안타까운 일이 아닐 수 없다. 제주도는 이제 수많은 중국 여행객을 비롯한 육지에서 놀러온 사람들로 넘쳐나고 있으며 그 땅에서 미래세대를 위하여 몸과 마음을 바쳐 일하는 일군을 절대적으로 필요로 하고 있다. 일찍이 이승훈 선생이 6개월 동안 조천이라는 동북부의 작은 동네에 유배생활을 했을 때, 마을의 교회와 학교들을 다니며 교육하며 뿌린 씨앗이 자라나고 있기는 하지만 아직도 기독교 교육기관과 헌신된 기독교 지도자가 턱없이 부족하다. 현재 제주도 내의 어린이부서를 담당하고 있는 이들에 대한 현황은 아래의 표를 보면 내용을 알 수 있다.

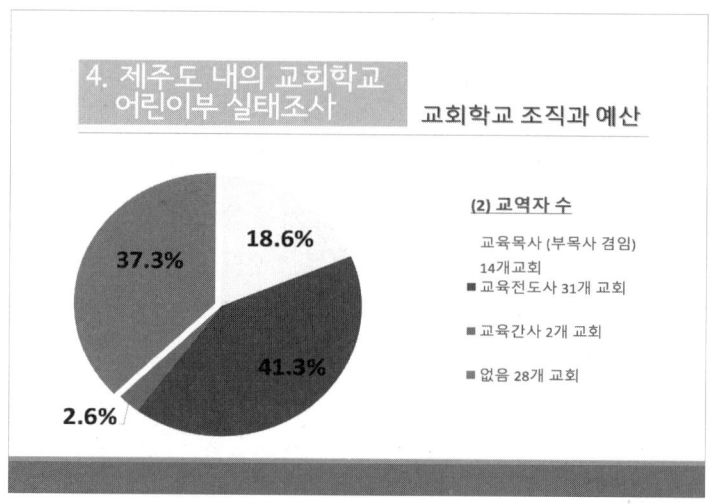

[그림 54] 제주도 내의 교회학교 어린이부 실태조사 3: 교회학교 교역자

    제주 내에서 그나마 교육전담 부목사를 둔 교회는 18.6퍼센트 였으며 41.3%는 교육전도사를 두고 있었다. 그리고 교회 내에 교육간사를 둔 교회는 2.6퍼센트였으며 37.3퍼센트에 해당하는 교회는 아예 교육전담 교역자가 없었다. 아니 둘 수 없었다. 어쩌면 그것은 제주내 작은 교회들에게는 사치에 가까운 일일지도 모르겠다. 왜냐하면 이제 육지 교회와 비슷하게 제주 내의 교회들은 급격하게 노령화되었기 때문이다. 물론 이러한 상황은 수많은 중국 사람들이 제주에 관광을 오고 투자를 하던 2015년과 2016년에는 많이 바뀌었다. 그러나 최근 사드배치 결정에 반발하는 중국당국의 집단적인 조치로 인하며 다시 원점으로 회귀하는 모습을 띄고 있다. 다행히도 최근 중국과 한국의 관계가 다시 복원되는 조짐이 보이는 가운데 많은 제주의 시민들은 다시 도래할 경제부흥의 기회를 간절히 기다리고 있으나 실제로 중국 관광객들로 인한 부정적인 영향도 적지 않은 만큼 마냥 좋아할 만한 일은 아니라고 본다.

III. 제주도 교회학교 어린이부 실태 조사

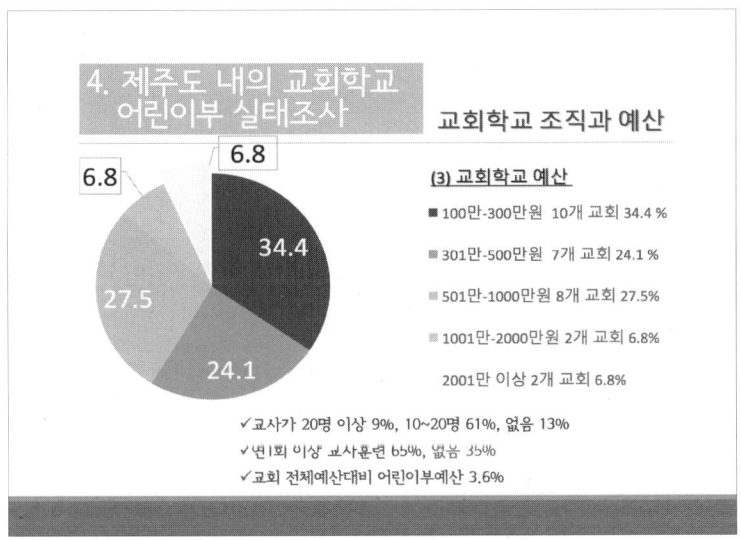

[그림 55] 제주도 내의 교회학교 어린이부 실태조사 4, 교회학교 예산

제주 내의 어린이 부서에 할당된 일년 예산은 100만 원-300만 원에 해당하는 교회가 34.4퍼센트, 301만 원-500만 원에 해당하는 교회가 24.1퍼센트, 501만 원-1,000만 원에 해당하는 교회가 27.5퍼센트이며, 1,000만 원이 넘는 예산을 할애하는 교회는 단 13.6퍼센트였다. 이는 얼마나 제주의 교회가 어린이 사역에 투자를 덜 하고 있는지를 보여 주는 단적인 예이다. 위의 그림 〈제주도 내의 교회학교 어린이부 실태조사 4: 교회학교 예산〉에 나오는 것처럼 교사가 아예 없는 교회가 13퍼센트나 되었고, 10-20명인 교회가 61%였으며, 20명 이상인 교회는 9퍼센트밖에 되지 않았다. 그리고 연1회 이상 교사훈련을 실시하고 있는 교회는 65퍼센트였고 35퍼센트의 교회는 아예 그런 훈련을 실시하지 않고 있었다. 이 모든 결과를 한 마디로 정리해 주는 것은 교회 전체예산대비 어린이부 예산은 교회전체예산의 3.6퍼센트밖에 되지

않는다는 점이다. 이는 414 무브먼트에서 주장하는 것을 제주교회가 불행하게도 증명해 주는 모양이 되고야 말았다.

IV. 제주교육선교연구원을 통한 가정 · 교회 · 마을 교육공동체의 형성

이러한 현장조사결과를 바탕으로 하여 결성된 연구원이 "제주교육선교연구원"이다. 이 연구원은 제주 내의 현실을 직시하고 어린이와 청소년을 그리스도께로 인도할 수 있는 전문인력을 양성하기 위하여 구성된 순수 현장 지원 연구원이다. 전국에 있는 신학기관에서 교수로 봉직하고 있는 이들 20명 이상은 김도일 교수(장로회신학대학교 기독교교육학)와 조은하 교수(목원대학교 기독교교육학)을 중심으로 뜻을 같이 하여 제주교육선교를 위하여 2012년에 분연히 일어섰다. 이들은 제주에서 헌신하여 최선을 다하고 있는 현장 목회자들과 함께 제주의 어린이, 청소년, 부모, 목회자들을 돕기로 한 것이다. 2년을 한 깃수로 하여 평신도들을 지역교회의 고급인력으로 양성하기 위하여 매진한 결과 현재 3기생들을 교육하고 있다. 첫째와 둘째 기에는 서성환(이사장), 안광덕(학감) 목사가 수고하였고, 현재 3기에는 오공익(이사장), 신관식(학감) 목사가 헌신하고 있다.

2016년에는 법환교회에서 "제주, 선교의 꿈으로 교육하다"라는 주제로 교육 현장의 교사와 목회자들을 대상으로 가정, 교회, 마을 세미나를 열었고, 2017년 6월 24일(토)에는 제주중문교회에서 "제4차 산업혁명의 도전과 마을교육공동체 만들기"라는 주제로 세미나를 열었다.

이를 위하여 김도일 교수(장신대), 조은하 교수(목원대), 한국일 교수(장신대, 선교학)가 교육선교신학적 토대에 마을교육공동체 만들기의 원리와 기초에 대하여 발제하였고, 이원돈(새롬교회), 신관식(법환교

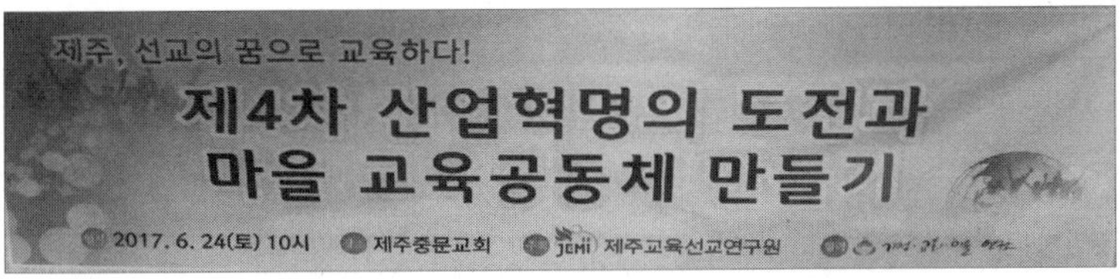

[그림 56] 제주, 선교의 꿈으로 교육하다!:
제4차 산업혁명의 도전과 마을교육공동체 만들기 플래카드

회), 조주희(성암교회) 목사가 마을교육공동체 만들기의 실제와 사례를 발표하였다. 이제 다음호에서는 세미나의 구체적인 내용에 대하여 소개할 것이다. 이제 제주교육선교의 사례와 경험은 점점 선교지화 되어가고 있는 한반도 각 지역에서 계속되어야 한다고 생각한다. 현재 경상도, 강원도, 충청도는 교육선교가 매우 시급한 형국이 되어가고 있음을 우리는 주지하여야 할 것이라고 보기에 이 사역이 계속적으로 펼쳐져야 할 것이다. 2011년부터 시작된 제주교육선교연구원의 활동은 가정·교회·마을 교육공동체를 형성하기 위한 초석을 놓았다고 평가되며, 2년을 기간으로 하여 성도들을 훈련시키고 있으며 2017년 11월에는 3기생들이 졸업하였다. 이제 더 넓은 지역에 이 사역이 퍼져서 수많은 사람들이 주께로 돌아오고, 미래세대를 전문적으로 양육하여 온 마을이 사는 기적이 계속되기를 소망한다.

2 7 장
가정·교회·마을 교육공동체 만들기 세미나의 실제 2
그리고 부모-학생-교사가 함께 참여하는 독서운동
— PST Reading Program Movement*

I. 마을교육공동체 형성을 위한 시도

마을교육공동체는 짧은 시간에 만들어지지 않는다. 이는 일종의 운동을 통해 서서히 만들어진다. 오랜 시간이 걸리는 작업이라는 뜻이다. 특히, 어릴 때부터 독서가 습관이 되지 않은 사람이 많지 않은 지역에서는 더욱 그렇다. 본 연구에서는 마을교육공동체 만들기를 시도하고 하고 있는 지구촌의 한 지역 사역 현장에서 경험한 것을 나누고자 한다.

최근 인도네시아의 바탐(Batam) 지역(Riau주 소속, 약 3,500개의 섬으로 이루어짐)에 위치한 한 기독교학교를 방문하여 그곳의 학생과 교사와 교장들을 만나고 교사강습회를 인도하였다. 한국의 상황과는 많이 다른 그곳에는 마치 우리나라의 70년대를 연상케 하는 듯한 교육환경이었다. 교실마다 운동장마다 학생들은 넘쳐나고 있었다. 유치원, 초등

---

* 이 글은 "4차 산업혁명의 도전과 마을교육공동체 만들기 세미나"「교회성장」, 291호 (2017년 9월호): 150-155에 게재되었고, 수정·보완하였다.

학교, 중학교, 고등학교에는 2700명이 넘는 학생들과 교사들이 있었다. 우리말로는 새싹재단으로 명명된 학원에는 소망이 넘쳐나고 있었다. 현지 언어로 Tunas baru(유·초·중·고), Teramia(유·초·중), Harapan Baru(유·초)로 부르는 그곳의 학생들의 눈망울에는 배우고자 하는 열망이 가득했고, 교사들의 자세는 그야말로 하나라도 놓치지 않으려는 듯, 지성과 감성과 영성이 끓어 넘치고 있었다. 그곳에서 기독교 학원을 세운 선교사는 김동찬 목사이며 그는 학교의 이름을 다음과 같이 설명해 주었다. "tunas baru: 새싹, teramia: 빛과 소금, harapan baru: 새희망"이라는 뜻이며 이 학원재단의 이름은 "Yayasan Tunas Baru: 학교 법인 새싹"이다. 이를 영어로 표현하면 "New sprout, New hope, Light & salt"인데, 학교의 이름조차 너무도 산뜻하여 듣는 이가 흥분될 지경이었다. 김동찬 목사는 인도네시아 교육선교에 27년 동안 매진해온 선교사로서 연세대 신학과(BA), 장신대 신대원(M.Div.), 장신대 대학원에서 신학박사 학위(Th.D.)를 취득한 교육선교 전문가이며, 부인 김영화 선교사와 함께 연세대에서 제정한 언더우드 상을 2013년에 수상한 선교사의 대부와도 같은 존재이다.[1] 마치 호레이스 언더우드(Horace Underwood) 목사가 이십대 중반에 한국으로 선교를 와서 온갖 역경을 다 이겨내고 연세학원을 세워 한국의 인재들을 길러내고 있는 것처럼, 김동찬 선교사를 필두로 하여 김영화, 김정임, 김부열, 손영신, 이근수, 정현숙, 김광호, 이경옥 선교사는 한 팀을 이루어 오늘의 모범적인 기독교학원을 이루어 내었다. 새싹재단의 학교들은 모두 현지인들을 교장과 교사로 세워 지역사회를 섬기고 마을교육공동체를 이루어 가고 있는 중이다.

---

[1] 언더우드의 가훈 "불가능을 일소(一笑)에 부치고"(Laugh at impossibilities and say it shall be done)는 모든 사역자들이 마음에 품어야 할 정신이다. 인도네시아 빨렘방지역에서 활동하고 있는 이규대, 이진옥 선교사도 2017년에 언더우드상을 수상한 인도네시아의 또 다른 대부 선교사이다.

II. 마을교육공동체 형성을 위한 첫걸음: 현지 사역자들과의 생각 공유

먼저 인도네시아 전역에서 사역하고 있는 선교사들과는 "지역공동체로 나아가는 기독교교육"이라는 제하의 세미나를 진행하였다. 무엇보다 현지에서 교육선교를 펼치고 있는 선교사들과 함께 하는 세미나는 중요하다. 왜냐하면 한국에서 유사한 상황을 겪으며 공부하고 현지에서 사역을 계획하고 실무를 담당하는 이들과 생각을 공유하는 것이 이른바 '운동'을 일으키는 시발점이 되기 때문이다. 이 연구를 나눔으로 인해 혹여 우리나라를 비롯한 세상의 다른 지역에서도 마을교육공동체를 형성하는 기반이 될까 하여 실제로 나눈 몇 개의 이미지 자료를 올리고자 한다.2

[그림 57] 〈지역공동체로 나아가는 기독교교육〉은 본 세미나의 주제를 담은 것이다. 기독교교육은 가정과 교회와 마을이 연계하여 마을교육공동체를 만들어가는 것이 그 주된 목적이다.

[그림 57] 지역공동체로 나아가는 기독교교육

---

2 김도일, "지역공동체로 나아가는 기독교교육," 「기독교교육논총」, 제47집 (2016. 09. 30): 51-93을 참고하여 파워포인트 프리젠테이션 자료를 만든 것이다.

[그림 58]은 왜 기독교교육 사역을 말하면서 왜 지역공동체를 이야기하는지에 대한 이유를 밝히고 있다. 오늘날 범세계적으로 퍼져나가고 있는 병적인 현상, 즉 너와 나의 단절, 세대간의 단절, 민족과 국가간의 단절 등을 논하고, 교회의 본질을 잃어버린 오늘의 현상, 지역사회와 동떨어진 교회교육의 모습을 논하고 나서 기독교교육의 사명을 다시금 되짚어 보자는 것이다.

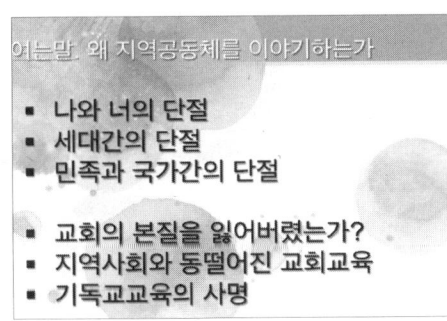

[그림 58] 왜 지역공동체를 이야기하는가

[그림 59]에서는 지역공동체론의 학문적 근거로서 첫째, 사회학적 조망을 다룬다. 이 시대는 사회학적으로 볼 때 불확실성의 위험을 안은 사회이며, 소통이 부재한 사회이며, 많은 이들이 고독한 삶을 살고 있다는 점을 다루는 것이다.

[그림 59] 지역공동체론의 사회학적 조망

[그림 60]에서는 지역공동체에 대하여 논하는 문화인류학적 조망을 하고 있다. 이 부분에서는 마을이 미래세대를 지도하는 교육의 장소(locus)이며 곧 교과서가 된다는 점을 부각하고 있다. 오래전 인도에서 마하트마 간디가 영국에서 오랜 공부를 마치고 고국으로 돌아와 자신이 살던 마을을 돌아본 결과 그 마을은 아예 자치(自治: self-governance)의 능력이 상실되어 있음을 발견하고 소위 주민 스와라지(Hindu Swarāj)를 의미하는 용어를 사용하여 마을 사람들을 교육하기 시작했던 것이다. 결국 자치 능력 없는 마을만들기는 의미가 없다는 것이다. 일단 자신의 삶을 꾸려나가기 위한 주민 자치능력을 갖추게 하는 것이 급선무라는 것이 간디의 주장이었다. 오늘날 마을만들기를 하는 거의 모든 운동가들이 협동조합을 만들어 마을사람들로 운영케 하는 것을 보아도 이러한 주장이 힘을 얻는다. 주민자치능력이 있어야 마을교육공동체를 형성할 수 있기 때문이다.

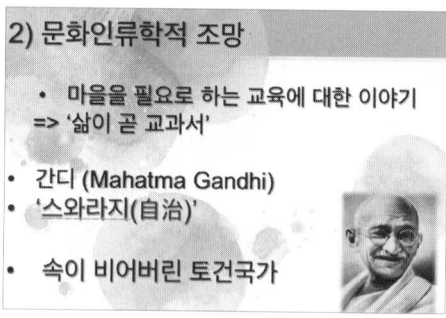

[그림 60] 지역공동체론의 문화인류학적 조망

[그림 61]에서는 지역공동체론의 역사적 조망을 다룬다. 특히, 130여 년 전에 전래된 기독교가 우리나라에서 정착되면서 발생한 한국 내의 기독교가 걸어온 발자취를 밟은 것이다. 역사학자들의 견해를 균형 있게 청취하면서 과연 기독교가 언제 어떻게 정착되었고 개인과 사회

와 국가를 위하여 어떠한 역할을 하였는지를 다룬 것이다. 예컨대 1907년에서 1930년 사이에 개인적 구원과 내면의 체험을 중시함과 동시에 독립운동을 주도한 주요세력으로서 사회적 기독교의 역할을 했던 시절과 훗날 한국기독교가 정교유착의 현상을 보이며 변질되었던 시기를 다루고 1990년 이후 사회적 신뢰를 잃기까지의 과정을 다루었다.

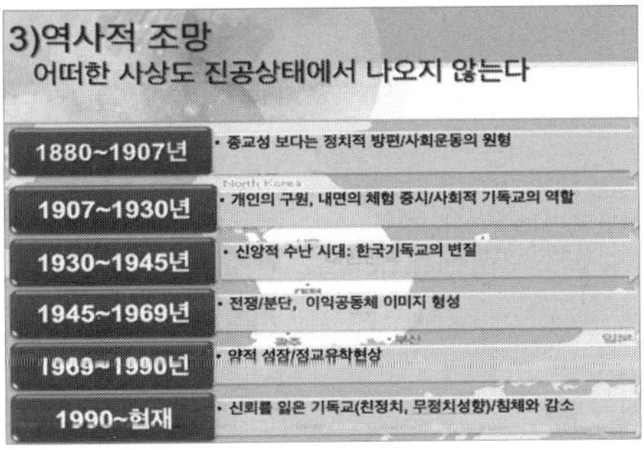

3) 역사적 조망
어떠한 사상도 진공상태에서 나오지 않는다

1880~1907년	종교성 보다는 정치적 방편/사회운동의 원형
1907~1930년	개인의 구원, 내면의 체험 중시/사회적 기독교의 역할
1930~1945년	신앙적 수난 시대: 한국기독교의 변질
1945~1969년	전쟁/분단, 이익공동체 이미지 형성
1969~1990년	약적 성장/정교유착현상
1990~현재	신뢰를 잃은 기독교(친정치, 무정치성향)/침체와 감소

[그림 61] 지역공동체론의 역사적 조망

[그림 62]는 지역공동체론의 신학적 조망을 다루었다. 교회란 과연 무엇이며 그 신학적 근거는 무엇인지를 다룬 것이며 교회는 건물이 아니며 지역공동체 속에 존재하며 예수님을 믿는 하나님 나라의 백성임을 조직신학적 시각으로 다룬 것이다. "하나님이 세상을 이처럼 사랑하사"로 시작되는 요한복음 3:16의 하나님의 관심과 "교회는 그리스도의 몸이니 만물 안에서 만물을 충만하게 하시는 이의 충만이니라"(엡 1:23)는 말씀을 근거로 하여 세운 신학적 근거를 종교개혁 이후의 신학자들의 이론을 중심으로 다룬 것이다.

이후 앞서 각주에서 언급한 "지역공동체로 나아가는 기독교교육"이라는 논문에서는 마르틴 루터, 존 웨슬리, 에밀 부르너, 칼 바르트, 로잔언약(1974), 위르겐 몰트만, 김균진, 은준관 등의 학자가 피력한 교회론에 대하여 다루었다. 결과적으로 교회란 "지역 속에서 하나님의 나라

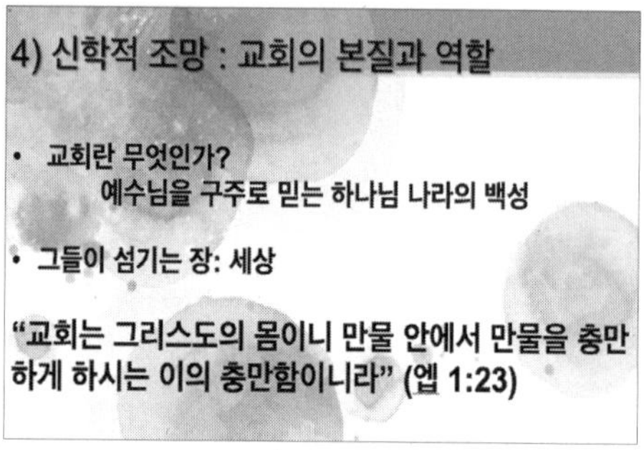

> **4) 신학적 조망 : 교회의 본질과 역할**
>
> - 교회란 무엇인가?
>   예수님을 구주로 믿는 하나님 나라의 백성
> - 그들이 섬기는 장: 세상
>
> "교회는 그리스도의 몸이니 만물 안에서 만물을 충만하게 하시는 이의 충만함이니라" (엡 1:23)

[그림 62] 지역공동체론의 신학적 조망

를 이루어가기 위해 살아가는 하나님의 백성, 말씀선포와 성례전, 전도를 강조하는 신앙공동체임과 동시에 지역 속에서 예수그리스도의 생명, 사랑, 연대, 보살핌, 함께함의 정신을 퍼뜨리는 생명공동체, 생활공동체로서 십자가의 정신을 실천해야"함을 앞서 주장한 바 있다.3 본 연구에서 필자는 교회가 사회로부터 신뢰를 회복하기 위하여는 올바른 목회자, 공동체성이 살아있는 교회, 건강하고 투명하며, 마을사람들과 함께 마을 속에서 최선을 다하여야 한다고 밝힌 바 있다.4 이러한 내용으로 필자는 인도네시아 전역에서 사역하고 있는 선교사들과 같이 왜 지역공동체 속에서 교육사역을 펼쳐야 하는지에 대한 교육신학적 근거를 함께 살펴보았다.

III. 부모, 학생, 교사들과 나누는 마을교육공동체 형성의 과정: PST 생태계 형성 순환

마을교육공동체는 세 가지 축으로 연결되어야 한다. 그 세 가지는

---

3 김도일, "지역공동체로 나아가는 기독교교육," 67을 참고하라.
4 제한된 지면으로 말미암아 자세한 세미나의 내용은 언급한 논문을 참고하라.

삼각형으로 표현할 수 있는데 필자가 개발한 이른바 Parent, Student, Teacher의 첫글자를 딴 P.S.T. Reading Program으로 표현할 수 있다.

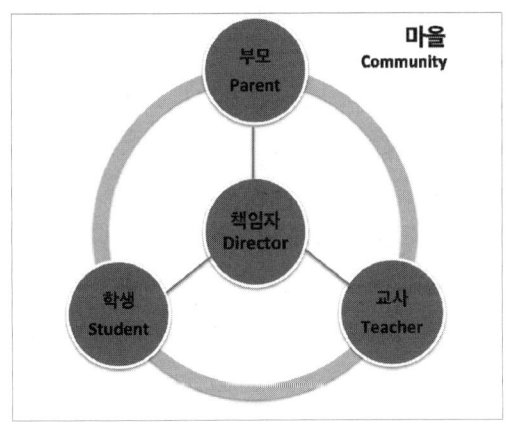

[그림 63] PST Reading Program 운용 생태계 순환도

[그림 63]은 부모-학생-교사로 연결되는 순환도는 마을교육공동체를 형성하기 위한 기본 생태계 형성을 표현한 것이다. 모든 사람은 마을 속에서 마을 사람들과 함께 자라나고 성장한다. 그러기에 "한 아이를 키우기 위해서는 모든 마을 사람들의 노력이 필요하다"는 금언의 논리가 성립하는 것이다. 더욱이 어릴 때부터 인문학적 소양이 부족한 현대인의 삶에는 마을 속에서 가정의 부모, 학교의 교사 그리고 또래 및 선후배 친구들과의 적절한 교류와 더불어 모든 관계와 삶의 깊이를 풍부하게 가꾸어줄 독서가 절대적으로 필요하다. 그러나 어린아이가 혼자서 자신의 독서량이 부족하여 인문학적 소양을 키워줄 그 무엇이 필요하다는 깨닫는 것은 거의 불가능하다. 필자가 앞서 소개한 인도네시아 바탐과 같은 전통적인 마을 도시에서는 그러한 필요가 두드러지게 나타난다. 바탐은 그 지정학적인 위치적 특성으로 인해 오랫동안 작은 어촌마을로 존재해 왔으나 싱가포르와 뱃길로 한 시간 정도의 거리

만 떨어져있음으로 인해 급격하게 도시와 되어가는 지역이다.

최근 몇 년 동안은 5만의 인구가 150만 명으로 늘어날 만큼의 인구 팽창의 급격한 변화를 경험하고 있는 전통 신흥 도시이다. 2억 5천만 명의 인도네시아인들은 이전에 존재했던 자카르타와 같은 대도시에서의 높은 생활비과 경쟁을 견디지 못하여 새로운 곳으로 경제활동을 하기 위하여 바탐과 같은 곳으로의 대이동을 하고 있다는 것이다. 그러므로 이곳의 학교는 아이들로 넘쳐나고 마을은 아이들의 웃음소리와 울음소리가 터져나오고 그 아이들을 먹여살리기 위한 어른들의 노력은 눈물겨울 정도이다. 이러한 와중에 모인 아이들 중 부모가 기독교인인 가정이 전체 인구의 20%를 넘는 바탁족들의 영적, 교육적 필요에 착안한 김동찬 선교사 등의 연구로 인하여 이곳의 교육선교는 약 25년 전부터 시작된 것이었다.

그리하여 1981년에 싱가폴한인교회에 부임한 손중철 선교사이자 담임목사는 김동찬 선교사와 함께 인도네시아의 바탐 지역의 영적, 교육적 필요에 주목하여 교육선교를 시작하게 되었고, 오늘의 새싹학원이 탄생하게 된 것이다. 다음은 김동찬 선교사가 연구한 인도네시아의 간략한 종교정책에 대한 요약이다.

초대 대통령인 수카르노 대통령은 어느 한 특정 종교의 사람들이 공이 많아 독립을 쟁취했다 할지라도, 소수의 종교와 종족이 소홀히 될 경우 인도의 파키스탄과 방글라데시처럼 나라의 분열이 될 것을 우려하였다. 어렵사리 쟁취한 독립을 종교문제와 소수종족 억압정책으로 밀고 나갈 경우 다시 종교, 종족문제로 다시 나라가 갈라질 수 있는 상황이 되었다. 이에 수카르노 초대대통령은 한 연설에서 5개의 중요한 원칙 '절대자 하나님에 대한 신앙' '민족주의' '인도주의' '대중합의체 민주주의' '사회정의'를 연설하게 된다. 이로써 수카르노의 연설문을 토대로 '빤짜실라'(Pancasila)가 작성이 되고, 이 원칙이 국민의 합의와 지지를 얻으면서 인도네시아의 기본 통치이념으로 자리를 잡게된다. 즉 '빤 짜실라'의 인도네시아는 특정 다수의 종교국가가 되지 않고, 민족정서에 '조화와 포용주의 원리'를 채택하는 국가가 된다.5

특히, 이들이 선교하기로 결정한 바탐섬은 인도네시아의 경제특구 지역으로 비교적 기독교에 대한 저항이 적고 향후 인도네시아와 아시아지역과 심지어는 이슬람지역에 까지 복음을 전할 수 있는 전초기지가 될 수 있다는 가능성을 갖고 있다. 그러나 현지 선교사들과의 대화와 김동찬 선교사의 연구에 의하면 바탁족은 기독교인구가 20%가 넘음에도 불구하고 오랫동안 감성적인 면에 지향성을 갖고 있는 종족의 특성과 교육선교가 전무했던 터이라 그리스도인으로서의 전인교육을 받지 못했던 것으로 사료된다. 적지 않은 인도네시아와 말레이시아를 비롯한 아시아인들이 그러한 것처럼 바탁족은 어릴 때부터 책을 읽는 습관을 가르쳐주는 사람이 없다는 것이다. 이러한 표현은 물론 이들의 수준을 결코 폄하하려는 것은 아니며, 실제 대개의 문명국가의 가정이나 학교에서 일반적으로 읽는 동화, 위인전, 소설, 시와 같은 책을 대할 기회가 별로 없다는 것이다. 물론 이러한 습관은 학교와 더불어 가정의 부모로부터 오는 것임은 분명한 사실이다. 이러한 문제가 대한민국에서는 전혀 일어나지 않는 것은 아니라는 점을 인지할 때 PST 독서프로그램 운동은 우리에게도 적용 가능한 것임을 알 수 있다. 또 기독교학교 연합 교사강습회를 진행하며 알게 된 것은 교사들조차 독서를 규칙적이거나 체계적으로 하는 경우가 드물다는 것이다. 한 가지 매우 긍정적인 사실은 거의 모든 바탁족 부모들은 우리나라의 부모처럼 자녀교육에 지대한 관심과 열심을 갖고 있다는 사실이다. 이러한 점에 착안하여

---

5 김동찬, 선교보고서 "김동찬 선교사 인도네시아 바탐 새싹교육재단을 통한 교육선교"를 참고. 정리: 김광호 선교사, 2017. 09. 28.

필자는 위의 [그림 63] PST 생태계 순환도에서 표현한 것과 같은 부모-학생-교사로 연결되어 순환되는 독서 프로그램을 제안하는 것이다.

　마을교육공동체는 마을 속에 사는 가정의 부모들이 자신의 자녀들을 사랑과 더불어 규칙적이고 체계적인 독서프로그램을 운영하고 이것을 학교 교육과 연계하여 꾸준하게 실시하고 점검을 받을 때 지속적으로 선순환의 과정을 거쳐 이루어지는 것이다. 서양에서도 그러하지만 동양에서도 우리의 자녀들은 가정에서 연중 3,000시간 이상의 보내고 있으며, 그러하기에 부모가 깨어 기도하며 자녀들을 성경의 말씀으로 훈육하고 잘 다져진 독서프로그램으로 인문학적 소양을 키워나가며 그들의 미래세대를 지도하는 것이 매우 중요하다고 보겠다. 이를 위하여 먼저 자녀들을 학교에서 가르치는 교사들이 독서에 대한 중요성을 깨닫고 자신들도 독서 프로그램을 운영하는 것은 필수적이다. 공부에 익숙한 교사들이 독서 리스트를 만들어 학부모들에 소개하고 학부모들은 마을에서 동료 학부모들과 같이 자녀들에게 집에서 읽힐 책을 함께 정하여 자녀들과 같이 책을 읽는 것이 중요하다. 교육은 가르치는 것이라기보다는 라이프스타일로 보여 주고 영향을 끼치는 것이라는 것은 동서고금을 막론하고 자명한 교수학습의 원리이다.

IV. 부모-학생-교사가 함께 하는 독서 프로그램(PST Reading Program) 정착을 위한 교회의 역할

　그러나 이러한 부모-학생-교사가 함께 하는 독서 프로그램을 독서가 생활화되지 않은 지역에서 시작하여 정착시키려면 마을에 위치한 지역교회의 역할이 중요하다. 한국적 상황과 같이 일반인들의 교육정도가 높고 마을도서관 시스템이 활성화 되어 있는 지역에서는 마을도서관을 중심으로 이러한 프로그램을 진행하면서 때에 따라 적절한 주제를 강조하여 의식수준을 높이며 실천하게 하는 것이 필요할 것이다. 그러나 아직 마을도서관이 없고 정부에서 구체적인 지원이 없는 상황이라면 교회가 그 역할을 대신해 줄 수 있다. 지역교회의 목회자는 PST 프로그램을 책임자로서 지원하는 체계를 갖추고 작은 마을 도서관을 시작하는 것을 생각해 볼 수 있다. 물론 환경이 열악한 선교지에서는 선교센터가 그 일을 대신할 수도 있겠다. 바탐과 같이 더운 나라에서는 최소한의 예산을 세워서라도 시원하고 쾌적한 도서관 환경을 구축하여 책을 읽고 싶은 마음이 들게 하는 것도 중요하다고 하겠다. 구체적으로 어떠한 책을 어느 시기에 읽게 도와줄지에 대한 논의는 PST 독서프로그램을 운영하면서 책임자가 교사, 부모, 학생들과 함께 정해 나가는 것이 바람직하다고 본다.

    여기에서 주의할 것은 책임자가 모든 것을 다 정하고 다른 이들이 따라오는 식으로 프로그램을 운영하지 않는 것이다. 학습의 주체는 늘 학습을 하는 사람이다. 누군가가 자신의 의도를 주입하려는 식의 교육은 바람직하지도 오래 가지도 않기 때문이다. 시간이 걸리더라도 대화, 타협, 연대, 보살핌의 과정을 거쳐나가며 운동을 벌이는 것이 바람직하다고 본다. 다만 어릴 때에는 동화와 우화를 읽게 하고, 점점 커나가면서 위인전과 소설도 읽게 하며, 중고등학교 시절에는 일정한 주제를 정하고 다양한 장르의 책을 읽게 하는 것이 좋을 것이다. 이때 부모가 아이들과 같이 독서를 할 수 있도록 교사가 지도하고, 부모-학생-교사가 어떤 패턴으로 책을 읽어나가고 있는지를 책임자(Director)가 감독하고 지도하는 것도 좋을 것이다. 가끔 독서왕을 정하여 상을 수여하는 것도 좋은 격려가 될 것으로 사료된다. 실제 인문학적 소양을 키워나가는 것이 개인의 학습능력을 증진시키고 공동체 전체가 높은 수준으로 성장하는 효과를 낳게 되며, 이러한 실제적인 증거는 미국의 시카고 대학에 약관 30세(당시 1929년)에 총장으로 부임했던 로버트 M. 허친스(Robert Maynard Hutchins) 총장이 실시했던 위대한 독서 프로그램은 훗날 시카고 대학을 명문대의 반열에 올려놓았고, 노벨상 수상자가 거의 70명이 나오게 하는 쾌거를 이룬바 있다. 그는 모든 시카고대학에 입학하는 학생들이 졸업할 때까지 100권의 인문학 책을 읽도록 하였다.6

V. 마을교육공동체 형성의 정착 및 성공 여부

"한 손에는 책을, 다른 한 손에는 호미를 들어라"는 가나안 농군학교 김용기 장로의 말처럼 노동과 독서를 겸하여 실천하는 사람이 될 수 있도록 우리의 미래세대를 교육하는 것이 중요하다. 오랜 금언 가운데 주경야독이라는 말이 있다. 낮에는 밭을 갈고 밤에는 독서를 하라는 말이다. 이 정신을 실천하여 가나안농군학교는 수많은 사람들에게 민족을 불문하고 영향을 끼쳤다. 인도네시아뿐만 아니라 점점 힘을 잃어가는 것으로 보이는 한국에서도 기독교교육의 새로운 운동을 벌일 필요가 있다. 마을교육공동체 형성의 정착 및 성공의 여부는 마음으로 하나가 되어 살고자 하는 더불어, 함께 정신의 파급에 달려 있다. 그리고 연약한 마을으로 결심만 하고 금세 잊어버리고 포기하기 보다는 강인한 심력(Grit)을 갖을 수 있도록 부모와 자녀에게 힘을 불어넣어주는 평생교육이 학교와 교회로부터 공급되어야 할 것이다. 부모-학생-교사가 연대하여 책을 읽으며 삶 속에서 노동을 실천하고 마을 속에서 지역교회의 목사/선교사가 독서프로그램을 운영할 때 하나님이 기뻐하시는 하나님의 나라를 이 땅 위에서 확장해 나가는 거룩한 교회의 모습을 갖게 될 것으로 확신한다.

---

6 김도일, "항존주의 교육철학의 재조명과 기독교교육적 함의–한국 기독교의 미래에 대한 교육적 제언,"「장신논단」39권 (2010. 12): 379-407을 참고하라.

닫는 글

가정·교회·마을 교육공동체를 형성하고 살리는 복음주의 양심의 회복
― 라우셴부시와 코우 다시 읽고 적용하기*

> 너희 마른 뼈들아 여호와의 말씀을 들을지어다
> 주 여호와께서 이 뼈들에게 이같이 말씀하시기를
> 내가 생기를 너희에게 들어가게 하리니 너희가 살아나리라
> _ 에스겔 37:4b-5

I. 한 목회자의 고백

교회당도 없는 한 교회에서 만 명이 넘는 신자들이 주일예배에 몰려들었다. 예배당은 사람들로 넘쳐나고 그야말로 인산인해를 이루었다. 이런 상황에서 목회자는 대개 교회가 부흥하는 것으로 여기고 기뻐하

---

* 이 글은 "복음주의 양심의 회복," 「장신논총」 2011년(4집): 399-416에 게재되었고, 수정·보완하였다.

는 것이 일반적인 반응일 것이다. 그러나 그 교회의 담임목사는 오히려 마음아파하며 이렇게 말하였다. "저희 교회가 부흥하는 것은 정상이 아닙니다. 오늘날 한국의 교회는 마치 거대한 타이타닉호가 침몰하는 것과 같은 형태를 띠고 있는데, 배가 가라 앉을 때는 한 쪽이 기울어 가면서 가라앉게 마련입니다. 저희 교회에 많은 이들이 몰리는 현상은 마치 침몰하는 배의 한쪽으로 사람들이 쏠리는 것과 같은 현상입니다"라고 울먹였다. 동감할 수 있는 이야기이다. 실로 한국교회는 어려운 상황 가운데에 놓여 있는 것이 분명하다. 무엇이 잘못되었는가? 신학인가? 아니면 신학의 정수를 이해하지 못하는 이들의 문제인가? 혹자는 목회자의 수준이 떨어진 이유를 '만인제사장론'을 신학적으로 잘못 이해한 것으로 설명하면서 너무도 많은 이들이 십자가의 영성을 망각한 채 저마다 신학교에 와서 목회자의 전반적인 헌신과 희생정신이 결여된 채 목사가 되는 것에서 그 이유를 찾으려고 했다. 일리가 있는 설명이다.

    오늘날에는 너무 많은 이들이 목회자가 되려는 느낌을 지울 길이 없다. 사실 우리가 만인제사장론을 정설로 받아들인다면 굳이 전임사역자가 되기 위하여 신학교에 많이 찾아올 필요는 없기 때문이다. 그리스도를 따르는 길은 십자가의 길이요, 희생이 동반되는 길이며, 낮아짐을 삶에서 실천해야 하는 길이다. 그러나 대개는 어려운 길인줄 알면서도 신학교를 찾는다고 생각한다. 그리고 고난의 길을 걷겠다고 신학교에 오는 젊은이들을 나무랄 수는 없다. 더욱이 이 길은 목회자에게만 강요되는 길이 아니라 모든 믿는 이에게 공히 요청되는 길인 것이다. 아무튼 이토록 한국교회가 어려움을 경험하고 있는 이 때에 우리가 취해야 할 자세는 무엇인지를 한번 생각해 볼 필요가 있다는 자각 아래 본 연구를 수행하였다. 먼저 본 연구는 현대를 사는 그리스도인들의 현주소를 살펴볼 것이다. 그리고나서 약 100여 년 전에 라우셴부시와 코우에 의하여 주창되었던 사회복음이론을 현대적인 눈으로 재조명해 볼 것이다. 이 때 특히, 프레이리의 시각을 빌려와 재정향의 작업을 시도할 것이다.

그런 후에 한국교회가 진정으로 나아가야 할 방향에 대하여 살펴볼 것이다. 가정-교회-마을이 연대하여 마을교육공동체를 형성하기 위하여 건강한 생태계가 만들어지는 것은 필수적인 것이기에 본 연구는 그런 의미에서 가치가 있는 것이다.

II. 그리스도인들의 현주소

『그리스도인의 양심선언』이라는 책을 저술한 로날드 J. 사이더(Ronald J. Sider)[1] 교수는 21세기를 살고 있는 미국의 복음주의 기독교인들의 특성을 세 가지 모습으로 요약하였다. 그들은 대개 자기만족형의 삶을 추구하고, 미적지근한 신앙형태를 띠며, 회의적인 자세를 가진 모습을 갖고 있다[2]는 것이다. 이 세 가지 모습은 결과적으로 복음주의 신앙을 가진 기독교인이 "예수를 믿지 않는 일반 사람들이 가진 삶의 양식과 별반 다를 바가 없는 모습을 띠고, 매사에 쾌락을 좇고, 물질주의적이며, 자기중심적 사고로 일관한 삶을 추구하고, 성적으로 타락한 모습을 지니게"[3] 했다는 것이다. 여기서 복음주의자라함은 미국 내 전체 인구 중 약 7% 내지는 8% 정도의 적은 수의 사람들로서 소위 중생을 체험한 기독교인 중 '예수님의 죄없으심,' '행위가 아닌 오직 믿음으

---

[1] 사회정의를 위한 행동주의적(Activist) 신학자로 알려진 이스턴 신학교(Eastern Seminary)의 교수이다.
[2] 세 단어의 영어 표기는 complacent, lukewarm, skeptical이다.
[3] Ronald J. Sider, *The Scandal of the Evangelical Conscience* (Grand Rapids, MI: Baker Books, 2005), 11-13. 사이더는 마이클 홀튼(Michael Horton)의 글을 인용한 것이다. 여기서 복음주의자라함은 미국 내 전체 인구 중 약 7% 내지는 8% 정도의 적은 사람들로서 소위 중생을 체험한 기독교인 중 '예수님의 죄없으심,' '행위가 아닌 오직 믿음으로의 구원,' '기독교인의 전도 사명' 등을 믿는 이들로써 자신을 정통신학적이며 성경적인 그룹과 동일시하는 경건한 삶을 추구하는 이들을 일컫는다고 조지 바나(George Barna)는 설명하였다. 위의 책, 18.

로의 구원,' '기독교인의 전도 사명' 등을 믿는 이들로써 자신이 정통신학 위에 서 있으며 성경을 유일한 삶의 척도로 삼으며, 경건한 삶을 추구하고 있다고 여기는 이들을 일컫는다. 어떻게 이토록 도발적인 고발이 가능할까? 사이더는 이혼율, 가난한 이웃에 대한 물질사용, 성적불순종, 인종차별, 배우자학대 등과 같은 분야에서 기독교 신앙으로 살고 있다는 복음주의자들이 기독교 신앙을 갖고 있지 않은 사람들보다도 그다지 나은 점이 없음을 통계를 들어 보여 주고 있다.

예컨대 20세기 끝자락에 미국 비 신앙인들의 이혼율이 22%였는데, 복음주의자들의 이혼율은 26%로 오히려 약간 높았다고 조지 바나는 보고하였다. 그리고 2001년의 조사에서는 거듭난 그리스도인의 이혼율은 33%이며 나머지 미국인의 이혼율은 34%라고 보고했다. 참고로 거듭난 그리스도인은 복음주의자들보다 훨씬 더 큰 인구 집단으로 미국 총 인구의 35-43%가량의 사람이 여기에 속한다. 또 2002년도 미국 복음주의자들 중 9%만이 십일조 생활을 하고 있음도 꼬집어 고발하였다. 그들 가정의 평균 수입은 $42,409인 데 비해 지구상의 39억 명이나 되는 사람들은 일 년에 $365 미만(하루에 1불 미만)을 갖고 생활하고 있음도 상기시켰습니다. 만일 미국 모든 기독교인들이 온전한 십일조 생활을 한다면 $143조라는 엄청난 돈을 모으게 되어 지구상의 모든 궁핍한 이들을 도울 수 있게 된다고 세계은행은 보고한 바 있다.[4] 2017년을 지나고 있는 오늘 미국을 비롯한 서구세계의 교회와 한국을 비롯한 아시아의 교회에 속한 기독인들의 모습은 더 나아지지 않은 것은 제반 자료를 살펴볼 때 자명한 사실이라고 할 수 있겠다.

헌신된 기독교인이라는 미국 복음주의자들의 실정이 이런 모습이라면, 오늘 우리나라에 살고 있는 기독교인들의 현주소는 어떠한가? 이미 알려진 통계지만 현재 비 종교인 가운데 과거에 가졌던 종교에 대

---

[4] 위의 책, 21.

한 2003년도 한국교회 미래를 준비하는 모임의 조사 결과를 보면 개신교가 56%, 불교가 19.8%, 가톨릭이 18%인데, 이들에게 앞으로 혹시 종교를 선택한다면 어떤 종교로 선택할지를 물었더니 불교로 돌아갈 이가 40.3%, 가톨릭 성당으로 돌아갈 이가 37.4%, 개신교회로 돌아갈 이가 22.3%였다.5 이뿐만이 아니다. 교회 밖 사람들에게 만일 그대가 어려움에 처한다면 어떤 기관을 먼저 찾아가겠느냐고 물었더니 제일 많은 사람들이 시민단체를 찾아가겠다고 했고, 그 다음이 사찰이었고, 그 다음이 정부기관이었으며, 마지막으로 찾겠다고 한 곳이 교회였다. 기가 막힌 노릇이지만 이 모든 자료는 오늘날 교회가 얼마나 궁지에 몰려있으며 불신을 받고 있는지를 말해준다고 볼 수 있다. 앞서 언급한 로날드 사이더 교수는 복음주의 기독교인들이 비 기독교인들의 삶의 양식과 구별되지 않는 이유를 '성경적 가르침' 내지는 '성경적 세계관'에 실제로는 불순종하는 것으로 규정하면서 이를 복음주의 양심의 스캔들이라고 표현하였다.

　　오늘날 한국교회가 세간의 비판대상이 된 현실을 한편으로 개탄하면서 이 모든 현상이 과연 비 기독교인들의 지나친 과민반응인지 아니면 교회가 오랜 세월 사회 속에서 제 역할을 감당하지 못한 연유인지를 확실히 규명하는 작업이 절실하게 요구된다. 이유가 어떤 것이던지 간에 저는 오늘 말씀을 통하여 기독교회의 사회적 위치 내지는 책임을 솔

---

5 이러한 통계는 2013년 이후에도 크게 변하지 않았다. 〈한국 기독교 분석 리포트: 한국인의 종교생활과 의식조사 보고서〉(서울: 도서출판 URD, 2014). 2017년 한국 기독교에 대한 신뢰도 변화추이를 볼 때 20.2%이라는 신뢰지수로 보아도 오히려 더 퇴보한 것으로 보인다. "기윤실은 이번 조사에 대한 평가로 한국교회에 대한 일반국민의 신뢰도는 본 조사가 처음 시작됐던 9년전(2008년)과 비교해 더 나아지지 않고 답보 상태에 있음을 보였다. (2008년 18.4%/2.55점, 2017년 20.2%/2.55점) 종교별 상대적 신뢰도에서 기독교는 2013년과 동일하게 가톨릭과 불교에게 뒤지고 있지만 본 조사에서 불교와의 격차를 표본오차내로 줄인 것으로 나타난 것으로 보았다." 기윤실 2017년 한국교회의 사회적 신뢰도 보고. https://cemk.org/2008/bbs/board.php?bo_table=2007_data_cemk&wr_id=423 2017. 10. 31. 접속.

직하게 조명해 보고 우리가 오늘 여기에서 무엇을 어떻게 해야 하는지를 생각해 보아야 한다.

III. 월터 라우셴부시의 『기독교와 사회적 위기』 다시 읽기

여기서는 20세기 초 1907년에 쓰여진 월터 라우셴부시(Walter Rauschenbusch, 1861-1918) 목사의 책 『기독교와 사회적 위기』와 그의 다른 저술들에 대하여 다룰 것이다. 백년이 넘은 오래된 책을 왜 21세기에 와서 다시 거론하는가? 그 이유는 간단하다. 라우셴부시가 보았던 백 년 전의 사회적 상황과 기독교의 관계가 어떤 일말의 연관성을 갖고 있다고 보기 때문이다. 라우셴부시는 100여 년 전 미국 내의 사회적 위기 상황에 대하여 당시의 교회가 아니 기독교가 책임을 져야 한다고 믿었던 것이다. 본 연구의 동기도 역시 라우셴부시가 가졌던 그것과 흡사하다. 기독교는 사회의 아니 세상에서 어떤 긍정적인 역할을 감당해야 한다는 것이다. 너희는 세상의 소금이요 빛이다(마 5:13-14)라는 말씀은 하나의 피상적인 캐치프레이즈가 아닌 것은 성경을 하나님의 말씀으로 믿는 사람은 모두가 공감하는 바일 것이다. 바로 이런 이유로 비록 한 세기 전에 쓰여진 책일지라도 아직 이루어지지 않은 점이 많은 하나의 책이 본 연구의 초점이 되는 것이다.

최근 교회의 공적 사명에 대하여 일단의 학자들이 『공적신학과 공적교회』라는 책을 펴내었다. 그 책에서 "공적신학의 근거로서 라우셴부시의 사회복음"을 쓴 박경수에 의하면 라우셴부시의 사회복음이 나온 배경을 목회적 동기에서 찾는다. 회중교회의 목회자이며 신학자였던 그는 소위 "지옥의 부엌"(Hell's Kitchen)이라는 경험을 자신의 목회지에서 하게 된다. 가난하고 소외된 사회적 약자들을 위하여 11년 동안 뉴욕의 외딴 지역에서 목회하였던 그는 가난과 불평등에 대한 자각을 하게 되었으며 교회 밖 사람들의 고난을 자신의 것으로 인식하게 되는 계기를 갖게 되었던 것이다. 그는 그때 거기서의 경험을 지옥의 부엌으로 표현할 만큼 엄청난 충격을 겪었던 것 같다. 이른바 가난을 몸소 피부로 느끼게 되면서 가난한 이웃을 위한 복음에 관심을 갖게 되면서 사회복음이라는 개념을 체득하게 된 것이다.6 월터 라우센부시와 그의 아버지는 적지 않은 세월동안 1848년에 일어났던 독일의 자유주의 혁명에 대하여 일말의 동정심을 갖고 있었다. 월터의 그러한 관심은 그의 아버지로부터 물려받은 것이며 부자는 역사학적 시각에서 독일인들의 정신에 관심을 갖고 있었던 것이다. 바로 이러한 관심이 그로 하여금 뉴욕의 독일 이민자들을 위한 사역에 헌신하게 했다고 보아도 무리가 없을 것이다. 도너반 슈머커(Donovan Smucker)는 라우센부시의 사회복음이 나오게 된 배경을 앞서 언급한 목회적 동기 외에도 네 가지 영향을 들고 있는데 그것은 다음과 같다. 첫째, 경건주의 영향이 그것이고, 둘째, 애나뱁티스트의 분파주의(sectarianism)의 영향이 그것이며, 셋째, 사회적 종교적 자유주의의 영향이 그것이고, 넷째, 기독교 사회주의적 변혁주의의 영향이 그것이다. 물론 25세에 뛰어들었던 목회지에서 지옥과 같은 경험을 한 것이 결정적이긴 하였지만 말이다. 그는 목회지에서 피부로 와 닿는 체험을 하였다. 영양실조로 인한 어린이들의 장례식을 헤아릴 수도 없이 치러야 했고, 찌든 가난과 부적당한 의류와 전혀 갖추어져 있지 않은 보건 시설이며 오염된 물과 음식은 그를 격동하게 만들었다. 더욱이 당시 만연해 있던 산업재해와 정치적 부패와 도박은 당시 유럽에서 이민을 가서 미국에서 삶을 이어가던 유럽인들에게는 그야말로 지옥의 경험과도 같은 것이었다.7

---

6 Dores Robinson Sharpe, *Walter Rauschenbusch* (New York: The Macmillan Company, 1942), 428-429. 박경수, "공적신학의 근거로서 라우센부시의 사회복음: 하나님 나라의 현실화를 위한 시도," 『공적신학과 공적교회』 (서울: 킹덤북스, 2011), 261에서 재인용.

물론 라우센부시의 사회복음 이론이 목회현장에서만 발현되었다고 볼 수는 없다. 당시 토지소유로 인한 불로소득의 부당함을 강력하게 주장했던 헨리 조지와 같은 이들의 사회주의적 활동과 저술들이 강한 영향을 미친 것으로 보인다. 조지는 공교육을 거의 받지 못한 사람임에도 불구하고 거의 독학으로 다양한 서적을 닥치는대로 읽고 정리하여 자신만의 사회주의적 이론을 만든 사람이다. 그의 『진보와 빈곤』은 아직도 영향력을 발휘할 정도로 훌륭한 글을 담고 있으며 대천덕 신부와 같은 이도 그에게 적지 않은 영향을 받은 것으로 보인다. 그러나 우리나라를 비롯한 대부분의 자본주의 국가에서는 이 토지사유화의 문제에 대하여 침묵하고 있으며 이런 침묵은 자본주의적 탐욕이 계속되는 한, 아니 수많은 땅 주인이 불노소득의 소망을 버리지 않는 한 계속 될 것으로 보인다.8

그의 생애 거의 마지막 저술이었던 『사회질서의 기독교화』(*Christianizing Social Order*)에서 그는 다음과 같이 사회복음에 대한 자신의 소신을 피력하였다.

> [우리는 이생에서 어쩌면] 결코 완벽한 삶을 성취하지 못할지 모른다. 그러나 적어도 믿음으로 그러한 삶을 추구는 해야 할 것이다… 잘해야 늘 완벽한 사회질서의 근사치 정도에 도달하게 될 것이다. 그러나 모든 완벽을 추구하는 근사치 자체도 충분히 가치있는 것이다.9

---

7 Donovan E. Smucker, *The Origins of Walter Rauschenbusch's Social Ethics* (Buffalo: McGill-Queen's University Press, 1994), 3.

8 Henry George, *Progress and Poverty*, 김윤상 역, 『진보와 빈곤』 (서울: 비봉출판사, 1997), 315. 이 책은 원저는 1879년에 헨리 조지(1839-1898)에 의하여 집필된 것이다. 조지는 가난하여 14세까지 밖에 공식교육을 받지 못했다. 그러나 평생 독서에 매진하였고 그 결과 기술이 진보하는 가운데서도 인류의 삶의 질이 함께 진보하지 못하는 19세기 당시의 현실에 개탄하였고 빈곤의 문제는 '토지 문제'의 해결에서 찾아야 한다고 역설하였다. 그가 말하는 토지문제해결책은 '토지는 절대 사유화해서는 안된다'는 것이었다.

9 Walter Rauschenbusch, *Christianizing the Social Order* (New York: Macmillan Co.,

월터 라우쉔부시 목사의 『기독교와 사회적 위기』는 한반도에 영적 대각성운동이 일어나던 1907년에 미국에서 쓰여졌다. 이 책이 그로부터 100년 뒤인 2007년에 그의 증손자 폴 B. 라우쉔부시(Paul B. Rauschenbusch) 목사에 의하여 새롭게 개작되었다. 폴 라우쉔부시는 프린스턴대학교의 교목으로 일하면서 그의 증조부가 쓴 책의 각 장을 21세기 학자들이 새로운 시각으로 재평가한 것이다. 그런데 오늘날에도 이 책이 여전히 우리에게 매우 중요하다고 사료된다. 왜냐하면 한국교회가 예전에 없던 침체를 경험하던 소용돌이 가운데 놓여 있고, 하나님의 함께 하시는 역사가 없이는 한국교회 및 세계교회의 앞날이 심히 어두운 상황에 놓여있기 때문이다. 이제 교회가 사회의 걱정거리가 되어 가고 있는 오늘, 교회가 사회 속에서 어떠한 역할을 감당해야 할지에 대하여 심각하게 숙고해야 할 것이다.

저자는 첫 장에서 종교, 즉 기독교의 필연적 윤리성을 강조하면서 윤리성이 있다는 것은 기독교가 본질적으로 사회적 종교라는 사실을 강조하였다. 그러므로 기독교는 사적 도덕성만이 아닌 공적 도덕성도 지니고 있음이 강조된 것이다. 가난하고 약한 이들을 돕는 것은 기독교회의 당연한 책무이며 본질적인 사명임을 강조했던 것이다. 둘째 장은 예수님 사역의 사회적 목표를 다루고 있는데, 라우쉔부시는 예수님을 단순한 사회개혁자로 보지 않고 오히려 예수님의 목표가 이 땅 위에 하나님의 나라를 이룩하는 데에 있다고 보았던 것이다. 예수님의 이러한 목표는 당연히 그로 하여금 종교의식 자체보다는 행위를 개혁하는 데

1912), 367-368, 458. Donald W. Shriver, Jr., Introduction in Walter Rauschenbusch, *A Theology for the Social Gospel* (Louisville, Kentucky: Westminster John Knox Press, 1945 Copy Renewal: Originally 1917), xxii에서 재인용. 슈라이버(Shriver)는 위의 책을 라우쉔부시의 책 중 불후의 명작이라고 평한 바 있다. 실제 이 책은 라우쉔부시의 말년에 쓴 책으로 생각의 정수를 담고 있다고 보아 손색이 없을 것이다.

에 초점을 맞추려 했다는 것이다. 셋째 장에서부터 여섯째 장은 교회가 사회개혁의 동력(impetus)이어야 함을 강조했으며, 사회의 재건(reconstruction)은 사회운동만으로 이루어질 수 있는 것이 아니라 하나님의 성령이 함께 하실 때 그분의 능력으로 사회의 재건이 이루어진다는 복음의 재해석이 필수라는 것을 강조한 것이다. 또 한 때 산업이 발전하고 낭만적인 분위기가 팽배함으로써 인본주의와 자유주의에 빠졌던 교회를 '마른 뼈'(dry bones)로 비유하며 '과연 마른 뼈들이 다시 살 수 있는가?'라는 질문을 던짐으로써 교회의 각성을 촉구하였던 것이다. 여기에서 한 걸음 더 나아가 교회의 부동산, 헌금수입 등이 이 땅 위에서 하나님의 나라를 건설하는 데에 사용되어야 하며, 교회는 가난하고 병들어 있는 사회적 약자들을 돌보는 데에 총력을 기울여야 함을 역설한 것이다. 마지막으로 일곱째 장에서 그는 교회는 사회적 회개와 사회적 복음화를 통하여 새롭게 믿음에 이르는 길 외에 다른 통행길(thoroughfare)이 없음을 강변하였다. 한 마디로 그는 복음의 사회적 이해가 없이는 하나님의 나라를 이 땅 위에 이룰 수 없다고 생각한 것이었다.10

기독교의 필수적인 목표와 존재 이유 가운데 하나는 모든 인간을 복음으로 변화시켜 그들을 하나님의 뜻 가운데서 살게 하며 궁극적으로 인간 사회를 하나님의 나라로 변형시키는 것이다. 그러나 만일 어떤 사람이라도 기독교는 단지 관습화된 예전이라는 견해를 견지하거나, 순전히 개인적인 종교라는 견해를 고수하거나, 기독교는 부자들의 편에만 계신 하나님을 믿는 종교라고 하거나, 아니면 사회적인 관심은 설교자들을 혼동가운데 빠지게 하는 것이라고 주장한다면, 자신의 견해가 히브리 예언자들이 가졌던 예언자적, 사회적 부담을 설명할 수 있는가

---

10 Walter Rauschenbusch, *Christianity and the Social Crisis in the 21st Century*, edited by Paul Rauschenbusch (New York: Harper One, 2007). 위의 글은 이 책의 전체적인 요약 및 분석을 가한 것이다.

를 반드시 증명해 보여야만 한다는 것이다.11 이에 대하여 구약학자인 필리스 트리블(Phyllis Trible)12은 『기독교와 사회적 위기』가 기독교의 역사적 뿌리가 되는 예언서를 깊게 다룬 것에 대하여 칭송을 아끼지 않으면서 어떠한 시대적, 문화적 차이도 가난한 사회적 약자들을 돌보라는 하나님의 명령을 피해갈 수는 없다고 주장하였다. 이런 맥락에서 트리블은 다음의 세 구절을 독자들에게 다시금 상기시켰다.

① "사람아 주께서 선한 것이 무엇임을 네게 보이셨나니 여호와께서 네게 구하시는 것은 오직 정의를 행하며 인자를 사랑하며 겸손하게 네 하나님과 함께 행하는 것이 아니냐"(미가 6:8).
② "오직 정의를 물 같이, 공의를 마르지 않는 강 같이 흐르게 할지어다"(아모스 5:24).
③ "너희는 스스로 씻으며 스스로 깨끗하게 하여 내 목전에서 너희 악한 행실을 버리며 행악을 그치고 선행을 배우며 정의를 구하며 학대받는 자를 도와주며 고아를 위하여 신원하며 과부를 위하여 변호하라 하셨느니라"(이사야 1:16-17).13

"왜 기독교가 사회 재건을 위한 사명을 감당하지 않았는가?"라는 주제를 다룬 글에서 라우쉔부시는 초기 기독교회가 가졌던 재림신학, 내세(otherworldliness) 지향 신학, 금욕(ascetic)론과 로마제국과 문명에 대한 반감 등을 그 이유로 들었다.14 그러면 약 2천년이 지난 이후의 기독교회는 어떠한가? 한 마디로 교회는 아직도 초기 기독교회의 입장에서 벗어나지 못하고 있으며 사회적 발전에 대한 과학적 이해가 턱없

---

11 위의 책, 31.
12 트리블 교수는 웨이크 포레스트(Wake Forest) 대학의 성서신학(구약학) 교수이다.
13 위의 책, 37.
14 위의 책, 123 이후.

이 부족한 형편이라는 것이다. 교회는 아직도 복음을 개인적인 차원에서만 이해하려고 하여 사회적인 차원으로까지 승화시키는 데에는 실패하고 있다는 것이 저자의 판단이다.15 인간을 "역사적 드라마의 주인공들"로 규정하면서 세상을 변형시켜 하나님의 나라로 만들어야 한다는 그의 사상은 자신의 내재적(immanent) 기독론에 기초하고 있는 것이다.16 그는 지금이라도 기독교회가 세상을 위하여 발벗고 나서야 한다고 주장하였다. 이러한 저자의 주장에 대하여 백년이 지난 2007년에 스탠리 하우어워스(Stanley Hauerwas)는 자신의 주석을 "회개하라. 천국이 가까이 왔느니라.17는 세례 요한적 외침으로 시작하면서 "나는 늘 공적 사역(public work)을 전도의 한 형태로 간주했으며, 이 공적 사역이야말로 더 깊은 회개를 촉구하며 새로운 하나님의 구원에 대한 경험이라고 확인한 것이다.18 그러므로 교회는 사회적 재건을 위하여 노력하지 않은 것에 대해 진정한 회개를 해야 한다는 것이다. 그러므로 세상에 "사회적 복음"이라는 말 자체는 존재하지 않으며 복음은 내재적으로 사회를 향한 복음이며, 사회를 위한 복음이라고 하우어워스는 재확인하였던 것이다.

『기독교와 사회적 위기』에서 20세기 초반 교회를 향하여 교회는 예수 그리스도가 예언자들의 사명을 이어갔듯이 예수님의 제자인 우리들도 복음을 감당하는 일을 사명으로 삼아야 한다고 주장하였다. 그 복음은 각 개인과 가정에 생명을 가져다줄 뿐 아니라, 사회에 재건을 일으키는 힘도 있다는 것을 확언한 것이었다. 그러므로 복음은 개인적인 성격

---

15 위의 책, 160-171.
16 위의 책, 171에서 핵심 통찰을 가져온 것이다.
17 하우어워스는 *A Community of Character: Toward a Constructive Christian Social Ethic*이라는 기념비적 책을 통하여 일반 세상에 잘 알려진 기독교윤리학자이며 최근 타임지에 의해 미국의 최고 신학자로 알려진바 있다. 그의 "Repent. The Kingdom Is Here.는 라우셴부시의 신학을 꿰뚫은 통찰이 담긴 글로 사료된다.
18 위의 책, 173.

뿐만 아니라 공적인 성격도 갖고 있다고 주장한 것이다. 따라서 교회가 복음의 사회적 책임을 망각할 때 사회적인 위기가 온다는 것이다. 실로 그는 교회의 공적 사명을 일깨워준 예언자와도 같은 사람이었다. 라우셴부시의 『기독교와 사회적 위기』는 비록 100여 년 전에 쓰인 책이지만 교회의 사회적 사명을 실천하는 면에 있어서는 여전히 실천되어야 할 책이며, 아직도 대단히 유용한 책이라고 평가된다. 그러나 리차드 로티(Richard Rorty)가 역설한 것처럼, 사회 개조라는 꽃 봉우리는 아직도 열리지 않았으며 열린 적도 없다.19 바로 이것이 문제이다. 아무리 좋은 이론이나 설교가 만들어지고 선포된다고 하여도 실천하지 않으면 도대체 소용이 없게 되는 것이다.

IV. 조지 알버트 코우의 『종교교육사회론』 다시 읽기

그러면 과연 라우셴부시와 비슷한 시대에 살았으며 라우셴부시의 사회복음론을 종교교육의 현장에서 실천하기를 원하였던 조지 알버트 코우(George Albert Coe: 1862-1951)의 『종교교육사회론』에서 우리는 오늘의 사회적 위기를 극복할 수 있는 어떤 통찰을 배울 수 있을까? 코우의 종교교육 이론은 다분히 라우셴부시의 사회복음적 관점에 영향을 받은 것으로 보인다. 앞서 언급한 라우셴부시가 인간사회에 대한 하나님의 지속적인 간섭과 사회적 변화를 당연한 것으로 여겼던 것처럼, 코우는 기독교내에 "영구적인 진보적인 요소"가 있음을 확신했다. 그는

---

19 자신을 불신자(unbeliever)로 규정하는 로티는 라우셴부시의 사회개혁적 설교에 높은 점수를 주면서 그의 사회적 관심이 깊이 담긴 설교가 없었다면 아마도 18세기의 민주혁명도 19세기의 사회주의 이상가들이 등장하지 못했을 것이라고 단언하고 있다. 위의 책, 30. 그의 글은 "Buds that never opened"라는 표현으로 시작되었던 것이 우리의 눈길을 끈다.

"내 아버지께서 이제까지 일하고 계시니, 나도 일한다"(요 5:17)는 구절을 인용하면서 종교교육의 "모든 계획과 방법들은 사회적 관계와 경험에 관련하여 재구성되어야 한다"고 주장했던 것이다.20

코우는 심지어 이스라엘의 역사도 결정론적인 입장에서 보지 않고 성장과 진보의 역사로 보는 것이다. 사실 코우가 『종교교육사회론』을 출간했을 때(1917)는 일차 세계 대전이 한참 진행되고 있을 때였다. 19세기 자유주의 신학을 받아들였던 코우와 라우쉔부시 같은 신학자들이 움찔 할 수밖에 없었던 실로 크나큰 사건이었다. 자유주의 신학의 기본적인 전제가 무엇인가? 아마도 그 기원을 슐라이어막허의 신학과 헤겔의 철학에서 찾아볼 수 있을 것이다. 지면관계 상 이 두 사람의 생각을 깊이 살피기는 어렵지만 한 마디로 자유주의 신학에는 성경을 보는 시각을 철저하게 역사학적인 관점을 채용하고 인간의 주체적인 이성활동과 사고를 강조한 사조라고 볼 수 있겠다. 이 신학에는 성경의 권위로부터의 자유를 주장하려는 의도가 있는 것이 사실이며 하나님의 계시로부터 출발하는 정통주의와는 다르게 인간의 이성에도 일말의 권위를 부여한다는 점이다. 물론 학자와 시기마다 그 강조점이 다르겠으나 대개는 그 출발점이 비슷하다고 보아도 무리가 없을 것이다. 인간의 본성을 낭만적으로 보았기에 인간의 지속적으로 선을 추구하고 사회의 진보와 발전을 위하여 끊임없이 노력하는 괜찮은 존재로 낙관했던 자유주의신학의 신봉자들에게 일차 세계 대전은 큰 충격이 아닐 수 없었다. 이런 상황에서 앞서 언급한 코우와 라우쉔부시가 각각 1917년과 1918년에 자신들의 생각이 담긴 책을 발간한다는 것은 상당한 확신과 자신감이 없이는 불가능한 일이었다.

코우와 라우쉔부시가 서로 만나 교감을 나누었다는 기록을 찾기는

---

20 George Albert Coe, *A Social Religious Education,* 김도일 역, 『종교교육사회론』 (서울: 그루터기 하우스, 2006), 9.

어려울지라도 그들의 활동무대가 비슷하였고 시기도 비슷하였기에 아마도 서로의 생각에 대하여 잘 알고 있었을 것이다. 더욱이 한 사람은 역사신학자로서 또 다른 사람은 종교교육학자로서 비록 채용하는 학문적 시각에는 다소 차이가 있었을지라도 그 두 사람이 기반과 목표로 삼았던 사회복음과 사회개혁은 일치하는 것이었다. 코우는 자신의 또 다른 역작 『기독교교육이란 무엇인가?』(*What is Christian Education?*)에서 종교교육의 주된 목적을 다음과 같이 질문의 형태로 역설하였다. "종교교육의 일차적 목적이 종교를 전수하는 데에 있는가, 아니면 새로운 세계창조에 있는가?"[21] 코우는 물론 종교교육의 일차적인 목적을 종교 내용의 전수보다는 새로운 세계 창조에 있다고 본 것이다. 그가 말하는 세계 창조는 그의 구원관과 밀접한 관계가 있다. 그가 말하는 구원이란 개인주의적인 것이 아니라 다분히 사회적인 것이다. 그는 "대부분의 그리스도인들이 그리스도 왕국의 증대를 단순히 사악한 세상에서 구조된 개인들의 합에 불과한 것으로 생각"[22]하는 것을 거부하였다. 한 걸음 더 나아가서 "우리는 각자 홀로 구원되어 자루 속의 구슬이나 모래 더미 속의 모래알처럼 하나씩 더해지는 것이 아니다. 구원받는 사회는 그렇게 외면적인 과정을 통해 이루어지지 않는다"[23]고 말하면서 하나님의 구원의 대상은 "세상"이라고 말한 캐논 프리맨틀(Canon Fremantle)의 생각[24]을 빌려와 구원의 메시지를 사회적 메시지화 했던 것이다.

코우는 교육, 특히, 종교교육의 목적이 "사회적 적응과 사회적 효율성"에 있음을 강조하면서 모든 교사의 임무는 학교와 학급의 구성과 경영에 있어서 학생들에게 협동과 자치를 훈련시켜야 한다고 주장하였

---

21 George Albert Coe, *What is Christian Education?* (New York: Charles Scribner's Sons, 1929), 29.
22 조지 알버트 코우/김도일 역, 『종교교육사회론』, 18.
23 위의 책, 19.
24 위의 책, 18.

다.25 학교는 사회적 상호작용을 적용하여 사회적 놀이와 사회화 놀이를 진작시켜야 하며, 공부와 암송도 사회적 경험을 쌓는 것이며 학교를 쉬고 공휴일, 선거일, 시민선거일, 축제일 등도 그 사회가 갖고 있는 이상을 함께 나누고 그 이상을 실현하기 위하여 활용해야 한다고 역설한 것이다.26 그런데 이러한 사회적 적응과 사회적 효율성을 제대로 이루어내려면 철저한 검증과 실험을 통하여 사회교육 이상을 실현해야 하는데, 그렇게 하기 위해서는 먼저 새로운 사회교육 이상을 위한 교육철학이 먼저 생겨야 한다. 마치 어떤 사람이 빵을 굽는 이유는 그 빵굽는 이의 손길을 인도하는 관념들 때문인 것처럼 사회적 이상을 실현하기 위하여 먼저 올바른 사회적 관념을 형성케 하는 것은 교육철학이다. 코우에 의하면 철학을 한다는 것은 "눈을 크게 뜨고 자신의 발길이 언제 어디로 가고 있는지를 볼 수 있도록 지평을 넓혀 응시하는 것이다… 철학적 사고는 그 포괄성, 면밀함, 지속성 때문에 철학적으로 구별되는 것이다."27

코우가 하나님의 나라 혹은 왕국(Kingdom of God)이라는 단어보다는 하나님의 민주주의(Democracy of God)이라는 말을 선호한 까닭은 무엇인가? 이 개념도 역시 그의 사회복음적 시각에서 발현된 것이다. 그는 가정도 민주적으로 운영되어야 한다고 주장하면서 "민주적 가정에서 그 구성원들은 각각 뚜렷한 주도권을 가지는 영역과 최종적 판단을 내리는 영역"을 가져야 한다고 말한다.28 어린이들도 자신이 할 수 있는 일을 스스로 결정하고 수행하게 함으로써 진정한 사회의 기본 형태인 가정에서부터 사회적 존재가 되어가는 길을 배운다는 것이다. 심지어 어린이의 용돈 사용의 영역에 있어서도 조언을 아끼지 않는데,

---

25 위의 책, 28-29.
26 위의 책, 30-31.
27 위의 책, 35.
28 위의 책, 244.

"어떤 부모는 일정한 용돈을 각 자녀에게 주고 공개적으로 정확한 용돈 사용 내역을 요구하며, 성장에 따라 그 액수를 증가시킨다"[29]는 예를 들면서 자녀들이 책임적인 사회적 존재가 될 수 있도록 도와주는 것이 부모된 도리라는 것이다. 가정의 모든 구성원들이 "구제와 건설적인 사회사업에 참여함으로써 가정의 의식이 더 넓은 사회의 의식으로 융합될 때까지 가정의 일치는 완벽할 수 없다"[30]고 말하면서 가정의 모든 구성원들은 그가 어린이든 어른이건 간에 "고결한 공동 목적, 일치된 노동 그리고 필요하다면 다른 사람을 위한 고난은 친밀한 애정의 완전한 실현에 필수적"[31]이라고 주장하였다. 물론 그는 아동 노동을 철폐해야 한다고 강력하게 주장하였으며 성인의 노동 시간도 적절히 단축하고 노동의 위생적/ 도덕적 조건도 향상시켜야 하며 주거 조건을 개선하고 위생 및 건강을 증진시켜야 함도 주장한 것이다.[32]

그렇다면 코우에게 교회학교의 역할은 무엇인가? 교회학교의 역할은 교회가 어떤 기관이냐에 따라 그 성격과 역할이 정해진다. 그에게 교회는 "영적 재화의 조달자" 그 이상의 기관이다. 만약 교회가 다만 영적 재화의 조달자 이상의 어떤 기관이 아니라면 교회의 "교육 사업은 목회 훈련 그 이상의 일에는 관련한 필요가 없을 것이다."[33] 그러나 코우의 생각에 교회는 단순하게 영적인 일에만 관심을 쏟는 기관이 아니라 세상속의 그리스도인들과 멀지 않은 장래에 그리스도인들이 될 수 있는 사람들로 하여금 '사람다운 사람' '온전한 사람'으로 만드는 일에 일조하는 기관이라면 교회 내에서 이루어지는 교육은 일말의 "대중교육"[34]이 필수적이라고 보는 것이다. 교회학교는 소위 "난파된 인격"을

---

29 위의 면.
30 위의 책, 245.
31 위의 책, 247.
32 위의 책, 251-252.
33 위의 책, 257.

구조하는 일에 뛰어 들어야 한다는 것이다. 교회학교는 대중을 교육함으로써 교회 안에 예언의 영을 유지할 수 있으며, 대중교육을 통하여 교회의 과오를 바로잡을 수 있으며, 대중교육을 통하여 공동체에 속한 각인이 변화를 일으키는 (성령의) 권능을 체험할 수 있기 때문이다.35 결국 교회와 교회교육의 역할에 대한 코우의 견해도 역시 그의 뼛속 깊이 자리하고 있는 사회복음적인 시각을 벗어나지 않는 것을 볼 수 있다.

코우는 이 책을 쓸 당시 세계 전쟁을 경험하였다. 마냥 진보하고 진화할 것 같았던 인류가 서로를 물고 상처주는 전쟁에 뛰어들었을 때 그는 무슨 생각을 했을까? 어쩌면 사회가 덜 개조되었기에 구조적 악이 존재하는 것이며 그러한 구조적 악을 제거하기 위하여 전쟁은 불가피한 선택이었다고 말할지 모른다. 그러나 그가 죽기 몇 년 전에 또 다시 발생한 세계 전쟁에 대하여는 무슨 설명을 달지가 궁금하다. 코우는 살아생전 다음의 세 가지에 영향을 받았던 것으로 보인다. 즉 신학적으로는 자유주의 신학, 사회학적으로는 사회복음주의, 교육학적으로는 진보주의에 영향을 받았던 코우는 종교교육의 주된 철학이자 도구를 과학적인 방법으로 삼았다. 과학적인 방법이란 창조적 숙고, 자기비판, 분석과 평가를 말하는 것이다. 그에게 있어 종교교육의 목표는 앞서 언급한 것처럼, 새로운 세계 창조와 사회의 재건설이며, 모든 종교교육의 과정은 진보와 성장의 일로에 있어야 한다고 주장했던 것이다. 그러기에 코우가 말하는 종교교육의 상징은 늘 실험실이며 가정과 교회를 넘어선 사회가 바로 종교교육의 기본적인 장(context)인 것이다. 하나님에 대하여는 늘 내재적인 신학을 견지했으며 성경을 도그마의 원산지 혹은 유일한 삶의 잣대로 보기보다는 하나님을 찾아가는 인간경험의 기록물로 보았던 것이다. 그의 죄관은 정통적이지 않아서 죄란 지식과

---

34 위의면. 코우가 말하는 교회학교는 단순하게 주일학교와 같이 교회 내에서만 가르치는 것을 뛰어넘어 교회 밖에서도 교회 교육을 감당하는 학교를 말한다.
35 위의 책, 257-258.

통찰력의 결핍이며 성장할 수 있으되 성장하기를 꺼려하며 배우려들지 않는 자세 자체가 죄라고 규정했던 것이다. 왜냐하면 인간은 본성적으로 선하고 무한한 가능성을 지닌 존재로 창조주가 만들었다고 믿었기 때문이다.36 이처럼 코우의 시각은 그로 하여금 사회적 변혁을 위하여 끊임없이 노력하고 실험해야 하는 존재가 되기 위하여 노력하도록 만들었던 것이다. 그렇기 때문에 종교의 내용을 전수하는 것보다는 늘 새로운 세계를 염원하며 그 창조를 위한 참여자가 되는 것이 무엇보다 중요한 것이다. 바로 이것이 조지 알버트 코우의 종교교육사회론인 것이다. 코우의 견해는 치우친 것이 분명하다. 인간에 대한 낙관적인 그의 견해가 일견 옳은 점도 있으나, 개혁신학적인 관점에서 볼 때 인간의 죄성과 한계에 대한 입장은 확실히 무시하였다는 점을 우리는 간과해서는 안 된다.

V. 라우셴부시와 코우의 사회론에서 얻는 기독교교육적 함의

사회적 관점을 가지고 신학을 할 때, 삶에 적용하는 두 가지 길이 있다. 첫째는 사회에 대한 관심과 애정을 소극적으로 표현하는 것이다. 마치 헨리 데이비스 소로처럼 불순응주의적 표현을 하는 것이 그것이다. 1845년에 발간된 소로우의 『월든, 혹은 숲속의 생활』은 그러한 예를 단적으로 보여준다. 그는 최소한의 물질과 땅을 가지고 엄격한 원칙에 따라 삶을 영위하려고 노력했다. 그는 다음과 같이 말했다:

스스로 집을 짓고 농사를 지으며 최대한의 여가를 즐겼다… 간소하게, 간소하게, 간소하게 살라! 당신의 일을 두 가지나 세 가지로 줄이며,

---

36 김도일, 『현대 기독교교육의 흐름과 중심사상』 (서울: 동연, 2010), 91-92.

백 가지나 천 가지가 되도록 하지 말라. 백만 대신에 다섯이나 여섯까지만 셀 것이며, 계산은 엄지손톱에 할 수 있도록 하라!37 내가 숲 속에서 살면서 직접 깨달은 바에 의하면, 현재 이 나라에서 필요한 것이란 단지 몇 개의 연장과 칼 한 자루, 도끼 하나, 삽 하나, 외바퀴 수레이다. 그리고 학구적인 사람이라면 램프와 필기도구 그리고 책 몇 권이 있어야 할 것이다.38 자신을 개발하기 위해 너무 지나친 걱정과 권위에 자신을 내맡기지 말라.39 내가 가장 소중하게 여기는 것은 얽매임 없는 자유이고, 경제적으로 여유롭지 않더라도 나는 행복하게 살아갈 수 있으니 사치스런 양탄자나 다른 값비싼 가구들, 맛있는 요리… 등을 위하여 나의 소중한 시간을 낭비하고 싶지 않았다. 만약 이런 것들을 얻는 일에 하등의 불편함을 느끼지 않고, 또 그것을 얻은 다음 그것들을 사용할 줄 아는 사람들이 있다면 그들이나 실컷 그런 것들을 추구하라고 하라.40

우리는 소로우의 경향을 생태주의 혹은 초월주의로 볼 수 있으며 에머슨과의 교감으로 비추어볼 때, 그의 사상의 핵심은 사회개혁보다는 개체의 자립(self-reliance)이라고 할 수 있을 것이다. 지극히 소극적으로 보이는 그의 사회적 관심 표현이 간디의 독립운동과 마틴 루터 킹 목사의 인권운동에 영향을 미치게 되었다는 것은 매우 흥미롭고 의미심장한 의미를 부여한 바이다. 둘째, 사회적 문제에 대하여 적극적인 관심을 표현하는 입장을 라우센부시와 코우의 그것이라 하겠다. 이 둘은 각각 목회자로서와 학자로서 기독교복음의 핵심이 무엇인지에 대하

---

37 Henry David Thoreau, *Walden, or Life in the Woods*, 베스트트랜스 역, 『소로우의 월든』 (서울: 더클래식, 2010), 5-6.
38 위의 책, 24.
39 위의 책, 373.
40 위의 책, 날개.

여 사회적으로 연구하고 사회개혁을 위하여 치열하게 싸웠던 사람들이다. 이미 살펴본 바와 같이 이 라우쉔부시는 20세기 초반 미국의 사회적 상황을 위기로 규정하고 교회가 정신을 차리고 사회제도를 개혁하는 데에 앞장서야 하며 신앙인들이 사회의 각 분야에서 제도적 악의 모순이 있다면 그것을 과감하게 고쳐나가는 데에 앞장서야 한다고 주장한 것이다. 코우도 역시 20세기 초반의 치열한 역사적 상황 가운데서 한편으로는 라우쉔부시의 사회복음에 적지 않은 영향을 받았으며 종교교육이 치중해야 할 초점은 개인적 구원보다는 사회적 개혁이고, 인간의 죄성보다는 가능성이며,41 무작정 믿으라고 하기 보다는 과학적 검증을 통하여 신학하기를 수행해야 하며, 당시 그가 판단한 것처럼 지나친 경건주의니 개인주의나 경건주의에만 치중하기 보다는 사회적 구조나 사회적 악이나 사회현실에도 눈을 크게 뜨고 해결책을 모색해야 한다는 것이었다.42

그러면 라우쉔부시와 코우로부터 도출해 낼 수 있는 기독교교육적 함의는 무엇일까? 첫째는 교육자의 사명감 고취가 중요하다는 것을 재확인한다. 더욱이 기독교교육을 수행하는 교육자는 비록 느리고 고생이 되지만 교육을 통하여 사람도 변하고 사회도 변할 수 있다는 희망의 교육학을 가져야 할 것이다. 양심적으로는 도저히 받아들일 수 없는 사회현실에 오히려 "우리를 끼워 맞추려는 실용적 담론"43이 넘쳐 나는 이 때에 과감하게 무작정 순응할 것이 아니라 아프지만 현실을 직시하고 개인들로 하여금 자기들의 두 발로 우뚝 서서 부조리한 현실을 변혁

---

41 은준관, 『기독교교육사』 (서울: 대한기독교서회, 1993), 353-354.
42 최근의 복음주의적 경향은 개인적이고 경건주의적인 복음의 차원 뿐만 아니라 이 땅 위에서 하나님의 나라를 이루고 구원의 사회적 차원을 강조하는 경향을 갖게 되었다. Kenneth Reech, *The Social God*, 신허기 역, 『사회적 하나님』 (서울: 청림출판, 2009), 23 이하.
43 Paulo Freire, *Pedagogy Of Hope: Reliving Pedagogy Of The Oppressed*, 교육문화연구회 역, 『희망의 교육학』 (서울: 아침이슬, 2002).

할 수 있게 도와주며 자신도 새롭게 변화되기를 소망하는 기독교교육자가 되어야 할 것이다. 둘째, 기독교교육은 라우센부시와 코우가 누누이 암시한 것처럼 새롭고 건강한 사회를 재건설하기 위하여 늘 열린 마음으로 대화하고 삶을 나누는 상호작용 촉진이 이루어질 수 있도록 교육환경을 조성해야 할 것이다.

프레이리의 필생의 역작 『억눌린 자를 위한 교육』(Pedagogy of the Oppressed)44는 그 번역 자체가 잘못되었다. 이 책은 억눌린 자를 위한 교육이 아닌 억눌린 자의 교육이어야 한다. 더 상세히 말하자면 억눌린 자의 시각을 통해 수행하는 교육이어야 할 것이다. 우리는 늘상 가르치는 입장, 더 배운 사람의 입장에서만 교육 커리큘럼을 만들어 왔으나 교육은 배우자와 가르치는 자가 쌍방 간에 존중하고 사랑하면서 수행하는 하나의 상호작용이 때문이다. 셋째, 기독교교육의 진정한 목적을 다시금 상기해야 할 것이다. 기독교교육은 한 사람 한 사람으로 하여금 피조물로서 하나님의 형상대로 지어 졌으나 죄로 인하여 파괴되었으나 결국 하나님의 아들 예수 그리스도를 통하여 새롭게 가능성을 지니게 된 새 자신의 존재가치를 알고 그 가치를 극대화하여 살게 도와주는 제반 과정이다. 프레이리가 역설한 것처럼 교육이란 "인간화의 사명을 재발견해 주고 기성화된 한계들을 거부하는 사고력을 증명해 주고 미래를 지향하는 길을 터"45주는 것임에 틀림없으며 바로 이러한 교육목표를 갖고 기독교교육을 수행해야 할 것이다. 이러한 교육목표를 달성하기 위해서 교육자들은 교실이나 실험실에만 머물러 있을 것이 아니라 시간이 허락하는 대로 "전반적인 역사 전후관계에서 시작되고, 새로운 사회질서를 창조하는 투쟁의 한 복판에서 실천"해야 한다. 바로 이것이 진정한 *praxis*가 되는 것이다.46 넷째, 기독교교육은 라우센부시와

---

44 Pauolo Freire, *Pedagogy of the Oppressed*, 성찬석 역, 『억눌린 자를 위한 교육』(서울: 한마당, 1995).

45 위의 책, 13.

코우가 누누이 강조한 것처럼 민주주의와 윤리 그리고 시민적 용기를 불어넣어 주는 자유를 추구하는 교육이 되어야 할 것이다. 이전 문장의 액기스는 기실 프레이리가 말한 것과 비슷한 뉘앙스를 주는데 그의 책 『자유의 교육학』이 바로 그러한 그의 교육철학을 담고 있다. 그가 말하는 자유란 영어로 표현하면 Freedom이지만 프레이리의 모국어인 포르투갈어로는 *autonomia*, 즉 자율성(autonomy)이 된다. 이 말은 교육이란 한 객체가 자신이 속한 사회 속에서 자신의 역할을 감당케 하기 위하여 단순한 지식전수를 넘어서 자신감, 전문역량 그리고 아량까지를 품을 수 있도록 돕는 통전적인 행위과정이 되어야 한다는 말이다.[47] 이러한 일이 가능케 되기 위해서는 그리스도인들로 하여금 사회적 인식(awareness)을 갖고 살 수 있도록 클레멘트 코스와 같은 인문학 강좌도 절실하게 요구될 것이다.[48]

VI. 한국교회가 나가야 할 방향에 대한 고민

그간 한국교회는 앞만 보고 교회성장에 전력질주하다 보니 간과하고 잊고 있었던 교회의 공적 사명에 대하여 다시금 상기해야 함은 분명하다. 손봉호 교수는 한국 윤리문화의 후진성을 지적하는 가운데 "특히, 정직성과 공정성이 크게 결여되어 있다"고 지적하면서 "국제투명성 기구는 2004년 한국의 투명성이 세계에서 47위로 코스타리카, 보츠와

---

46 위의 면.

47 Paulo Freire, *Pedagogy of Freedom*, 사람대사람 역, 『자유의 교육학』 (서울: 아침이슬, 2007), 3장과 4장의 요약.

48 Earl Shorris, *The Art of Freedom: Teaching the Humanities to the Poor*, 고병헌, 이병곤, 임정아 역, 『희망의 인문학』 (서울: 이매진, 2006). 쇼리스는 프레이리와 같이 보통 사람인 서민들에게 인문학 강의를 통하여 그들의 자아정체성을 확인하는데 일조하였으며 그들과 함께 희망을 창조해 나가는 일이 중요하다고 역설한다.

나보다 뒤떨어져 있는 것으로 발표된 사실"을 드러내었고, "2000년 한 해 동안 우리나라에서 위증으로 기소된 사람은 1,198명으로 일본의 5명에 비해 240배이며 인구를 감안하면 671배나 된다"는 부끄러운 실상을 소개하였다.49 그는 "개개인 그리스도인이 경건하게 행동할 뿐 아니라 공동체로서의 교회는 세상의 소금이 되어야 한다"고 주장하면서, "나쁜 짓을 하는 것, 즉 영어로 'commissioning'도 잘못이지만 마땅히 해야 하는 것을 하지 않는 것, 즉 'ommissioning'(삭제 혹은 지워버림)도 죄"라고 강변하였다.50 2016년 한국의 투명성은 172개 국가 중 52위를 기록하고 있다는 사실만 보아도 결코 우리나라의 형편이 나아진 것 같지 않다.51 이제 한국교회가 당면한 도전인 세속화와 사사화(privatization), 신앙과 신학의 이원화,52 개혁전통의 상실을 깊이 인식하면서 그 도전에 대한 응전으로서 신앙과 삶의 일치를 추구하는 신학과 하나님의 주권을 강조하는 신학을 정립하고, 교회가 "교회다움"을 회복하는 가운데 각 교인으로 하여금 자신이 속한 사회에서 "책임적인 구성원"으로서의 사명을 다하여야 할 것이다.

소금은 짠 맛을 유지하고 사람의 입속에 넣어져야 비로소 소금의 역할을 다하는 것이다. 소금으로서의 정체성을 유지하는 것이 중요함과 동시에 음식에 넣어져 녹아진 후 먹는 이의 입속에 들어가야 비로소 소금의 사명을 다하는 것이다. 자기 반성, 자기 비판, 자기 개발을 통해 짠 맛을 유지해야 한다. 또 자기를 내세우거나 자기 주장을 일삼지 말고 있는듯 없는 듯 살아야 한다. 인간관계 속에서 그리고 일 속에 녹아져야

---

49 손봉호, "기독교와 사회," 『기독교의 사회적 책임』 (서울: 세계밀알회 편, 2005), 36.
50 위의 글, 41.
51 https://www.transparency.org/news/feature/corruption_perceptions_index_ 2016. 2017. 10. 31. 11:00 접속.
52 이원규, "한국교회의 사회적 기능," 감신대 출판부, 『신학과 세계』, 1991, 봄, 22호, 315-321.

할 것이다. 소금은 소금인데 너무 훌륭한 소금은 사절해야 할 것이다. 아니 그건 사실 소금도 아니지 않는가? 부수어지고 녹아짐으로 맛은 내지만 드러나지는 않아야 할 것이다. 그러므로 섬김의 동기는 겸손이어야 한다. 섬김의 행위보다 앞서 가져야 할 자세는 하나님과 사람들 앞에서의 겸손한 마음의 자세일 것이다. 대한예수교 장로회(통합, 합동 막론하고)는 소위 장자교단이라는 자부심을 자기 성찰과 자기비판의 필터를 통해 바로 잡고 정화시켜 바로 서야 할 것이다. 이제는 절대로 다시 사회가 교회를 걱정하게 하는 일은 없어야 할 것이다. 교회에 속한 모든 이들이 제일 먼저 마음에 새겨야 할 교훈은 첫째도 겸손 둘째도 겸손이어야 할 것이다. "내 이름으로 일컫는 내 백성이 그들의 악한 길에서 떠나 스스로 낮추고 기도하여 내 얼굴을 찾으면 내가 하늘에서 듣고 그들의 죄를 사하고 그들의 땅을 고칠지라"(대하 7:14)는 말씀에서 보는 바와 같이 우리 먼저 믿은 이들이 겸손하여 하나님과 뭇사람들 앞에 자신을 낮추어야 할 것이다.

또 등불은 책상 밑에 두지 않고 가장 높은 곳에 두어야 제 역할을 할 것이다. 이 말씀은 교회가 소금처럼 녹아지는 것이 중요한 것처럼 등불처럼 모든 이들이 쳐다보는 곳에 두어도 부끄러움이 없이 자신의 역할을 감당해야 한다는 의미로 해석할 수 있다. 물질사용, 교단정치를 비롯한 다양한 분야에서 도덕적 수월성을 유지하고 늘 자신을 정화하여 맨 위에 놓아도, 누구나 쳐다보아도 별 문제가 없으며 오히려 외롭지만 높이서 자신을 태워 세상에 빛을 제공해야 한다. 자신을 세상을 위하여 태우는 길은 균형 잡힌 공적 사역, 즉 성경에서 말하는 착한 행실을 행하는 희생을 통하여만 가능한 것이다. 이러한 모습의 한국교회가 우리 시대에 성취될 수 있기를 소망해 본다. 강천석이 말한 것처럼 "우리 사회가 종교에 두통거리를 안겨주던 시절, 우리들 마음에 지워지지 않는 발자국을 남긴 종교계의 큰 어른으로 한경직 목사(1902~2000), 성철 스님(1912~1993), 김수환 추기경(1922~2009)" 등의 세 사람을 꼽는다. 이 세 사람은 각기 다른 종교를 떠받치는 기둥이었는데도 이들을 한데 묶는 공통 단어는 금방 떠오른다는데, 그 키워드는 청빈(淸貧, poverty)53이다. 한국 대형 교회의 원조인 영락교회를 일으킨 한 목사님이 남긴 유품은 달랑 세 가지였는데, 휠체어, 지팡이, 겨울 털모자가 바로 그것이다. 집도 통장도 남기지 않았다.54 그에게도 목사인 아들이 있었는데 단 한 번도 세습 혹은 담임목사직 대물림이라는 단어가 나온 적이 없었다.

　　교회가 제 역할을 한다는 의미는 무엇일까? 그것은 아마도 청빈하고 올곧게 존재하는 것이다. 그리고 교회는 공적기관으로서 사회 속에서 건강하게 존재하여야 한다. 아직 하나님을 아버지로 알지 못하고 예수를 그리스도로 믿지 못하는 세대에게 소금이 되기를 기대하겠는가? 아니면 등불이 되기를 기대하는가? 순전히 하나님의 은혜로 믿게 되고 쓰임을 받게 된 복음주의자들이 이제 믿는 이로서의 깨끗한 "양심을 회복"해야 한다. 우리 삶의 전 영역에서 예수님의 주되심(Lordship)을 인정하고 실천해야 한다. 주님이 우리 삶 전 영역에서 주님되셔야 한다. 로날드 J. 사이더도 주장했듯이, 주님은 우리 인간 삶 전 영역에서 주님이 되셔야 하는 토탈 로드십(total Lordship)을 요구하신다.55 물질의 영역, 시간의 영역, 힘 사용의 영역, 언어의 영역을 포함한 전 영역에서 말이다. 섬김은 우리의 선택 사항이 아니라 필수적인 삶의 부분이다. 왜냐하면 우리 주님께서도 "인자가 온 것은 섬김을 받으려 함이 아니라 도리어 섬기려 하고 자기 목숨을 많은 사람의 대속물로 주려 함이니라"(마가복음 10:45)고 말씀하셨기 때문이다.

---

53 가난을 의미하나, 특히, 복음적 권고의 하나로서 수덕적(修德的) 의미의 가난을 가리킨다. http://dictionary.catholic.or.kr/ 핵심어: 청빈, 2017. 11. 18. 23:42 접속.
54 강천석, "종교가 세상을 걱정하던 시절 이야기," 조선일보, 2011. 03. 04. 이 분들이 아무런 흠이 없다는 말이 아니다.
55 Ronald J. Sider, *The Scandal of the Evangelical Conscience*, 122.

마른 뼈처럼 말라가는 교회가 다시 살아나 세상의 소금과 등불이 되기 위해서 하나님의 생기가 우리 모두에게 불어넣어지기를 간절히 기도하며 '진정한 복음주의 양심의 회복' 역사가 일어나기를 고대한다. 그리하여 뭇사람이 기독교가 이 사회에 꼭 필요한 종교이고, 기독신앙인이 이 사회를 맑게 하는 이들이며, 교회가 없으면 사회적으로 소외된 이들의 소리를 경청해 주고 함께 할 기관이 없다고 많은 사람들이 공감하게 되는 날이 오기를 소망한다. 손석희 앵커가 종교개혁 500주년과 한국 교회에 대하여 보도하며 미상원 채플 목사였던 리처드 C. 핼버슨(Richard Christian Halverson)의 말을 인용하여 브리핑한 것처럼 "교회는 그리스로 이동해 철학이 되었고, 로마로 옮겨가서는 제도가 되었다. 그 다음에 유럽으로 가서 문화가 되었다. 마침내 미국으로 왔을 때, 교회는 기업이 되었다"(〈JTBC〉, 2017. 11. 14. 방송). 이 말은 우리나라에서 건강하게 온전히 헌신하고 있는 수많은 목회자들과 성도들에게 충격과 자극을 주는 것임에 틀림없다. 그러나 정신이 나가지 않고서야 누가 교회를 기업처럼 키우고 운영하려고 하겠는가? 우리는 실제 더불어 건강하고 행복하게 한 사람 한 사람을 돌보고 사회적 약자들을 위하여 최선을 다하고 공정한 사회를 만들어 나가는 교회가 많음도 동시에 기억해야 한다.

특히, '기쁨의 교회'(담임: 박진석 목사)는 포항북부 지역에 큰 지진이 나서 아수라장이 된 한동대와 곤경에 처한 마을사람들을 위해 교회당 문을 열고 아낌없는 사랑을 나누었다. 위의 미디어가 교회의 역할에 대하여 심각한 의문을 제기한 바로 다음날 같은 뉴스에서 기쁨의 교회가 마을을 위해 애쓰는 모습을 방영하였다.56 박진석 목사는 "내진설계해

---

56 2017. 11. 18. 오후 경북 포항시 북구 양덕동 기쁨의 교회 3층에 지진 피해 이재민들이 사용할 대피소와 함께 개인용 텐트가 설치되고 있다. 기쁨의 교회 대피소는 대도중학교 대피소에 있던 이재민들이 사용하게 된다"고 네이버뉴스는 보고하였다. 최창호, "포항시, 지진 이재민 사생활 보호 공간 마련," 〈뉴스 1〉, 2017. 11. 18., m.news.naver.com,

서 지은 새 교회 건물을 마을의 이재민들을 위해 쓰니 기쁩니다"고 하였다. 그리고 2층 건물은 온돌 구조이며, 3층에는 사생활 보호를 위한 60동의 텐트도 설치됐다'고 설명하며 이재민들을 돌보았다."57 본 연구는 미흡하나마 그러한 모범적인 교회를 도시와 지방을 망라해서 발굴하려는 노력을 기울였다. 그런데도 미디어의 고발에 귀를 기울여야 하는 이유는 이때가 우리 가정, 교회, 마을의 상태를 점검하고 "돌이켜" 예수님의 사랑을 많은 이들에게 진심으로 보여 주고 함께하는 삶으로 전환해야 하기 때문이다. 마을이 없이 교회가 있겠는가? 언젠가 마을 전체가 교회가 될 것이라는 소망을 갖고 사역을 해야 할 것이기 때문이다. 더 늦기 전에 말이다. 이러한 상황 속에서 교회가 마을 속에서 신뢰를 회복하고 미래세대를 살리고 건강하게 키우기 위하여 가정-교회-마을이 연대하여 진정한 마을교육공동체가 곳곳에서 형성되는 기적이 하나님의 섭리 가운데 일어날 것을 겸허하게 낮아진 자세로 간구한다. 마지막으로, 더불어 행복한 가정-교회-마을 교육공동체는 이 위기의 시대에 꼭 필요한 대안이라고 확신함과 동시에 이 작은 연구가 하나님의 나라를 이 땅위에서 확장하며 신음하는 세상을 변화시켜 사람이 살만한 곳으로 만들어 나갈 것이라는 사실을 믿어 의심치 않으며 이 연구를 마친다.

23:07 접속. 박진석 목사는 "체육관이나 학교보다는 교회가 지내기 훨씬 좋다"면서 "교회와 기쁨의복지재단은 오시는 분들 모두를 잘 모실 준비가 돼 있다"고 전했다. 박 목사는 "상황이 안정된 뒤라도 중장기 구호활동을 이어 갈 예정"이라고 덧붙였다. 장창일, "강진이 흔든 포항 교회들, "추수감사절 예배드릴 곳이 없다." 〈국민일보〉, 2017. 11. 18. 이 글을 마무리하는 2017. 11. 25.에는 장신대의 신대원 학생들이 한동대와 포항지역에 가서 지진으로 파괴된 지역을 복구하기 위하여 땀을 흘리고 있다는 매우 뿌듯한 소식을 들었다. 확실히 이 시대는 절망 중에도 소망을 갖게 하는 증거들이 많이 있다는 확신을 갖는다.

57 강진구, "포항 기쁨의 교회, 이재민들 위해 간이침대 설치," 〈뉴시스〉, 2017. 11. 17. 기쁨의 교회는 이재민을 위하여 교회 3층 건물을 지진피해를 당한 마을사람들을 위하여 개방하고 그들을 기쁨으로 섬겼다.

참 고 문 헌

강민석. "예장통합 최기학 총회장: 건강한 마을 공동체 만드는 마을목회, 교단서 강력 추진." <국민일보>. 2017. 09. 20.

강성열.『현대인을 위한 창세기 강해』. 서울: 한국장로교출판사, 1998.

강수돌.『더불어 교육혁명』. 서울: 삼인, 2015.

강영우.『원심력』. 서울: 두란노서원, 2011.

강영택.『마을을 품은 학교 공동체』. 서울: 민들레, 2017.

강진구. "포항 기쁨의 교회, 이재민들 위해 간이침대 설치." <뉴시스>. 2017. 11. 17.

강천석. "종교가 세상을 걱정하던 시절 이야기." <조선일보>. 2011. 03. 04.

강현아. "청소년의 누적 위험 요인이 우울 및 불안에 미치는 영향."「청소년학연구」. 2013. 20(9): 175-197.

고원석 외.『다음세대에 생명을』. 서울: 장로회신학대학교, 2015.

고원석 외.『미래세대에 생명력을 불어넣는 기독교교육』. 서울: 장로회신학대학교 기독교교육연구원. 2014.

권기현.『21세기 과학기술혁명과 인류의 미래』. 서울: 경희대학교 출판국, 1999.

권난주. "융합시대, 과학적 창의성과 예술적 감성을 위한 과학예술 융합교육 프로그램 개발 연구." 2014. 04. 30. 미래창조과학부.

권호정 외.『호모 컨버전스: 제4차 산업혁명과 미래사회』. 서울: 아시아, 2017.

기독교교육연구원.『교회와 가정을 연계하는 교육목회 기본 지침서』. 서울: 장로회신학대학교 기독교교육연구원, 2009.

김건우. "세계 속의 대한민국. pdf. http://iit.kita.net/newtri2/report/국제무역연구원. 2017. 01. 31. 18:49 접속.

김균진. "교회론의 성서적, 신학적 기초."『교회론』. 서울: 대한기독교서회, 2009.

김기석. "인공지능과 신학적 인간학." 한국기독교교육학회 2017년 추계학술대회 자료집, 2017: 13-32.

김대식.『인간 vs. 기계』. 서울: 동아시아, 2016.

김도일 편.『교회교육 현장으로 나가다』. 서울: 동연, 2016.

김도일 편.『사회적 신앙인의 발자취』. 서울: 동연, 2017.

김도일 편.『제4차 산업혁명 시대의 교육목회』. 서울: 기독한교, 2017.

김도일, 한국일 외.『다음세대 신학과 목회』. 서울: 장로회신학대학교출판부, 2016.

김도일, 한국일. "다음세대의 생명을 살리고 번성케 하는 교회교육 모델 탐구."『다음세대 신학과 목회』. 서울: 장로회신학대학교 출판부, 2016: 11-111.

김도일. "삶과 만나는 말씀, 말씀에 응답하는 삶을 위한 성경공부."「교육교회」. (2015. 07. 01): 18-25.

김도일. "가정, 교회, 마을의 생명망 조성을 통한 마을교육공동체 형성에 관한 연구."「선교와 신학」. 제41집. (2017. 02): 223-248.

김도일. "안녕하지 못한 미래세대 그럼에도 불구하고 우리 가정과 교회와 나라의 미래." "미래세대를 위한 교육목회 3.0."「교육목회」. 2015. 46권. 80-87. 47권: 30-37.

김도일. "4차 산업혁명시대의 기독교교육."「교회성장」. 교회성장연구소 286호(2017년 4월호): 133-139.

김도일. "4차 산업혁명의 도전과 마을교육공동체 만들기 세미나."「교회성장」. 교회성장연구소 291호(2017년 9월호): 150-155.

김도일. "4차 산업혁명의 도전과 마을교육공동체 만들기 세미나: 제주편."「교회성장」. 교회성장연구소 290호(2017년 8월호): 135-139.

김도일. "Walking with Emerging Leaders through Mentoring: A Way of Mission for Life, from a Christian Education Perspective."「선교와 신학」. 22집. 2008.: 252-290.

김도일. "가고 싶은 교회, 거룩함과 즐거움이 살아 있는 교회.「교회성장」. 교회성장연구소 279호 (2016년 9월호): 131-138.

김도일. "가교사역이 천금보다 더 귀한 우리 자녀를 살릴 수 있다."『말씀이 삶이 되는 지혜로운 가정』. 2015. 03. 03.

김도일. "가정 · 교회 · 마을 교육공동체 만들기."「교육목회」. 51권. 2017년 가을호: 39-45.

김도일. "가정과 교회의 유기적 관계 회복을 통한 신앙교육: 가교사역, 건강한 신앙학습생태계 형성에 대한 연구와 제안."「선교와 신학」. 2015. 36권: 11-45.

김도일. "건강한 가정, 교회, 마을 만들기 전략: 천천히 꼼꼼하게."「교회성장」. 교회성장연구소 289호(2017년 7월호): 139-147.

김도일. "겨울이 오기 전에 속히 오라."「교회성장」. 교회성장연구소 282호(2016년 12월호): 118-125.

김도일. "공동체를 통한 기독교교육 모델."『기독교교육의 새 모델들』. 서울: 장로회신학대학교 기독교교육연구원, 2012.

김도일. "교육선교에 관한 연구: 제주교육선교의 가능성을 모색하며."「기독교교육논총」. 제34집. 2013: 1-30.

김도일. "그 많던 청년들은 왜 교회를 떠나는가?" 「교회성장」. 교회성장연구소 278호(2016년 8월호): 121-127.

김도일. "꿈너머 꿈을 꾸는 마을교육공동체: 안산명성교회 이야기." 「교회성장」. 교회성장연구소 291호(2017년 10월호): 140-146.

김도일. "꿈너머 꿈을 꾸는 마을교육공동체의 목적." 「교회성장」. 교회성장연구소 293호(2017년 11월호): 150-157.

김도일. "노스포인트 커뮤니티교회의 교육사역에 대한 고찰과 한국교회에서의 적용가능성 모색에 관한 연구." 『해피투게더 기본지침서』. 서울: 장로회신학대학교 기독교교육연구원, 2012.: 33-53.

김도일. "더불어 행복한 삶을 위한 플랫폼: 마을교육공동체." 「장신논단」 49-4집. 2017.12: 399-435.

김도일. "미래세대 교육목회 계획수립 원리." 「교회성장」. 교회성장연구소 283호(2017년 1월호): 114-123.

김도일. "미래세대 살리기 프로젝트: 미래세대의 신앙생활에 누가 가장 큰 영향을 미칠까?" 「교회성장」. 교회성장연구소 277호(2016년 7월호): 115-121.

김도일. "미래세대 살리기 프로젝트: 유해근의 사역에서 해답을 찾는다." 「교회성장」. 교회성장연구소 276호(2016년 6월호): 111-117.

김도일. "미래세대 살리기 프로젝트: 좋은 씨를 뿌리는 사람이 되라!" 「교회성장」. 교회성장연구소 275호(2016년 5월호): 116-123.

김도일. "미래세대를 살리기 기독교교육 프로젝트." 「교회성장」. 교회성장연구소 271호(2016년 1월호): 115-121.

김도일. "미래세대를 살리기 프로젝트: 나의 변화가 우리의 변화가 되어." 「교회성장」. 교회성장연구소 273호(2016년 3월호): 130-137.

김도일. "미래세대를 살리는 프로젝트의 성패는 누구의 손에 달려 있을까?" 「교회성장」. 교회성장연구소 272호(2016년 2월호): 128-135.

김도일. "미래세대를 진정성 있는 사람으로 만들라." 「교회성장」. 교회성장연구소 281호(2016년 11월호): 112-119.

김도일. "복음주의 양심의 회복." 「장신논총」. 4집. 2011.: 399-416.

김도일. "아날로그 교육의 힘." 「교회성장」. 교회성장연구소 287호(2017년 5월호): 105-111.

김도일. "온겨레여 조국이여 안심하라." 「교회성장」. 교회성장연구소 285호(2017년 3월호): 140-145.

김도일. "온전한 삶을 추구하는 기독교교육." 「장신논단」. 44(2). 2012. 07.: 387-416.

김도일. "우리 교회, 우리 마을 이야기: 지역사회 생태계 살림과 회복."「교육교회」. 459권. 2016. 11.: 10-17.

김도일. "융합의 가치를 지향하는 기독교교육."『2018년 교회교육 정책 자료집』. 장로회신학대학교 기독교교육연구원(2017): 8-29.

김도일. "이승훈: 어둠과 절망의 땅에서 희망을 노래하다."『참스승』. 서울: 새물결플러스, 2014.

김도일. "자녀들로 하여금 인생을 즐기게 하라."「교회성장」. 교회성장연구소 280호(2016년 10월호): 117-123.

김도일. "지역공동체로 나아가는 기독교교육."「기독교교육논총」. 제47집, 2016.: 51-93.

김도일. "청소년들이 있는 곳으로 가라."「교회성장」. 교회성장연구소 284호(2017년 2월호): 130-137.

김도일. "포스트모던 시대의 교육선교의 모형."『포스트모던시대의 기독교교육 모형』. 서울: 요단, 2014.

김도일. "항존주의 교육철학의 재조명과 기독교교육적 함의-한국 기독교의 미래에 대한 교육적 제언."「장신논단」. 39권 (2010. 12): 379-407.

김도일.『교육인가 신앙공동체인가?』. 서울: 한국장로교출판사, 1998.

김도일.『현대 기독교교육 사상의 흐름과 중심사상』. 서울: 동연, 2010.『교육인가 신앙공동체인가?』의 개정증보판.

김동찬. 선교보고서. "김동찬 선교사 인도네시아 바탐 새싹교육재단을 통한 교육선교" 정리: 김광호 선교사. 2017. 09. 28.

김동춘. http://v.media.daum.net/v/20170811123514221. "주민이 마을 정책 세우고 예산 결정에도 직접 참여." 입력 2017. 08. 11. 12:35 접속.

김명용. "칼 바르트의 교회론."『교회론』. 서울: 대한기독교서회, 2009.

김범일.『꿈꾸는 자만이 이루리라』. 서울: 규장, 2008.

김상돈.『마을공동체 이론과 실제』. 서울: 소통과 공감, 2014.

김승권, 장영식, 조흥식, 차명숙. "한국인의 행복결정요인과 행복지수에 관한 연구." 한국보건사회연구원, 2008-13. www.repository.kihasa.re.kr:8080/bitstream/201002/544/1/연구보고서%202008-13.Pdf. 2017. 09. 11. 13:00 접속.

김영래.『기독교교육과 미래세대』. 서울; 땅에 쓰신 글씨, 2007.

김영선. "존 웨슬리의 교회론."『교회론』. 서울: 대한기독교서회, 2009.

김영철, 강영택, 김용련, 조용순, 이병곤.『마을교육공동체 해외사례 조사와 정책방향 연구』. 경기도교육연구원, 2016.

김용석. "4차 산업혁명은 없다." <동아일보>. 2017. 08. 19.

김지숙.『뉴 리터러시 교육』. 서울: 동인, 2014.
김진하. "제4차 산업혁명 시대, 미래사회 변화에 대한 전략적 대응방안 모색." KISTEP InI. R & D. 15, 2016.: 45-58.
김찬호.『모멸감』. 서울: 문학과 지성사, 2014.
김한별. "상금 22억 원 재난로봇대회, KAIST '휴보' 역전 우승." <중앙일보>. 2016. 06. 08.
남상도. "농어촌 선교: 생명 살리기 운동."「선교와 신학」. 22권(2008. 08): 117-140.
남택률. "우리 동네 목사님." <한국기독공보>. 2017년 8월 9일.
노영상. "마을목회의 신학적 근거로서의 유기체 교회론."『마을목회 매뉴얼』. 총회한국교회연구원 편. 서울: 한국장로교출판사, 2017.: 30-49.
노영상. "마을목회의 이론적 기초로서의 비기독교인들에게 열린교회."『마을목회 매뉴얼』. 총회한국교회연구원 편. 서울: 한국장로교출판사, 2017.: 50-58.
노진철.『불확실성 시대의 위험사회학』. 서울: 한울, 2010.
노희태. "신앙공동체의 양육태도가 청소년 신앙정체성에 미치는 영향." 장로회신학대학교 교육대학원 석사학위 논문, 2016.
뉴스앤조이 취재팀.『마을을 섬기는 시골교회』. 서울: 뉴스앤조이, 2012.
대한예수교 장로회 총회. "지역 마을목회 컨퍼런스." 한국교회 100주년 기념관 소강당. 2016년 3월 10일. http://www.pck.or.kr. "생명살리기 10년."
도종환.『흔들리지 않고 피는 꽃이 어디 있으랴』. 서울: 랜덤하우스, 2007.
류승오, 김은하. "수업혁신을 위한 배움중심의 거꾸로 수업 개념 논의."『교육문제연구』. 제20권 1호 서울: 교육문제연구, 2014.: 67-80.
마윈(馬雲). "외모도 별로고 백도 없던 나, 고래보다 새우잡아 성공했다." http://www.alcchosun.com/ 2015. 05. 19., 2015. 11. 26. 16:50 접속.
모종린.『골목길 자본론』. 서울: 다산 3.0, 2017.
민경배.『한국교회의 사회사』. 서울: 연세대학교출판부, 2008.
박경수. "공적신학의 근거로서 라우센부시의 사회복음: 하나님 나라의 현실화를 위한 시도"『공적신학과 공적교회』. 서울: 킹덤북스, 2011.
박병률·이혜인. "난 건강해, 한국인 32위로 꼴찌." <경향신문>. 2017. 11. 15.
박상진, 박종석, 유재봉, 강영택, 이숙경.『다음세대를 위한 기독교교육 생태계』. 서울: 예영커뮤니케이션: 2016.
박상진. "기독교교육생태계를 회복하는 대안적 교회교육: 품 모델."「장신논단」. 48-1권 (2016. 3): 361-388.
박영신, 김의철.『한국인의 행복과 삶의 질: 토착심리 탐구』. 서울: 교육과학사, 2014.

박은숙. 『창의성 계발과 기독교교육』. 서울: 교육과학사, 2017.
박태정, 차현진. "거꾸로 교실의 교육적 활용가능성 탐색을 위한 교사인식 조사." 『한국컴퓨터교육학회 논문지』. 제18권 제1호. 서울: 한국컴퓨터교육학회, 2015.: 81-97.
방정환재단. http://www.korsofa.org. 2013.
배종석, 양혁승, 류지성. 『건강한 교회, 이렇게 세운다』. 서울: IVP, 2008.
백소영. "공적영역에서 자라다 사적영역에 갇혀버린 엄마들." <사교육 걱정없는 세상: 등대지기 학교 뉴스레터②>. 2017. 09. 18.
백수진. "일·교육·편의시설 갖추니, 시골마을 홍동은 집 모자랄 판." <중앙일보>. 2017. 09. 15.
서용선 외. 『마을교육공동체란 무엇인가? 탄생, 뿌리 그리고 나침반』. 서울: 살림터, 2016.
서은국, 구재선, 이동귀, 정태연, 최인철. "한국인의 행복지수와 그 의미." 『한국심리학회 학술대회 자료집』. 2010(1). 2010. 08.: 213-232.
서정민. "한국기독교의 현상에 대한 역사적 검토." 『한국기독교와 역사』. 31권. 2009.: 261-284.
손봉호. "기독교와 사회." 『기독교의 사회적 책임』. 서울: 세계밀알회, 2005.
손석희. 유투브 JTBC 뉴스룸 앵커브리핑. 차범근 편. "나도 많이 비겁했다." 2017. 09. 05. 21:00 접속.
손원영. "포스트모던시대의 인식론." 『포스트모던시대의 기독교교육 학습공동체』. 서울: 요단, 2014.
손원영. "예술영성 형성을 위한 기독교교육과정 개발에관한 연구 ― 위험사회론을 중심으로." 「기독교교육논총」. 제46집. (2016. 06): 79-117.
송기섭. "교회, 마을의 마당이 되자." <기독공보>. 2016. 04. 12.
신동희. 『스마트 융합과 통섭 3.0』. 서울: 성균관대출판부, 2011.
신영복. 『담론』. 서울: 돌베게, 2015.
신형섭. 『가정예배 건축학』. 서울: 장로회신학대학교출판부, 2017.
양금희. "라너와 몰트만의 성례전적 교회에 나타나는 세상을 향한 교회와 기독교교육 패러다임." 「장신논단」. 48-2권. (2016. 06): 253-28.
양재섭. 『생명을 나누는 타원형 교회』. 서울: 바이오사이언스, 2012.
양희송. 『가나안 성도 교회밖 신앙』. 서울: 포이에마, 2014.
엄기호. "무기력과 과격화." <청년을 위한 교회는 없다>. 주제강의. 제6회 청어람 청년사역 컨퍼런스 (2015. 4. 30): 5-8.
연세대학교 사회발전연구소, 한국 방정환 재단. 『한국어린이, 청소년 행복지수 연구: 국제비교연구조사결과보고서』. 2016년 5월. http://www.korsofa.org/ pdf. 2017. 09. 11. 10:30 접속.
오필승 편. 『마을목회신학과 실천』. 서울: 예장 마을만들기 네트워크, 2017.

유범상 외.『고독한 나에서 함께하는 우리로』. 서울: 지식의 날개, 2016.
유성민. "5분 만에 터득하는 4차 산업혁명."「경영매거진」. DBR 220호.
　　　https://blog.naver.com/businessinsight/220956699914. 2017. 11. 22. 17:35 접속.
유창복.『도시에서 행복한 마을만들기 가능한가』. 서울: 휴매니스트, 2014.
윤정구.『진성 리더십』. 서울: 라온북스, 2015.
은준관.『교육신학』. 서울: 대한기독교서회, 1975.
은준관.『기독교교육사』. 서울: 대한기독교서회, 1993.
은준관.『실천적 교회론』. 서울: 대한기독교서회, 1999.
이규민. "레티 러셀의 생애와 기독교교육 사상."「기독교교육논총」. 제24집(2010. 6): 123-161.
이기원. "마을교육공동체." 공유프레지. https://prezi.com/2cmyeoypzoe1/presentation/ 화면 캡처. 2017. 09. 18. 접속.
이만열.『한국기독교와 민족의식』. 서울: 지식산업사, 1969.
이미영. "한여름 밤의 꿈, 제4차 산업혁명."『가톨릭평론』. 2017년 7/8월 제10호: 4-9.
이민경. "새로운 교실 만들기의 가능성."「교육비평」. 제33호 2014: 201-212.
이상훈.『RENEW CHURCH, 리뉴처치: 창조적 사역을 위한 교회 갱신 노넬』. 서울: 교회성장연구소, 2017.
이수진. "학생의 학교에서 마을의 학교로 … 지역의 교육, 문화의 중심되라." <기독공보>. 2017. 11. 10.
이순배, 공명숙.『글로벌시대를 위한 융합의 이해』. 서울: 교문사, 2014.
이신건. "디트리히 본회퍼의 교회론."『교회론』. 서울: 대한기독교서회, 2009.
이영옥.『새로운 생명운동 생태공동체』. 서울: BOOKK, 2017.
이용필. "2017 소형교회 리포트." <뉴스앤조이>. 2017. 11. 22.
이용필. "최기학 부총회장 '마을 목회'가 대안." <뉴스앤조이>. 2017. 09. 18.
이원규. "한국교회의 사회적 기능." 감신대 출판부.『신학과 세계』. 1991. 봄. 22호: 315-321.
이원돈.『마을이 꿈을 꾸면 도시가 춤을 춘다』. 서울: 동연, 2011.
이종명. "송악교회와 송악지역의 마을 만들기."「선교와 신학」. 30집 2012. 8: 147-160.
이형기 외.『공적신학과 공적교회』. 서울: 킹덤북스, 2011.
이형기.『교회론의 패러다임 전환』. 서울: 여울목, 2016.
이희숙, 김창석. "플립러닝 학습이 학습동기에 미치는 효과."『한국컴퓨터교육학회 동계 학술발표 논문지』. 제19권 1호 한국컴퓨터교육학회, 2015.: 143-147.
임재서. "옮긴이의 글." 하워드 가드너.『열정과 기질』. 서울: 북스넛, 2004.
임재원.『자크 엘륄의 기술 문명 비판』. 서울: 한들출판사, 2005.

임정환. "아리스토텔레스의 철학이 행복교육에 주는 시사." 『홀리스틱 교육연구』. 2015. 제20권 제1호: 55-74.

장신근. "다음세대를 살리는 기독교교육 생태계를 복원하라." 「교육교회」. 451권 0호(2016): 16-26.

장신근. "화해와 치유의 생명 공동체인 하나님 나라의 온전성을 지향하는 지역 교회 교육 연구: '공적 교육 공동체 모델'을 중심으로." 「기독교교육논총」. 제42집 2015. 06. 30.: 133-168.

장신대 기독교교육연구원. 『교회와 가정을 연결하는 아동부 교육목회: 해피투게더 기본 지침서』. 서울: 장로회신학대학교 기독교교육연구원, 2012.

장창일. "강진이 흔든 포항 교회들, "추수감사절 예배드릴 곳이 없다." <국민일보>. 2017. 11. 18.

전세훈. "청년 신자들은 왜 교회를 떠나는가?" 『한국교회, 청년이 떠나고 있다』. EYCK, NCCK 청년위원회 엮음. 서울: 동연, 2017.: 15-35.

전영래. "'이것도 추억'…강릉 청소년 폭행 가해자 대화내용 '분노.'" <노컷뉴스>. 2017. 09. 06.

전영미. "종교교육에서 커뮤니케이션에 관한 연구." 「기독교교육논총」. 2009. 06. 제21집: 365-388.

정광일. 『공동체 영성과 협동조합: 생명선교와 협동조합운동』. 서울: 흙과 생기, 2015.

정기묵. "거꾸로 교실을 응용한 토론식 협력학습." 『보편적 수업의 설계 및 실행』. 서울: 장로회신학대학교 교수학습개발원, 2015.: 53-76.

정영호, 고숙자. "사회갈등지수 국제비교 및 경제성장에 미치는 영향." 『보건복지포럼』. (2015. 03): 44-55.

정옥분. 『전생애 인간발달의 이론』. 서울: 학지사, 2008.

정유정. "우리나라 국민, 40분마다 1명씩 자살한다." <연합신문>. 2017. 04. 13.

정재영, 조성돈. 『더불어 사는 지역공동체 세우기』. 서울: 예영커뮤니케이션, 2010.

정재영. 『교회 안나가는 그리스도인』. 서울: IVP, 2015.

정재영. 『한국교회, 10년의 미래』. 서울: SFC, 2012.

정태일. 『코이노니아를 지향하는 교회』. 서울: 도서출판 사랑방, 2004.

정한철. "복음주의 운동가 양희송, '가나안 성도'를 말하다." <뉴스앤조이>. 2014. 12. 05.

정형권. "흔들리는 기독대학생, 사역 재점검 필요하다." <기독신문>. 2017. 11. 03.

제이슨 송. 『유쾌한 학교, 행복한 아이들』. 서울: 스텝스톤, 2009. New Covenant Academy. https://www.e-nca.org/

조성돈. 『한국교회를 그리다』. 서울: CLC, 2016.

조용식. 『가나안, 끝나지 않은 여정』. 서울: 포이에마, 2016.

조용훈. 『마을공동체와 교회공동체』. 서울: 동연, 2017.

조은하. "기독교교육과 미래마인드." 『미래시대 미래세대 미래교육』. 김도일 편. 서울: 도서출판 기독한교, 2016.

조은하. "가정, 교회, 마을이 소통하는 교회교육." 『교회교육 현장으로 나가다』. 김도일 편. 서울: 동연, 2016: 41-70.

조은하. "기독교 부모교육에 관한 창조적 성찰." 『신학과 현장』. 대전: 목원대 신학연구소, 24권. 2014: 143-164.

조은하. "미래 마인드 형성을 위한 기독교교육." 「기독교교육논총」. 제32집. 2012: 101-130.

조한혜정. "4차 산업혁명 정책 점검이 필요하다." <한겨레 신문>. 2017. 08. 29.

조한혜정. "토건국가에서 돌봄사회로." 『가족에서 학교로 학교에서 마을로』. 서울: 또 하나의 문화, 2006.

조한혜정. 『다시 마을이다: 위험사회에서 살아남기』. 서울: 또 하나의 문화, 2015.

차정규. "함께하는 기쁨." 『지역과 함께 하는 신앙교회 선교관 소식지』. 통권 130호 2016.: 1-2.

최규성, 김용성, 이수정, 변지성. "STEAM 교육 활성화 방안 연구." 경상남도교육청 과학직업 교육과, 경남대학교 산학협력. 2012.: 1-76.

최무영, 최인령. "정보혁명시대, 온문화 패러다임 모색: 정보교류 동역학과 온생명 개념에 기초하여." 『정보혁명: 정보혁명시대, 문화와 생명의 새로운 패러다임을 찾다』. 서울: 휴머니스트, 2017.: 14-43.

최승현. "국민 75.3% 개신교 불신, 신뢰 회복 방안은 '돈'." <뉴스앤조이>. 2017. 08. 18.

최연구. "4차 산업혁명시대의 미래교육 예측과 전망." FUTURE HORIZON. 2017. (33): 32-35.

최윤배. 『깔뱅신학 입문』. 서울: 장로회신학대학교출판부, 2012.

최재천. "통섭은 제대로 된 융합을 위한 철학: 그의 삶은 통섭, 최재천 교수." <The Science Times>. 2017. 08. 18.

최주훈. "마틴 루터의 교회론." 『교회론』. 서울: 대한기독교서회, 2009.

최중빈, 권택민. "4차 산업혁명과 국내 게임산업 발전방향 연구." 『한국게임학회지』. 2016. 12. 16권(6): 29-38.

최지인. "마을교육공동체의 운영현황 및 개선과제." 『이슈와 논점』. 서울: 국회입법조사처, 2017.

최창호. "포항시, 지진 이재민 사생활 보호 공간 마련." <뉴스1>. 2017. 11. 18. m.news.naver.com. 23:07 접속.

최창호. 『20세기를 빛낸 심리학자』. 서울: 학지사, 1999.

충남발전연구원, 홍동마을 사람들. 『마을공화국의 꿈: 홍동마을 이야기』. 서울: 한티재, 2015.

통계청 (http://kostat.go.kr). "청소년 통계." 여성가족부. pdf. 2016.

통계청(http://index.go.kr). "통계청 경제활동 인구조사." 2017.

통계청(http://kostat.go.kr). "나의 고민에 대한 대화." 2016.
통계청(http://kostat.go.kr). "청소년 통계." 2013.
학원복음화협의회, 목회사회학연구소. "2012년 한국대학생의 의식과 생활에 대한 조사연구." 2012. 02. 10.
학원복음화협의회.『2017년 청년트렌드 리포트: 우리 시대 청년들은 무엇으로 사는가』. 서울: IVP, 2017.
한경호. "왜, 소비자생활협동조합인가?"『생명선교와 협동조합운동』. 서울: 흙과 생기, 2015.: 9-33.
한경호『생명선교와 협동조합 운동』. 서울: 흙과 생기, 2015.
한국U러닝연합회.『플립러닝 성공전략』. 서울: 한국U러닝연합회, 2014.
한국일. "복음전도와 교회의 공적책임."「장신논단」. 35권. 2009. 08.: 139-178.
한국일. "한국적 상황에서 본 선교적 교회."「선교와 신학」. 30집(2012. 가을호): 74-115.
한병철. Müdig Keits Gesell Schaft. 김태환 역.『피로사회』. 서울: 문학과 지성사, 2014.
한승진. "통섭과 융합의 시대에 따른 우리의 자세."『기독교교육』(2014. 10): 66-72.
함영주. "플립러닝을 활용한 성경교수 실행모형 개발."「개혁논총」. 34호. 개혁논총(2015): 241-267.
홍동완.『들풀위에 세운 사랑』. 서울: 예영, 2013.
<국민일보>. "바른신학 균형목회 세미나." 2015. 10. 18.
<크리스천 투데이>. 2012. 10. 17.
<프레시안>. 2014. 01. 19.
<한겨레신문>. 2016. 05. 02.
<한겨레신문>. 2017. 01. 10.
<한국 기독교 분석 리포트: 한국인의 종교생활과 의식조사 보고서>. 서울: 도서출판 URD, 2014.
Adler, Alfred. Menschenkenntnis. 라영균 역.『인간이해』. 서울: 일빛, 2009.
Adler, Alfred. The Individual Psychology of Alfred Adler: A Systematic Presentation in Selections from His Writings. edited by Heinz L. Ansbacher and Rowena R. Ansbacher. New York: Basic Books, 1956.
Adler, Alfred. Understanding of Human Nature. New York: Greenberg, 1949.
Adler, Alfred. What Life Should Mean to You. 김문성 역.『심리학이란 무엇인가?』. 서울: 스타북스, 2011.
Adler, Alfred. 김문성 역.『아들러 심리학 활용』. 서울: 스타북스, 2015.
Arnold, Everhart & Thomas Merton. Why We Live in Community. 쉘터 편집부 역.『공동체로 사는

이유』. 서울: 쉼터, 1997.

Barth, Karl. *Kirchliche Dogmatic* IV/1. Zürich: Theologischer Verlag, 1953.

Bauman, Zigmund. *The Individualized Society*. 홍지수 역.『방황하는 개인들의 사회』. 서울: 봄아필, 2013.

Beck, Ulich. *Risckogesellschaft*. 홍성태 역.『위험사회』. 서울: 새물결플러스, 1997.

Bellesi, Denny and Leesa Bellesi. *Passionaries, Turning Compassion into Action*. 박혜경 역.『기적의 100달러』. 서울: 두란노, 2002.

Ben-Shahar, Tal. *Happier: Learn the Secrets to Daily Joy and Lasting Fulfillment*. 노혜숙 역.『해피어』. 서울: 위즈덤하우스, 2007.

Bergmann, John and Aaron Sams. *Flipped Learning: Gateway to Student Engagement*. 정찬필, 임성희 역.『거꾸로 교실: 진짜 배움으로 가는 길』. 서울: 에듀니티, 2015.

Biola, Frank. *Finding Organic Church*. 이남하 역.『유기적 교회 세우기』. 서울: 대장간, 2010.

Bonhoeffer, Dietrich. *Sanctorum Communio*. München: Chr. Kaiser Verlag, 1986.

Bosch, David. *Transforming Mission*.『선교신학: 신학적인 관점에서 본 선교』. 서울: 두란노, 1989. 본서는 2017년에 <변화하는 선교>라는 제목으로 개역되었다.

Boys, Mary C. ed. *Education for Citizenship and Discipleship*. 김도일 역.『제자직과 시민직을 위한 교육』. 서울: 한국장로교출판사, 1999.

Boys, Mary. ed. *Education for Citizenship and Discipleship*. 김도일 역.『제자직과 시민직을 위한 교육』. 서울: 한국장로교출판사, 1999.

Bronfenbrenner, Urie. "Ecological Models of Human Development." *Readings on the Development of Children*. 1994. 02.(1): 37-43.

Bronfenbrenner, Urie. *Ecology of Human Development*. Cambridge, Mass.: Harvard University Press, 1979.

Bronfenbrenner, Urie. *The Ecology of Human Development*. 이영 역.『인간발달 생태학』. 서울: 교육과학사, 1992.

Brueggemann, Walter. "분파주의적 해석학의 타당성." Boys Mary C. ed. *Education for Citizenship and Discipleship*. 김도일 역.『제자직과 시민직을 위한 교육』. 서울: 한국장로교출판사, 1999.

Bushnell, Horace. *Christian Nurture*. 김도일 역.『기독교적 양육』. 서울: 장로회신학대학교 출판부, 2004.

Coe, George Albert. *A Social Theory of Religious Education*. 김도일 역.『종교교육사회론』. 서울: 그루터기 하우스, 2006. (출판 원년: 1917)

Coe, George Albert. *What is Christian Education?* New York: Charles Scribner's Sons, 1929.

Csikszentmihaly, Mihaly. *Flow: The Psychology of Optimal Experience*. 최인수 역.『몰입: 미치도록 행복한 나를 만나다』. 서울: 한울림, 2010.

Davie, Grace. *Religion in Britain since 1945: Believing without Belonging*. Oxford: Oxford University Press, 1994.

Dreikurs, Rudolf R. *Fundamentals of Alderian Psychology*. Chicago: Alfred Adler Institute, 1953.

Duckworth, Angela. *Grit: The Power of Passion and Perseverance*. 김미정 역.『그릿』. 서울: 비즈니스북스, 2016.

Freire, Paulo. *Pedagogy of Freedom*. 사람대사람 역.『자유의 교육학』. 서울: 아침이슬, 2007.

Freire, Paulo. *Pedagogy Of Hope: Reliving Pedagogy Of The Oppressed*. 교육문화연구회 역.『희망의 교육학』. 서울: 아침이슬, 2002.

Freire, Paulo. *Pedagogy of the Oppressed*. 성찬석 역.『억눌린 자를 위한 교육』. 서울: 한마당, 1995.

Gandhi, Mahatma. *Village Swaraj*. 김태언 역.『마을이 세계를 구한다』. 서울: 녹색평론사, 2006.

Gardner, Howard. *Five Minds for the Future*. 김한영 역.『미래마인드』. 서울: 재인, 2009. (원저 2009. 출판)

George, Henry. *Progress and Poverty*. 김윤상 역.『진보와 빈곤』. 서울: 비봉출판사, 1997.

Giddens, Anthony. *Modernity and Self-Identity: Self and Society in the Late Modern Age*. 권기돈 역.『현대성과 자아정체성』. 서울: 새물결, 1997.

Giono, Jean. *The Man Who Planted Trees*. 김경은 역.『나무를 심은 사람』. 서울: 두레, 1995.

Greenleaf, Robert. *The Servant as Leader*. 강주헌 역.『서번트 리더십』. 서울: 참솔, 2001. (원저 1991. 출판)

Harris, Maria. *Fashion Me a People: Curriculum in the Church*. 고용수 역.『회중형성과 변형을 위한 교육목회 커리큘럼』. 서울: 한국장로교출판사, 1997.

Harris, Maria. *Teaching and Religious Imagination*. 김도일 역.『가르침과 종교적 상상력』. 서울: 한국장로교출판사, 2003.

Hoekendijk, Johannes C. *Church Inside Out*. 이계준.『흩어지는 교회』. 서울: 대한기독교서회, 1979.

http://252Basics.com.

http://dictionary.catholic.or.kr/ 핵심어: 청빈. 2017. 11. 18. 23:42 접속.

http://ichungeoram.com/ 청어람 홈페이지. 2017. 11. 08. 09:21 접속.

http://ko.wikipedia.org. 핵심 검색어: 젠트리피케이션. 2017. 11. 30. 10:00 접속.

http://www.daad.or.kr/ko/27680/index.html 주한독일고등교육진흥원 홈페이지. 2017. 12. 03. 09:00 접속.

http://www.gydch.com/ 광양대광교회 홈페이지. 2017. 12. 02. 21:20 접속.

https://cemk.org/2008/bbs/board.php?bo_table=2007_data_cemk&wr_id=423. 2017. 10. 31. 접속. 기독교윤리실천운동 홈페이지.

https://en.wikipedia.org/wiki/Nai_Talim 핵심어: Nai Talim. 2017. 11. 26. 14:45 접속.

https://ko.wikipedia.org. 핵심어: 고르디우스 매듭, 2017. 11. 19. 20:30 접속.

https://ko.wikipedia.org/ 핵심어: "제임스 와트." 2017. 01. 30. 20:00 접속.

https://ko.wikipedia.org/wiki/뉴_미디어. 2017. 09. 08. 12:30 접속.

https://namu.wiki/ 핵심어: "2차 산업혁명." 2017. 01. 30. 20:20 접속.

https://www.transparency.org/news/feature/corruption_perceptions_index_2016 2017. 10. 31. 11:00 접속.

Joiner, Reggie. *Think Orange*. 김희수 역.『싱크 오렌지』. 서울: 디모데, 2009.

KBS.『명견만리: 윤리, 기술, 중국, 교육 편』. 서울: 인플루엔셜, 2016.

Kinnaman, David. *You Lost Me*. 이선숙 역.『청년들은 왜 교회를 떠나는가?』. 서울: 국제제자훈련원, 2011.

Leavy, Patricia. *Essentials of Transdisciplinary Research*. 송인한 역.『융합연구방법론』. 서울: 박영, 2015.

Lee, James Michael. *The Flow of Religious Instruction*. Birmingham, AL: Religious Education Press, 1973.

Lierop, Peter van. "Factors in Alfred Adler's Individual Psychology Relevant to Character Education."「신학논단」. 7. 1962.: 125-135.

Little, Sara. *Learning Together in Christian Fellowship*. 김대균 역.『신앙, 친교, 교육』. 서울: 백합, 1972.

Little, Sara. *To Set One's Heart*, 사미자 역.『기독교교육 교수방법론』. 서울: 한국장로교출판사, 1988.

Lohfink, Gerhard. *Wie Hat Jesus Gemeinde Gewollt?*『예수는 어떤 공동체를 원했나: 그리스도 신앙의 사회적 차원』. 정한교 역. 서울: 분도출판사, 1985. (원저 1982. 출판)

Moltmann, Jürgen. *Kirche in der Kraft des Geistes*. 박봉랑 외 4인 역.『성령의 능력 안에 있는 교회』. 서울: 한국신학연구소, 1980.

Mulder, M. John. "소개의 글." *Christian Nurture*. 김도일 역.『기독교적 양육』. 서울: 장로회신학대학교출판부, 2004.

Nelson, C. Ellis. *Where Faith Begins*. 박원호 역. 『신앙교육의 터전』. 서울: 한국장로교출판사, 1996.

Nelson, C. Ellis. "Christian Education in the Secular Society." *The Presbyterian Outlook*. 1994. 176: 16.

Newbigin, Lesslie. *Household of God*. 홍병룡 역. 『교회란 무엇인가?』. 서울: IVP, 2010.

Nouwen, Henry. *The Only Necessary Thing: A Prayerful Life*. 윤종석 역. 『꼭 필요한 것 한 가지, 기도의 삶』. 서울: 복있는 사람, 2013.

Oech, Roger von. *Creative Thinking*. 정주연 역. 『생각의 혁명: Creative Thinking』. 서울: 에코리브르, 2002.

Osmer, Richard. *Confirmation*. Louisville: Geneva Press, 1996.

Palmer, J. Parker. *A Hidden Wholeness: The Journey Toward an Undivided Life*. 윤규상 역. 『온전한 삶으로의 여행』. 서울: 해토, 2007.

Palmer, J. Parker. *Healing the Heart of Democracy: The Courage to Create a Politics Worthy of the Human Spirit*. 김찬호 역. 『비통한 자들을 위한 정치학』. 서울: 글항아리, 2012.

Palmer, Parker J. *To Know As We are Known: Spirituality of Education*. New York: HarperSanFrancisco, 1993.

Pazmiño, Robert. *God Our Teacher*. Grand Rapids, MI: Baker Academic, 2010.

Pentland, Alex. *Social Physics: How Good Ideas Spread*. 박세연 역. 『빅데이터와 사회물리학: 창조적인 사람들은 어떻게 행동하는가』. 서울: 와이즈베리, 2014.

Pink, Daniel. *A Whole New Mind*. 김명철 역. 『새로운 미래가 온다』. 서울: 한국경제신문, 2006.

Rauschenbusch, Walter. *A Theology for the Social Gospel*. Louisville, Kentucky: Westminster John Knox Press, 1945.

Rauschenbusch, Walter. *Christianity and the Social Crisis in the 21st Century*. edited by Paul Rauschenbusch. New York: Harper One, 2007.

Rauschenbusch, Walter. *Christianizing the Social Order*. New York: Macmillan Co., 1912.

Raynor, Shane. "Faith Experience." 김영주 역. 미국 연합감리교회 공보부, 2015. 원출처: http://www.faithexperience.com/2010/08/5reasons/

Reech, Kenneth. *The Social God*. 신현기 역. 『사회적 하나님』. 서울: 청림출판, 2009.

Russell, Letty M. *Just Hospitality*. Louisville: John Knox Press, 2009.

Russell, Letty M. *Just Hospitality*. 여금현 역. 『공정한 환대: 서로 다른 사람들이 사는 세계에서 낯선 이들을 받아들이시는 하나님의 환영』. 서울: 대한기독교서회, 2012.

Sarno, Ronald. *Using Media in Religious Education*. Birmingham, AL.: Religious Education Press,

1987.

Sax, David. *The Revenge of Analog: Real Things and Why They Matter*. 박상현, 이승연 역.『아날로그의 반격』. 서울: 어크로스, 2016.

Schultz, Thom and Joani Schultz. *Why Nobody Learns Much of Anything at Church: And How to Fix It*. 마영례 역.『지루함을 깨뜨리는 가르침의 기술』. 서울: 도서출판 디모데, 2000.

Schwab, Klaus 외 26인. *The Fourth Industrial Revolution*.『4차 산업혁명의 충격: 과학기술 혁명이 몰고 올 기회와 위협』. 서울: 흐름출판, 2016.

Sharpe, Dores Robinson. *Walter Rauschenbusch*. New York: The Macmillan Company, 1942.

Sherrill, Lewis. *The Rise of Christian Education*. 이숙종 역.『기독교교육의 발생』. 서울: 대한기독교서회, 1994.

Shorris, Earl. *The Art of Freedom: Teaching the Humanities to the Poor*. 고병헌, 이병곤, 임정아 역.『희망의 인문학』. 서울: 이매진, 2006.

Sider, Ronald J. *The Scandal of the Evangelical Conscience*. Grand Rapids, MI: Baker Books, 2005.

Silk, Danny. *Culture of Honor: Sustaining a Supernatural Environment*. 김주헌 역『존중의 문화』. 서울: 순전한나드, 2014.

Smith, C. Christopher, John Pattison. *Slow Church: Cultivating Community in the Patient Way of Jesus*. 김윤희 역.『슬로처치』. 서울: 새물결플러스, 2015.

Smucker, Donovan E. *The Origins of Walter Rauschenbusch's Social Ethics*. Buffalo: McGill-Queen's University Press, 1994.

Stott, John. *New Issues Facing Christians Today*. 정옥배 역.『현대 사회 문제와 그리스도인의 책임』. 서울: IVP, 2005.

Sweet, Leonard. *Postmodern Pilgrims*. 김영래 역.『영성과 감성을 하나로 묶는 미래교회』. 서울: 좋은씨앗, 2002.

Takahashi, Makoto 편저. *The Bible of Creativity*. 조경덕 역.『창조력 사전』. 서울: 매일경제신문사, 2003.

Theißen, Gerd. *Zur Bibel Motivieren*. 고원석, 손성현 역.『성서, 어떻게 가르칠 것인가?』. 서울: 동연, 2010.

Thoreau, Henry David. *Walden*. 베스트트랜스 역.『소로우의 월든』. 서울: 더클래식, 2010.

Vaillant, George E. *Aging Well*. 이덕남 역.『행복의 조건』. 서울: 프런티어, 2009.

Vanier, Jean. *Community and Growth*. 성찬성 역.『공동체와 성장』. 서울: 성 바오로, 2005.

Vicedom, Georg F. 박근원 역.『하나님의 선교』. 서울: 대한기독교출판사, 1980.

Viola, Frank. *Finding Organic Church*. 이남하 역.『유기적 교회세우기』. 서울: 대장간, 2010.

Volf, Miroslav. *A Public Faith*. 김명윤 역.『광장에 선 기독교』. 서울: IVP, 2011.

Wesley, John. *Explanatory Notes upon the New Testament*. London: Epworth, 1976.

Westerhoff III, John & Gwen Kennedy Neville. *Generation to Generation*. New York: The Pilgrim Press, 1979.

Westerhoff III, John. *Living the Faith Community*. 김일환 역.『살아있는 신앙 공동체』. 서울: 보이스사, 1992.

Wolfe, W. Beran. *How to Be Happy Though Human*. 박광순 역.『아들러의 격려』. 서울: 생각정거장, 2015.

www.google.co.kr/search. 검색 핵심어: Urie Bronfenbrenner Ecosystem. 2017. 09. 05. 12:00 접속.

www.google.co.kr/search?q=스팀+피라미드 2017. 09. 13. 접속.

www.STEAM Pyramid. 2017. 08. 17. 접속.

www.youtube.com/watch?v=QtjuALN4qrw. 2017. 08. 17. 접속.

岸見一郎, 岸見一郎. 嫌われる勇氣 自己啓發の源流「アドラ-」の教え. 전경아 역.『미움받을 용기: 자유롭고 행복한 삶을 위한 아들러의 가르침』. 서울: 인플루엔샬, 2014.

岸見一郎. よく生きるということ「死」から「生」を考える. 노만수 역.『늙어갈 용기: 자유롭고 행복해질 용기를 부르는 아들러의 생로병사 심리학』. 서울: 에쎄, 2012.